;EVALUATE A FORMULA

;GET VALUE TYPE INTO [A]
;SAVE THE VALUE TYPE ON THE STACK
;GET TERMINATING CHARACTER OF FORMULA

;ONTO THE STACK
;KEEPS RELATIONAL OPERATOR MEMORIES
;LESS THAN =4
;EQUAL   =2
;GREATER THAN =1
;CHECK FOR A RELATIONAL OPERATOR
;NOPE
;NUMBER OF RELATIONAL OPERATORS
;IS THIS ONE OF THEM?
;NO SEE WHAT WE HAVE
;SETUP BITS BY MAPPING
;0 TO 1, 1 TO 2 AND 2 TO 4
;OR WITH EARLIER BITS
;STORE NEW BITS
;GET NEW CHARACTER
;SEE IF RELATIONAL
;GET REALTIONAL MEMORIES
;SEE IF THERE ARE ANY
;NO RELATIONAL OPERATORS!
;SAVE RELATIONAL MEMORIES
;PICK UP FIRST NON=RELATIONAL
;CHARACTER AGAIN AND INTERPRET FORMULA
;ANSWER LEFT IN FAC
44   ;A COMMA?

;IF SO SKIP IT

;ALLOW "GOTO" AS WELL

;MUST HAVE A THEN

;POP OFF NUMBER

;COMPARE FORMULA TYPES

SOURCE CODE

소스 코드: 더 비기닝

>BILL GATES

빌 게이츠

SOURCE CODE/>

소스 코드: 더 비기닝

안진환 옮김

SOURCE CODE
by BILL GATES

This edition published by arrangement with Alfred A. Knopf, an imprint of The Knopf
Doubleday Group, a division of Penguin Random House, LLC. through KCC
(Korea Copyright Center Inc.), Seoul.

Jacket font: Modern Typewriter by Lukas Krakora, typewriterfonts.net

이 책은 실로 꿰매어 제본하는 정통적인 사철 방식으로 만들어졌습니다.
사철 방식으로 제본된 책은 오랫동안 보관해도 손상되지 않습니다.

나의 부모님 빌 게이츠와 메리 맥스웰 게이츠
두 분을 추억하며

누나 크리스티와 여동생 리비에게
이 책을 바칩니다.

무언가 알아내는 즐거움, 그것이 바로 보상이다.

──리처드 파인먼Richard Feynman

차례

프롤로그

열세 살 무렵, 몇 명의 소년들과 어울려 정기적으로 시애틀 주변의 산에 며칠씩 하이킹을 다니기 시작했다. 우리가 서로 알게 된 것은 보이 스카우트 활동을 통해서였다. 보이 스카우트에서 주관하는 하이킹 및 캠핑을 수없이 따라다니다가 몇몇이 따로 탐험을 떠나는 일종의 분파를 형성한 것이다. 그렇다. 우리는 우리만의 하이킹을 〈탐험〉으로 여겼다. 우리는 보이 스카우트 캠핑이 제공하는 것보다 더 많은 자유와 더 큰 모험을 원했다.

분파의 대원은 대개 다섯 명이었다. 마이크Mike, 로키Rocky, 라일리Reilly, 대니Danny 그리고 나. 리더는 마이크였다. 우리보다 몇 살 위였고, 야외 생활 경험도 훨씬 풍부했다. 함께 어울린 3년여의 시간 동안, 우리는 도합 수백 킬로미터를 하이킹했다. 시애틀 북쪽의 올림픽 국유림과 글레이셔 피크 야생 지역 곳곳을 누볐으며, 서부 해안 지역을 샅샅이 훑기도 했다. 종종 일주일 이상 길을 떠나 오직 지형 지도에만 의지하며 오래된 원시림과 바위투성이의 해변을 걸었다. 특히 해안의 돌출 지점에서는 썰물에 맞춰 빠르게 둘러

가는 방법을 택하곤 했다.

방학이 찾아오면 우리는 일주일 정도의 시간을 맞춰 날씨가 어떻든 개의치 않고 하이킹과 캠핑에 나서곤 했다. 태평양 연안 북서부 지역인 까닭에 이는 종종 일주일 동안 축축한 군용 구제 모직 바지와 쭈글쭈글 부르튼 발가락, 그리고 가려움을 감내해야 한다는 의미였다. 우리의 등산은 전문적인 등반과는 거리가 멀었다. 로프나 슬링을 갖춰 가파른 암벽을 타는 게 아니었다. 그냥 장거리를 힘겹게 하이킹하는 게 전부였다. 특별히 위험한 것은 아니었지만, 도움을 청하는 데도 여러 시간이 걸리는 깊은 산중에 10대 소년들만 들어가는 데다가 휴대 전화란 것도 없던 시절이었음을 감안하면 위험 요소가 없는 것도 아니었다.

시간이 지나면서 우리는 자신감 넘치는 끈끈한 팀으로 성장했다. 긴 하루의 하이킹을 마치고 캠핑할 장소를 정하면, 별다른 말을 나눌 것도 없이 각자 맡은 바 일에 착수하곤 했다. 마이크와 로키는 그날 밤 우리의 지붕이 되어 줄 방수포를 설치했고, 대니는 덤불 속을 뒤져 마른 나무를 찾아 날랐으며, 라일리와 나는 불쏘시개와 잔가지를 모아 밤새 피워 둘 모닥불을 준비했다.

그런 다음 우리는 식사를 했다. 배낭에 비교적 가볍게 채운 저렴한 음식이었지만, 여정을 이어 나갈 힘을 얻기에는 충분히 든든했고, 세상 그 어떤 것보다도 맛있었다. 저녁은 주로 스팸Spam 한 덩어리를 잘게 썰어 햄버거 헬퍼Hamburger Helper나 소고기 스트로가노프Stroganoff 믹스와 섞어서 볶아 먹었으며, 아침은 대개 카네이션 인스턴트 브렉퍼스트Carnation Instant Breakfast 믹스 또는 물만 부으면 서양식 오믈렛으로 변신한다는 가루(적어도 포장지 설명은 그랬다)로 때웠다. 내가 가장 좋아한 아침 메뉴는 오스카 마이어 스모키 링크Oscar Mayer Smokie Links라는 소시지였는데, 〈고기 100퍼센트〉라고 광고하던 이 제품은 이제 더 이상 나오지 않는다. 대부분의 음식은 단 한 개의 프라이팬으로 조리했으며, 각자 들고 다니던 넘버 텐#10 커피 캔에 덜어 먹었다. 그 캔은 우리의 물통이자 냄비이자 오트밀 그릇이었다. 우리 중 누가 뜨거운 라즈베리 음료를 처음 고안했는지는 모르겠다. 대단히 혁신적인 음료였던 것은 아니다. 그냥 끓는 물에 인스턴트 젤로Jell-O 믹스를 타서 마시는 거였으니까. 하지만 디저트로도 좋았고, 하루의 하이킹을 시작하기 전 당분 충전용으로도 적합했다.

어떤 어른의 통제도 받지 않고 우리끼리만 하이킹을 했기에 어디로 갈지, 무엇을 먹을지, 언제 잘지, 어떤 위험을 감수할지 등등 모든 결정을 우리 스스로 내렸다. 학교에서는 모두 〈멋진 아이들〉과는 거리가 멀었다. 단 한 명, 대니만이 농구 팀 선수로 뛰었는데, 그것도 곧 그만두었다. 우리의 하이킹에 더 많은 시간을 쓰기 위해서였다. 당시 우리가 살던 지역에서 하이킹이 점차 인기를 끌고는 있었지만, 그럼에도 여전히 10대들끼리만 일주일 이상 숲속을 헤치고 다니는 일은 흔치 않았다.

하지만 때는 1970년대였고, 자녀 양육에 대한 태도가 오늘날보다는 느슨하던 시절이었다. 아이들은 일반적으로 많은 자유를 누렸다. 그리고 내가 10대 초반에 이르렀을 무렵 부모님은 내가 또래들과 다르다는 점을 인정하고 내가 세상에서 나름의 길을 찾아가려면 어느 정도 독립성을 키울 필요가 있다는 사실을 받아들였다. 그러한 받아들임은 (특히 어머니에게는) 매우 힘든 결정이었지만, 이후 나의 성장 과정을 규정하는 중요한 부분으로 작용했다.

지금 돌이켜 보면, 당시 우리 모두는 그런 하이킹 여행에서 우정과 성취감을 넘어서는 무언가를 찾고 있었던 것 같다. 우리는 한계에 도전하고 다양한 정체성을 실험하고픈 나이였다. 또한 때로는 더 크고 심지어 초월적인 경험에 대한 갈망을 느끼는 나이였다. 나는 내가 앞으로 어떤 길을 걷게 될지 알아내고 싶은 욕구를 깊이 느끼기 시작했다. 그 길이 어떤 방향으로 펼쳐질지 확신할 수 없었지만, 흥미롭고 의미 있는 길이어야 한다는 것만큼은 분명했다.

그 시절 나는 또 다른 친구들과도 많은 시간을 보냈다. 같은 학교에 다니던 켄트Kent와 폴Paul, 릭Rick이 함께 어울리던 멤버였다. 우리 학교인 레이크사이드에는 학생들이 전화선을 통해 대형 메인프레임 컴퓨터에 접속할 수 있는 시스템이 갖춰져 있었다. 당시에는 10대들이 어떤 형태로든 컴퓨터를 접한다는 것 자체가 희귀한 일이었다. 우리 넷은 그 시스템에 완전히 매료되어 시간만 나면 간단한 프로그램을 작성해 그 전자 기계로 우리가 무엇을 할 수 있는지 탐구하는 데 몰두했다.

표면상으로 하이킹과 프로그래밍은 전혀 닮은 구석이 없는 활동처럼 보였다. 하지만 둘 다 나에게는 일종의 모험이었다. 두 그룹의 친구들과 함께 나는 새로운 세계를 탐험하며, 대부분의 어른들조차 도달할 수 없는 곳으로 여행하고 있었다. 하이킹과 마찬가지로 프로그래밍 역시 내 나름의 성공의 기준을 정의하도록 돕는다는 측면에서 나와 잘 맞았다. 얼마나 빨리 달릴 수 있느냐 내지는 얼마나 멀리 던질 수 있느냐 등으로 결정되지 않는 이 성공은 한계가 없어 보였다. 길고 복잡한 프로그램을 작성하는 데 필요한 논리와 집중력 그리고 인내심이 내게는 마치 타고난 것처럼 자연스럽게 느껴졌다. 하이킹 그룹에서와는 달리 여기서는 내가 리더였다.

레이크사이드 상급 2학년, 즉 10학년이 끝나 가던 1971년 6월, 마이크가 내게 전화로 다음 하이킹 일정을 알렸다. 올림픽 산맥에서 80킬로미터를 걷자는 것이었다. 그가 선택한 루트는 1890년에 신문사의 후원을 받은 탐험대가 지난 길을 따라 명명된 프레스 익스페디션 트레일Press Expedition Trail이었다. 사람들이 거의 굶어 죽을 지경에 이르고 옷이 하도 젖어서 다 헤어질 정도였다던 그 여정을 따라가자는 거야? 내가 물었다. 맞아, 근데 그건 오래전 일이잖아. 그가 답했다.

　80년의 세월이 흘렀지만, 여전히 험난한 하이킹 코스였다. 더욱이 지난겨울에 역사상 가장 많은 눈이 내렸던 터라 특히 주눅이 드는 제안이 아닐 수 없었다. 하지만 다른 멤버들, 즉 로키와 라일리, 대니가 모두 하겠다고 나선 상황에서 나 혼자 겁먹고 빠질 순 없는 노릇이었다. 게다가 보이 스카우트 후배인 칩Chip이라는 친구도 참가하겠다고 했다. 나도 가야 했다.

계획은 로 디바이드 고개를 넘어 퀴놀트강까지 내려간 다음 다시 같은 길로 돌아오는 왕복 하이킹을 하며 경로 곳곳의 오두막 대피소에서 매일 밤을 보내는 것이었다. 우리는 총 6일에서 7일 정도 걸릴 것으로 예상하고 출발했다. 첫날은 수월했고, 우리는 눈으로 덮인 아름다운 초원에서 밤을 보냈다. 다음은 하루나 이틀에 걸쳐 로 디바이드 고개를 넘는 코스였는데, 갈수록 눈이 깊어졌다. 꾸역꾸역 눈길을 헤치며 하룻밤 묵을 지점에 도달했더니, 대피소가 눈에 파묻혀 있었다. 나는 잠시 속으로 쾌재를 불렀다. 흠, 돌아갈 수밖에 없는 거야. 도중에 지나친 훨씬 안락해 보이던 대피소로 내려가게 될 것으로 생각했다. 거기서 불을 피워 몸을 녹이고 식사를 하게 될 것이라고.

마이크는 투표를 하자고 했다. 되돌아갈지 아니면 최종 목적지인 퀴놀트강까지 계속 갈지. 어느 쪽을 선택하든 몇 시간을 더 하이킹해야 하는 것은 같았다. 「저 밑에 대피소가 있었잖아, 대략 550미터 아래야. 다시 내려가서 거기 묵을 수도 있고, 아니면 퀴놀트강 쪽으로 계속 갈 수도 있지.」 마이크가 말했다. 돌아가는 것은 곧 강을 찍고 오는 우리의 미션을 포기한다는 뜻이라는 점은 굳이 덧붙일 필요도 없었다.

「어떻게 생각해, 댄?」 마이크가 물었다. 대니는 우리의 작은 그룹에서 비공식적인 2인자였다. 그는 누구보다 키가 컸고, 지칠 줄 모르는 긴 다리를 소유한 매우 유능한 하이커였다. 그가 무슨 말을 하든 투표 결과를 좌우할 터였다.

「글쎄, 거의 다 온 거나 마찬가지니까 계속 가는 게 맞지 않을까.」대니가 말했다. 거수투표가 진행되자 내가 소수파임이 명확해졌다. 그렇게 밀어붙이는 것으로 결정되었다.

트레일을 따라 몇 분 걷다가 내가 대니에게 말했다. 「정말 마음에 안 들어. 이 고생을 멈출 수도 있었잖아.」농담이었다. 반만.

내가 이 여행을 생생히 기억하는 이유는 우선 그날 너무도 추위에 시달리며 고생했기 때문이다. 비참한 기분까지 들 정도였다. 또 다른 이유는 그다음에 내가 한 행위 때문이다. 눈길을 걸으며 나만의 사색의 세계로 빠져들었다.

내 머릿속에 떠오른 것은 컴퓨터 코드였다.

얼마 전 누군가가 디지털 이큅먼트 사Digital Equipment Corp.에서 만든 PDP-8이라는 컴퓨터를 레이크사이드에 빌려주었다. 다시 말하지만 1971년이었고, 컴퓨터라는 신흥 세계에 깊이 빠져 있던 나조차도 처음 보는 물건이었다. 그때까지 나와 내 친구들은 다른 사람들과 동시에 공유하는 거대한 메인프레임 컴퓨터만 이용하고 있었다. 보통 전화선을 통해 원격으로 연결하거나 보안 시설을 갖춘 별도의 방에 설치된 기계에 단말기를 통해 접속하는 방식이었다. 하지만 PDP-8은 한 사람이 직접 사용할 수 있도록 설계되었고, 옆 책상에 올려놓을 수 있을 정도로 작았다. 당시로서는 약 10년 후 등장할 개인용 컴퓨터에 가장 가까운 기기였지만, 무게가 36킬로그램에 달했고 가격은 무려 8천 달러였다. 나는 도전 삼아 이 새로운 컴퓨터를 위한 베이식BASIC 프로그래밍 언어 버전을 작성해 보기로 결심했다.

그 하이킹에 나서기 전에 나는 컴퓨터에 연산 수행 순서를 지시하는 프로그램의 한 부분을 작업하고 있었다. 예컨대 $3(2+5) \times 8-3$과 같은 수식을 입력하거나 복잡한 수학적 계산이 필요한 게임을 만들고자 할 때 필요한 기능이었다. 프로그래밍에서는 이러한 기능을 〈수식 평가기〉라고 한다. 나는 발밑의 길만 주시한 채 묵묵히 걸으면서 연산을 수행하는 데 필요한 단계를 머릿속으로 정리하며 평가기 작성 작업에 몰두했다. 작게 만드는 것이 핵심이었다. 당시의 컴퓨터는 메모리가 매우 작았기 때문에 (메모리를 독차지하지 않도록) 가능한 한 적은 코드로 프로그램을 간결하게 작성해야 했다. PDP-8은 컴퓨터가 작업 중인 데이터를 저장하는 데 사용하는 메모리가 6킬로바이트에 불과했다. 나는 코드를 하나하나 떠올리며 컴퓨터가 내 명령을 어떻게 수행할지 추적해 보았다. 걷는 리듬이 생각을 정리하는 데 도움이 되었는데, 이는 무언가 생각할 때 제자리에서 몸을 가볍게 흔들던 나의 버릇과 효과가 비슷했다. 그날의 나머지 시간 내내 내 머릿속은 온통 코딩 퍼즐로 채워졌다. 계곡 아래로 내려가자 눈길이 사라지고 가문비나무와 전나무로 이루어진 오래된 숲을 지나는 완만한 경사의 오솔길이 펼쳐졌다. 강가에 도착한 우리는 캠프를 차리고 스팸 스트로가노프를 먹은 후, 드디어 잠자리에 들었다.

이튿날 아침 일찍 우리는 세차게 몰아치며 뺨을 때리는 진눈

깨비를 뚫고 로 디바이드 고개를 다시 오르기 시작했다. 우리는 나무 아래에 잠시 멈춰 리츠Ritz 크래커를 나눠 먹은 후 다음 쉼터로 향했다. 들르는 대피소마다 눈보라가 가라앉기를 기다리는 다른 하이커들로 가득 차 있었다. 들어설 공간이 없어서 우리는 계속 나아갔고, 그렇게 끝이 보이지 않는 하루에 몇 시간의 걷기가 추가되었다. 개울을 건너던 중 칩이 넘어져 무릎을 다쳤다. 마이크는 상처 부위를 닦고 버터플라이 반창고를 붙여 주었다. 이제 우리는 절뚝거리며 걷는 칩의 속도에 맞춰 움직여야 했다. 그러는 가운데도 나는 묵묵히 코드를 분석했다. 그날 우리가 하이킹한 32킬로미터 동안 나는 거의 말을 하지 않았다. 마침내 우리는 자리를 마련할 수 있는 대피소에 도착해 캠프를 차렸다.

「보다 간결한 편지를 쓰고 싶었지만 시간이 없어서 그러지 못했소」라는 유명한 대사처럼, 몇 페이지에 걸쳐 엉성한 코드로 프로그램을 작성하는 것보다는 같은 프로그램을 한 페이지로 작성하는 것이 훨씬 어려운 일이다. 엉성한 버전은 더 느리게 실행되고 더 많은 메모리를 잡아먹는다. 하이킹을 하는 동안 나는 짧게 작성할 시간이 있었다. 그 긴 하루 동안 마치 막대기의 끝을 쳐내 뾰족하게 만드는 것처럼 그것을 더욱 간결하게 만들었다. 내가 만든 코드는 효율적이고 흡족할 정도로 단순해 보였다. 이전에 작성한 그 어떤 코드보다 훌륭한, 최고의 코드였다.

다음 날 오후, 하이킹의 출발 지점에 다다를 무렵, 드디어 비가 그치고 맑은 하늘과 따사로운 햇살이 우리를 반겼다. 하이킹이 끝나면 항상 찾아오는, 그러니까 모든 고된 과정을 마치고 나면 느낄 수 있는 뿌듯함이 밀려왔다.

새 학년이 시작된 가을 무렵, 학교에 PDP-8을 빌려주었던 누군가가 그 기계를 회수해 갔다. 결국 나는 BASIC 프로젝트를 끝내지 못했다. 하지만 하이킹을 하며 내가 작성한 코드와 수식 평가기, 그리고 그 아름다움은 계속 내 마음속에 남았다.

　3년 반 후, 대학교 2학년에 재학 중이던 나는 여전히 인생의 방향을 잡지 못한 채 헤매고 있었다. 그러던 어느 날, 레이크사이드 스쿨의 친구 중 한 명인 폴 앨런Paul Allen이 내 기숙사 방으로 뛰어들어왔다. 그는 획기적인 컴퓨터가 나왔다는 소식을 들뜬 목소리로 알렸다. 나는 우리가 그 컴퓨터를 위한 BASIC 언어를 작성할 수 있다는 확신이 들었다. 전에 그런 작업을 해본 경험이 있었기에 다른 사람들보다 앞서 나가서 우위를 점할 수 있었다. 내가 제일 먼저 한 일은 그 끔찍했던 로 디바이드 고개에서의 하루를 되짚으며 그때 작성했던 평가기 코드를 기억 깊은 곳에서 불러오는 것이었다. 나는 그것을 컴퓨터에 타이핑했고, 그렇게 세상에서 가장 큰 회사 중 하나와 새로운 산업의 출범을 이끌어 낼 씨앗을 심었다.

1장

트레이

BILL GATES ≫ SOURCE CODE

세월이 흐르면 한 대기업이 생겨날 것이다. 그리고 시간이 지나면 전 세계에서 사용되는 수십억 대의 컴퓨터의 핵심에 수백만 줄에 달하는 소프트웨어 프로그램이 자리할 것이다. 부가 축적되고 경쟁사가 등장할 것이며, 기술 혁명의 선두를 유지하는 방법에 대한 끊임없는 고민으로 밤을 지새우게 될 것이다.

이 모든 것은 먼 훗날의 일이었다. 어린 나에게는 그저 카드 한 벌과 할머니를 이겨야 한다는 단 하나의 목표만 있을 뿐이었다.

우리 집에서는 게임, 특히 카드 게임을 잘하는 것보다 더 빨리 호감을 얻을 수 있는 방법이 없었다. 누구든 러미, 브리지, 카나스타 같은 게임을 잘하면 우리 식구들의 존경을 받을 수 있었다. 그런 연유로 나의 외할머니 아델 톰슨Adelle Thomson은 집안의 살아 있는 전설이었다. 「가미는 카드 게임의 최고수야」라는 말을 어린 시절 귀에 못이 박히도록 들었다.

〈가미〉라고 불린 나의 외할머니는 워싱턴주 시골의 철도 마을 이넘클로에서 자랐다. 시애틀에서 채 80킬로미터도 떨어지지 않은 곳이지만, 그녀가 태어난 1902년 당시에는 시애틀과는 완전히 다른 세상이었다. 아버지는 철도 전신 기사로 일했고, 어머니 아이다 톰슨Ida Thompson — 우리는 그녀를 랄라Lala라고 불렀다 — 은 지역의 제재소에서 케이크를 굽고 전쟁 채권을 팔아 소박한 수입을 올렸다. 랄라 역시 브리지 게임을 즐겼다. 그녀의 파트너와 상대는 마을의 상류층 인사들로, 은행가의 아내들과 제재소 주인 등이었다. 돈이 더 많거나 사회적 지위가 높은 상대였을지 몰라도, 랄라는 카드 게임에서 그들을 쉽게 이김으로써 어느 정도 격차를 줄였다. 이 재능은 가미에게 그대로 대물림되었고, 가미의 외동딸인 내 어머니에게도 일정량 전해졌다.

나는 이 가족 문화에 아주 일찍부터 발을 들여놓았다. 내가 아직 기저귀를 차고 있을 때 랄라는 나를 〈트레이Trey〉라고 부르기 시작했다. 트레이는 카드 판에서 〈3〉을 뜻하는 은어였다. 내가 할아버지와 아버지에 이어 살아 있는 세 번째 빌 게이츠가 되었다는 사실을 재치 있게 풍자한 것이었다. (사실 나는 네 번째 빌 게이츠였지만 아버지가 〈주니어〉로 불리길 택하면서 내가 빌 게이츠 3세가 되었다.) 가미는 내가 다섯 살이 되자 고피시 게임으로 카드 세계에 입문시켰다. 이후로 몇 년에 걸쳐 우리는 수천 판의 카드 게임을 했다. 우리는 재미로 카드 게임을 했고, 서로를 놀리며 시간을 보내려고 게임하기도 했다. 하지만 할머니는 이기는 것도 염두에 두고 플레이했고, 항상 이겼다.

그 시절 나는 할머니의 뛰어난 실력에 매료되었다. 어떻게 이렇게 잘하실 수 있을까? 원래 그렇게 타고나신 걸까? 신앙심이 깊으신 할머니께 하늘이 내린 선물인 걸까? 오랫동안 나는 답을 찾지 못했다. 내가 아는 것은 우리가 게임을 할 때마다 할머니가 이긴다는 것뿐이었다. 어떤 카드 게임을 하든, 내가 아무리 애써도, 할머니가 이겼다.

크리스천 사이언스Christian Science가 서부 해안 지역에 급속히 확장되던 1900년대 초, 나의 어머니 가족과 아버지 가족 모두 독실한 신자가 되었다. 어머니의 부모님은 사람의 진정한 정체성은 물질적인 것이 아니라 영적인 것에 있다는 크리스천 사이언스의 가르침을 받아들이며 힘을 얻은 것으로 생각된다. 두 분은 진정으로 엄격한 신자였다. 크리스천 사이언스 신자들은 생활 연령으로 나이를 따지지 않기 때문에 가미는 자신의 생일을 축하하지도 않았고, 나이는 물론이고 출생 연도조차 드러내지 않았다. 그렇게 믿음이 굳건했지만, 가미는 결코 다른 사람들에게 자신의 견해를 강요하지 않았다. 나의 어머니는 그 신앙을 따르지 않았고, 나머지 우리 가족 역시 마찬가지였다. 가미는 우리에게 그 종교를 믿으라고 설득하려 하지 않았다.

그녀의 신앙은 아마도 그녀가 매우 원칙적인 사람이 되도록 영향을 미쳤던 것 같다. 어린아이였음에도 나는 가미가 공정과 정의, 성실이라는 개인적 규범을 엄격히 따른다는 것을 알 수 있었다. 그녀에게 잘 산다는 것은 단순하게 살면서 시간과 돈을 다른 사람에게 베풀고, 무엇보다도 두뇌를 잘 사용해 세상과 소통하는 것을 의미했다. 그녀는 결코 화를 내지 않았고, 남을 험담하거나 비판하지도 않았으며, 간교한 속임수도 쓸 줄 몰랐다. 종종 그녀는 방에서 가장 똑똑한 사람이었지만, 다른 사람이 빛날 수 있도록 조심스럽게 처신했다. 기본적으로 내성적인 사람이었지만, 내면에는 참선 수준의 차분함으로 드러나는 자신감이 자리했다.

내가 다섯 번째 생일을 두 달쯤 앞둔 어느 날, 할아버지 J. W. 맥스웰 주니어J. W. Maxwell Jr.가 암으로 돌아가셨다. 연세는 고작 59세였다. 할아버지는 크리스천 사이언스 신앙에 따라 현대 의학의 개입을 거부했다. 그의 말년은 고통으로 가득 찼고, 간병하던 가미 역시 큰 고충을 겪지 않을 수 없었다. 나는 나중에 할아버지가 자신의 병이 가미가 저지른 무언가의 결과라고, 알 수 없는 그 무언가가 신이 보기에는 죄악이었으며 그래서 대신 자신을 벌하고 있는 것이라고 믿었다는 사실을 알게 되었다. 그럼에도 가미는 인내심을 잃지 않고 할아버지 곁을 굳건히 지키며 끝까지 그를 옹호했다. 어린 시절의 가장 선명한 기억 중 하나는 부모님이 나를 할아버지 장례식에 데려가지 않은 것이었다. 베이비시터와 집에 남아 있는 동안 나는 어머니, 아버지, 누나가 할아버지를 배웅하러 갔다는 사실 외에는 무슨 일이 어떻게 돌아가고 있는 상황인지 거의 알지 못했다. 1년 후에는 외증조할머니 랄라가 가미의 집을 방문해 머물던 중 돌아가셨다.

그 시점 이후로 가미는 나와 내 누나 크리스티에게(그리고 나중에는 우리 막내 리비에게) 모든 사랑과 관심을 쏟기 시작했다. 가미는 우리의 어린 시절에 끊임없이 함께하며 우리의 성장 과정에 지대한 영향을 미쳤다. 할머니는 내가 손으로 책을 들 수 없을 때부터 책을 읽어 주었는데, 몇 년에 걸쳐 『버드나무에 부는 바람 *The Wind in the Willow*』, 『톰 소여의 모험 *The Adventures of Tom Sawyer*』, 『샬럿의 거미줄 *Charlotte's Web*』과 같은 고전으로까지 이어졌다. 할아버지가 돌아가신 후 가미는 내가 혼자 힘으로 책을 읽도록 가르치기 시작했다. 『아홉 마리의 친절한 개 *The Nine Friendly Dog*』와 『참 아름다운 날 *It's a Lovely Day*』 등과 같은 집에 있던 책들을 함께 보면서 단어를 소리 내어 발음하도록 도와주었다. 그 책들을 모두 읽고 나자 가미는 나를 차에 태워 노스이스트 시애틀 도서관으로 데려가 새로운 책들을 접하게 했다. 나는 할머니가 책을 많이 읽어서 세상 모든 것에 대해 뭔가 알고 있는 사람처럼 보인다는 느낌이 들었다.

할머니와 할아버지는 시애틀의 고급 주택가인 윈더미어에 집을 마련해 살았다. 손주들이 놀러 가 자거나 가족들이 다 모여 행사를 치러도 될 만큼 큰 집이었다. 할아버지가 돌아가신 후에도 가미는 계속 그곳에서 거주했다. 주말이면 크리스티와 나는 종종 그 집에 놀러가 할머니 방에서 잘 수 있는 특권을 번갈아 누렸다. 다른 한 명은 벽부터 커튼까지 모든 것이 옅은 파란색인 근처 침실에서 혼자 잤다. 가로등과 지나가는 차들의 불빛이 그 파란 방에 으스스한 그림자를 드리우곤 했다. 나는 거기서 자는 것이 무서웠던 터라 가미의 방에서 잘 차례가 돌아오면 늘 날아갈 듯 기뻤다.

그러한 주말 방문은 실로 특별했다. 우리 집에서 겨우 3~4킬로미터 떨어진 곳에 할머니 댁이 위치했지만, 그곳에서 시간을 보내는 것은 마치 휴가를 떠나는 것처럼 느껴졌다. 우리는 할아버지가 옆 마당에 설치한 수영장과 미니 골프 코스에서 놀곤 했다. 할머니는 또한 우리 집에서는 엄격하게 통제되던 텔레비전 시청도 허락했다. 가미는 어떤 활동이든 즐거이 함께하려 했다. 덕분에 나와 누나는 열렬한 게임 플레이어가 되어 모노폴리, 리스크, 콘센트레이션 등과 같은 놀이를 경쟁적인 스포츠로 만들곤 했다. 우리는 동일한 직소 퍼즐을 두 벌씩 사서 누가 먼저 완성하는지 시합도 벌였다. 하지만 우리는 할머니의 취향을 알고 있었다. 저녁 식사를 마치고 나면 대개 식탁에 모여 앉아 카드 게임을 했고, 가미는 늘 우리 남매를 압도해 버리곤 했다.

내가 처음으로 할머니의 승리 비결을 어렴풋이나마 알게 된 것은 여덟 살쯤 되었을 때였다. 아직도 그날이 기억난다. 할머니와 나는 마주 보며 식탁에 앉아 있었고, 내 옆에 크리스티가 앉아 있었다. 방 한쪽에는 그 당시에도 골동품으로 여겨지던 커다란 나무 라디오가 한 대 놓여 있었고, 다른 한쪽 벽에는 할머니가 매주 일요일 저녁 식사 때 사용하던 특별한 접시들을 보관하는 큰 캐비닛이 자리했다.

방 안은 조용했다. 오직 테이블 위로 툭툭 던져지는 카드 소리와 빠른 속도로 카드를 뽑고 패를 맞추는 광적인 움직임만이 방을 채웠다. 우리는 빠르게 진행되는 다인용 솔리테어 게임인 파운스를 플레이하고 있었다. 파운스에서 연승을 거두려면 각 플레이어가 어떤 패를 들고 있고 모든 플레이어의 개인 더미에 어떤 카드가 나와 있으며 테이블 위의 공용 더미에는 어떤 카드들이 들어 있는지 추적할 수 있어야 한다. 작업 기억력과 테이블 위에 나온 카드가 손에 든 카드와 어떻게 연결되는지 즉시 인식할 수 있는 패턴 매칭 능력이 승패를 좌우하는 게임이었다. 하지만 당시의 나는 그런 것까지는 알지 못했다. 내가 알았던 것은 단 한 가지, 운을 자기편으로 만드는 데 필요한 것이 무엇이든 가미에게는 그것이 있다는 것뿐이었다.

나는 내 패를 훑으며 연결되는 카드를 찾으려 머리를 굴렸다. 그때 가미가 말하는 소리가 들렸다. 「네가 가진 식스를 쓰면 되잖아.」 그러고 나서는 「이번엔 나인을 쓰면 되고」라고 했다. 가미는 자신의 패를 플레이하는 동시에 누나와 나를 코치하고 있었다. 할머니는 우리 패를 보지도 않고 어떻게 그 카드들이 손에 있다는 것을 알까? 물론 마법은 아니었다. 대체 어떻게 아는 거지? 사실, 카드 게임을 하는 사람이라면 누구나 알고 있는 기본 사항이다. 상대의 패를 더 면밀히 추적할수록 이길 확률이 높아진다. 하지만 그 나이의 나에게는 마치 하늘의 계시와도 같은 깨달음이었다. 카드 게임에 담긴 미지와 운의 요소에도 불구하고 승리의 확률을 높이기 위해 배울 수 있는 것들이 있다는 사실을 그날 처음으로 깨쳤다. 가미가 단순히 운이 좋거나 재능을 타고나서 이기는 게 아니었다. 할머니는 두뇌를 훈련시킨 것이었다. 그렇다면…… 나도 할 수 있는 것이었다.

그때부터 나는 카드 판에 앉을 때마다 나눠지는 각각의 패에서 매번 배울 수 있는 기회가 생긴다는 점을 인식하고 게임에 임했다. 내가 그 기회를 잡기만 하면 되는 일이었다. 할머니도 그 점을 알고 있었다. 그렇다고 그녀가 그 길을 쉽게 만들어 준 것은 아니었다. 나를 앉혀 놓고 해야 할 것과 하지 말아야 할 것을 설명하고 다양한 게임의 전략과 전술을 가르칠 수도 있었다. 하지만 그것은 가미의 방식이 아니었다. 그녀는 설명으로 가르치지 않고 본보기로 이끄는 스타일이었다. 그래서 우리는 계속 게임을 하고, 또 했다.

우리는 파운스와 진 러미, 하트, 그리고 내가 가장 좋아하는 세븐스 게임을 주로 했다. 그녀가 가장 좋아하던, 진의 복잡한 형태인 〈해안 경비대〉 러미라는 게임도 했다. 가끔 브리지도 했으며, 『호일의 게임 규칙 Hoyle's Rules of Games』이란 책 전체를 훑으면서 인기 있는 게임이든 그렇지 않은 게임이든 모두 시도해 봤다. 심지어 피노클 게임까지 말이다.

그러는 내내 나는 할머니의 플레이를 주의 깊게 살폈다. 컴퓨터 과학에는 〈상태 기계 state machine〉라는 개념이 있다. 입력을 받으면 일련의 조건 상태에 따라 최적의 조치를 취하는 프로그램의 일부를 말한다. 할머니는 정교하게 조정된 카드 게임용 상태 기계를 지니고 있었다. 그녀의 정신적 알고리즘은 확률과 의사 결정 트리, 게임 이론을 체계적으로 검토하며 작동했다. 나는 이러한 개념을 말로는 설명할 수 없었어도 차츰 직감적으로 이해하기 시작했다. 그녀는 이전에 본 적 없는 수와 확률이 조합된 독특한 상황에서도 대개 최적의 선택을 내리곤 했다. 게임 중간에 좋은 카드를 잃은 경우에도 게임 후반부에 이르면 이유가 있었다는 사실이 드러나곤 했다. 승리에 이르는 길을 닦기 위해 의도적으로 희생한 것이었다.

우리는 틈만 나면 게임을 했고, 나는 계속해서 졌다. 하지만 나는 지켜보면서 발전하고 있었다. 가미는 계속 부드럽게 나를 격려했다. 「머리를 쓰면 돼, 트레이. 영리하게 생각하면 돼.」내가 다음 수를 고민할 때마다 가미는 이렇게 말하곤 했다. 두뇌를 사용하고 집중을 잃지 않으면 올바른 카드를 찾을 수 있다는 뜻이었다. 이길 수 있다는 것이었다.

그러던 어느 날, 내가 이겼다.

팡파르는 없었다. 그랑프리도 없었다. 하이파이브도 없었다. 심지어 내가 처음으로 할머니보다 더 많은 게임을 이긴 그날 어떤 게임을 했는지도 기억나지 않는다. 할머니가 기뻐한 것은 생각난다. 분명히 가미는 내가 성장하고 있음을 인정하는 환한 미소를 지었다.

5년 정도 걸렸지만, 결국 나는 꾸준히 이기기 시작했다. 그 무렵 나는 거의 틴에이저에 이르렀고, 자연스레 경쟁심도 생겼다. 새로운 기술을 배울 때 느끼는 깊은 만족감은 물론이고 정신적인 씨름도 즐기기 시작했다. 카드 게임을 통해 나는 아무리 복잡하고 불가사의해 보이는 무엇이라도 결국에는 알아낼 수 있는 경우가 많다는 사실을 배웠다. 세상은 이해할 수 있는 대상이었다.

나는 1955년 10월 28일, 3남매 중 둘째로 태어났다. 1954년에 태어난 크리스티는 나보다 21개월 위였고, 여동생 리비는 거의 10년 후에나 세상에 모습을 드러낼 터였다. 아기였을 때 나는 늘 방실방실 웃는 모습을 보여 〈해피 보이〉라는 별명을 얻었다. 울지 않은 것은 아니었지만, 분명한 기쁨이 다른 모든 감정을 압도하는 것처럼 보였다. 주목할 만한 또 다른 어린 시절 특성은 과도한 에너지로 설명할 수 있다. 나는 몸을 흔들어 댔다. 처음에는 고무로 된 장난감 말을 타고 몇 시간씩 흔들어 댔다. 그리고 커가면서 장난감 말 없이도 계속 몸을 흔들었고, 앉아서도, 서서도, 무언가를 골몰히 생각할 때도 흔들었다. 몸 흔들기는 내 두뇌를 위한 메트로놈과도 같았다. 이 버릇은 지금까지도 이어지고 있다.

부모님은 일찍부터 내 마음의 리듬이 다른 아이들과 다르다는 것을 알았다. 한 예로 크리스티는 시키는 대로 잘 했고, 다른 아이들과 쉽게 어울렸으며, 처음부터 좋은 성적을 받았다. 나는 그런 면이 전혀 없었다. 어머니는 그런 내가 걱정되어 에이콘 아카데미의 유치원 선생님들에게 어떤 일을 예상해야 하는지 미리 알렸다. 유치원 첫해가 끝날 무렵, 원장 선생님은 나에 대한 발달 평가 소견을 이렇게 적었다. 〈어머니는 아이가 누나와 크게 다르다고 느끼셔서 우리에게 사전 대비 차원의 주의를 주셨습니다. 아이와 1년을 함께하며 우리도 어머니의 의견에 전적으로 동의하게 되었습니다. 아이는 자신이 유치원 생활의 어떤 단계에도 전혀 관심이 없음을 우리에게 이해시키려고 결심한 것 같았습니다. 가위질할 줄을 모르면서 알려고 하지 않았고, 자기 코트를 스스로 입을 생각조차 하지 않았으며, 그러면서도 늘 즐거워했습니다.〉(지금 생각해 보면 웃긴 일인데, 나에 대한 크리스티의 가장 오래된 기억 중 하나는 내게 억지로 코트를 입힌 후 가만히 누워 있도록 달래서 지퍼를 겨우 올리던 그 고생을 늘 자신이 도맡아 짜증이 나곤 했다는 것이다.)

에이콘 아카데미의 두 번째 해에 나는 새로이 〈공격적이고 반항적인 아이〉로 변모했다. 혼자 노래 부르고 상상 여행을 떠나는 것을 좋아하는 네 살짜리 반항아였다. (원장 선생님의 평가 기록에 따르면) 나는 다른 아이들과 자주 다투었고, 〈짜증을 내고 불만족스러워하는 시간이 많았다〉. 다행히도 선생님들은 나의 장기적인 계획에 위안을 얻었다. 그들은 이렇게 썼다. 〈우리가 아이의 신뢰를 얻었다고 느낍니다. 우리를 나중에 자신의 달 탐사 로켓에 태워 준다고 했거든요.〉(내가 케네디 대통령보다 몇 년 앞서 있었던 셈이다.)

교육자들과 부모님이 어린 나에게서 주목한 부분은 앞으로 전개될 상황에 대한 단서가 되었다. 나는 가미의 카드 기술에 대한 궁금증을 풀 때 가졌던 것과 같은 강렬한 열정을 흥미를 느끼는 모든 것에 쏟아부었고, 흥미가 생기지 않는 것에는 아무런 관심도 기울이지 않았다. 내가 흥미를 느낀 것은 독서와 수학, 혼자만의 사색 시간 등이었다. 흥미롭지 않았던 것에는 일상생활과 학교생활의 의례적인 일들과 필기, 미술, 스포츠 등이 포함되었다. 아, 그리고 어머니가 내게 시키는 거의 모든 것도 여기에 해당했다.

부모님은 지나치게 활동적이고 머리는 좋지만 종종 반항하는 통에 다루기가 힘든 아들과 씨름하느라 많은 에너지를 쏟아야 했고, 이는 우리 가족의 모습에 깊은 영향을 미쳤다. 점점 나이를 먹어 가면서, 나는 내가 전통에서 벗어난 방식으로 성장하는 과정에서 부모님이 얼마나 중요한 역할을 했는지 더 잘 이해하게 되었다.

아버지는 키가 201센티미터에 달하던 온화한 거인으로, 일반적으로 방 안에서 가장 덩치 큰 사람에게서 기대하기 어려운 차분한 예의범절을 갖춘 것으로 유명했다. 그는 사람들을 대할 때 직설적이고 결단력 있는 태도를 보였는데, 그것이 그를 정의하는 특성이자 기업과 이사회에 자문을 제공하는 변호사 경력에도 적합한 자질이었다(그리고 훗날 우리가 설립한 자선 재단의 초대 이사장직에도 어울렸다). 예의는 갖추었지만, 원하는 것이 있으면 주저하지 않고 요청하는 분이었다. 대학생 시절, 그가 원했던 것은 댄스 파트너였다.

1946년 가을, 아버지는 G.I. 법안 덕분에 대학 교육을 받을 수 있게 된 수많은 참전 용사 중 한 명이었다. 이 법안은 학비를 감당하기 힘든 수백만 명에게 교육받을 수 있는 기회를 열어 준 정부의 관대한 프로그램이었다. 아버지가 생각하기에 한 가지 단점은 워싱턴 대학교 캠퍼스에는 남학생이 여학생보다 훨씬 많다는 것이었다. 이는 곧 댄스 파트너를 찾을 확률이 매우 낮다는 의미였다. 어느 시점에 이르러 아버지는 친구에게 도움을 요청했다. 그 친구의 이름은 메리 맥스웰Mary Maxwell이었다.

아버지는 그녀가 여학생 클럽 카파 카파 감마Kappa Kappa Gamma 의 임원이라는 것을 알고 있었고, 그래서 그녀에게 부탁한 것이었 다. 혹시 춤추는 것을 좋아하는 키 큰 남자에게 관심 가질 만한 여 학생 없어? 그녀는 알아보겠다고 답했다. 그런 후 시간이 흘렀지 만, 소개는 이뤄지지 않았다. 어느 날 여학생 클럽 건물 바로 앞을 함께 걷던 중 아버지가 그녀에게 다시 물었다. 적합한 사람 없냐고.

「염두에 둔 사람이 있긴 한데……」그녀가 말했다. 「나야.」

그녀는 키가 170센티미터였다. 아버지는 그녀에게 문자 그대 로 자신의 기준에 미치지 못한다고 말했다. 「메리, 넌 키가 너무 작아.」

그러자 그녀는 그의 곁으로 바짝 다가서서 발끝을 세우고 손 을 머리 위에 올리며 응수했다. 「안 작아! 나도 키가 크다고.」

아버지는 줄곧 자신의 소개 요청이 어머니와 사귀기 위한 꼼 수가 아니었다고 주장했다. 하지만 결국은 그렇게 되었다. 「이런!」 아버지가 말했다. 「데이트하자.」 그리고 이런 이야기가 흔히 그렇 게 흐르듯, 2년 후 두 사람은 결혼에 골인했다.

두 분의 이 이야기는 언제 들어도 흥미로웠다. 부모님의 성격 을 너무도 완벽하게 보여 주는 이야기였기 때문이다. 아버지는 신 중하고 당당한 실용주의자였다. 때로는 심지어 연애 문제에서도 그랬다. 어머니는 사교적이면서도 (아버지와 마찬가지로) 원하는 바를 얻는 데 있어 망설임이 없었다. 이 이야기는 전체에서 군더더 기를 제거한 요약판이지만, 키 차이를 넘어서는 차이점을 보여 준다는 요점은 그대로 살아 있는 버전이다. 결국 그런 차이점이 나라는 사람의 형성에 많은 영향을 미친 것이다.

어머니는 자신의 삶을 기록으로 남기는 데 많은 정성을 들였다. 가족여행과 학교 뮤지컬을 담은 사진 앨범, 신문 스크랩북, 전보 등을 모두 꼼꼼히 정리해서 챙겨 두었다. 나는 최근 어머니와 아버지가 1951년 봄에 결혼식을 올리기 전까지 약 1년여에 걸쳐 주고받은 편지 뭉치를 발견했다. 결혼 6개월 전, 아버지는 고향의 로펌에서 변호사로 일하고 있었다. 그해 초 법학 학위를 취득한 후 고향으로 돌아가 첫 직장을 잡은 것이었다. 그에 반해 어머니는 대학으로 돌아가 마지막 학년을 마무리하고 있었다. 어머니가 10월에 쓴 편지는 전날의 대화에서 느꼈던 〈감정적 혼란〉을 떨쳐 내고 편지지를 채워 나가게 되길 바란다는 내용으로 시작된다. 구체적으로 언급하지는 않았지만 두 사람의 결합에 대한 걱정과 서로의 차이를 어떻게 해소할지에 대한 고민이 일부 있었던 것으로 보인다. 그녀는 이렇게 이어 나갔다.

> 우리 관계에 대한 나의 객관적인 결론은 서로 공통점이 많으며 아주 멋진 관계를 이루고 있다는 거야. 서로가 원하는 사회생활과 가정생활도 거의 비슷해. 우리가 둘 다 아주 밀접한 결합, 즉 둘이 하나가 되는 결혼을 원한다는 것도 사실이라고 생각해. 비록 우리의 사회적, 가정적 배경은 다를지라도, 그런 차

이에서 생길 수 있는 문제들에 대해 서로 이해할 수 있으리라고 믿어. 왜냐하면 개인으로서 우리는 굉장히 비슷하기 때문이야. 우리 둘 다 아이디어를 다루는 것을 좋아해. 지속적으로 생각하고 배우는 것 말이야……. 둘 다 세상에서 말하는 성공을 원하지만 반드시 정직하고 공정하게 그것을 얻어야 한다고 생각하는 것도 같아. 성공을 높이 평가하긴 하지만, 그것을 위해 다른 사람을 부당하게 억눌러도 된다고 생각하지는 않잖아. 우리의 아이들에게도 이와 같은 기본적인 가치관을 물려주게 될 거야. 아마도 우리가 사용하는 〈방법〉은 다소 다를 수 있겠지만, 나는 우리가 서로의 관점을 보완할 수 있는 견실한 대외적 입장을 함께 세울 수 있을 것이라고 생각해……. 빌, 당신이 항상 진심으로 나를 사랑해 준다면, 나는 이 세상의 어떤 일이든 당신을 위해 할 거야.

　　사랑해, 빌.

당신의 메리가

이 편지에서 나는 부모님의 결혼 생활 동안 계속되었을 은밀한 협상을 엿볼 수 있었다. 두 분은 거의 항상 견실한 연합을 유지하며 은밀히 서로의 차이점을 조율해 나갔다. 그런 차이점 대부분은 서로 다른 성장 환경에서 비롯된 것이었다.

　　나의 어머니 메리 맥스웰은 은행가였던 할아버지 J. W. 맥스웰이 만든 가족 문화 속에서 자랐다. 할아버지는 손녀를 매우 아꼈으며, 끊임없는 자기 계발의 삶으로 본보기가 되었다. 네브래스카 주에서 살던 소년 시절, J. W.는 학교를 그만두고 지역의 한 은행가를 설득해 그의 집 지하실을 파주는 대가로 돈과 숙식을 제공받는 일을 얻어냈다. 두 달 후 J. W.가 삽을 내려놓자 은행가는 그에게 은행의 일자리를 제안했다. 그의 나이 열다섯 살 때였다. 거기서 몇 년 동안 은행 업무를 익힌 그는 새로운 삶을 개척하기 위해 워싱턴 주로 이주했다. 하지만 1893년 대공황으로 그가 다니던 신생 은행은 무너졌고, 그가 호황을 누릴 것이라 믿었던 해안 마을은 쇠락했다. 결국 그는 연방 소속 은행 조사관이라는 안정된 직업을 택할 수밖에 없었고, 수개월씩 가족과 떨어져 말이나 마차, 기차를 타고 서부를 돌아다니며 소규모 은행의 건전성을 평가하는 일을 했다. 그리고 마침내 그는 자신의 은행을 설립하는 데 성공했다. 1951년 여든일곱 살의 연세로 돌아가실 무렵, 나의 외증조할아버지는 시애틀 소재 주요 은행의 회장이자 활발한 시민 지도자였다. 또한 시장, 주의회 의원, 교육위원회 위원, 연방준비제도 이사를 역임한 인물이었다.

은행가 할아버지가 마련하고 역시 은행가였던 아버지가 확대한 부와 기회의 플랫폼 덕분에 메리 맥스웰은 아무런 부족함이 없는 어린 시절을 누렸다. 그녀는 가족 및 폭넓은 친구들과 함께 다양한 스포츠와 활동을 즐기며 공부도 잘하는 멋진 학생으로 성장했다. 일요일은 가족 소풍의 날이었고, 여름날에는 퓨젯사운드만에 있는 조부모님의 해변 별장에서 수영을 즐기곤 했다. 어떤 모임에서든 크로케, 셔플보드, 말편자 던지기 등 스포츠와 게임이 필수 요소가 되었으며, 그녀가 테니스와 승마를 배우고 스키도 타게 될 것임은 의심의 여지가 없었다. 맥스웰 가족에게 스포츠와 게임은 단순한 놀이 이상의 훈련을 의미했다. 예를 들어 골프는 (할아버지가 쓴 글에 따르면) 〈기술과 꾸준한 연습, 냉철함, 인내심, 지구력, 주의력〉 등 은행 업무에 요구되는 특질 및 자질을 훈련할 수 있는 대체 활동이었다.

어머니의 앨범 중 하나에 서너 살 때 찍은 사진이 한 장 있다. 일단의 동네 부모들이 각자 세발자전거를 탄 아이들을 한데 모아 찍은 단체 사진이었다. 사진 뒷면에 가미가 그에 얽힌 이야기를 적어 놓았다. 한 남자아이가 가장 큰 세발자전거를 가지고 있었다. 어머니는 그 아이와 자전거를 바꿔 자신이 가장 큰 세발자전거에 오르고 싶었다. 어떻게 설득했는지 몰라도 그녀는 그 아이의 동의를 얻어 냈다. 그렇게 찍은 사진 속에서 그녀는 다른 아이들보다 머리 하나 높이로 우뚝 솟아 앉은 채 환하게 웃고 있었다. 그녀는 세계 나가는 것과 공간을 차지하는 것을 결코 두려워하지 않았다.

어머니가 자신감과 야망을 갖게 된 데에는 아마도 맥스웰 집안 못지않게 가미의 영향도 컸을 것이다. 가미는 카드 테이블에서의 예리함 하나로 정의할 수 있는 인물이 아니었다. 그녀는 독서광으로 고등학교 졸업반의 수석 졸업생이자 재능 있는 농구 선수였으며, 고향을 떠나 더 큰 무대에서 멋진 삶을 사는 것을 꿈꾸던 학생이었다. 가미는 워싱턴 대학교에 진학해 나의 할아버지를 만났다. 어머니도 선례를 따라 1946년에 워싱턴 대학교에 입학했는데, 이는 야심 찬 두 부모의 전폭적인 지원과 탁월한 성취를 이룰 것이라는 가문 전반의 기대 속에 이뤄진 일이었다.

퓨젯사운드만을 사이에 두고 시애틀 건너편에 위치한 아버지의 고향 브레머턴은 전투로 파손된 배들을 수리하는 해군 조선소 덕분에 유명해진 도시였다. 몇 년 전까지만 해도 도박꾼들의 도시로 이름을 날렸고, 하루에 다 돌 수 없을 정도로 술집이 많은 것으로도 유명했다.

어렸을 때 나와 누나는 아버지의 부모님을 뵈러 페리를 타고 브레머턴에 가곤 했다. 페리에서 내려 언덕을 조금만 올라가면 아버지가 어린 시절을 보낸 집이 나왔다. 조용한 거리에 있는 파란색의 작은 크래프츠맨 스타일 주택이었다. 우리는 조부모님 댁에서 하룻밤이나 이틀 밤 머물곤 했다. TV가 켜져 있다면 할아버지가 권투 중계를 시청 중이라는 뜻이었는데, 그게 할아버지가 자신에게 허락한 유일한 오락거리였다. 나의 친할머니 릴리언 엘리자베스 게이츠Lillian Elizabeth Gates도 가미와 마찬가지로 카드 게임을 좋아해서 종종 우리와 함께 게임을 즐기곤 했다. 외조부모님처럼 아버지의 부모님도 크리스천 사이언스 신자였다. 조부모님 댁을 방문하던 때의 기억 중 하나는 할머니가 매일 아침 부엌에서 커피 한 잔을 놓고 할아버지에게 메리 베이커 에디Mary Baker Eddy의 일일 성경 공과Daily Bible Lesson를 조용히 읽어 주던 모습이다.

아버지는 자신의 어린 시절에 대해 이야기할 때면 항상 할아버지에 대해 애석해하는 것 같았다. 그는 할아버지를 삶의 다른 많은 부분에 거의 시간을 쓰지 않았던 일 중독자로 묘사하곤 했다. 할아버지는 부친에게서 물려받은 가구점을 운영했는데, 대공황을 버텨 내긴 했지만 간신히 명맥만 유지하는 정도였다. 가족의 재정 문제에 대한 끊임없는 불안은 할아버지를 가게에 얽매이도록 만들었다. 파란색의 그 작은 집 뒤로 골목길이 있었는데, 예전에는 할아버지가 그 길을 따라 퇴근하면서 배달 트럭이 떨어뜨린 석탄 조각을 줍곤 했다고 한다. 아버지는 할아버지가 영화를 보러 가거나 아들을 야구장에 데려간 적이 한 번도 없다고 했다. 그런 것들을 가게 일에 방해만 되는 시간 낭비로 봤다는 얘기였다. 아버지는 그분이 항상 두려움에 쫓기듯 살아가는 것 같았다고 했다.

어떤 면에서는 할아버지를 탓할 수도 없었다. 할아버지는 어린 시절 알래스카 놈에서 가난을 경험하며 자랐다. 그의 아버지, 그러니까 나의 증조부이자 우리 가문의 첫 번째 빌 게이츠는 1800년대 후반 골드러시에서 한몫 잡기 위해 떠나 있었고, 그동안 가족은 근근이 생계를 이어갈 수밖에 없었다. 나의 할아버지 빌 주니어는 황금을 찾아 떠난 가장 대신 가족을 부양하기 위해 8학년 때 학교를 그만둬야 했다. 그는 놈의 얼어붙은 거리에서 신문을 파는 등 구할 수 있는 일은 무엇이든 닥치는 대로 했다. 결국 가족은 모두 시애틀로 돌아와 가구 사업을 시작했고, 차츰 상황도 나아졌다. 하지만 이미 깊이 체화된 할아버지의 불안감은 결코 사라지지 않았다.

할아버지는 또한 (아버지의 표현에 따르면) 〈세상을 바라보는 매우 좁은 시각〉을 유지했다. 아버지는 이 역시 부분적으로 그의 불안감에 기인한다고 생각했다. 정규 교육을 받지 못한 할아버지는 세상과 삶에 대한 나름의 엄격한 규칙(아버지는 이를 〈그의 공리〉라고 칭했다)에 집착했다. 할아버지는 아버지에게 틈틈이 이렇게 말하곤 했다. 「아들아, 돈 버는 법을 배워야 한다. 돈 버는 법.」 그에게 있어 교육은 그저 직업을 얻는 데 필요한 기술을 습득하는 것일 뿐이었다. 그 이상의 무엇은 없었다.

나의 할머니는 고등학교를 차석으로 졸업한 것을 자랑스러워하던 분으로 자기 계발에 대한 아버지의 시각에 영향을 미친 나름의 공리를 가지고 있었다. 〈더 많이 알수록, 모르는 것이 많아진다.〉 하지만 집안에서의 생활이 항상 순탄했던 것은 아니었다. 여성들이 사회에서 새로운 길을 개척하기 시작하던 시절이었음에도, 할아버지는 여전히 과거에 갇혀 살았다. 그는 심지어 아버지의 누나인 메리디Merridy가 운전면허를 취득하는 것조차 허락하지 않았고, 그녀를 대학에 보내는 것은 고려조차 하지 않았다. 그의 생각에 여성에게 필요한 기술은 집 주변에 있었다.

아버지는 자신과 자신의 아버지 사이의 지적 격차를 뚜렷이 인식했다. 문맹은 아니었지만 할아버지는 글을 잘 읽지 못했고, 아버지는 머리를 쓰며 살고 싶었으며 대학에 가고 싶었다. 그는 자신을 가구 사업에 합류시키려는 할아버지의 계획에 순순히 따를 생각이 없었다.

아버지의 집 옆에는 마치 동화 속에서 나온 것 같은 집이 한 채 있었다. 벽돌과 치장 벽토로 지은 노르만 양식의 주택으로, 스테인드글라스 창문과 원뿔형 지붕을 얹은 탑까지 갖추고 있었다. 주변의 크래프츠맨 스타일 집들과는 너무도 다른 모습이었던 터라 동네 사람들은 그 집을 〈성〉이라고 불렀다. 아버지의 더 큰 삶을 향한 여정은 이 성에 들어가 브레이먼Braman 가족과 어울리면서 시작되었다. 그 집 아들 중 장남인 지미Jimmy는 아버지와 성장기를 함께하며 떼려야 뗄 수 없는 절친한 친구가 되었다. 아버지는 엉뚱한 아이디어를 현실로 만들어 내는 지미의 능력에 감탄했고, 둘은 온갖 종류의 계획과 사업을 구상하며 하루하루를 보냈다. 앞마당에서 햄버거 가판대를 운영하기도 했고, 뒷마당에서 서커스 공연을 선보이기도 했다. 웃통 벗은 아버지가 못 판 위에 눕는 묘기를 아이들이 돈을 내고 구경했다니, 생각만 해도 웃음이 나온다. 또한 『위클리 리시버 The Weekly Receiver』라는 신문을 발행했는데, 70명의 구독자에게 몇 센트를 받고 라디오에서 들은 뉴스와 지역 학교의 축구 및 야구 경기 스코어를 정리해 제공하는 주간 신문이었다.

아버지는 브레이먼 부부의 수양아들이 되었다. 아버지는 지미의 아버지에게서 자신이 되고 싶은 유형의 모델을 발견했고, 그래서 그를 멘토로 여겼다. 고등학교를 중퇴한 돔 브레이먼Dorm Braman은 브레머턴에서 가장 큰 제분소를 창업했고, 이어서 해군 장교로 복무했으며, 나중에 시애틀 시장에 당선되었고, 종내 닉슨 행정부에서 교통부 차관으로 봉직했다. 그는 이 독특한 집을 자신의 손으로 직접 설계하고 건축했다.

아버지는 돔 브레이먼이 〈개인적인 한계를 전혀 의식하지 않으셨던 분〉이라며 감탄하곤 했다. 돔의 이러한 정신은 그의 아들들과 그가 이끈 스카우트단에 그대로 전수되었고, 아버지도 열두 살이 되자마자 이 스카우트단에 가입했다.

나의 할아버지와 돔 브레이먼, 두 분 모두 학교를 중퇴했지만, 그러한 도전에 임하는 방식은 완전히 달랐고, 그에 따라 인생의 기회들이 다르게 펼쳐졌다. 할아버지는 불안 속에 살면서 자신의 엄격한 규칙에 집착했다. 돔 브레이먼은 부족한 부분에 연연하지 않고 자신이 될 수 있는 것에 집중했다. 나의 아버지는 돔 브레이먼의 세상 보는 방식을 선호했다.

11학년이 시작된 가을의 어느 날, 아버지는 침실 서랍장에서 85달러를 꺼낸 후 네 블록 떨어진 중고차 매장에 걸어가 버블 타이어가 달린 1939년식 모델 A 포드 쿠페를 구입했다. 할아버지는 너무 위험하다는 이유로 10대인 아들이 가족용 자동차를 운전하는 것을 허락하지 않았다. 아버지는 아직 합법적으로 차를 살 수 있는 나이가 아니었기에 그의 누나가 자동차 등록증에 이름을 올렸다. (가끔 이 이야기를 할 때면 아버지는 누나가 생일 선물로 차를 사준 것처럼 말하기도 했다.)

그는 할아버지가 화를 낼 것을 알면서도 일을 저질렀다. 물론 할아버지는 아들만 야단치지 않을 터였다. 그는 결코 아들에게 차를 사주는 데 돈을 쓸 사람이 아니었다. 그런데 이제 운전을 금지시킨 딸이 자동차의 소유주가 된 상황이었다.

아버지는 차를 몰고 집으로 돌아와 자신이 낡은 연두색 쿠페의 자랑스러운 소유자라고 태연히 밝혔다. 집 앞에서 울리는 고함 소리에 놀란 할머니는 남편과 아들을 안으로 들여 앉힌 후 화해하라고 강요했다. 아버지는 차를 굴리는 데 큰 비용이 들지 않을 것이라고 주장했고, 결국 할아버지를 설득해 함께 드라이브를 나갔다. 나는 그 부자가 함께 앉아 대화를 나누는 모습, 그리고 마침내 고집불통 아버지가 아들의 득의에 굴복하는 모습을 상상해 본다. 그날 밤, 아버지는 새로 구입한 그 물건을 보려고 침대에서 두 번이나 빠져나왔다. 〈가슴이 부풀어 셔츠 단추가 터져 나갈 것 같았다. 드디어 독립을 이룬 것이었다!〉 아버지는 대학 시절 한 과제물에 이렇게 썼다.

아버지는 차에 클래러벨Clarabelle이라는 이름을 지어 주었다. 그것이 중년에 이른 그 차의 페르소나에 어울린다고 생각했기 때문이다. 클래러벨은 아버지를 데이트나 축구 경기, 낚시 여행 등에 태우고 다니며 자유를 선사했다. 때로는 뒷좌석에 겹겹이 앉거나 펜더에 발을 딛고 매달린 10명을 싣고 브레머턴의 거리와 시 외곽의 울퉁불퉁한 산림청 도로를 달리기도 했다.

그 무렵 아버지는 크리스천 사이언스에서 멀어지며 종교 전반에 대해 의문을 품기 시작했다. 고등학교 마지막 해, 아버지와 두 명의 친구는 학교에서 존경받는 지도자였던 농구 코치 켄 윌스Ken Wills의 집에서 일요일 밤을 보내기 시작했다. 켄 윌스는 교회에 가기보다는 농구를 하고 싶은 사람들을 위해 일요일마다 체육관을 열어 주었다. 저녁이 되면 아버지와 친구들은 그의 집에서 구약 성경과 신의 존재에 의문을 가져야 한다는 그의 주장과 그 이유에 대한 설명에 귀를 기울였다.

미국이 2차 세계 대전에 참전한 지 거의 2년이 되어 가는 시점이었다. 아버지의 친구들을 포함해 아직 소집되지 않은 45세 이하 남성 대부분은 전쟁에 대비하고 있었다. 브레머턴 상공에는 일본군 폭격기의 공격을 막기 위한 거대한 방공 기구들이 떠 있었고, 언덕 아래 브레머턴 조선소에서는 USS 테네시USS Tennessee호를 비롯해 진주만에서 살아남은 함선들이 수리되고 있었다. 고등학교를 졸업한 후 아버지는 육군 예비군에 입대했고, 그 덕분에 현역으로 소집될 때까지 워싱턴 대학교에 다닐 수 있었다. 소집 통지서는 1학년 말에 날아왔다. 1944년 6월, 수십만 명의 미군이 노르망디 해변으로 밀고 올라간 일주일 후 아버지는 기초 군사 훈련을 받으러 아칸소주로 향했다.

아버지가 이름을 바꾸기로 결심한 것이 바로 이 시기였다. 아버지의 출생증명서에는 〈윌리엄 헨리 게이츠 3세William Henry Gates III〉라고 적혀 있었는데, 가구 판매업자의 아들치고는 너무 고상하게 들린다는 생각이 들었기 때문이다. 〈3세〉가 풍기는 암묵적인 지위가 훈련 교관들과 동기들의 조롱과 장난질을 불러올 수 있다고 확신한 그는 법적으로 그 접미사를 떼어 내고 〈주니어〉로 대체했다.

여기서 잠시, 신병 훈련소와 이후 장교 후보생 학교에서 집으로 자주 편지를 보내던 열아홉 살의 아버지를 떠올려 본다. 유머러스하면서도 자의식이 강한 그는 자신이 얼마나 열심히 복무하고 있는지 이야기하며 고향의 가족에 대한 깊은 애정을 드러낸다. 편지 곳곳에는 군대의 불확실한 일정으로 인해 고향 방문 계획을 세우기 어려운 것에 대한 답답함이 묻어난다. 장난기 어린 어투로 자잘한 물건(속옷 등)을 살 약간의 돈을 보내 주길 부탁하고, 다른 신병에게 15달러를 빌려주는 바람에 돈이 부족해졌다며 미안해한다. 주로 그는 자신의 삶에 대한 이런저런 생각을 밝힌다. 군대 생활이 힘들다고 토로하면서도 자신이 성장하고 있으며 더 나은 사람이 되기 위해 노력하는 부분에 초점을 맞춘다. 자신이 접한 새로운 세상, 빈자와 부자, 유색 인종 등 각계각층의 젊은이들이 모인 그 새로운 환경에 감탄하며, 남부 출신들과는 남북 전쟁에 대해 논쟁을 벌이기도 한다.

　장교 후보생 학교에서는 정기적으로 평가를 실시했다. 통과하지 못하면 퇴교당하는 것이었다. 평가가 거듭될수록 아버지의 동기생 수가 점점 줄어들었다. 아버지는 살아남았음에도 다음 평가, 특히 팔굽혀펴기와 턱걸이, 1백 야드 철조망 통과 등과 같은 체력 검사에 대해 걱정했다. 아버지의 편지에 따르면, 그는 〈다소 약골 상태〉로 입대했다. 〈이제 소년이 아니라 남자가 된 것 같은 기분이 들어요. 여기서 낙제한다면 다시는 회복할 수 없을 것 같아요. 하지만 이 과정을 통과한다면 인생의 모든 일에 더 자신감 있고 더 패기 있게 도전할 수 있게 되리라고 믿어요. 이 경험이 저를 그렇게 만들어 줄 것이라는 확신이 들어요. 정신적으로도 그렇지만, 육체적으로 이보다 더 좋은 상태였던 적이 없는 것 같아요.〉

　　장교 후보생 과정을 마친 아버지는 소위로 임관해 필리핀으로 향하는 배에 올랐다. 그 배가 태평양을 가로지르던 1945년 8월 15일, 일본이 항복을 선언했다. 아버지는 파병 기간 대부분을 도쿄에 파견된 첫 번째 미군 부대의 일원으로 보냈다. 그의 편지에는 어지러울 정도로 극명한 대비가 담겨 있었다. 예를 들면, 이른 아침 후지산을 등반하면서 느꼈던 아름다움과 미국의 폭격으로 불탄 집과 콘크리트 외벽만 남은 건물 등 도쿄의 참혹한 모습이 교차되었다.

　　아버지는 군대 경험에 대해 거의 이야기하지 않았다. 그는 자신이 운이 좋았다고 여겼다. 장교 후보생 학교 덕분에 반년 동안 전장을 피할 수 있었고, 임관 직후 원자 폭탄으로 전쟁이 끝났으니까. 그의 친구 중 다수는 그렇게 운이 좋지 않았고, 살아남은 친구들은 전쟁의 상흔을 안고 집으로 돌아왔다. 시애틀에 살던 한 친구는 머리에 총을 맞고도 살아 돌아왔고, 자신의 망가진 철모와 퍼플 하트 훈장을 집에 전시해 두었다. 누가 물으면, 아버지는 군 복무가 자신에게 매우 가치 있는 일이었다고 말할 뿐, 그 이상은 덧붙이지 않았다.

　　미국으로 돌아온 아버지는 빨리 학위를 취득해 직업 전선에 뛰어들기 위해 서둘렀다. 아, 춤추러 가기 위해서도 서둘렀다.

부모님은 학생회 자원봉사자로 활동하면서 친구가 되었다. 워싱턴 대학교 학생회ASUW는 자치 단체인 동시에 사교 클럽 역할도 했기에 부모님은 함께 시간을 보낼 기회가 많았다. 당시 ASUW는 정치적 연설을 금지하는 대학 이사회의 오랜 정책에 맞서 싸웠다. 이 정책에 분노한 아버지는 금지 조치를 철회시키기 위해 노력했다. 결국은 실패했지만 말이다.

무대 뒤에서 일하는 것을 좋아하던, 곧 연인이 될 남사친과는 달리 어머니는 무대의 중앙에서 훨훨 날았고, 특히 동료들이 뽑아준 자리라면 더욱 그랬다. 어머니는 3학년이 되자 전형적인 결단력으로 학생회 총무secretary에 출마해 매우 조직적인 선거 운동을 펼쳤다. 그녀는 직접 선거 운동 노래를 만들고(〈Mary〉가 〈secretary〉와 운율이 맞는 것이 도움이 되었다), 지지자들이 학생들에게 전화로 투표를 독려할 때 읊을 대본까지 준비했다. 선거 당일에는 5천 명의 학생 유권자들이 어떻게 투표했는지 꼼꼼하게 추적했다. 그녀는 압도적인 표차로 경쟁자들을 물리쳤다.

어머니는 당시 친구들과 가족들이 보낸 축하 전보와 여학생 클럽 자매들이 써준 축하 메모를 한 스크랩북에 보관했다. 또한 어머니의 할아버지로부터 받은 편지 한 통도 남겨 두었다. 나의 외증조부는 그해 봄에 어머니가 거둔 큰 승리를 나열했다. 학생회 총무와 여학생 클럽의 회장으로 선출된 것, 그리고 스키 대회에서 1위를 차지한 것 등이었다. 외증조부는 이 세 가지 승리에 대한 보상으로 75달러(오늘날의 약 1천 달러)를 동봉하며 〈주목받게 된 것을 축하한다〉라고 적었다.

부모님의 초기 우정을 상상하는 것은 어렵지 않다. 어머니는 따뜻함과 우아함이 묻어나는 태도로 사람들에게 다가가며 쉽게 마음을 연결하는 마법 같은 능력을 지니고 있었다. 파티에 온 누군가가 아는 사람이 없어 머쓱해하면 가장 먼저 손을 내밀어 반갑게 맞이하고 다른 사람들과 자연스럽게 어울릴 수 있도록 도와주는 사람이었다. 우리 교회의 목사님은 어머니에 대해 〈만나는 모든 사람을 중요하게 여기는 분〉이라고 말한 적이 있다.

나는 어머니가 키 크고 마른 빌 게이츠 주니어가 내성적인 것을 알고 사람들과 보다 적극적으로 어울리도록 이끌고 싶은 마음이 들었을 것으로 상상이 된다. 그가 어디 출신인지, 친구 관계는 어떠한지, 무엇에 흥미를 느끼는지 등등 그의 이야기를 알아내려고 했을 것이다. 그녀는 금방 둘의 공통 관심사를 찾았을 것이다. 바로 학생회 현안과 사람들이었다. 물론 그녀의 이런 행동은 플러팅 같은 것이 전혀 아니었을 것이다. 그는 그녀보다 두 살 많았고, 벌써 머리카락이 듬성듬성 빠지고 있었다. 전형적인 미남과도 거리가 멀었다. 당시 그녀가 사귀던 남자 친구는 전형적인 미남이었다. 사진 속 그의 모습은 더 윤곽이 뚜렷한 얼굴, 일반적으로 미남으로 통하는 외모였다.

그럼에도 그녀는 빌 게이츠 주니어에게 흥미를 느꼈다. 그는 무슨 말을 하든 낭비되는 단어가 없었다. 논리적이고 명확하며 분석적이었다. 어떤 사람들은 생각을 말로 꺼내 놓으며 정리하는데

(그녀의 절친한 친구인 도로시Dorothy가 그랬다), 이 젊은이는 주변 사람들보다 더 오래되고 사려 깊은 지혜를 기반으로 말하는 것 같았다. 더욱이 그는 재미있었다. 환한 미소를 짓는 밝고 유쾌한 청년이었다.

아버지는 어머니의 에너지와 빠른 두뇌 회전, 그리고 자신의 감정을 거리낌 없이 말하는 당당한 태도, 심지어 다른 사람에게 무엇이 최선인지 솔직히 말하는 대담함에 끌렸다. 아마 아버지 역시 그녀를 알게 된 직후에 「빌, 내 생각엔 당신이 이렇게 하면 좋을 것 같아」라는 말을 들었을 것이다.

게다가 둘은 춤도 잘 맞았다.

이들의 초기 이야기의 나머지는 메리 맥스웰의 사진 앨범이 들려준다. 1948년 봄부터 찍은 사진들은 무도회장이나 파티, 기타 대학 행사에서 예의 그 미남과 함께 있는 그녀의 모습을 보여 준다. 하지만 1950년 초 이전에 〈변화〉가 이뤄진 게 분명하다. 더 이상 그 남자가 보이지 않는다. 대신 1950년 초에 열린 몽상가의 휴일Dreamer's Holiday 세미포멀 파티에 참석한 미래의 내 어머니와 아버지가 테이블에 앉아 카메라를 향해 미소를 짓는 사진이 등장한다. 그해 봄 아버지는 학사 학위와 법학 학위를 모두 취득하며 졸업했다. 참전 용사에게 제공된 가속 통합 학위 프로그램 덕분이었다. 어머니는 그 1년 후에 교육학 학위를 취득하며 졸업했다.

1951년 5월에 결혼했으니, 편지들에 언급된 어떤 차이점이든 두 분이 잘 해결한 것으로 보인다. 어머니는 곧 아버지가 근무하던 브레머턴으로 넘어왔다. 거기서 아버지는 시 변호사를 겸직하는 지역 변호사를 보조하고 있었다. 주 업무는 일반인들의 이혼 소송과 시 경찰의 사건 기소를 돕는 것이었다. 한편 어머니는 아버지가 졸업한 중학교에서 교사로 일하기 시작했다.

브레머턴에서 2년을 보낸 후, 더 나은 직업과 활기찬 생활을 찾아 두 분은 다시 시애틀로 돌아왔다. 그리고 내가 태어난 지 몇 달 안 된 시점에 초등학교와 어린이 공원, 도서관이 모두 도보 거리에 있는 시애틀 북부 뷰리지View Ridge 지역의 신축 주택으로 다시 이사했다. 우리가 도착했을 때 동네 전체가 여전히 공사 중이었다. 이사 직후에 아버지가 찍은 영상이 있는데, 아직 잔디가 심어지지 않은 흙 마당이 나온다. 시멘트가 거의 액체처럼 보일 정도로 깨끗한 인도에서 세발자전거를 타는 누나, 길 건너편으로는 미완성된 집의 나무 골조가 보인다. 영상을 보면 모든 것이 참으로 새롭다는 느낌이 든다. 마치 우리 같은 아이들을 위해 동네 전체가 새로 지어진 것 같았다.

2장

뷰리지

쾅 하는 소리와 함께 집이 흔들렸다. 어머니는 방금 크리스티, 나, 베이비시터와 작별 인사를 나누고 저녁 외식을 즐기기 위해 아버지를 만나러 나가던 참이었다. 흔들림이 시작되자 어머니는 문손잡이에 손을 얹은 채 얼어붙었다. 그 순간 뒤쪽 창문 너머로, 차고 지붕이 집 위로 날아와 뒷마당에 떨어지면서 이웃집 울타리를 부수는 광경이 우리 눈에 들어왔다.

　　어머니는 우리를 지하실로 안내했고, 모두 서둘러 통조림과 여타 핵 공격 대비 물품을 비축해 둔 곳 근처로 내려갔다. 1962년 당시, 우리의 일상을 혼란에 빠뜨릴 가능성이 가장 큰 위협은 폭격이었지만, 실제로 그 금요일 저녁에 찾아온 것은 시애틀 역사상 최초로 발생한 토네이도였다. 토네이도는 우리가 살던 뷰리지 지역에서 형성되어 우리 집 근처에 착지한 후 우리 집 마당을 관통한 다음 워싱턴 호수로 이동해서는 하늘로 30미터 높이의 물기둥을 끌어올리며 호수 건너로 사라졌다. 총 15분간 벌어진 광란의 소용돌이였다. 기적적으로 아무도 다치지 않았다. 뿌리 뽑힌 나무와 깨진 유리창을 제외하면 우리 동네의 피해 대부분이 우리 집 차고에 국한되었다. 『시애틀 포스트 인텔리전서Seattle Post-Intelligencer』에서 기자와 사진기자를 보냈다. 어머니는 그 기사에 실린 사진(납작해진 구조물 위에서 포즈를 취한 동네 아이)을 오려 내 어린 시절의 추억을 보관하던 스크랩북에 붙여 넣었다.

아버지는 바비큐 파티를 열어 친구들을 초대하고 싶어 했다. 한때 우리 집 차고였던 나무 조각과 금속 기둥, 타르 지붕널 등을 구경하게 하자는 취지였다. 어머니는 단호히 반대했다. 어머니는 여전히 떨고 있었다. 만약 조금만 더 일찍 문을 열었더라면 어머니와 우리에게 무슨 일이 일어났을지 누가 알겠는가. 게다가 존경할 만한 가족이라면 그런 일을 축하하지 않을 터였다. 부적절해 보일 게 뻔했다. 게이츠 가족이 어떻게 보여야 하는지에 대한 어머니의 관점에 맞지 않는 일이었다.

크리스티 누나와 나(그리고 나중에 태어난 리비)는 2차 세계 대전 이후 전개된 번영과 낙관주의의 시기에 태어난 아이들의 거대한 코호트, 즉 베이비붐 세대의 일부였다. 냉전이 한창 기세를 떨치고 민권 운동이 시작되던 시기였다. 토네이도가 시애틀을 강타한 몇 주 후, 케네디 대통령은 소련 미사일의 쿠바 배치 문제를 놓고 흐루쇼프와 극렬한 대립각을 세웠다. 그 위기의 마지막 날, 전 세계가 핵전쟁을 피하던 그 순간, 나는 일곱 번째 생일을 맞아 거실에서 선물을 개봉하고 있었다. 그리고 1년이 채 지나지 않아 25만 명의 사람들이 워싱턴 D.C.에서 행진을 벌였고, 그 자리에서 마틴 루서 킹 주니어Martin Luther King Jr. 목사는 미국이 언젠가는 모든 사람이 평등하게 태어나는 나라가 되기를 꿈꾼다고 역설했다.

이러한 역사적 사건에 대한 나의 인식은 부모님이 보던 CBS 이브닝 뉴스Evening News나 『시애틀 타임스The Seattle Times』 기사에 대해 나누던 이야기에서 흘려들은 이름과 표현들로 단편적으로 형성되었다. 학교에서는 선생님들이 히로시마와 버섯구름이 등장하는 소름 끼치는 영상물을 보여 주었고, 우리는 〈엎드려 몸 숨기기〉 훈련을 했다. 하지만 뷰리지의 어린아이에게 그 큰 바깥세상은 추상적으로만 느껴졌다. 납작해진 차고가 우리 인생에서 가장 극적인 사건이었다. 당시 우리 같은 가족들에서 압도적으로 두드러진 감정은 자신감이었다. 우리 부모님과 주변의 모든 부모님은 대공황과 2차 세계 대전을 겪어 낸 사람들이었다. 누구나 미국이 호황을 누리고 있다는 것을 알 수 있었다.

미국의 다른 지역과 마찬가지로 시애틀도 교외로 빠르게 확장되고 있었다. 주택과 쇼핑센터를 짓기 위해 여기저기서 들판과 숲을 파헤치고 불도저로 밀었다. 우리 도시에서는 이러한 변혁이 이미 전쟁 중에 시작되었는데, 지역 기업인 보잉Boeing이 주요 군용기 제조업체로 성장하면서였다. 내가 태어났을 무렵 보잉은 최초의 실용적인 여객기를 선보였고, 이후 수년에 걸쳐 비행기 여행은 드문 일에서 일상적인 일로 변모했다.

우리 이웃집 건너편에는 뷰리지 운동장이 있었는데, 거기서

울려 퍼지는 야구 배트 소리와 경기의 소음이 종종 내 침실 창문 너머로 들려오곤 했다. 1960년에 내가 뷰리지 초등학교에 입학했을 때, 학교는 불과 몇 년 전에 비해 수백 명이 늘어난 1천여 명의 학생을 수용하기 위해 새 건물을 막 증축한 상태였다. 반대 방향으로 열 블록쯤 언덕길을 오르면 시애틀 공립 도서관 노스이스트 지점이 나왔다. 시 전체 도서관 시스템에서 가장 많은 아동 도서를 보유한 도서관이었다. 내가 태어나기 전 해인 1954년, 그 도서관이 문을 열었을 때, 길게 늘어선 아이들의 줄이 길거리까지 이어지곤 했다. 그곳은 내 어린 시절 내내 일종의 클럽하우스로 역할하며 오랫동안 내가 세상에서 가장 좋아하는 장소가 되었다.

뷰리지는 사업가와 의사, 엔지니어, 내 아버지와 같은 변호사, 2차 세계 대전 참전 용사, 그리고 G.I. 법안 덕분에 대학을 나와 시애틀 북부에 진출한 사람들이 모여 사는 지역 사회였다. 이런 유형의 가족들이 여기서 부모 세대보다 더 나은 삶을 영위한 것은 물론이다. 한마디로 백인 중산층 동네였다. 내가 만약 1955년 시애틀에서 흑인으로 태어났다면, 뷰리지에 살지 못했을 것이다. 우리 동네와 주변 지역에서는 1930년대에 제정된 인종 규약에 따라 〈비백인〉은 (가사 도우미를 제외하고는) 〈거주〉하는 것이 금지되었다. 이러한 제한 조치는 1948년 대법원에 의해 공식적으로 종결되었지만, 시애틀에서는 오랫동안 인종 차별이 계속되었고, 유색 인종은 주로 도시 남부의 공업 지역에 거주해야 했다.

1957년 러시아의 스푸트니크Sputnik 위성 발사에 자극받은 미국은 과학과 기술 분야에 막대한 자금을 쏟아부었고, 그 결과 NASA와 당시 명칭으로 고등연구계획국Advanced Research Projects Agency이라는 기관이 설립되었다. 그 자금 중 일부는 〈센추리 21Century 21〉이라는 별칭으로 차기 세계 박람회의 유치를 계획한 시애틀로 흘러 들어 왔다. 이 박람회의 취지는 곧 러시아에 대한 응수로 변모하여 우주와 교통, 컴퓨팅, 의학, 세계의 평화 조정자 역할 등 미국의 과학적 역량과 미래에 대한 비전을 과시하기 위한 무대를 마련하는 것이 되었다. 박람회장 부지를 조성하기 위해 해당 지역의 저소득층 주택가 전체를 불도저로 밀어 버렸다. 냅킨에 그린 스케치에서 184미터 높이의 스페이스 니들Space Needle이 탄생했다.

「우리가 보여 주는 것은 과학과 기술, 산업 분야에서 엄청난 노력을 기울여 얻어 낸 성과입니다.」 케네디 대통령은 플로리다에서 위성 연결을 통해 박람회의 개막을 선언하면서 이렇게 말했다. 「이것은 앞으로 수십 년 동안 평화와 협력의 정신으로 나아가려는 우리의 자세를 상징합니다.」

며칠 후 어머니는 나에게 버튼다운 셔츠와 파란색 블레이저를 입혔다. 우리 가족은 모두 그렇게 과하게 차려입고 센추리 21을 향해 출발했다. 우리는 얼마 전 최초의 미국인을 우주로 실어 날랐던 머큐리Mercury 캡슐부터 구경했다. 우주관Spacearium에서는 태양계와 은하수를 둘러보았다. 6륜 원자력 자동차 〈시애틀라이트 21Seattle-ite XXI〉 앞에서 포드의 미래 비전을 엿보았고, IBM이 저렴한 컴퓨터로 구상한 10만 달러짜리 IBM 1620도 보았다. 우리가 관람한 〈과학의 집The House of Science〉이라는 제목의 단편 영화는 초기 수학자부터 생물학, 물리학, 지구과학, 컴퓨터의 최첨단을 개척한 남성들(여성 과학자들의 공헌이 인정받기까지는 이후에도 오랜 시간이 걸렸다)에 이르기까지 인간 사고의 발전을 묘사했다. 「과학자는 자연을 퍼즐의 집합체로 봅니다!」 과장된 어조의 내레이션이 흘러나왔다. 「과학자는 우주의 근원적인 질서에 대한 신념을 보유합니다.」 구체적인 내용은 잘 이해하지 못했지만, 과학자들이 중요한 것을 알고 있다는 대략적인 느낌은 들었다. 박람회가 진행되는 4개월 동안, 우리는 몇 번이고 다시 방문했다. 모든 전시관을 방문하고 모든 놀이기구를 탔다. 박람회를 계기로 미국에 소개된 벨기에 와플도 먹어 봤다. 정말 맛있었다.

내 이야기의 할리우드 버전은 이렇다. 일곱 살 무렵 박람회에 마련된 IBM 파빌리온IBM Pavilion에 들어선 나는 컴퓨터와 사랑에 빠졌고, 이후로 뒤를 돌아보지 않았다. 다른 아이들은 그랬을지 모른다. 마이크로소프트Microsoft 창업 파트너였던 폴 앨런은 어린 나이에 바이올린을 잡고 절대 놓지 않았다는 음악가들처럼 자신이 컴퓨터에 푹 빠지게 된 계기가 그 박람회 관람이었다고 말한다. 난 아니었다. 나는 묘기 부리듯 수상 스키를 타던 2인조 선수들에게 반했고, 스페이스 니들에서 내려다본 우리 도시의 풍경에 감탄했다. 적어도 내 생각에는 와일드 마우스 라이드Wild Mouse Ride가 최고였다. 작은 2인승 강철 차량을 빠른 속도로 내보내 코너를 돌 때

탑승객들의 몸을 휘청거리게 만드는 롤러코스터 같은 장치였다. 그것을 타며 사람들이 내지르던 비명 소리와 환한 미소, 큰 웃음소리가 지금도 기억난다. 롤러코스터에 대한 내 평생의 사랑을 불러일으킨 스릴 넘치는 놀이기구였다.

그럼에도 박람회의 기술 낙관주의적 비전은 분명 나에게 영향을 미쳤을 것이다. 외부의 영향에 쉽게 휘둘리는 나이였던 내게, 1962년 박람회가 전하는 메시지는 너무도 명확했다. 우주를 탐험하고, 질병을 정복하고, 더 빠르고 쉽게 여행할 수 있다! 기술은 곧 진보이고, 올바른 손에 들어가면 평화를 안겨 준다! 그해 가을 우리 가족은 텔레비전 앞에 모여 케네디 대통령의 〈달에 가기로 결정했다〉는 연설을 지켜보았다. 대통령은 대담한 미래를 위해 우리의 에너지와 기술을 최대한 활용해야 한다고 국민들에게 역설했다. 며칠 후 우리는 그러한 미래의 만화 버전이라 할 수 있는, 하늘을 나는 자동차와 로봇 개가 등장하는 애니메이션 「젯슨 가족The Jetsons」의 첫 방송을 시청했다. 월터 크롱카이트Walter Cronkite가 진행하는 CBS 이브닝 뉴스와 『라이프Life』 매거진을 통해 최초의 레이저와 최초의 카세트테이프, 최초의 공장 로봇, 최초의 실리콘 칩 등 새로운 경이가 꾸준히 집 안으로 전해졌다. 당시 이런 신기함을 접하면서 흥분을 느끼지 않은 어린이는 없었을 것이다.

이러한 무한한 잠재력의 분위기는 내 어린 시절의 배경인 동시에 어머니가 우리 가족을 위해 품은 야망의 바탕이었다. 나의 성장에는 부모님 두 분의 영향이 똑같이 작용했지만, 〈엄마 시간〉이라는 것에 맞추도록 우리의 시계를 8분 앞당겨 놓은 분은 어머니였다.

어머니는 처음부터 우리 가족을 위한 원대한 비전을 품었다. 어머니는 아버지가 큰 성공을 이루길 바랐는데, 여기서 성공이란 돈보다는 명성으로, 즉 지역 사회는 물론 더 넓은 범위의 시민 단체 및 비영리 단체를 돕는 역할로 정의되는 것이었다. 자녀에 대해서는 학업과 스포츠에서 두각을 나타내고 사교적으로 활발하며 자신이 하는 모든 일에 최선을 다하는 모습을 꿈꿨다. 자녀들이 모두 대학에 진학하는 것은 당연한 일이었다. 이러한 비전으로 그녀는 지원 파트너이자 어머니의 역할을 충실히 수행하는 가운데 궁극적으로 자신의 경력도 쌓아 지역 사회에서 영향력 있는 인사로 자리 잡는 것을 목표했다. 어머니는 결코 명시적으로 밝힌 적이 없지만, 그녀가 게이츠 가족의 모델로 삼은 것은 당대의 가장 유명한 가족인 케네디 가문이었던 것으로 추측된다. 1960년대 초, 이 유명한 가문에 비극과 문제가 닥치기 전, 그들은 실로 잘생기고 성공적이고 활기차고 운동도 잘하고 이미지 관리까지 훌륭한 미국 가족의 모델이었다. (어머니의 친구 몇 분은 메리 맥스웰 게이츠를 재키 리 케네디Jackie Lee Kennedy에 비유하기도 했다.)

우리는 어머니가 만들어 놓은 일상과 전통, 규칙의 구조 속에서 살았다. 아버지의 표현을 빌리자면 어머니는 〈잘 조직된 가정〉을 운영했다. 어머니는 사소한 일부터 중요한 결정과 계획에 이르기까지 삶의 모든 부분에 적용되는 옳은 방법과 그른 방법에 대한 명확한 인식을 보유했다. 침대를 정리하고, 방을 청소하고, 옷을 입고, 다림질하고, 하루를 준비하는 등의 일상적인 집안일도 신성불가침의 의식과 같았다. 침대를 정리하지 않거나 머리를 빗지 않거나 구겨진 셔츠를 입은 채 집을 나서는 일은 상상할 수조차 없었다. 어린 시절 내내 반복된 어머니의 칙령은 지금도 내 안에 자리해 나의 일상에 영향을 미치고 있다. 물론 여전히 잘 지키진 않지만 말이다. 〈텔레비전 앞에서 먹지 말라.〉〈식탁 위에 팔꿈치를 올려놓지 말라.〉〈케첩 병을 식탁에 가져다 놓지 말라.〉(소스는 작은 접시에 담아 작은 숟가락과 함께 내놓아야 보기 흉하지 않다는 이유였다.) 어머니에게는 이런 사소한 것들이 질서 정연한 삶의 토대였다.

1962년의 1학년 및 2학년 시절, 나는 크리스티와 함께 짧은 언덕길을 올라 뷰리지 초등학교에 다녔다. 그곳에서 누나는 모범을 보였고, 선생님들은 나에게도 그런 면모를 기대했다. 크리스티는 정말 모든 규칙을 잘 지켰다. 우리 차에 타면 뒷좌석에서 속도계를 모니터링하며 제한 속도를 초과할 때마다 아버지에게 알렸다. 학교에서는 선생님 말씀을 잘 따르는 세심한 학생이었으며, 과제를 늘 제시간에 완료했고, 무엇보다도 성적이 뛰어났다.

어머니가 유치원 선생님들에게 사전 경고한 바와 같이, 나는 달랐다. 초등학교 초기에 나는 집에서 혼자 많은 책을 읽었다. 혼자서 학습하는 방법을 배우고 있었고, 삽화가 들어간 이야기책을 즐기며 새로운 사실을 빠르게 흡수할 수 있다는 느낌이 좋았다. 하지만 학교는 느리게 느껴졌다. 배우는 내용에 흥미를 유지하기가 어려워 생각이 이리저리로 방황했다. 무언가가 내 관심을 끌면 자리에서 벌떡 일어나 미친 듯이 손을 흔들거나 답을 외치기도 했다. 수업을 방해하려는 것이 아니었다. 그저 억제되지 않는 활기찬 상태로 마음이 쉽게 전환되었다. 동시에 나는 다른 아이들과 잘 어울리지 못한다는 느낌도 들었다. 생일이 10월 말에 가까웠던 나는 반 친구들 대부분보다 어렸고, 실제로도 그렇게 보였다. 나는 작고 마른데다가 목소리마저 특이하게 높고 날카로웠다. 다른 아이들 앞에서 부끄럼을 탔으며, 몸을 흔드는 버릇도 있었다.

우리 부모님이 다른 부모들보다 교사들과 더 긴밀하게 소통하고 있다는 느낌이 들었다. 다른 집들도 학년 초에 자녀의 선생님을 저녁 식사에 초대할까? 나는 그렇지 않다고 생각했다. 부모님에게는 그것이 당연한 일이었고 자녀 교육에 대한 헌신의 표시였다. 하지만 크리스티와 나는 당황스러울 수밖에 없었다. 우리 식탁에서 식사하는 선생님의 모습을 보는 것이 부자연스럽게 느껴졌다. 수년 동안 단 한 명의 선생님만 초대를 거절했다. 참치 캐서롤을 대접받는 것이 이해 충돌에 해당할 수 있다고 생각했기 때문이다. (그 선생님은 학년이 끝난 후에야 초대를 수락했다.)

부모님은 성적을 놓고 우리를 닦달하진 않았다. 부모님의 기대는 주로 어머니가 다른 가족에 대해 이야기하는 방식으로 전달되었다. 친구의 아들이나 딸이 학교 성적이 좋지 않거나 이런저런 문제를 일으키면 어머니는 친구 분이 느꼈을 실망감을 추정하곤 했다. 절대 그런 애들처럼 되지 말라고 말하지 않았다. 하지만 이야기를 전하는 어머니의 애처로운 어조를 통해 우리는 무언의 메시지를 이해할 수 있었다. 게으름 피우지 말라. 잘해야 한다. 우리를 실망시키지 말라. 부모님은 또한 보상 시스템을 도입했다. A를 받으면 개당 25센트의 용돈을 받았고, 전 과목 A를 받으면 원하는 레스토랑에서 저녁 식사를 할 수 있었다. 우리는 대개 새로 들어서서 반짝이는 자태를 뽐내던 스페이스 니들의 184미터 꼭대기에 있는 회전 식당 아이 오브 더 니들Eye of the Needle을 선택했다. 물론 우리를 그곳에 데려간 것은 항상 크리스티의 성적이었다. 나는 성적에 상관없이 동생 자격으로 따라갈 수 있었다.

그 무렵 어머니는 주니어 리그Junior League와 나중에 유나이티드 웨이United Way라고 불리게 된 곳과 같은 지역 사회 비영리 단체의 자원봉사 일에 더 많은 시간을 할애하기 시작했다. 종종 오후에 외출을 했기에 누나와 내가 수업을 마치고 집에 도착하면 가미가 우리를 기다리고 있었다. 문 앞에서 기다리는 할머니를 보면 정말 기분이 좋았다. 가미는 우리를 안으로 데려가 땅콩버터를 바른 리츠 크래커나 여타의 어린이 간식을 주고 학교생활에 대해 물어보곤 했다. 그런 다음 하루 종일, 어머니가 귀가할 때까지 함께 책을 읽거나 게임을 하곤 했다. 가미는 또 한 명의 부모와 같았다. 가족 여행이나 크리스마스 스케이트 파티, 여름휴가 등 거의 모든 가족 행사에 함께했다. 다른 가족들은 게이츠 가족을 만나는 자리에 진주 목걸이와 완벽하게 빗어 넘긴 머리에 가장 멋지게 차려입은 할머니가 종종 동참한다는 것을 알고 있었다. 하지만 할머니는 자신을 부모 대리인으로 생각하지 않았다. 그녀는 우리의 친구이자 인내심 많은 선생님이 되고자 했고, 어머니와 아버지가 우리를 나름의 방식으로 키울 수 있도록 물러나 있고자 했다. 아버지가 퇴근하기 직전에 굿나잇 인사를 하고 자신의 집으로 돌아가는 식으로 각자의 역할에 명확한 경계를 두고 존중했다.

아버지가 퇴근하면 우리는 곧바로 저녁 식사를 위해 식탁에 앉곤 했다. 어머니는 보통 나에게 책부터 내려놓으라고 했다. 식탁에서 책을 읽는 것은 허용되지 않았다. 가족의 저녁 식사 자리는 대화를 나누는 시간이었다. 어머니에 따르면, JFK의 아버지인 조지프 케네디 Joseph Kennedy는 매일 자녀들에게 주제를 하나씩 정해 주고 그에 대한 설명을 준비해 저녁 식사 자리에 참석하게 했다. 미래의 대통령이 당근을 씹으면서 알제리에 대한 개요를 읊었을지도 모른다는 얘기였다. 케네디 가문의 이 저녁 식사 관습에 대한 이야기가 우리의 식탁에 오른 날, 우리도 식사 시간에 뭔가 중요한 것을 배울 수 있지 않겠느냐는 아이디어가 나왔다. 부모님은 우리에게 주제를 정해 주고 발표하라고 하진 않았지만, 하루를 어떻게 보냈는지 서로 이야기하는 시간이 되면 좋겠다고 했다. 그렇게 우리 남매뿐만 아니라 부모님도 일상을 공유하는 저녁 시간이 펼쳐졌다. 그런 대화를 통해 나는 어른들의 삶과 그들이 속한 더 넓은 세상에서 벌어지는 일들에 대한 그림을 머릿속에 그리기 시작했다.

내가 〈매칭 펀드matching funds〉나 〈갈등 해소conflict resolution〉 같은 용어를 처음 들은 것도 저녁 식사 자리에서 어머니가 주니어 리

그의 캠페인이나 유나이티드 웨이의 도전 과제 등에 대해 설명했을 때였다. 나는 어머니의 목소리에서 심각한 어조를 감지했다. 모든 사람은 공정하게 대우받아야 한다. 모든 문제는 신중하게 고려되어야 한다. 모든 돈은 현명하게 사용되어야 한다. 어머니는 자신의 이러한 철학을 우리가 자주 듣던 한 마디로 요약했다. 〈좋은 청지기가 되어야 한다.〉어머니가 말한 청지기steward의 의미는 〈자신에게 맡겨진 무언가를 신중하고 책임감 있게 관리하는 사람〉이라는 메리엄 웹스터Merriam-Webster 사전의 정의와 맥락을 같이 했다. 어머니가 바로 그런 분이었다.

당시 아버지는 철저하고 강인한 소송으로 유명한 로펌이었던 스킬, 매켈비, 헨케, 에븐슨 앤드 울만Skeel, McKelvey, Henke, Evenson & Uhlmann에서 근무했다. 법정에서 불도그처럼 싸우는 일은 아버지의 성격과 맞지 않았을 것 같지만, 아버지는 필시 그 일을 군대 경험과 마찬가지로 훌륭한 훈련의 기회로 여겼을 것이다. 아버지가 맡은 사건의 세부적인 내용은 당연히 잘 몰랐지만, 나는 기업들이 중요한 일을 하라고 아버지에게 돈을 지불한다는 것은 명확히 인식했다. 지역에서 성장 중이던 화학회사 밴 워터스 앤드 로저스Van Waters & Rogers가 아버지의 최대 고객 중 하나였는데, 집 안에서 종종 그 이름이 언급되곤 했다.

변호사가 실제로 어떤 일을 하는지 알기도 전에 나는 법이 경외의 대상이라는 것을 아버지를 통해 느낄 수 있었다. 아버지가 들려준 이야기들은 그가 어떤 일을 계기로 고도의 정의감을 키우게 되었는지 짐작게 했다. 부모님이 대학생이었을 때, 반공주의 마녀사냥인 캔웰 위원회Canwell Committee가 워싱턴 대학을 휩쓸었다. 위원회의 의장이던 주 의원 앨버트 캔웰Albert Canwell은 교차 심문과 이의 제기를 금지하는 등 공정성의 기본 요소들을 위반했다. 몇 년 후 전국적으로 휘몰아친 매카시McCarthy 광풍의 전조가 된 이 위원회는 아버지를 가르치던 두 명의 교수를 포함해 무고한 사람들의 경력을 처참히 짓밟았다. 아버지는 청문회 사건을 접하며 큰 충격을 받았고, 위원회가 자행한 노골적인 정의 유린을 경멸했다.

부모님은 때때로 탁월한 형사 전문 변호사의 법정 소송을 주제로 한 인기 TV 드라마 「페리 메이슨Perry Mason」을 시청하게 했다. 드라마에서는 엔딩 크레디트가 올라가기 직전에 갈피를 잡기 힘들었던 사건의 모든 퍼즐 조각이 마법처럼 맞춰지며 모든 문제가 해결되곤 했다. 아버지의 이야기를 들으며 나는 현실의 법(그리고 삶)은 그렇게 단순하지 않다는 것을 배웠다. 아버지가 맡은 사건들은 훨씬 더 복잡해 보였다. 저녁 식사를 마치고 나면 아버지는 대개 늦은 시간까지 식탁에 앉아 서류 더미에 파묻힌 채 다음 날의 사건을 준비하곤 했다. TV 속 장면보다는 훨씬 덜 화려했지만, 내게는 오히려 더 흥미로웠다.

나의 부모님이 자원봉사와 지역 사회 개선, 기부 등에 대해 확고한 신념을 보유하고 어느 정도 고결한 삶을 영위한 것처럼 들린다 해도 어쩔 수 없다. 실제로 그렇게 살았으니까. 두 분은 깨어 있는 시간 중 많은 부분을 계획하고 회의하고 전화하고 캠페인을 벌이는 등 지역 사회를 돕는 데 할애했다. 아버지는 공립 학교 보조금 인상을 촉구하는 샌드위치 팻말을 몸에 두르고 길모퉁이에서 즐거이 아침 시간을 보내고 그날 밤에는 한때 회장을 맡았던 대학 YMCA의 이사회에 참석하는 분이었다. 내가 세 살 때 어머니는 주니어 리그 주관 프로그램의 의장을 맡아 4학년 학생들의 교실을 돌며 박물관 유물을 보여 주곤 했다. 내가 이 사실을 아는 이유는 당시 우리가 지역 신문에 실렸기 때문이다. 나와 어머니, 그리고 의료 도구가 담긴 상자가 찍힌 사진 아래에 이렇게 캡션이 적혀 있다. 〈윌리엄 게이츠 주니어 부인이 세 살 반 된 아들 윌리엄 게이츠 3세가 〈교육용 유물 상자〉에 든 오래된 의료 키트를 살펴보는 모습을 지켜보고 있다.〉

부모님의 친구 분들도 마찬가지였다. 뉴욕이나 로스앤젤레스 같은 데로 떠나 더 흥미로운 삶을 살게 되길 갈망하는 사람들이 아니었다. 그들은 워싱턴 대학교에서 법학, 공학, 경영학 학위를 취득한 후 모교와 오랜 친구들이 있는 곳에서 불과 몇 킬로미터 떨어지지 않은 지역에 정착했다. 그들은 가정을 꾸리고 사업을 시작하거나 회사에 입사하거나 공직에 봉직하면서 시간을 할애해 나름의 학교 발전 기금이나 YMCA 이사회에서 봉사했다. 아버지의 친구들 중 상당수가 시민 리그Municipal League의 회원이었다. 지역 사회 볼링 리그를 말하는 것이 아니다. 대부분 부모님과 같은 30대 젊은 이들로 구성된, 시애틀 정부의 완고하고 편협한 구태를 일소하겠다고 결심한 진보주의 단체였다. 아버지는 선거 기간에 리그에서 어떻게 출마자들의 자격을 평가하고 그 내용을 공표했는지 우리에게 설명했다. 1960년대 초, 우리의 저녁 식사 자리에서는 워싱턴 호수를 정화하기 위한 리그의 활동 방안도 논의되었다. 수년간의 하수 유출과 산업 폐기물로 인해 호수의 물이 심하게 오염된 상태였다. 1960년대 중반, 〈오염된 물에 몸을 담그는 것은 안전하지 않습니다〉라는 표지판이 철거되었다.

어린 시절, 어른들과의 그 모든 교류는 과연 나에게 얼마나 많은 영향을 미쳤을까? 시간이 지나면서 분명 모종의 영향이 드러났겠지만, 그 시절에는 주로 어른이 된다는 것은 곧 바빠진다는 것이라는 인상만 받았다. 부모님도 바쁜 사람이었고, 친구 분들도 모두 바쁘게만 보였다.

부모님의 친구 분들이 집에 오면 우리 3남매는 그들과 자리를 함께하며 어울리는 것이 당연시되었다. 어머니는 종종 우리에게 할 일을 나눠 주었다. 나는 어른들이 브리지 게임을 하는 동안 커피 따르는 일을 맡곤 했다. 어머니가 시범을 보인 대로 도자기 잔 위로 조심스럽게 커피포트를 기울이며 테이블을 돌고 있는 나를 어머니가 지켜볼 때 뿌듯함이 느껴졌다. 지금도 어머니를 가까이 느끼고 싶을 때면 이 기억을 떠올린다. 나는 이 어른들의 의식에 포함된 것 같았고, 그들의 즐거움에 필수적인 중요한 존재라는 느낌이 들었다.

지도에서 보면 후드 운하Hood Canal는 삐죽삐죽한 낚시 바늘 모양이다. 사실 후드는 (인공의) 운하가 아니라 시애틀 남동쪽 올림픽 반도에 빙하로 형성된 협만이다. 아버지는 어렸을 때 그곳에서 처음으로 물고기(자신의 키만큼이나 긴 연어)를 잡았고, 보이 스카우트 시절에는 그 해안가에서 캠핑을 했다. 어머니는 어린 시절, 소녀와 여성으로 구성된 자원봉사 단체인 소롭티미스트Soroptimists의 두 지도자가 그곳에서 운영하던 캠프에 참여한 적이 있었다. 결혼 후 부모님은 매년 여름 그 운하를 찾아 휴가를 보내기 시작했다. 내가 가지고 있는 가장 오래된 사진 중 하나는 아버지가 할아버지와 벤치에 바싹 붙어 앉은 채 생후 9개월쯤 된 나를 무릎에 앉힌 모습을 담고 있다. 사진 뒷면에는 〈1956년 후드 운하, 3인의 빌 게이츠〉라고 적혀 있다.

1960년대 초, 부모님과 일단의 친구 분들은 매년 7월에 치리오 로지 코티지Cheerio Lodge Cottages를 빌리기 시작했다. 다음 2주 동안 살게 될 오두막 촌으로 진입할 때마다 보았던, 노스쇼어 로드 옆의 〈치리오〉라는 파란색과 흰색의 간판이 아직도 눈에 선하다. 테니스 코트와 캠프파이어 구덩이가 있는 중앙 공간 옆에 열 채의 작은 오두막집이 모여 있던 휴양지로 화려하지는 않았다. 근처에 숲과 넓은 들판, 자갈 깔린 해변이 있었다. 어린 내게는 낙원이 따로 없었다. 우리는 수영을 하고, 작은 보트에 올라 물놀이를 하고, 굴을 캐고, 숲에서 뛰어놀고, 깃발 빼앗기 게임 등을 즐기곤 했다. 햄버거와 아이스케이크도 엄청나게 많이 먹었다. 보통 열 가족 정도가 큰 변동 없이 함께했기에 아이부터 어른까지 합쳐 모두 50명 정도에 이르곤 했다. 이들은 부모님의 가장 친한 친구들로, 대부분 대학 시절부터 알고 지낸 사이였다. 아버지는 진중한 변호사 얼굴을 벗어던지고, 우리가 〈치리오 시장Mayor of Cheerio〉이라고 부르던 일종의 놀이 감독이자 아이들의 대장으로 변신했다. 매일 밤 캠프파이어가 사그라지면 아버지가 몸을 일으켰고, 우리 아이들은 그것이 취침을 위해 각자의 오두막으로 돌아가는 대열에 합류하라는 신호임을 알았다. 우리는 아버지 뒤를 따라 줄지어 행진하면서 영화 「콰이강의 다리The Bridge Over the River Kwai」에 나오는 「보기 대령 행진곡Colonel Bogey March」 멜로디에 즉석에서 지은 가사를 붙여 부르곤 했다. (나중에 영화를 보고 나서야 이 노래가 전쟁 포로들의 집회용 응원가라는 사실을 알게 되었다. 나와 누나, 여동생에게 이 노래는 늘 아버지가 아이들을 이끌며 춤을 추던 모습을 떠올리게 한다. 「행진하라, 치리오로 가는 길로⋯⋯.」)

아버지는 시장으로서 치리오 올림픽의 개막식을 주재했다. 우리는 거창하게 성화 점화식까지 거행했는데, 아이들 중 한 명이 나뭇잎 왕관을 쓰고 불타는 횃불(1960년대였다)을 들고 달리며 며칠 동안 이어질 나름대로 화려한 대회의 시작을 알렸다. 대회는 자루 뛰기, 달리기, 2인 3각 경주, 자동차 튜브 장애물 경기, 숟가락에 계란 얹고 달리기 등 운동 능력보다는 민첩성과 투지를 테스트하는 종목으로 구성되었다. 수레바퀴 경주에서 아버지가 내 다리를 잡고 밀어 주던 기억도 난다. 나는 어떤 종목에서든 저녁에 준비되는 시상대에 오르기 위해 몸을 사리지 않고 덤벼들곤 했다. 민첩성은 부족했지만 투지는 결코 밀리지 않았다.

치리오 올림픽이 약 일주일째 접어들면, 어른들은 종이에 각 가족의 이름을 적고 아이들로 하여금 파란색 상자에서 접힌 종이를 하나씩 뽑게 했다. 보Baugh, 버그Berg, 카펠로토Capeloto, 메리트 Merritt 등 어떤 이름이 나오든 아이는 그 가족의 오두막에 가서 그 집 어른들과 함께 저녁을 먹어야 했다. 물론 그들의 자녀 역시 자신이 추첨한 이름의 부모와 함께 저녁 식사를 했다. 이 계획을 생각해 낸 분이 바로 우리 어머니였다. 어린 시절을 돌이켜 보건대, 이것은 나와 누나와 여동생을 어른들과 어울릴 수밖에 없는 상황으로 몰아넣는 패턴과 맞아떨어졌다. 어머니가 보기에 친구 분들은 역할 모델이었고, 미래의 우리 모습에 어울리는 유형의 사람들이었다. 모두 대학에 진학했다. 모두 야망이 있었다. 남자들은 보험이나 금융계, 목재 회사 등에서 관리직을 맡고 있었다. 한 아버지는 포드에서 일했고 한 아버지는 변호사였다. 한 명은 큰 화원을 운영했고, 다른 한 명은 로즈볼Rose Bowl에서 우승을 결정짓는 필드골을 성공시켰다. 내 아버지처럼 대부분 2차 세계 대전에 참전했다. 여성들 중 다수는 내 어머니처럼 가정과 가족계획 협회 같은 비영리 단체의 일을 균형 있게 병행하고 있었다. 나에게 그런 저녁 식사 자리는 무리 속에 묻히거나 책 속으로 사라지는 것이 불가능한 시간이었다. 예닐곱 살 때는 그것이 여전히 힘든 시간이었지만, 세월이 흐르면서 어머니의 계획은 성과를 거두었고, 나는 내 가족만큼이나 치리오 가족들에게서도 편안함을 느끼게 되었다.

일본의 자동차 제조업계에서는 2차 세계 대전 후 해마다 자동차의 품질을 향상시키기 위해 지속적인 개선의 철학을 추구했다. 이른바 카이젠kaizen, 改善이 그것이다. 적어도 명절에 관한 한 어머니는 도요타Toyota에 전혀 밀리지 않았다. 예를 들면, 우리 집에서는 크리스마스가 초가을에 시작되었다. 그때부터 어머니는 전년도 크리스마스에 쓴 메모를 읽으며 잘못된 점을 검토하고 이를 개선하기 위해 노력했다. 이런 항목이 있다. 〈빌[나의 아버지]은 트리에 눈 장식을 뿌리는 것에 대해 또 다시 심각한 의구심을 표출함. 그가 옳았음.〉 확신컨대, 이후 우리는 그런 실수를 다시 하지 않았을 것이다. 어느 시점에는 어머니의 크리스마스 카이젠 프로젝트가 아버지를 지하실로 몰아넣었고, 아버지는 거기에서 실톱과 합판으로 실물 크기의 산타클로스를 만들었다. 우리가 〈빅 산타Big Santa〉라고 부른 그 산타는 그후 수십 년 동안 매 크리스마스 시즌마다 우리집 현관 옆에 자리를 잡았다.

핼러윈이 있고 얼마 지나지 않으면 어머니는 우리의 의견을 구한 후 그해의 크리스마스카드를 디자인하곤 했다. 펜과 펠트, 색종이, 가족사진, 심지어 실크 스크린 인쇄기에 재치 있는 자작시 한 편까지 준비한 후 우리와 함께 접이식 테이블 위에 조립 라인을 만들고 두 분의 광범위한 친구들과 가족에게 보낼 수백 장의 카드를 직접 제작하기 시작했다. 한편, 가미 역시 시중에서 판매하는 카드가 너무 비싸던 시절에 자신의 어머니에게서 물려받은 전통에 따라 수제 카드를 직접 만들곤 했다. 토네이도가 발생했던 1962년,

우리의 크리스마스카드는 매년 스스로를 능가하기 위해 열정적으로 애쓰는 우리 가족을 풍자하는 만화로 꾸며졌다. 만화 칸 각각에 크리스마스 메시지를 전달하기 위해 터무니없는 계획을 세우는 어머니와 아버지의 모습이 담겼다. 그중에는 비행기를 빌려 하늘에 중세 고딕체로 〈해피 홀리데이Happy Holidays〉라고 쓰자는 계획도 있었다. 또 다른 칸에서는 아버지가 부서진 차고의 파편들에 〈즐거운 휴일을 기원하기 위해 날아왔음〉이라고 새겨서 보내는 방안을 구상하고 있었다.

크리스마스카드를 우편으로 부치고 나면 우리는 다른 두 가족과 함께 주관하는 연례 홀리데이 롤러스케이트 파티의 초대장을 만들기 시작했다. 그 초대장에는 늘 아버지가 직접 실톱으로 만든 나무 스케이트나 파티 날짜 및 시간을 알아맞히는 십자말풀이 등 맞춤형 구성이나 퍼즐이 포함되었다. 손님들이 리지 링크에 도착하면 대여한 산타 복장에 거구를 쑤셔 넣은 채 링크를 돌고 있는 아버지의 모습을 볼 수 있었다. 어머니는 링크의 오래된 월리처Wurlitzer 주크박스에서 크리스마스 노래가 울려 퍼지는 가운데 손님들에게 슈가파우더 도넛과 사이다를 대접했다.

이후의 날들은 해마다 똑같은 방식으로 전개되었다. 크리스마스이브에 어머니는 그해에 맞춰 고른 파자마를 가족 모두에게 선물했다. 다음 날 아침 우리는 모두 새 파자마를 입고 복도에 모인 다음 나이순에 따라 한 명씩 거실로 들어갔다. (무엇이든 나이순으로 하는 것이 우리 가족의 변함없는 전통이었다.) 그런 후 맏이부터 막내까지 순서대로 양말을 열었다. 우리는 무엇을 발견할지 항상 알고 있었다. 우리 아이들에게는 오렌지 한 개와 1달러 은화 한 개, 어머니에게는 아버지가 준비한 붉은 카네이션 꽃다발이 마련되어 있었다. 이어서 쌓여 있는 선물들을 열어 보고 싶은 마음을 꾹 참고 근처 빵집에서 사온 크링글 대니시에 스크램블 에그와 햄을 곁들여 아침 식사를 했다. 그리고 마침내 선물 개봉 시간이 돌아왔다. 크리스티가 먼저 선물을 하나 열면 모두가 지켜보는 가운데 내가 하나 열었고, 그다음에는 다시 돌아가서 가미부터 시작해 나이순으로 하나씩 선물을 개봉했다. 선물은 대개 실용적이면서 장난기 넘치는 것들이었고, 결코 비싼 것들이 아니었다. 양말이나 셔츠 그리고 최신 베스트셀러 같은 것들을 늘 기대할 수 있었다.

크리스마스 시즌이 저물어 감에 따라 장식품을 다시 포장하고 감사 편지를 다 보내고 나면, 어머니는 펜과 종이를 꺼내 다음 크리스마스를 준비하기 시작했다. 나와 누나, 여동생은 이런 전통에 간혹 짜증이 나기도 했지만(항상 오후 늦게까지 파자마 차림으로 선물 개봉 행사를 치러야 했다), 그중 하나라도 건너뛰면 아마 상실감을 느꼈을 것이다. 크리스마스는 여전히 나와 내 누이들이 가장 추억하고 싶은 무엇 중 하나다.

3장
합리적인

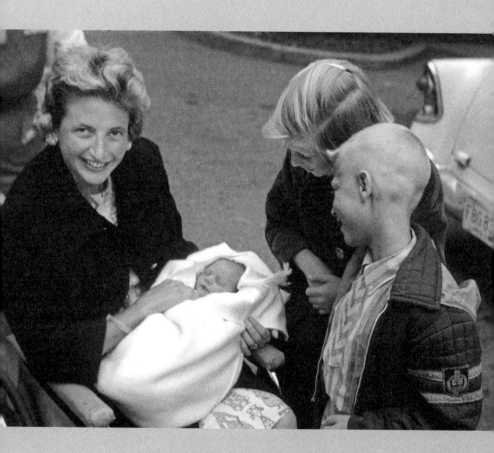

BILL GATES ≫ SOURCE CODE

내가 2학년을 마치고 며칠 후, 어머니와 할머니는 나와 누나를 차에 태우고 휴가를 떠났다. 그렇게 멀리 떠나는 큰 여행은 처음이었다. 크리스티와 나는 항상 그것을 디즈니랜드 여행이라고 부르지만 사실 그 이상의 의미가 있었다. 어머니에게 우리가 차를 타고 내려갈 그 1천 마일은 아이들이 무언가를 배울 수 있는 1천 번의 기회를 의미했다.

1963년 6월의 어느 날 아침, 우리는 〈엄마 시간〉에 맞춰 정확히 8시 15분에(어머니가 시간을 측정했다), 나흘 후 로스앤젤레스에 도착하는 일정으로 첫 번째 구간을 향해 출발했다. 아버지는 그 주에 일해야 했기 때문에 나중에 비행기를 타고 로스앤젤레스로 날아와 디즈니랜드 관람과 돌아오는 여정을 함께 하기로 했다.

어머니는 그 얼마 전, 타자기 기술의 절대적 최첨단을 자랑하던 제품을 구입했다. 어머니의 그 IBM 셀렉트릭Selectric은 골프공 크기의 금속 볼을 사용했는데, 그것으로 다양한 폰트와 글씨체를 이용할 수 있었다. 원하는 폰트와 글씨체에 따라 볼을 교체하는 방식이었고, 필기체까지 지원해서 정말 멋지다는 생각이 들었다. 여행을 떠나기 전, 어머니는 하루에 두 페이지씩 우리가 경험한 것을 기록할 수 있는 여행 일지를 나와 누나에게 만들어 주었다. 그 기계식 필기체로, 우리가 여행하는 도시들과 매일 운전하는 대략적인 거리를 나열할 수 있도록 제목까지 정해 놓았다. 그리고 그 아래에 우리가 채워야 하는 항목들을 타자기로 쳐놓았는데, 대략 다음과 같았다.

1. 토지 형태
2. 날씨
3. 인구 분포
4. 토지 용도
5. 특산품
6. 역사 또는 여타 흥미로운 명소
7. 기타

하단에는 그날의 여행에 대한 소감을 적는 〈여정 묘사〉 섹션도 있었다. 이 과제를 위한 자료는 전혀 부족하지 않을 터였다. 어머니는 평소와 같은 열정으로 두 개의 주 의사당 건물과 오리건주의 용암 주조 숲, 두 개의 대학교, 금문교, 허스트 성, 샌퀜틴 교도소, 샌디에이고 동물원, 밀랍 제조 시연회장 등을 포함해 실로 다양한 곳들을 방문하는 상세한 일정을 짜놓았다.

어머니가 운전하는 동안, 가미는 맨오워Man o' War에 관한 소설을 읽어 주었다. 맨오워는 속도와 지구력 기록을 경신하고 역사상 가장 많은 승리를 거둔 서러브레드 경주마였다. 누나와 나는 가미의 이야기를 들으며 차창 밖을 주시했다. 그러면서 사과 과수원, 어도비 점토 건물, 거대한 더글러스 전나무 통나무를 실은 트럭, 유정 등 여행 일지를 채울 것들을 머릿속으로 메모했다. 크리스티는 매일 밤 모텔에서 우리가 본 것들을 항목별로 기록했다. 누나는 나중에 어머니가 살펴보며 빨간 펜으로 문법과 철자를 고쳐 줄 것임을 알았기에 주의를 기울여 글을 썼다. 나는 누나 거보다 작은 공책에 나만의 추가적인 관찰 내용을 빠르게 적었다. 나름대로 최대한 깔끔하게 썼다.

어머니는 우리가 매일 일지를 쓰면서 지리학과 지질학, 경제학, 역사, 심지어 수학까지 자연스럽게 배우게 했다. 또한 그와 동시에 사물을 알아차리는 즐거움을 누리며 주의 집중하는 기술도 익히게 했다. 나는 이 여행 일지를 기록하는 과제를 통해 종유석은 아래로 늘어지고 석순은 위로 향한다는 것과 (관심 가질 사람이 있을지 모르겠지만) 워싱턴주 의사당 돔의 정상까지 도달하려면 262개의 계단을 밟아야 한다는 것을 알 수 있었다.

로스앤젤레스에서 아버지를 만났을 때, 우리는 방금 다 들은 책 이야기, 즉 승리를 위해 철저히 관리되고 양육된 그 놀라운 경주마 이야기를 신나게 들려주었다. 시간이 지나면서 어머니도 우리들과 비슷한 임무를 수행하고 있는 것처럼 느껴졌다.

그 여행을 한 여름 무렵, 나는 크리스천 사이언스에 대한 가미의 헌신을 어렴풋이 인식하기 시작했다. 내게 그 신앙은 체계와 규율이 핵심인 것으로 보였다. 나의 친조부모님처럼 가미도 교회 설립자 메리 베이커 에디의 짧은 일일 성경 공과로 하루를 시작했는데, 이는 거의 흔들리지 않는 일상의 틀이었다. 아침은 8시, 점심은 12시였고, 낮잠은 1시 30분이었다. 저녁 식사는 항상 6시였고, 후식으로 씨즈See's 메이플 호두 다크초콜릿을 매일 정확히 한 개씩만 먹었는데, 그것이 그녀의 유일한 일탈이었다. 저녁 식사 이후에는 카드나 게임을 했으며 잠자리에 들기 전에 일일 공과를 다시 읽었다. 1960년대 후반, 그녀가 후드 운하에 별장을 구입한 후에는 일상에 새로운 요소 하나가 추가되었다. 바로 수영이었다. 차가운 물속에 매일 들어가 몸을 옆으로 젖힌 자세로 부드럽게 헤엄치곤 했다. 날씨가 어떠하든, 심지어 바람이 불고 차가운 비가 내려 파도에 휩쓸려 갈까 봐 우리가 걱정하는 날에도 수영을 거르지 않았다.

나는 크리스천 사이언스 신앙의 세부 사항은 거의 알지 못했다. 그러던 어느 주말, 부모님이 외출을 해 가미가 우리 집에 와 있던 중 생긴 사건으로 인해 한 가지 중요한 측면을 알게 되었다. 크리스티와 그녀의 친구 수Sue 그리고 나는 수영복을 입고 앞마당의 스프링클러를 뛰어넘으며 놀고 있었다. 어느 순간 누군가(나?) 위험성을 조금 높여 재미를 더하자는 아이디어를 냈다. 우리는 스프링클러를 진입로로 끌어낸 다음 롤러스케이트를 타고 물보라를 뚫으며 점프하기로 했다. 당시에는 여전히 금속 바퀴가 달린 스케이트들도 있었다. 우리 스케이트가 어떤 것이었는지는 기억나지 않지만, 그것이 무엇이었든 젖은 진입로와는 어울리지 않는다는 사실을 우리는 곧 알게 되었다.

크리스티가 먼저 달렸다. 누나는 스프링클러 물보라를 잘 피해 점프했지만, 착지하는 순간 스케이트가 미끄러지는 바람에 아스팔트 위로 자빠졌다. 오른팔 팔꿈치 위쪽이 부러지는 큰 사고였다.

그다음으로 기억나는 것은 크리스티의 방에 모여 앉아 고통스럽게 울부짖는 누나와 어떻게 해야 할지 고민하는 가미를 지켜보던 상황이다. 크리스천 사이언스의 관점에서 병원은 일반적으로 기피 대상이다. 대신 신자들은 크리스천 사이언스의 전문 〈치료사〉를 찾는다. 그가 기도를 통해 치유할 수 있다고 믿기 때문이다. 우리가 크리스티의 방에서 기다리는 동안 가미는 우리에게 폴린 Pauline이라는 이름으로 알려져 있던 여성 치료사에게 전화를 했을 것이다. 그리고 치료사는 필시 골절은 실제적인 상해이므로 교정 치료를 받아도 정당하다고 말했을 가능성이 크다. 그날 늦게 크리스티는 인근 아동 정형외과 병원에서 숙련된 의사의 진료에 따라 팔 전체에 깁스를 했다.

1~2년 후, 내가 부엌 조리대에 올라가 찬장에 있는 유리잔을 꺼내려 손을 뻗을 때 복부에 통증이 몰아쳤다. 나는 바닥에 쓰러졌고 가미가 의식이 혼미한 나를 발견했다. 이번에는 1초의 지체도 없이 움직였다. 알고 보니 맹장염이었다. 가미가 서둘러 나를 병원

으로 데려간 덕분에 맹장이 터지기 전에 제거할 수 있었다.

부모님이 집만 비우면 나쁜 일이 일어난다는 느낌(누나와 나는 몇 년 동안 이 농담을 주고받았다)과는 별도로, 이들 사건은 당시 내가 어른 세계에 대해 품었던 의문을 증폭시켰다. 합리적이고 대학 교육까지 받은 할머니가 병원을 전혀 가지 않고 현대 의학의 혜택을 거부한다는 사실이 나에게는 매우 혼란스러웠다. 할머니는 신문을 읽었고 비행기도 탔으며 내가 아는 사람 중 가장 똑똑한 축에 속했다. 그럼에도 할머니의 일부는 미신처럼 보이는 신앙의 영역에서 살았다.

우리 가족이 실천한 종교는 사회적이고 지적인 활동에 가까웠다. 내가 태어나기 전에 크리스천 사이언스에서 벗어난 어머니와 아버지는 우리가 유니버시티 회중 교회University Congregational Church에 다니는 것에 동의했다. 카리스마 넘치는 목사 데일 터너Dale Turner 덕분에 신자 수가 2천 명 이상으로 늘어난 시애틀의 인기 교회였다. 터너 목사는 시애틀 지역에서 나름 유명 인사로 통했다. 회중주의는 성경 해석에 많은 여지를 두었고, 터너 목사는 성경을 동성애 권리 지지와 민권 운동과 같은 진보적 견해와 결합하는 자유주의적 해석을 견지했다. 그는 나중에 내 부모님의 가까운 친구가 되었다. 아버지는 고등학생 시절에 이미 조직화된 종교를 거부했지만, 어머니는 자녀들이 종교의 도덕적 가르침에 노출되기를 원했다. 이것은 두 분의 타협점 중 하나였다.

나에게 주일 학교는 그냥 해야 하는 무언가, 즉 옷을 차려입고 임해야 하는 긴 활동 목록 중 하나였다. 나는 주일 학교에 가는 것이 싫지 않았다. 터너 목사님은 산상 수훈을 암송하는 어린이에게 스페이스 니들 꼭대기에서 공짜 저녁 식사를 사주겠다고 제안했다. 기한이 정해지지 않은 상설 제안이었다. 주로 견진 성사반의 고학년 아이들이 도전했지만, 크리스티는 11살 무렵에 합격해 저녁을 먹었고, 그 얼마 후 워싱턴 해안으로 가족여행을 떠나던 차 뒷좌석에 내가 성경을 들고 앉아 〈심령이 가난한 자는 복이 있나니 천국이 그들의 것임이요······〉라는 구절과 『마태복음』에 나오는 그리스도의 나머지 도덕적 가르침을 외우기 시작했다. 터너 목사님이 내가 스페이스 니들 디너를 따냈다고 발표하던 날, 다른 아이들이 놀란 표정으로 나를 바라보자 자부심이 솟구쳐 올랐다. 내가 예수님의 메시지 일부를 내면화한 덕분이라고 확신하지만, 나의 그 작은 성취는 사실 내가 할 수 있는지 알아보기 위한 두뇌 테스트의 결과에 가까웠다. 예수님 말씀대로 지혜로운 사람은 실로 반석 위에 집을 지었다면, 그 나이에 내 반석은 내가 보유한 기억력과 사고력 등 두뇌 능력의 힘이었다.

차 뒷좌석에 앉으면 성경이나 여타의 책을 읽는 것이 나의 기본 상태였다(어디에서든 시간만 주어지면 그랬다). 책을 읽다 보면 시간 가는 줄 몰랐다. 세상과 단절된 채, 주변에서 할 일을 하는 가족이나 식탁을 차려 놓으라는 어머니, 친구들과 노는 누나 등을 흐릿하게 의식할 따름이었다. 내 방이든 자동차 뒷좌석이든 바비큐 파티장이든 예배당이든, 책에 빠져들 시간을 낼 수 있는 곳이라면 어디에서든 나는 온전히 내 머릿속에 홀로 존재하며 새로운 사실을 탐구하고 흡수할 수 있었다. 내가 박식한 독자의 본보기로 여기던 할머니는 나의 이 습관을 전폭적으로 옹호했다. 수업이 파하면 할머니는 나를 언덕길 위쪽의 도서관까지 그 짧은 거리를 차로 데려다주었고, 나는 한 주 동안 읽을 새 책을 잔뜩 빌려 할머니의 차에 싣곤 했다. 할머니 댁에 가면 종종 지하실로 내려가곤 했는데, 그곳의 한쪽 벽면 전체가 『라이프』 잡지로 가득 차 있었기 때문이다. 수십 년 동안 구독하면서 세상에 대한 이 카탈로그는 소장해야 마땅하다고 생각한 것 같았다. 올드 잉글리시 시프도그(우리는 그 개에게 크럼펫Crumpet이라는 이름을 지어 주었다)를 키우게 되었을 때, 나는 과월호에서 개 사진만 찾아 오려 내서 한 권의 책으로 엮기도 했다. 그 후로 학교 보고서나 프로젝트를 준비할 때면 『라이프』에서 삽화를 찾아보는 것으로 시작하곤 했다. 그 잡지를 훑어보면 어떤 구불구불한 길이든 내가 원하는 대로 따라갈 수 있는 기회가 생겼다. 그것은 시사, 유명인, 전쟁, 과학, 미국과 세계의 단면 등을 둘러보는 무작위 여행이 되곤 했다.

부모님이 돈 쓰는 것에 결코 의문을 제기하지 않은 한 가지가 바로 책이었다. 우리 집의 가장 큰 보물 중 하나는 1962년판 『월드 북 백과사전World Book Encyclopedia』 세트였다. 매끄러운 페이지에 선명한 삽화가 담긴 빨간색과 파란색 표지의 책 스무 권에 실로 많은 정보가 들어 있어 놀라지 않을 수 없었다. 특히 뼈, 근육, 장기 등을 각각 독립된 투명 플라스틱 페이지로 구성해 하나씩 겹쳐 나가면 인체가 완성되는 부분이 매우 인상적이었다. 『월드 북』은 자연, 지리, 과학, 정치 등 세상의 거의 모든 지식을 접할 수 있는 문과 같았다. 나는 아홉 살 무렵에 A부터 Z까지 거의 모든 권을 다 읽었다. 그리고 매년 1월이면 지난 12개월 동안의 역사를 압축해 담은 백과사전 연감Yearbook이 늦은 크리스마스 선물처럼 우편으로 도착했다. 그것도 모두 읽었다.

독서를 통해 나는 온갖 종류의 것들에 대한 답을 찾을 수 있었다. 물론 한 가지 답을 찾으면 더 많은 질문이 떠오르기도 하고, 깊이 파고들수록 더 많은 것을 알고 싶어지기 마련이다. 펭귄에 관심이 생겨서 아델리펭귄이 물속에서 얼마나 오래 숨을 참을 수 있는지(6분), 황제펭귄의 키는 어느 정도까지 자랄 수 있는지(1.3미터) 등을 알아보기도 했다. 한동안은 로켓과 교량이 내 마음을 사로잡았다. 다양한 모양과 크기의 로켓, 복잡한 격자와 튼튼해 보이는 탑을 갖춘 길고 높은 다리를 끝없이 그렸다. 그렇게 수많은 페이지가 아름답다고 생각되는 디자인으로 채워졌다. 그런데 어느 순간, 내 눈에 아무리 멋져 보여도 어떻게 작동하는지는 전혀 모른다는 사실을 깨달았다. 다리가 무너지지 않도록 하려면 어떻게 설계해야 하는가? 로켓을 실제로 날게 하려면 어떻게 만들어야 하는가? 상상과 현실 사이의 이 격차가 나를 짜증나게 했다. 내 디자인이 결코 실현될 수 없는 유치한 아이디어라는 느낌이 싫었다.

학교에서 내가 아는 아이들은 책을 많이 읽고 똑똑하며 선생님의 말씀에 관심을 보이는 것은 여자애들의 특성이라고 생각했다. 끔찍한 일반화이지만, 나도 그런 분위기를 느꼈고 다른 사람들 역시 마찬가지였다. 초등학교 3~4학년쯤, 나는 재미로『월드 북』을 읽거나 할머니와 하트 카드놀이를 하거나 다리가 무너지지 않는 이유에 대해 이야기하고 싶어 하는 것이 멋지지 않다는 것을 깨달았다. 우리 도서관에서 여름 독서 프로그램을 진행했는데, 참여한 학생이 나와 여자애들뿐이었다. 쉬는 시간이면 아이들은 모두 각자의 패거리로 흩어졌고, 나 혼자 남았다. 덩치 큰 애들이 나를 괴롭히기 시작했다. 돌이켜 보면, 그래서 외로웠다거나 상처를 받았다고 할 수는 없다. 무엇보다도 나는 그냥 좀 당황스러웠다. 왜 애들은 나처럼 세상을 보려 하지 않는 걸까.

어머니도 나에 대해 이와 유사한 당혹감을 느꼈던 것 같다. 〈크리스티는 방을 청소하고 머리를 빗고 숙제를 하는데 트레이는 왜 그렇지 않는 걸까? 다른 아이들은 책상을 깨끗이 치우고, 연필도 씹지 않고, 코트 지퍼를 올리는데 트레이는 왜 그렇지 않는 걸까?〉 내가 적극적으로 저항하거나 그런 것은 아니었다. 솔직히 그런 것들이 내게 의미 있게 와닿지 않았다. 어머니의 끊임없는 잔소리가 잠시 나만의 세계에서 벗어나게 했을지 몰라도, 나는 이내 다시 읽던 책이나 생각하던 무언가로 돌아가곤 했다. 어머니는 분명 내가 바뀌어서 자신이 기대하는 방식으로 책임감 있는 학생이 되길 바랐을 것이다. 하지만 나는 바뀌지 않았고, 그것이 어머니로서는 화가 나면서도 걱정스러운 일이었다.

어머니는 특히 내가 대부분의 사회적 상호 작용에 관심이 없다는 점을 걱정했다. 어머니는 데일 카네기Dale Carnegie가 인간관계를 일련의 요령과 팁으로 정리한 『친구 사귀는 법과 사람들에게 영향을 미치는 법How to Win Friends and Influence People』을 늘 곁에 두었다. (결국 크리스마스 선물로 자녀들에게 한 권씩 사주었다.) 나는 어머니가 카네기에게서 무엇을 배웠는지 잘 모르겠다. 이미 사람들과 정서적으로 교감하는 능력을 타고난 분으로 보였기 때문이다. 나는 어머니가 변호사 협회 행사를 조직하고 시애틀로 전입한 신입 회원을 위해 혼자서 환영 위원회를 꾸리는 등 아버지의 경력을 지원하는 모습을 지켜보았다. 신입 회원이 만약 집을 필요로 하면 어머니는 적절한 부동산 중개인을 알려 주었고, 그가 싱글이라면 주변 사람들을 소개하기도 했다. 돌이켜 생각해 보면, 그녀는 사람들의 능력을 적절한 역할과 연결하는 데 진정으로 관심이 많았고, 누군가가 도움을 요청하면 누구에게 연락해야 할지 항상 정확히 알고 있던, 인간관계의 전문가였다. 하지만 그 당시 나에게는 그런 재능이 없었다. 내게는 그런 것이 중요하지 않을 뿐 아니라 다소 피상적인 것처럼 보였다.

나의 사회성을 길러 주고 싶었던 어머니의 열망은 결국 나를 많은 외부 활동에 참여시키는 근간이 되었다. 내가 컵 스카우트Cub Scout 144단에 들어간 것도 여기에 기인했다. 나는 여덟 살 때, 2차 세계 대전 당시의 육군이나 해군, 해병대에 대한 기억이 여전히 생생한 아버지들이 운영하던, 65명 정도의 소년들로 구성된 스카우트단에 합류했다. 이는 곧 그 스카우트단이 조직과 명령을 토대로 운영된다는 뜻이었다. 우리는 계급 체계에 따라 단계적으로 진급되었다. 매년 일주일 동안 스카우트 캠프에 참여해 멀리뛰기와 팔굽혀펴기, 윗몸일으키기 등의 체력 테스트를 받아야 했다. 기본적으로 미니 신병 훈련소와 같았다.

하지만 우리에 대한 가장 큰 테스트는 연례행사로 실시하던 견과류 판매 캠페인이었다. 매년 가을, 스카우트 단원들은 다음 해 활동을 위한 기금을 마련하기 위해 봉지에 담은 견과류를 판매했다. 그것이 유일한 자금원이었다. 이 행사는 말 그대로 군사 작전처럼 치러졌다. 우리는 11일 동안 0.5킬로그램, 1.4킬로그램, 2.3킬로그램짜리 견과류 봉지를 최대한 많이 팔아야 했다. 144단의 생존이 우리의 작전 성공 여부에 달려 있었다. 혹은 그런 것처럼 보였다.

우리는 헤이즐넛, 피칸, 호두, 브라질너트, 아몬드, 그리고 고객이 가장 선호하던 혼합 견과를 준비했다. 각 단원이 최소 45킬로그램 이상을 판매하고 배달해야 했다. 그리고 판매량에 따라 상품이 수여되었다.

이것은 그때까지 내가 겪어 본 도전 중 가장 버거운 일이었다. 45킬로그램의 견과류? 내 몸무게의 두 배를 웃도는 분량이었다. 위원회에서 예시로 제시한 판매량 집계표에는 총 109킬로그램이라는 천문학적인 숫자가 적혀 있었다. 그 많은 견과류를 운반이나 할수 있을까? 하지만 내 몫도 감당하지 못하는 것으로 두드러지는 상황만큼은 피하고 싶었다.

이 도전은 내 안의 또 다른 욕구, 즉 경쟁심도 자극했다. 이것은 명확히 정의된 매개 변수와 분명한 목표가 있는 일종의 경주였다. 나는 상품 목록을 살피며 내가 갖고 싶은 품목에 표시했다. 물총(4.5킬로그램 판매 달성 상품), 축구공(29킬로그램 판매), 배터리로 작동하는 기브어쇼Give-A-Show 슬라이드 프로젝터(43킬로그램). 이것들만으로도 훌륭했지만, 더 좋은 것은 가장 많이 판 사람에게 따르는 자랑할 수 있는 권리였다.

머리를 단정히 빗고(한 번 그랬다) 컵 스카우트 유니폼을 입은 나는 동네의 이웃집들부터 차례로 돌기 시작했다. 그다음에는 아버지에게 차를 몰고 더 부유한 지역으로 가자고 부탁했다. 아버지는 천천히 차를 몰며 집집마다 문을 두드리는 나를 뒤따랐다. 스카우트 견과 판매 위원회는 우리에게 자신을 소개하고 판매를 마무리하는 방법을 담은 대본을 제공했다. 예를 들어, 견과류 0.5킬로그램에 65센트는 너무 비싸다고 불평하는 사람을 만나면 매장에서 파는 견과류는 대부분 전년도 수확물이라서 우리의 견과류만큼 좋지 않다고 설명하라는 식이었다.

그런 식으로 11일간의 판매가 이뤄졌다. 처음에는 내 자신을 드러내고 상품을 홍보하는 것이 힘겹게 느껴졌다. 하지만 일련의 과정 자체가 핼러윈 시즌에 사탕 얻으러 다니는 것trick-or-treat과 비슷해서 점차 익숙해졌고, 판매에 성공해 체크 표시를 하나씩 추가할 때마다 정말로 기분 좋은 느낌이 들었다.

캠페인이 끝날 때까지 나는 81킬로그램의 견과류를 판매했다.

그해에 내가 최고 판매자였는지는 기억나지 않지만(그 시절 적어도 한 번은 최고 판매자에 올랐다), 그 총량이 자랑스러웠다. 내가 기억하는 거의 만년 우승자는 이발사인 아버지를 동원해 이발 손님들에게 견과류 구매를 권유하게 한 아이였다. 내 눈에는 불공평해 보였다.

1964년 가을, 4학년이 된 나는 아무런 거리낌 없이 이상한 질문으로 수업을 방해하고 선생님의 시간을 많이 빼앗는 활기차고 호기심 많은 아이였다. 헤이즐 칼슨Hazel Carlson 선생님은 나를 지도하기 위해 최선을 다했다. 30명이나 되는 아이들을 관리하는 동시에 나의 끊임없는 참여 욕구를 충족시키는 것이 어려웠던 선생님은 수업이 끝나거나 조용한 시간에 따로 나와 많은 시간을 보내며 내가 궁금해하는 이런저런 내용을 설명해 주었다. 나는 책에 대해, 과학에 대해, 실로 머릿속에 떠오르는 모든 것에 대해 질문했다. 교실에서는 선생님이 의당 가장 똑똑한 사람이므로, 나는 그녀가 모든 답을 알고 있을 거라고 생각했다.

칼슨 선생님은 정성스레 꾸민 머리가 흐트러지지 않도록 일과 중 틈틈이 헤어스프레이를 조금씩 뿌려 정돈하는 습관이 있었다. 나는 글짓기 과제로, 자신의 헤어스프레이가 스프레이 페인트 캔으로 바뀐 것도 모르고 사용한 어떤 선생님에 관한 이야기를 발표했다. 틈틈이 스프레이를 뿌리자 선생님의 머리카락은 서서히 분홍색으로 변해 갔고, 그 사실을 모른 채 머리에 계속 페인트를 뿌리는 선생님의 모습을 반 아이들이 지켜보며 즐긴다는 내용이었다. 다행히 칼슨 선생님은 이 이야기를 재미있어 했고, 반 아이들도 매우 좋아했다. 아마 이때부터 유머가 반에서 주목받는 수단이 될 수 있다는 사실을 내가 깨닫기 시작했을 것이다. 이후 기발한 농담이나 특이한 행동으로 웃음을 유발하며 주목받는 것이 점차 내 학교생활 정체성의 일부로 굳어져 갔다.

학교생활의 특정 규칙들은 이해가 되지 않았다. 필기를 배우기 시작했을 때 칼슨 선생님은 굵은 괘선의 세 줄이 줄지어 쳐진 노트를 나눠 주며 필기체를 연습하게 했다. 나는 그것이 예쁜 글씨 뽐내기 대회처럼 느껴졌다. 필기의 기능이 아이디어를 전달하는 것이라면, 굳이 그렇게 예쁘게 보이도록 애쓸 필요가 대체 어디에 있는가?

성적을 매기는 방식도 마찬가지였다. 최고를 A로 정하고 이어서 B와 C 등으로 등급을 나누는 표준 방식은 아무런 문제 없이 납득이 되었다. 하지만 노력의 정도를 평가해 점수를 주는 방식은 도무지 이해가 되지 않았다. 노력을 많이 하면 1점, 중간 정도 노력하면 2점, 노력하지 않으면 3점을 주었고, 그에 따라 A1이 최고 점수로 간주되었다. 나는 그것이 잘못되었다고 생각했다. 정말 똑똑하다면 노력을 거의 들이지 않고도 A를 받을 수 있을 테니, A3가 최고 등급이 되어야 마땅했다. 칼슨 선생님께 그러한 비율 최적화에 대해 말씀드리자 선생님은 내가 농담하는 걸로 여겼다. 나는 매 과제에 대해 「선생님, A3을 주세요」라고 말했다. 선생님은 내가 자기 과시의 일환으로 그런다고 생각했지만(그런 면도 없지 않았다), 솔직히 높은 성적과 낮은 노력의 조합이 내게는 가장 합리적인 것으로 인식되었다.

어느 시점부턴가 나는 우리 몸의 작동 방식에 관심을 갖기 시작했다. 아마도 『월드 북』의 투명 플라스틱 삽화에 영향을 받았기 때문일 것이다. 〈가져와 발표하기show-and-tell〉 시간에 생리학에 관한 무언가를 보여 주고 싶었다. 한 여자아이는 플루트를 가져왔고, 어떤 아이들은 가족여행에서 챙겨 온 기념품을 선보였다. 나는 무언가 멋지고 교육적인 내용을 발표하고 싶었다. 사람의 신체 부위는 구할 수 없는 것이 명백해서 아버지와 상의했다. 아버지는 내가 보여 주고 싶은 부분을 동물의 장기로 대신할 수 있지 않겠느냐고 제안했다. 그러면서 도축장에 확인해 보겠다고 했다.

그렇게 해서 어느 날 아침 나는 칼슨 선생님의 교실에 소의 허파를 가져왔다. 학교에 도착했을 때는 허파를 싸고 있던 천에 잔혈이 약간 배어 나와 있었다.

내가 천을 벗겨 그것을 공개하자 아이들은 경외감과 역겨움이 뒤섞인 표정을 지었다. 나는 허파를 눌러서 그것이 여전히 공기를 흡입하고 밀어낼 수 있다는 것을 보여 주었다. 산소 전달 과정을 시연한 것이다! 한 소녀가 기절했다. 나중에 그 여자애가 크리스천 사이언스 신자인 까닭에 종교적인 이유로 그 허파를 보고 경악한 것이라고 누군가가 말했다. 나는 크리스천 사이언스 신자의 허파가 다른 모든 사람의 허파와 같고, 소의 허파와도 크게 다르지 않은데

도대체 뭐가 큰 문제란 말인가, 라고 생각했던 기억이 난다. (결국 칼슨 선생님은 내게 그 장기를 밖으로 가져 나가라고 했고, 그것은 학교가 파하고 부모님이 나를 데리러 올 때까지 피 묻은 천에 싸인 채 건물 밖에 머물렀다. 나중에 우리가 그것을 어떻게 처리했는지는 기억이 나지 않는다.)

어느 날 칼슨 선생님은 교실 앞쪽에 녹음기를 틀어 놓고 우리에게 곱셈 문제를 풀게 했다. 모두 책상에 앉아 연필을 쥐고 고개를 숙인 채 녹음기에서 흘러나오는 문제에 맞춰 답을 적어 나가는 시험이었다. 「9 곱하기 12.」 어떤 남성의 목소리가 스피커를 통해 울려 퍼졌다. 모두들 답을 적기 시작했다. 그리고 잠시 후 「11 곱하기 6」이라고 문제가 나오자 답을 적는 소리가 이어졌다. 얼마 지나지 않아 내가 다른 아이들보다 더 빨리 각 문제의 답을 적고 있다는 사실을 깨달았다. 답을 쓰고 고개를 들어 보면 나머지 아이들 대부분이 여전히 연필을 놀리고 있었다. 심지어 어떤 아이들은 녹음기 속 남자가 다음 문제로 넘어갈 때 「잠깐만요, 아직 못했어요」라고 외치며 뒤처지고 있었다.

내가 또래들보다 무언가를 더 잘한다고 느낀 것은 그때가 처음이었다. 나는 수학이 쉬웠고, 심지어 재미있었다. 수학의 빈틈없는 확실성이 마음에 들었다. 수학은 기본적인 규칙을 따르는 과목이므로 공식만 외우면 모든 게 수월했다. 어떤 학생들은 왜 그것을 이해하지 못하는지 의아심이 들었다. 4 곱하기 4는 언제나 16이었다.

수학은 세상의 많은 부분이 합리적이라는, 당시 점점 커가던 나의 인식에 호소력을 발휘했다. 나는 다리나 카드 게임, 인체 등에 관한 많은 복잡한 질문들도 두뇌만 잘 활용하면 답을 찾을 수 있다는 것을 이해하기 시작했다. 큰 깨달음이었다고 말할 수는 없다. 나는 늘 무언가를 생각하고 새로운 정보를 찾는 아이였으니까. 하지만 이제 나 자신의 두뇌 능력에 대한 자신감이 커지고 있었다. 이런 자신감과 더불어 어른들과 나 사이의 지적 격차가 사라졌다는 느낌도 들었다. 아버지는 훗날 나의 이런 변화가 갑작스럽게 일어났다고 말하곤 했다. 그는 내가 하룻밤 사이에 어른이 되었다고 했다. 논쟁을 벌이길 좋아하고 지적으로 강렬하며 때로는 그다지 친절하지 않은, 그런 애어른이 되었다고. 대부분의 아이들은 사춘기에 이르면 반항적인 단계를 거친다. 나는 대부분의 다른 아이들보다 훨씬 빨리 그 단계에 도달했다. 아홉 살 정도였다.

그 나이의 아이들은 부모와 선생님이 모든 답을 알고 있으리라 기대한다. 나는 점차 부모님과 선생님이 그렇지 않다고, 적어도 나를 만족시킬 만한 답을 주지는 못한다고 느꼈다.

어른의 한계에 대한 나의 인식은 가족 내 역할을 규정하던 암묵적 합의를 약화시켰다. 내 스스로 생각할 수 있다면, 굳이 부모님의 의견이 왜 필요할까? 어쩌면 부모님조차 필요 없을지도 모른다는 생각까지 들었다. 나는 부모 자식 관계 전반에 의문을 품기 시작했다. 왜 부모님이 모든 것을 결정할 권한을 가질까? 왜 그들이 내가 언제 잠자리에 들어야 하고, 무엇을 먹어야 하며, 어떻게 방을 정리해야 하는지 정할 자격을 갖는 것일까? 왜 나한테 중요하지 않은 일을 내가 해야만 하는가? 부모님이 물질적인 것부터 정서적인 것까지 내가 가진 모든 것을 제공했고, 필요로 하는 모든 것을 제공하고 있다는 사실은 신경도 쓰지 않았다. 그저 왜 그들이 모든 것을 주도하는지 이해할 수 없었다. 그들의 권력이 자의적인 것으로 보였다.

나의 이러한 변화로 가장 큰 타격을 입은 사람은 어머니였다. 어머니는 규칙의 제정자이자 집행자였던 까닭에 내 반항의 주된 대상이 되었다. 나에 대한 어머니의 통제 욕구에서 비롯된 것으로 생각되는 모든 것에 반항했다.

아버지는 중간에서 시달리는 처지에 놓였다. 내가 물러서지 않고 팽팽히 맞서면, 어머니는 결국 뒤로 물러나 아버지가 집에 올 때까지 기다렸다. 낮에는 변호사였던 아버지가 밤에는 가족의 판사가 되었다. 한번은 어떤 잘못 때문이었는지는 기억나지 않지만 아버지의 귀가 후 이뤄진 예의 그 재판 중에 아버지가 나에게 명확히 말했다. 「너는 우리를 존중해야 한다.」 나는 동의하지 않았다. 그런데 존중이란 무엇인가? 그리고 왜 부모님은 그것을 그렇게 절실히 필요로 하는가? 나는 최대한 냉소적인 어조로 대답했다. 「싫어요, 안 해요!」 지금도 그 순간을 떠올리면 가슴이 먹먹해질 정도로 후회가 밀려온다. 내가 혼자 잘난 양 건방지게 굴고 있다는 것을 알았다. 하지만 나는 물러서고 싶지 않았다. 대신 나는 나만의 세계 속으로 더욱 깊숙이 숨어 버렸다.

학교에서는 점점 뒤로 물러나고 있었다. 갈수록 수업 시간에 질문도 하지 않고 집중도 하지 않으며 나를 억누르게 되었다. 나는 에너지를 쏟아야 할 부분과 무시해도 될 부분을 신중하게 선별했다. 수학과 독해에서는 여전히 뛰어난 실력을 유지했지만, 흥미롭지 않다고 여겨지는 과목들에는 거의 노력을 기울이지 않았다. 칼슨 선생님이 녹음된 스페인어 수업을 틀면 아예 귀를 닫아 버렸다. 녹음 강의로 대체 어떻게 배우라는 것인지 이해가 되지 않았다. 시험을 거의 보지 않는다는 점도 불만스러웠다. 우리의 실력이 측정되지 않고 있다는 생각은 수학이 진정 우월하다는 나의 인식과 조화를 이루지 못했다. 수학에서는 언제나 맞았는지 틀렸는지 알 수 있었으니까.

어느 날 칼슨 선생님이 나를 데리고 복도를 따라 도서관으로 향했다. 그녀는 사서 선생님에게 이렇게 말했다. 이 아이에게는 도전 과제가 필요해요. 뭐든 시킬 일이 없을까요?

그곳은 1960년대 초등학교에서 전형적으로 볼 수 있는 작은 규모의 도서관이었다. 당연히 컴퓨터는 없었고, 책과 정기 간행물들만 가득했다. 『내셔널 지오그래픽 *National Geographics*』이 특히 많았고, 『블랙 스탤리언 *Black Stallion*』 같은 인기 소설 시리즈, 오래된 백과사전 세트, 기초 과학 서적 등이 있었다. 천장 높이의 서가 서른 개 정도에 가슴 높이의 카드식 도서 목록함이 있던 그 방은 당시 우리에게는 인터넷이나 다름없었다. 사서를 맡고 있던 블랑슈 카피에르Blanche Caffiere 선생님은 나의 1학년 때 담임이었고, 열정 넘치는 이야기 시간으로 유명한 분이었다. 선생님은 『버드나무에 부는 바람』 속 두더지와 두꺼비 씨의 일화를 비롯해 그날 들려주는 이야기의 장면을 보다 생생하게 표현하기 위해 커다란 펠트 판을 준비해 배경으로 사용하곤 했다.

카피에르 선생님은 내가 입학했을 때 이미 오랜 세월 교직에 몸담은 상태였다. 그녀는 우리가 열거할 수 있는 모든 종류의 학생을 경험한 바 있었고, 너무 적극적이거나 너무 소극적인 학생, 학업에 어려움을 겪는 학생, 성적이 뛰어난 학생 등을 돕는 것으로 뷰리지에서 유명했다. 교사들은 성적을 매기고 관리자들은 벌을 주었다면, 카피에르 선생님은 일거리를 주었다. 그녀는 일이 모든 문제를 해결하는 최선책이라고 생각했다.

그녀는 내게도 곧바로 일을 주었다. 서가의 정해진 위치를 벗어나 엉뚱한 곳으로 사라진 책들을 찾아 제자리로 돌려놓는 일이었다. 내가 잘 찾아낼 수 있을까? 바삐 시간을 보낼 필요가 있는 아이에게 맡기기 적절한, 시간 잡아먹는 일의 전형이었다. 하지만 나는 그 일에 정말로 열심히 임했다. 일종의 탐정이 필요하신 거군요. 내가 선생님한테 말했다. 맞아, 그게 바로 여기에 필요한 사람이야. 선생님이 답했다. 나는 잃어버린 책에 대한 카드를 들고 책 더미를 돌아다니며 하나하나 찾아내기 시작했다.

어디로 갔을까요? 나는 내가 추적한 책 더미를 바라보며 물었다. 선생님은 논픽션 책들이 000에서 900까지의 숫자 체계에 따라 서가에 비치된다고 설명했다. 그러면서 듀이 십진법을 기억하기 쉽도록 점점 정교한 질문을 던지게 되는 원시인에 관한 간단한 이야기를 들려주었다. 원시인은 먼저 〈나는 누구인가?〉(100: 철학과 심리학)라는 원초적 질문으로 시작해 갈수록 정교한 질문을 던지다가 결국 〈어떻게 사람들에게 기록을 남길 수 있을까?〉(900: 역사, 지리, 전기)에 이른다는 얘기였다.

칼슨 선생님이 쉬는 시간에 나를 데리러 왔을 때, 나는 더 있게 해달라고 요청했다. 나는 그 일이 맘에 들었다. 원래 그 도서관 도우미 일은 일회성으로 마련된 것이었다. 하지만 나는 그 일이 너무 좋아서 다음 날 일찍 도서관을 찾았다. 카피에르 선생님은 놀란 표정이었지만, 내가 정규 사서 보조가 될 수 있는지 물었더니 흔쾌히 응낙해 주었다.

책과 숫자를 모두 좋아하던 아이에게, 그것은 꿈의 직업이었다. 도서관은 그저 무작위로 가득한 공간이 아니었다. 숫자가 지배하는 질서, 즉 논리적인 시스템이 갖춰진 곳이었다. 그 시스템을 익히면 어느 도서관에서든 원하는 것을 즉시 찾을 수 있는 전문가가 될 수 있었다. 개와 고양이에 관한 논픽션 책은 636(동물 축산) 아래에 있다는 것을 알 것이고, 두 마리의 개와 고양이에 대한 이야기를 담은 『인크레더블 저니 *The Incredible Journey*』와 혼동하지도 않을 것이다. 후자는 픽션이기에 다른 곳에 알파벳순으로 분류되어 있음을 알 테니까 말이다.

그해의 남은 기간 동안 도서관에서 일하면서 쉬는 시간도 건너뛰고 책을 찾아 다시 정리하는 데 몰두했다. 때로는 다른 학생들이 와 있는 것도 알아채지 못하거나 점심시간이 된 줄도 모를 정도였다. 나는 이 일을 나 자신과 겨루는 게임처럼 생각했다. 책을 얼마나 빨리 제자리에 돌려놓을 수 있을까? 카피에르 선생님은 내가 스스로 가치 있는 존재로 느낄 수 있는 방식으로 감사를 표현했다. 그녀는 이렇게 말하곤 했다. 「빌, 네가 탐정 기질을 발휘하지 않았더라면 어떻게 그 책들을 찾을 수 있었을지 모르겠구나.」 지금 생각해 보면 그녀는 훌륭한 선생님이 마땅히 하는 일을 하고 있었다. 학생의 자신감을 키워 주기 위해 긍정적인 피드백을 제공하는 것 말이다. 그 시절 나는 그것을 말 그대로 받아들였다. 나는 도서관 일을 돕고 있었다. 나는 필수적인 존재였다.

　내가 그날의 책 정리를 끝내면, 카피에르 선생님은 무엇을 읽고 있는지, 어떤 부분이 흥미로웠는지 질문하며 속마음을 털어놓도록 이끌곤 했다. 그럴 때도 선생님은 격려의 피드백을 제공하며 내가 아는 수준 이상의 책이나 유명인의 전기, 내가 생각하지 못한 아이디어를 소개하곤 했다. 다른 아이들은 차라리 밖에 나가 놀고 싶었을 것이다. 하지만 나는 도서관에서 보내는 시간이 특별했고, 카피에르 선생님과 가까워지는 것도 좋았다.

그해 초 어느 일요일, 할머니 댁에서 저녁 식사를 마친 후 부모님은 크리스티와 나를 거실로 불러 행맨Hangman 게임을 하자고 했다. 평소와는 다른 행동이어서 무언가 특별한 상황이 전개될 것 같았다. 어머니가 교수대를 그리기 시작했고, 우리는 곧 정답을 맞혔다.

〈작은 손님이 곧 찾아온다.〉여기에 더 큰 메시지가 담겨 있었지만, 우리는 이해하지 못했다. 어머니가 설명했다. 임신 중이라는 얘기였다. 또 한 명의 아이를 가질 계획이 있어서 생긴 것이 아니었고, 딸인지 아들인지도 몰랐다. 어느 쪽을 선호했는지는 기억나지 않지만, 그 소식에 기뻐했던 것 같다. 집에 아이가 하나 더 생기면 재미있을 것 같았다. 하지만 기쁜 소식도 잠시, 어머니는 사나운 개가 연약한 아기 곁에 있어서는 안 되기에 크럼펫을 다른 집에 보내야 한다고 말했다.

좋은 소식과 나쁜 소식이 뒤섞이는 상황이 계속되었다. 이제 식구가 다섯으로 느는 만큼 더 많은 공간이 필요했다. 부모님은 언젠가 집을 지을 계획으로 택지 한 구획을 보유하고 있었다. 이제 때가 되었다고, 부모님은 결정했다. 불과 3~4킬로미터밖에 떨어지지 않은 로럴허스트라는 지역에 속한 땅이었지만, 그럼에도 이는 내가 다른 학교로 전학 가야 한다는 의미였다. 나는 어안이 벙벙해졌다. 도서관에서 일하고 있어서 안 된다고 항의했다. 카피에르 선생님에게는 내가 필요했다. 「잃어버린 책들은 누가 찾느냐고요?」 나는 어머니에게 불평했다. 어머니는 카피에르 선생님을 우리 집 저녁 식사에 초대해 감사 인사를 드리는 것이 옳다고 했다. 그러면서 내가 정식 초대장을 작성하는 것을 도왔고, 나는 다음 날 긴장한 채 선생님께 그것을 내밀었다. 선생님과 함께한 저녁 식사 자리에서 나는 다시 우리의 이사에 대해 항의했다. 카피에르 선생님은 내가 새 학교에서도 사서 보조로 일할 수 있을 것이라며 나를 달랬다.

1964년 6월, 동생 리비가 태어난 지 6개월쯤 지나서 우리는 새 집으로 이사했다. 그때쯤 크럼펫이 인근 농장에서 행복하게 살고 있다는 소식도 들려왔다.

새 학교의 사서 선생님은 보조가 필요 없다고 했다. 결국 부모님은 내가 이전 학교와 도서관에서 4학년을 마치는 것이 덜 혼란스러울 것이라고 판단했다. 가족에 많은 변화가 있었기 때문에 내가 책의 안락함 속에 좀 더 머무를 수 있도록 돕는 것이 현명하다고 생각했을 것이다.

4장

운 좋은 아이

「굿모닝 투 유, 굿모닝 투 유, 굿모닝, 굿모닝, 굿모닝 투 유!」 초등학교 5학년 때부터 매일 아침 어머니가 불러 주던 노래다. 이 노래는 아래층의 우리 침실과 위층의 주방을 연결하는 인터컴을 통해 울려 퍼졌다. 어머니는 주방에서 아침 식사를 준비하면서 노래를 불렀다. 새집의 크기 때문에 인터컴이 필요했는지도 모르겠지만, 어머니에게 인터컴은 다른 일을 하면서도 아침에 우리를 깨우고 교회에 갈 준비를 시키고 저녁 먹을 시간을 알릴 수 있는 생산성 증진 도구였다. 어머니가 인터컴으로 부르면, 그것은 즉시 위층으로 올라오라는 뜻이었다.

우리가 로럴허스트로 이사한 후, 어머니는 자원봉사자에서 주요 상장 기업의 이사 자리에 이르기까지, 종종 여성 최초로 해당 직책을 맡으며 꾸준히 사다리를 오르기 시작했다. 어머니는 늘 흠잡을 데 없는 단정한 차림으로 서류 가방을 들고 활기차게 현관문을 나서곤 했다. 또는 전화로 모금 행사의 세부 사항을 조율하고 있는 경우도 많았다. 우리가 모두 잠자리에 들고 난 뒤에도 한참 동안 타자기 앞에 앉아 지난 모금 캠페인에 대한 감사 편지나 다음 모금 캠페인에 대한 제안서를 작성하곤 했다.

어머니는 스스로 선구자라 칭하지 않았겠지만, 여성에게 많은 제약이 따랐던 당시의 직장 세계에서 여성이 성취할 수 있는 모든 것의 최첨단에 서곤 했다. 오늘날이라면 페미니스트로 여겨질 테지만, 어머니는 그런 꼬리표를 좋아하지 않았을 것이고, 그저 고개를 숙이고 자신이 중요하다고 생각하는 변화에 영향을 미칠 수 있는 더 큰 플랫폼을 찾는 데 열중했을 것이다. 그녀는 그 모든 일을 엄마의 역할도 충실히 수행하면서 해냈다. 물론 그 뒤에는 항상 도움의 손길을 내미는 할머니가 있었다.

누나와 여동생 그리고 나는 어머니가 평범하지 않은 분임을 강렬히 인식하지 않을 수 없었다. 친구들의 어머니 중 누구도 바지 정장을 입고 회의에 참석하러 뛰거나 부부 동반 사교 모임에서 변호사, 정치인, 사업가에 대한 나름의 견해를 당당히 피력하지 않았기 때문이다. 1960년대 중반은 베티 프리던Betty Friedan이 『여성의 신비 The Feminine Mystique』를 통해 여성에게 집안일 이상의 무엇이 필요하다고 주장한 지 2~3년밖에 지나지 않은 시점이었다. 또한 미국의 여성들이 기업 사다리를 오르기 한참 이전 시점이었다. 어머니는 가정과 사회생활 모두를 훌륭하게 이끌고 싶어 했다. 훗날 누이들과 나는 어머니가 자신의 야망과 엄마 역할에서 균형을 잃지 않으려 애쓰던 모습을 보며 우리가 느꼈던 자부심에 대해 이야기하곤 했다. 늘 정신없이 바쁜 모습이었지만 말이다. 여동생 리비는 열 살 때 어머니에 대한 소개 글을 써서 지역의 〈올해의 어머니〉 콘테스트에 출품했다. 리비는 응모작에 어머니가 〈대체로 쾌활할〉 뿐 아니라 언제든 볼링이나 테니스를 치러 함께 가주고 축구 경기를 할 때면 늘 사이드라인에서 응원한다고 썼다. 이 대회에서 우승했을 때 어머니는 당연히 그 기사를 오려 스크랩북에 붙였다.

한편 아버지는 당시로서는 파격적인 수준으로 어머니의 야망을 지지해 주었다. 적어도 중산층 가정에서는 남자는 생계를 책임지는 가장, 여자는 가정을 돌보는 주부라는 역할이 뚜렷하게 구분되던 시절이었다. 확신컨대 아버지는 아내와 딸을 엄격한 전통적 젠더 역할에 묶어 두던 자신의 아버지의 실수를 피하고 싶었던 것 같다. 어머니가 보관해 둔 상자들을 살펴보다가 아버지가 대학 시절에 스스로 게이츠랜드Gatesland라고 명명한 완벽한 세상을 상상하며 쓴 에세이를 발견했다. 〈게이츠랜드에서 사람들은 신체 구조를 제외하고는 남성과 여성 사이에 차이가 없다는 것을 이해할 것이다. 〈여성의 자리는 가정이다〉와 같은 격언이나 〈남성 우월〉, 〈생계 부양자로서의 남성〉, 〈연약한 성〉 등과 같은 표현은 아무런 의미도 갖지 못할 것이다. 남성과 여성은 모든 분야에서 정확히 동등한 조건 아래 만날 것이며…… 전문직과 사업 분야에서도 여성이 남성만큼이나 흔해질 것이고, 남성은 이러한 분야에 대한 여성의 진입을 비정상적 사건이 아닌 정상적인 일로 받아들일 것이다.〉

침실 4개가 있는 20세기 중반의 현대식 주택인 현실의 게이츠랜드에서는 어머니의 인터컴 소리가 들리면 우리는 일어나 옷을 입고 침대를 정리한 후 위층으로 올라가야 했다. 어머니는 주방의 카운터 위에 언제나 같은 위치와 순서로 맏이부터 막내까지 아침 식사를 준비해 주었다. 어머니는 우리 맞은편의 인출식 도마를 임시 아침 식탁으로 사용했다. 그때쯤이면 아버지는 이미 회사에 출근한 상태였다. 아버지는 회사에 제일 먼저 출근해 잠시 조용한 사무실에서 신문을 읽으며 출근하는 사람들을 맞이하는 것을 좋아했다.

로럴허스트 초등학교에서 5학년이 시작되었을 때, 나는 전학생의 전형적인 두려움과 불안을 모두 느꼈다. 아는 친구가 한 명도 없었다. 새로 친구를 사귈 수 있을까? 다른 아이들이 나를 괴롭히지는 않을까? 몇 킬로미터 거리의 이사는 별거 아닌 것처럼 보일 수 있지만, 우리는 아이들이 그 길지 않은 생애 내내 함께 어울려 지낸 가족들로 이루어진 끈끈한 커뮤니티에 새로 끼어든 사람들이었다. 같은 반 남자아이 둘은 엄마 뱃속에 있을 때부터 만났다고 농담하곤 했다.

내가 접한 첫인상 중 하나는 두려움과 경이로움을 동시에 촉발했다. 학교에는 45번가 반대편의 놀이터로 연결되는 육교가 있었다. 학교에서 시작된 말다툼은 나중에 선생님들의 시야에서 벗어난 그 놀이터의 흙바닥에서 해결되었다. 어느 날 오후 육교를 건너던 나는 얼어붙었다. 내 앞에 있던 두 명의 아이들이 서로 머리와 얼굴에 주먹질을 하고 있었기 때문이다. 둘 다 나와 같은 학년이었지만 나머지 아이들보다 덩치가 훨씬 컸다. 한 명은 근육질이었고,

다른 한 명은 그냥 덩치만 컸다. 나는 그런 수준의 싸움을 본 적이 없었다. 그리고 학교 환경에서 그런 공격성이 적나라하게 표출되리라고는 상상도 못 했다. 두어 명의 선생님이 달려와서 아이들을 떼어 놓았고, 그렇게 싸움은 끝이 났다.

내 첫 번째 생각은 저 둘을 멀리해야겠다는 것이었다. 나는 27킬로그램이었고, 같은 학년에서 가장 뼈만 앙상한 아이는 아니었지만, 그에 근접했다. 게다가 바비 인형 같은 금발 머리와 날카로운 목소리 때문에 눈에 잘 띄었다. 나는 쉬운 표적이었다.

그 싸움꾼들과 관련해 나를 사로잡은 또 다른 부분은 그들이 지닌 사회적 정체성이었다. 거칠고 못되게 구는 것은 학교 환경에서 특별한 종류의 지위를 획득하는 방법이었다. 나나 대부분의 아이들이 원하던 종류의 지위는 아니었지만, 그 덩치 큰 아이들은 5학년 140여 명의 사회적 질서 안에서 나름의 포지션을 확보하고 있었다. 서열의 맨 위에는 팀버레이크Timberlake 가문과 스토리Story 가문 등 로럴허스트에서 모두가 알고 존경하던 저명한 가문의 아이들이 자리했다. 그들은 그들만의 계층을 형성하고 있었다. 그 아래쪽으로 운동 잘하는 아이들, 아주 똑똑한 아이들, 한두 명의 너드 nerd가 위치했다. 나는 거칠지도 않았고 운동선수 유형도 아니었기에 그런 포지션은 아예 고려 대상이 아니었다. 또한 아직 스스로를 너드라고 생각하지 않았고, 공부를 열심히 하는 아이로 인식되는 것에 대해서도 걱정스러웠다. 수업에 성실하게 임하는 것은 멋진 아이들이 열망하는 바가 아니며, 오히려 놀림을 받는 유형이라고 생각했기 때문이다.

　내가 보기에 나에게 있는 한 가지 차별화 요소는 바로 유머였다. 이전 학교에서 나는 학급 광대가 아이들 사이에서 틈새 포지션을 차지한다는 사실을 발견했다. 손을 들어 농담을 던지면 손을 들어 정답을 맞힐 때보다 더 많은 인기 점수를 얻을 수 있었다. 아이들이 웃으면서 좋아했다. 새로운 청중에게서도 같은 반응을 기대하며 나는 로럴허스트 초등학교에서 광대 포지션을 적극적으로 개척하기 시작했다. 우선 학교생활에 전혀 신경 쓰지 않는 척했다. 책상을 어지럽혀 놓고 뒹굴다가 마지막 순간에 과제를 하곤 했다. 무언가를 낭독해야 할 때는 일부러 과장된 행동이나 목소리로 코믹하게 꾸몄고, 선생님이 말하는 동안에 부적절한 웃음을 터뜨리기도 했다. 무언가를 열심히 해야 하는 경우에는 유머 뒤에 노력을 숨겼다. 어느 날, 우리 반의 담임인 홉킨스Hopkins 선생님이 우리에게 임의로 주제를 정해 한 페이지 분량의 에세이를 작성해 제출하라고 지시했다. 당시 내가 무엇을 주제로 글을 썼는지는 기억나지 않지만, 계속 이어지는 단 하나의 문장으로 한 페이지 40줄을 모두 채우려고 시간을 들였던 기억은 난다. 홉킨스 선생님이 수업 시간에 나를 호명하며 그 위업을 언급했을 때 나는 속으로 뿌듯함을 느꼈다. 선생님은 나의 뱀처럼 길게 이어진 문장이 읽기에 짜증나긴 했지만 구두법은 완벽하다고 말했다.

　선생님과 부모님, 교장 선생님은 나를 어떻게 다루어야 할지 몰라 난감해했다. 내 성적은 들쑥날쑥했고, 태도는 날마다, 그리고 과목에 따라 달라졌다. 그러던 중 누군가가 무엇보다도 나의 날카롭게 갈라지는 목소리를 고쳐야 한다고 판단했다. 5학년 초 어느 시점부터 나는 학교의 언어 치료사를 만나기 시작했다. 일주일에 몇 번씩 그녀의 사무실에 가서 〈아빠 곰 목소리〉(우웩)를 연습하고 빵 스틱 끝에 묻힌 땅콩버터를 핥으면서 알파벳 〈r〉 발음을 연습했다. 어리석은 방법 같아 보였지만, 하도 이상해서 그냥 따라 했다. 이 세션의 결론으로 언어 치료사는 부모님에게 나를 1년 유급시킬 것을 권했다. 5학년을 다시 다니게 하라는 것이었다. 그녀가 나에 대해 〈지진아retarded〉라고 평했던 것 같다. 이는 지금은 시대착오적이고 모욕적인 표현으로 통하지만, 당시에는 학교생활에 적응하지 못하는 것으로 보이는 아이들을 가리키는 용어였다. 다행히 부모님은 그녀의 조언을 따르지 않았다. 그녀의 평결은 다른 교육자가 부모님에게 나를 1년 월반시키라고 권유하고 1년 지난 시점에 나온 것이었다. 이런 생각이 들었다. 〈전문가라는 사람들이 나를 어떻게 해야 할지 모른다면, 내가 왜 그들의 의견에 신경 써야 하지?〉

그 시절에 대체로 나는 내 방식대로 하고 싶은 것을 하는 것이 만족스러웠다. 친구를 사귀기 시작했고, 학교생활에 대한 나의 접근 방식을 공유할 수 있는, 적어도 한 명의 동질적 영혼을 발견했다. 그의 이름은 스탠 영스Stan Youngs였는데, 모두가 그를 부머Boomer라고 불렀다. 갓난아이 때 안개 경보 경적과 유사한 울음소리를 내서 아버지가 붙여 준 별명이었다. 부머는 똑똑한 데다가 반항적인 구석이 있어서 내 농담꾼 페르소나와 잘 어울렸다.

우리는 1965년에 만나 2년에 걸쳐 가장 친한 친구로 지냈다. 부머는 내가 평생을 함께하고 싶은 유형의 친구였다. 그는 나이답지 않게 자신감이 넘쳤고, 겉으로도 영리함이 드러났다. 언제나 어떤 것에 대해서든 기꺼이 자신의 주장을 펼칠 의지와 능력이 있었다. 그린베이 패커스Green Bay Packers가 왜 역사상 최고의 미식축구 팀인지와 같은 주제로, 단지 자신의 논리력을 시험하기 위한 정신적 훈련 차원의 논쟁을 벌일 때도 그랬다.

우리는 나의 지하층 방에서 리스크Risk라는 전략 보드게임을 하며 세계의 지배권을 차지하기 위해 격돌하곤 했다. 그는 내가 동경하는 신체적 역량과 대담성도 갖추고 있었다. 나처럼 작은 체구에 금발이었지만, 승부를 가리기 위해 45번가 육교 건너편으로 넘어가는 것을 두려워하지 않았다. 승산이 없음을 알고 있을 때조차도 물러서지 않았다. 나를 미식축구 팀에 등록시킨 것은 어머니였지만, 그 시즌에 계속 팀에 머물렀던 것은 부머가 있어서였다. 여기서는 체구가 작다는 것이 오히려 이점으로 작용했다. 덕분에 훨씬 덜 흥미로워 보이던 라인맨 포지션에 배치되지 않았기 때문이다. 그 대신 맡겨진 센터 라인배커 포지션이 훨씬 재밌었다. 내 위치에서는 경기의 모든 흐름을 볼 수 있었다. 공격진 전체의 움직임, 공의 스냅 장면, 심지어 나를 지나쳐 엔드존을 향해 뛰는 상대 선수까지.

어느 날 학교에서 선생님이 학급을 두 그룹으로 나누어 베트남 전쟁에 대한 찬반 토론을 하겠다고 발표했다. 모든 아이들이 전쟁에 반대하는 쪽을 선택했다. 자연스럽게 부머는 일종의 도전 정신으로 전쟁을 찬성하는 입장에 섰다. 나도 부머에게 합류했다. 우리 둘만이 그 그룹에 속했다. 부머는 정치적으로 나보다 더 보수적이었고, 『내셔널 리뷰*National Review*』까지 읽었다. (아버지의 날 선물로 그것의 구독을 신청하면서 부머는 잡지사에 나름의 찬사를 담은 감사 편지를 썼는데, 윌리엄 F. 버클리 주니어William F. Buckley Jr.가 직접 답장을 보냈다. 부머는 정말 똑똑한 소년이라고 칭찬하는 그 답신에 기뻐 날뛰었다.) 부머가 베트남전 지지 입장에 대해 나름의 식견이 있었고 내가 급히 책을 읽어 배경 지식을 습득한 덕분에 우리는 도미노 이론과 공산주의의 위협에 대한 논거로 무장할 수 있었다. 우리는 그 논쟁에서 수월하게 승리했다.

로럴허스트의 새집은 2층 구조로, 뒤쪽 데크에서 레이니어산을 바라볼 수 있는 언덕에 자리 잡고 있었다. 현관문은 거실과 주방, 부모님 침실이 있는 주요 층(1층)으로 연결되었다. 사실상 지하실인 아래층에는 크리스티와 나의 침실이 있었고, 리비도 조금 더 자란 후 우리 방 옆의 세 번째 침실로 옮겼다.

위층과 지하층으로 구분된 집의 구조 덕분에 나는 내 방으로 물러나 가정생활의 일상적인 분주함을 피할 수 있었다. 방에는 침대와 책상이 있었는데, 책과 옷가지가 어지럽게 널려 있는 바다에서 두드러지는 것은 종종 그 두 가지뿐이었다. 그야말로 혼돈의 바다였다. 어머니는 그런 상황에 질색했다. 어느 순간부터 어머니는 내가 바닥에 벗어 놓은 옷을 압수하고, 그 옷이 필요하면 25센트를 주고 사가라고 했다. 나는 입는 옷을 줄여 나가기 시작했다.

나는 나만의 동굴에서 혼자 책을 읽거나 그저 앉아서 생각에 잠기곤 했다. 침대에 누워 특정한 의문을 부여잡고 끝없이 머리를 굴리기도 했다. 한번은 자동차 엔진 소리, 바람에 스치는 나뭇잎 소리, 위층의 발자국 소리를 들으며 이 소리들이 어떻게 내 귀에 전달되는지 궁금해졌다. 그런 궁금증은 몇 시간이고 나를 사로잡을 수 있었다. 나중에 나는 『라이프』에서 소리에 관한 기사를 발견하고 『월드 북』을 뒤져 추가적인 정보를 찾아본 후 도서관에서 해당 주제에 관한 책을 빌려 읽었다. 소리가 진동에 의해 만들어진 에너지의 전파이며 접하는 물질의 밀도와 강성 등 여러 요소의 영향을 받는다는 사실을 알게 되었을 때 흥분감이 밀려왔다. 결국 나는 새로 익힌 그 지식을 토대로 과학 과제물을 작성해 학교에 제출했다. 〈소리란 무엇인가?〉 선생님은 내가 여백을 무시한 채 페이지 맨 아래까지 빽빽이 글을 썼다는 이유로 점수를 깎았다. 내게는 미친 짓처럼 보였다. 그 주제에 대해 할 말이 너무 많아서 여백 같은 지루한 세부 사항에 신경 쓸 여유가 없었을 뿐이었다.

나는 수학을 더욱 깊이 파고들었고, 밤이면 종종 7학년 숙제를 하는 크리스티 누나 옆에서 문제를 함께 풀어 보곤 했다. 이 시기가 바로 내가 카드 게임 실력을 키워야 한다는 강박 관념에 사로잡혀 할머니를 상대로 몇 판이라도 이기기 위해 최선을 다하던 때였다.

로럴허스트에 전학한 첫해의 어느 날 홉킨스 선생님은 학생들에게 모자에서 번호를 하나씩 뽑게 했다. 번호 순서대로 미국의 주를 하나 골라 보고서를 작성하는 과제를 주기 위해서였다. 모두 캘리포니아나 플로리다 같은 흥미진진한 주를 고르게 되길 바랐다. 레슬리Leslie라는 급우가 1번을 뽑았다. 그녀는 하와이를 선택했다. 차례가 돌아왔을 때 나는 작은 주인 델라웨어를 선택했다. 아무도 원하지 않을 주라고 확신하며 통념에 반하는 선택을 한 것이다. 아버지 덕분에 한 가지 알고 있던 것은 그곳이 기업에 우호적인 주라는 사실이었다.

나는 델라웨어에 관한, 찾을 수 있는 모든 정보를 수집했다. 도서관의 서가를 샅샅이 뒤져『델라웨어, 미국 첫 번째 주에 대한 가이드Delaware, a Guide to the First State』를 비롯해 델라웨어주의 역사, 남부 노예들의 탈출을 도운 비밀 결사 운동과 관련된 델라웨어주의 역할 등에 관한 책들을 찾아보았다. 델라웨어 주 정부에 편지를 보내 관광 및 역사에 관한 책자를 요청하기도 했다. 집에서 가미는『크리스천 사이언스 모니터』,『라이프』,『내셔널 지오그래픽』,『시애틀 타임스』에서 관련 기사를 선별하는 일을 도왔다. 나는 또한 델라웨어주 소재 기업들에 우표를 붙이고 회신 주소를 적은 봉투를 동봉해 연례 보고서를 요청하는 편지를 보냈다.

이렇게 조사를 진행하면서 개요를 작성해 나갔다. 인디언 원주민 레니 레나페Lenni Lenape 시대부터 현재에 이르는 4백 년 연대표를 참고해 델라웨어주 역사를 요약했다. 윌밍턴에 대한 관광 가이드를 작성하고 아든이라는 고풍스러운 역사적 마을에 대해서도 정리했다. 델라웨어의 굴잡이 어부와 화강암 광부의 삶에 대한 가상의 이야기도 구성했다. 그리고 추가로, 17세기 델라웨어의 한 소녀에 대한 이야기인 『엘린의 아메리카Elin's Amerika』를 읽고 독후감도 썼다.

특히 델라웨어에 있는 듀폰DuPont이라는 회사를 조사하는 데 많은 시간을 보냈다. 그 회사의 경영 구조에 대해 글을 썼는데, 이사회가 모두 남성이고, 대부분 내부자로 구성되어 있다는 점에 주목했다. 듀폰의 제품과 해외 사업, 연구개발R&D에 대해 자세히 설명하며 나일론 발명에 대한 이야기를 요약하고 중합 화학에 대한 내 나름의 최상의 설명으로 마무리했다. 말단 영업 사원에서 임원직까지 오른 한 이사의 부고 기사도 썼다.

작업을 마치자 작은 델라웨어에 대한 무려 177페이지에 달하는 보고서가 완성되었다. 그 말도 안 되게 긴 보고서를 앞에 놓고 느낀 자부심은 말로 표현하기 어려울 정도였다. 심지어 나무로 표지도 직접 만들었다. 모든 면에서 꿈에 그리던 과제였다. 다른 아이들의 비판적인 시선에서 벗어나 내 방에서 내가 가장 좋아하는 일, 즉 읽고 사실을 수집하고 정보를 종합하는 일을 할 수 있었으니까. 학급 광대가 보고서로 책을 만들어 제출할 줄이야……. 다른 아이들의 혼란스러워하고 감탄하는 모습이 보기 좋았다. 선생님도 극찬했다.

그 보고서 작성 과제를 되돌아보면, 내가 어떤 어른이 될지에 대한 단서들을 엿볼 수 있다. 나의 지적 호기심이 뿌리를 내리고 있었다. 놀랍게도 나는 약간의 노력만 기울이면 소리의 이동 방식이든 캐나다 정부의 내부 작동 방식(또 다른 보고서의 주제다)이든, 세상이 돌아가는 방식에 대한 모델을 머릿속에서 조합할 수 있었다. 지식을 하나씩 쌓을 때마다 내 두뇌를 활용하면 세상에서 가장 복잡한 미스터리도 풀 수 있을 것 같은 자신감이 더해졌다.

그해에 나는 관심 분야와 좋아하는 과목을 표시할 수 있는 한 장짜리 양식을 채웠다. 어머니가 매년 우리에게 시키던 일이었다. 〈장래 희망〉 항목에서 나는 제시된 선택지 가운데 〈카우보이〉나 〈소방관〉 같은 것은 건너뛰었다(여학생들에게는 별도의 목록이 제시되었는데, 항공사 승무원, 모델, 비서 등과 같이 선택지가 훨씬 더 제한적이며 성차별적이었다). 대신 나는 우주비행사를 선택하고 내가 실제로 그려 보던 장래 모습을 그 옆에 연필로 적었다. 〈과학자.〉 나는 다른 사람들이 이해하지 못하는 것을 이해하려고 노력하는 사람이 되고 싶었다.

나에 대한 어머니의 야망은 보다 다양했다. 어머니는 나를 다방면에 유능한 사람으로 키우려는 시도로 끊임없이 이런저런 교외 활동에 등록시켰다. 야구도 했는데, 와일드피치에 맞을까 봐 불안해서(아이들이 여전히 자신의 팔이 어느 정도까지 힘을 발휘할 수 있는지 배우는 시기였기에 드물지 않게 발생하는 사건이었다), 그만뒀다. 부머와 함께 한 시즌 동안 미식축구도 했는데, 조직적인 스포츠가 나와 맞지 않는다는 사실만 재차 확인했다. 나는 또래에 비해 여전히 체구가 작았고, 아직 폭풍 성장기에 한참 못 미친 집단

사이에서도 키가 작고 가슴이 좁은 꼬챙이 유형이었다. 팀의 다른 아이들에게 종종 열등감을 느꼈고, 열심히 애쓰고도 바보처럼 보일까 봐 소극적으로 처신했다. 나는 그들처럼 매끄럽게 움직이지 못했다. 걷는 것도 아니고 뛰는 것과는 더욱 거리가 먼 어정쩡한 속도로 어기적거리는 경우가 많았다.

스키와 테니스는 어머니 성년기의 중심적 활동이었다. 당연히 어머니는 자녀들에게도 그 길을 걷게 했다. 어린 시절 시애틀 주변의 산으로 가족여행을 갔을 때부터 어머니는 나에게 스키를 타게 했고, 나중에는 주말에 시애틀 아이들을 인근 산으로 실어 나르는 셔틀버스에 오르게 했다. 스키의 속도감과 점프의 스릴도 좋았지만, 대부분은 버스 뒷좌석에서 다른 아이들과 어울려 빈둥거리는 것이 더 좋았다. 크리스털 마운틴Crystal Mountain 스키팀에서 잠깐 훈련하기도 했지만, 그렇게 진지하게 임하지는 않았다. 테니스 레슨도 마찬가지였다.

나의 음악가 경력은 피아노로 시작해 기타로 넘어갔다가 금관악기 섹션에서 추락했다. 어떻게 트롬본을 배우게 되었는지 모르겠지만, 그 불쌍한 악기를 커다란 검은색 케이스에 넣고 다니며 2년 동안 네 번째 포지션을 연습하다가 그만뒀다.

그러다 어느 순간 내게 일정 구역에 신문을 배달하는 책임이 주어졌다. 신문 배달로 약간의 돈을 벌긴 했지만, 아무도 구독하지 않고 원하는 사람도 거의 없는 무가지를 배달하는, 힘들기만 하고 생색은 나지 않는 일이었다. 그 일에서 가장 기억에 남는 것은 그 많은 신문을 자전거에 싣고 다니느라 고생했던 일이다. 수차례 할머니의 도움을 받아야 했다. 가미가 나를 차에 태워 배달 경로를 도는 가운데, 나는 현관을 향해 신문을 던졌다.

사실, 나는 혼자 생각에 잠겨 있을 때 가장 편안한 기분을 느꼈다.

하지만 나의 열망에도 불구하고 성적은 여전히 좋지 않았고, 집에서의 투쟁은 점점 더 심해졌다. 이 기간 동안 나는 며칠을 말없이 지내기도 했고, 식사를 하거나 학교에 갈 때만 방에서 나오기도 했다. 어떤 날은 저녁 먹으러 올라오라고 불러도 무시했다. 옷을 치우라고 해도 거부했다. 식탁을 치우라고 해도 안 했다. 저녁 먹으러 나가게 차에 타라고 하면 침묵으로 답했다. 훗날 부모님은 기자들에게 어머니가 나를 끌어내리려고 한 어느 날 내가 이렇게 말했다고 밝혔다. 「생각 중이잖아요! 생각이란 거 안 해봤어요? 엄마도 한번 시도해 보라고요!」 얘기를 꺼내는 것조차 마음이 아프지만, 실화다.

퇴근 후 집에 돌아와 현관문을 열고 들어서는 아버지의 쿵쿵쿵 발자국 소리가 두려웠던 날들이 있었다. 그런 날이면 부모님의 대화 소리에 귀를 기울이지 않을 수 없었다. 어머니가 그날 우리가 벌인 전투나 내가 학교에서 일으킨 문제에 대해 이야기하는 소리가 어렴풋이 들려왔으며, 그러면 곧 아버지가 아래층 내 방으로 내려오곤 했다. 아버지가 내 엉덩이를 때리는 날도 있었다. 드문 경우였지만, 그럴 때는 아버지도 마음 아파 한다는 것을 알 수 있었다.

아버지가 항상 어머니의 훈육 방식에 동의한 것은 아니었던 것으로 생각된다. 하지만 육아 및 양육이라는 책무의 동반자였기에 아버지는 항상 어머니 편에 섰다. 보통 아버지는 조용히 말로 타일렀다. 많은 말을 하지 않아도 효과가 있었다. 그의 존재감, 신중한 단어 선택, 깊은 목소리만으로도 나를 똑바로 앉아 경청하게 만들기에 충분했다. 위압적이었지만, 우뚝 솟은 거구에도 불구하고 육체적으로 겁을 주는 것은 아니었다. 내가 아버지에게 느낀 위압감은 본질적으로 그의 합리적인 사고방식에 기인했다. 「아들, 엄마가 다른 사람과 전화 통화 중일 때 네가 엄마에게 말대꾸하며 대들었다고 들었다. 네가 잘 알다시피, 우리 집에서는 그런 짓이 용납되지 않는다. 그러니 이제 위층으로 올라가서 엄마한테 사과하는 것이 공정하다고 생각한다.」대개 이런 식으로 아버지는 감정적 거리를 두며 말했다. 아버지가 지금 진지하다는 것과 내가 말을 들어야 한다는 것을 분명히 드러내는 태도였다. 우리 모두 그의 진정한 법적 소명은 판사라고 생각한 것도 당연한 일이었다.

부모님은 우리 교회에서 운영하던 〈부모 효과성 훈련PET〉 수업에 일정 기간 등록하기도 했다. 1960년대 초에 창안된 부모 효과성 훈련 프로그램은 부모에게 자녀의 요구에 귀를 기울이고 절대로 처벌적인 훈육에 의존하지 말 것을 제안했다. 이는 부모와 자녀가 보다 협력적이거나 심지어 동등한 위치에 놓이는 현대적 양육방식의 전조에 해당했다. 지금 돌이켜 보면 많은 부분이 짐작이 되고 후회가 밀려온다. 부모님이 얼마나 좌절했으면 그런 방법에 의

존했을까? 또 어머니는 외부의 도움이 필요하다는 사실을 인정하는 것이 얼마나 힘들었을까? 크리스티의 당시 기억, 그러니까 나의 행동 방식이 어머니의 에너지를 너무 소모시켜 누나에게 할애할 여력이 거의 남지 않곤 했다는 말을 들을 때면 부끄러워 얼굴이 화끈거릴 정도다.

부모님이 얼마나 오래 그 수업에 참여했는지는 확실하지 않지만, 두 분이 나 때문에 무엇을 시도하든 효과는 없었다.

어느 날 밤 저녁 식사 자리에서 긴장이 최고조에 달했다. 나는 어머니와 또 한차례 말다툼을 벌였다. 원인은 잘 기억나지 않지만, 평소처럼 내가 모욕적인 말을 내뱉으며 멍청이처럼 굴었기 때문이었을 것이다. 그리고 그다음에 일어난 일로 판단하건대, 유난히 비열하게 굴었던 게 분명하다. 식탁 건너편에 앉은 아버지가 물컵을 들어 내 얼굴에 끼얹었다. 나는 잠시 동작을 멈추고 접시에 시선을 고정했다. 「샤워, 고맙네요.」 내가 싸늘하게 말했다. 그러고는 천천히 포크를 내려놓고 자리에서 일어나 내 방으로 내려갔다.

온화한 아버지가 그토록 화내는 것을 본 적이 없었다. 내가 아버지를 그렇게 극단으로 몰아갔다고 생각하니 충격이 컸다.

그 무렵 내가 너무 많은 혼란을 야기하고 있었기에 부모님은 사회 복지사이자 자신의 상담 클리닉을 운영하던 찰스 크레시 Charles Cressey 박사에게 도움을 요청했다. 그는 환자 응대에 어려움을 겪는 의대생이나 난관에 봉착한 부부를 돕는 것으로 유명했다. 첫 방문에 온 가족이 함께 갔지만, 모두 나 때문에 그곳을 찾았다는 것을 알고 있었다.

「저는 부모님과 전쟁 중이에요.」 내가 크레시 박사에게 말했다.

매주 토요일 아침 부모님은 시애틀 대학가 잭인더박스Jack in the Box 근처에 있는 금색 빅토리아풍 주택에 나를 데려다 주었다. 나는 들어가서 크레시 박사가 다른 고객들과 상담을 마칠 때까지 거실에서 기다리곤 했다. 종종 석고 벽 너머로 결혼생활의 문제를 해결하려는 부부의 긴장된 목소리가 들려왔다. 처음 상담을 시작했을 때 이런 생각이 들었다. 〈이 사람들은 진짜 문제가 크구나. 나는 이런 데까지 올 이유가 없는데?〉

상담 시간이 되면 크레시 박사와 나는 돌출형 채광창 옆 의자에 앉아 한 시간 정도 이야기를 나누곤 했다. 그의 공간은 내가 상상했던 상담실이나 진료실의 이미지와 달리, 거실에 가까운 분위기였다. 환자를 진정시키기 위한 의도로 그렇게 설계한 것 같았다. 봄이면 창문 너머로 하얀 꽃들이 핀 큰 나무가 서 있는 정원이 내다보였다.

이보다 더 뛰어난 공감 능력으로 마음을 열게 하는 사람을 만나기란 어려운 일일 것이다. 그는 내가 일주일 동안 학교에서 어떻게 생활했고 어머니와 관련된 상황에는 어떻게 임했는지 등에 대해 지적이고 통찰력 있는 질문을 던지며 내 속마음을 털어놓게 했다. 보통 나는 그런 질문 자체를 차단하는 경향이 있었다. 하지만 그는 모종의 교훈을 도출하거나 무언가 내게 지도하려는 것이 아니라 내가 하는 말에 진심으로 관심이 있어 질문하는 것 같았다. 그리고 그 자신도 흥미로운 인물이었다. 크레시 박사는 사회 복지학 학위를 받기 전에 2차 세계 대전에 전투기 조종사로 참전했고, 잠시 제약회사 영업 사원으로 경력을 쌓았으며, 그 기간 동안 상담 클리닉을 시작할 수 있는 돈을 모았다. 이는 간간히 드러난 내용으로 내가 정리한 것이다. 그는 개인적인 이야기를 많이 하지 않았다. 대신 주로 나에게 집중하는 데 시간을 썼다. 그리고 그저 질문만 했지, 내가 어떻게 생각해야 하는지 말하지도 않았고, 나의 특정 행동이 옳거나 그르다고 평가하지도 않았다. 「네가 이길 거야.」 그는 내게 이렇게 확언하면서도 추가적인 설명은 덧붙이지 않았다. 지금 생각해 보니 그는 내 스스로 결론을 찾도록 유도하고 있었던 것 같다.

그는 진료에 접목할 수 있는 통찰력을 찾기 위해 끊임없이 심리학과 치료법에 대한 책을 읽는, 자신의 분야에 대한 열렬한 연구자였다. 그는 그런 책의 다수를 내게 소개하며 융Jung이나 프로이트Freud 등 우리가 함께 토론할 전문가들의 책을 읽게 했다. 인간의 두뇌와 행동 방식을 이해하려고 노력하는 사람들이 있다는 사실에 흥미를 느꼈다.

대화를 나누면서 나는 그의 말이 옳다는 것을 깨닫기 시작했다. 내가 부모님과의 상상 속 전쟁에서 승리할 운명이었다. 해가 갈수록 내 독립심은 더욱 커질 것이다. 시간이 지나면 나는 혼자 살게 될 것이다. 그러는 동안 내내(그리고 이후로도 쭉) 어머니와 아버지는 나를 사랑해 줄 것이다. 얼마나 대단한 일인가? 전쟁도 이기고 사랑도 잃지 않는다! 크레시 박사는 규정하지도 지시하지도 않으면서 (A) 부모님이 나를 사랑하고, (B) 내가 영원히 부모님 밑에서 살지는 않을 것이며, (C) 부모님은 정말 중요한 여러 사안에서 나의 동맹이고, (D) 부모님이 잘못했다고 생각하는 것은 터무니없는 일이라는 것을 깨닫도록 도와주었다.

부모님과 싸우느라 에너지를 낭비하기보다는 세상에 나가면 필요하게 될 기술을 습득하는 데 에너지를 집중하는 것이 마땅하다는 생각이 들었다.

나중에 알게 된 사실이지만, 크레시 박사는 신체적 학대로 인해 많은 분노를 품은 불우한 어린 시절을 보냈다. 전쟁이 끝난 후 그는 분노를 떨쳐 내고 사랑을 전파하는 일에 평생을 바치기로 결심했다. 그는 분명히 자신의 어린 시절 문제에 비하면, 그리고 확신컨대 많은 의뢰인들의 문제에 비해서도, 내 문제가 사소하다는 것을 알고 있었다. 하지만 그는 내가 겪고 있는 일을 결코 경시하지 않았다. 한번은 그가 나에게 이렇게 말했다. 「넌 운이 좋은 아이야.」 나는 창밖을 바라보며 아무 말도 하지 않았지만, 그의 말이 옳다는 것을 알았다.

벽 너머로 웅얼거리는 목소리는 들렸지만, 대화의 세부적인 내용은 알 수 없었다. 크레시 박사는 부모님과 이야기를 나누고 있었고 나는 어른들이 대화를 나눌 수 있도록 방을 나온 상태였다. 나중에 아버지가 크레시 박사의 말을 들려주었다. 「포기하세요.」 그가 부모님께 이렇게 말했다. 「결국 애가 이기리라는 거 아시잖아요.」 그 외에도 더 많은 이야기가 있었겠지만 요지는 그랬다. 「마음 가라앉히시고, 억지로 강요하지 마시고 아이에게 더 많은 자유를 주세요.」

몇 년 후 아버지는 그 방문에 대해 이야기하며 어머니와 아버지 모두 깜짝 놀랐다고 했다. 크레시 박사의 조언은 나를 정상 궤도에 올려놓을 수 있는 실질적인 단계를 알려 줄 것이라는 두 분의 기대를 무너뜨렸다. 포기는 다른 선택의 여지가 없을 때나 하는 것으로, 일종의 패배와 같은 것으로 느껴졌을 것이다. 어떤 문제든 더 많은 에너지를 쏟는 것이 해결책이라고 믿던 어머니에게는 특히 힘겹게 인식되었을 것이다. 부모님은 항상 단합된 전선을 유지했지만, 자녀 양육에 대해서는 아버지의 시각이 상대적으로 느슨했다. 어린 나이에 스스로 독립을 쟁취했기 때문에 자신의 길을 가려는 아이의 가치를 직관적으로 이해했던 것 같다. 다만 아들에게는 예상보다 훨씬 빨리 그 시기가 찾아왔을 뿐이었다.

이후로 우리의 사이는 점차 좋아졌다. 부모님이 갑자기 항복하고 내가 하고 싶은 대로 하도록 허용했기 때문이 아니었다. 크레시 박사가 내게 준 새로운 관점을 통해 내가 차분하게 마음을 가라앉히고 태도를 바꾸기 시작했기 때문이다. 그럼으로써 내 에너지를 다시 모을 수 있었다.

세월이 한참 흐른 후, 정확히는 1980년에, 「보통 사람들Ordinary People」이라는 영화를 극장에 가서 봤다. 그 후로도 여러 번 다시 보앉는데, 거의 매번 목이 메었다. 완벽에 가까운 훌륭한 영화라는 생각이다. 형제의 죽음에 따른 트라우마, 충분한 사랑을 주지 못하는 어머니, 고통 속에서 벼랑 끝으로 내몰리는 아들 등의 극단적인 요소를 제거하면, 내 자신의 성장 과정을 떠올리게 하는 요소가 다수 담겨 있는 영화다. 어린 시절 나는 혼란스러웠고, 모든 것이 완벽하기를 바라는 어머니와 싸웠으며, 특히 외부 세계의 눈에 완벽해 보이기를 바라던 부분에 반항했다. 아버지는 영화에서 변호사로 나오는 도널드 서덜랜드Donald Sutherland의 캐릭터처럼 가족을 안정적으로 이끌기 위해 최선을 다했다. 그리고 영화 속 콘래드Conrad처럼 나 역시 뛰어난 심리 치료사의 도움으로 내 상황을 합리적으로 이해하고 어떻게 변화할 수 있는지 스스로 결론을 내리게 되었다. 시간이 지남에 따라 어머니는 나를 위해 설정한 모델에 내가 결코 완전히 들어맞을 수 없음을 인식했고, 나는 어머니를 있는 그대로 받아들였다. 나는 점차 어머니의 의지에 저항하는 쪽에서 진정으로 독립할 때를 대비해 스스로를 준비하는 쪽으로 에너지를 전환했다. 이러한 관점의 전환은 실로 그보다 더 적절할 수 없는 시기에 이루어졌다. 어른들의 보다 넓은 세계에 대한 나의 인식이 커져 가던 시기였다. 그리고 운이 좋게도 내가 어른들의 세계에 참여하는 것이 자연스럽고 심지어 기대되는 가정에서 자랐다.

그 시절 나는 시애틀 시내의 중심부에 위치한 아버지의 로펌에 자주 방문하곤 했다. 시애틀 최초의 현대식 오피스 타워인 21층짜리 노턴Norton 빌딩의 10층으로 엘리베이터를 타고 올라가면 아버지의 사무실이 나왔다. 그의 사무실에서 하루 일과가 끝나기를 기다리는 동안 나는 책을 읽으면서 정장과 넥타이를 차려입은 사람들이 지나다니는 것을 흥미롭게 지켜보았다. 그들은 조용히 생각에 잠겨 걷거나 어떤 사건에 대해 활발하게 대화하며 회의장으로 향하곤 했다. 모두에게서 인상적인 수준의 진지함이 느껴졌고, 그들이 이야기하는 내용이 매우 중요하다고 생각되었다.

토요일에는 사무실이 텅 비었고, 그러면 나는 법률 서적들이 꽂힌 서가와 줄지어 늘어선 딕터폰Dictaphone 녹음기들을 둘러보곤 했다. 제록스Xerox로 복사된 법률 사건의 사본을 넘기며 여백에 휘갈겨 놓은 글씨를 해독하려고 노력하기도 했다. 변호사들이 책상에 올려놓은 시간 기록 일지도 들여다보았는데, 아버지는 급여를 받으려면 일한 시간과 분을 꼼꼼하게 기록해야 한다고 설명했다. 나는 변호사가 증인에게 세부 사항을 질문하고 기록하는 〈증언 녹취〉라는 과정이 있다는 것도 알게 되었다. 딕터폰의 용도가 바로 거기에 있었다.

이 방문을 통해 나는 아버지가 고위 파트너로서 복잡하고 중요한 문제를 감독하는 책임이 있다는 것을 새삼 실감했다. 아버지가 우리 가족에게 보여 준 냉철한 질서 의식과 흔들리지 않는 안정감이 10층 사무실에서 멋지게 옷을 차려입은 사람들과 함께 성공하는 데도 기여했다는 것을 깨달았다. 그 방문은 내가 직장 생활에 대해 머릿속으로 그리던 모델을 구체화하고 훗날 성취를 측정하는 지표를 설정하는 데 도움이 되었다.

집에서 내가 해야 했던 일은 책을 내려놓고 위층으로 올라가는 것뿐이었다.

내가 집에서 들었던 성공 스토리는 스포츠 영웅이나 연예계 스타의 사례가 아니라 제품이나 정책, 심지어 건물 등 무언가를 성공적으로 만들어 내는 사람들의 사례였다. 예를 들어 우리 가족의 친구 중 한 명은 토목 기사 출신으로 지역의 건설 회사를 운영했는데, 우리 집에서는 그런 사람들의 이야기가 주로 회자되었다. 1960년대 중반, 내 부모님과 친구 분들은 30대 후반에서 40대 초반의 나이로, 수년간의 노력을 통해 정부나 기업에서 영향력 있는 직책을 맡은 사람들이었다. 내가 중학교에 다닐 때 부모님의 브리지 게임 파트너였던 댄 에번스Dan Evans는 우리 주의 주지사였다(에번스는 나중에 미 상원 의원으로도 활동했다). 아버지는 지역과 주 그리고 전국 법조인 협회들에 적극적으로 참여했고, 어머니는 지역 비영리 단체에서 일하면서 시애틀과 워싱턴주 그리고 국가를 위한 진보주의적 목표를 공유하던 신진 전문가들과 교류의 폭을 넓혔다.

나는 이 사람들과 그들의 스토리에 흥미를 느꼈고, 부모님 덕분에 아무런 어려움 없이 그들과 접촉할 수 있었다. 읽던 책을 내려놓고 위층으로 올라가기만 하면, 거의 매주 그런 인물들을 만날 수 있었다.

부모님은 기회만 생기면 저녁 식사 모임이나 파티를 주최하곤 했다. (명절 카드와 초대장의 경우와 마찬가지로, 파티를 준비하는 과정에서 어머니와 아버지는 받는 사람이 어떤 이유로 초대받는지, 언제 어디로 참석해야 하는지 등을 알아내려면 퍼즐을 풀어야 하는 영리한 초대장을 작성하곤 했다. 이 무렵 우리는 지하실에 실크스크린 장비까지 갖추어 놓았다.) 이러한 모임은 종종 특정 현안에 대한 논의나 새로운 대의를 위한 모집을 중심으로 이루어졌다. 게이츠의 집에 초대받으면 그냥 앉아서 수다만 떨 수는 없었다. 어떤 파티나 어떤 칵테일 모임이든 세심히 조직된 행사였다. 부모님은 시애틀 변호사 협회 회원들을 초대해 주 변호사 협회에서 젊은 변호사들에게 더 큰 권한을 부여하는 방안을 논의하거나 워싱턴 대학교의 흑인 법대생들을 위한 장학금 마련 방안을 강구하기도 했다. 파티가 있는 날이면 우리는 가구를 옮기고 접이식 테이블을 설치하는 등 소규모 그룹을 수용할 준비를 했다. 저녁 식사를 하면서 토론할 주제에 대한 소개는 주로 어머니가 맡았다. 디저트 시간에는 모두가 커피잔 아래를 살펴보게 했는데, 거기 적힌 다른 테이블의 지정 좌석으로 이동하라는 의미였다. 이러한 컵 트릭은 아이디어의 교류를 촉진하고 사람들이 새로운 인맥을 쌓도록 돕는 어머니의 방식이었다. 어머니는 사회적 관계의 탁월한 설계자였다.

파티가 시작되기 전, 어머니는 나와 누나, 여동생을 소파에 앉혀 놓고 브리핑을 했다. 리비와 내가 장난치며 노는 동안, 어머니는 그날 참석할 손님들에 대해 한 사람 한 사람 짚어가며 자세히 설명했다. 우리가 그런 정보를 바탕으로 손님들과 어울려야 한다는 것이었다. 어머니는 크리스티에게 피아노를 연주하는 임무를 부여하기도 했고, 나중에는 리비의 합창단을 초대해 노래를 부르게 하기도 했다. 나는 대개 별다른 부담이 따르지 않는, 손님들에게 음료를 나르는 일을 맡곤 했다. 나는 그렇게 워싱턴 호수를 정화하는 방법이나 유나이티드 웨이를 위해 유명 기부자를 더 많이 확보하는 방안, 조엘 프리처드Joel Pritchard의 주 상원 의원 선거를 지원하는 방책 등을 논의하는 테이블을 누비고 다녔다. 손님에게 영리한 질문을 하고 대화에 낄 수도 있다는 느낌이 좋았다.

우리 집을 자주 방문하던 손님 중에 아버지의 고객인 칼 에드마크Karl Edmark라는 심장병 전문의가 있었다. 에드마크 박사는 시애틀에서 최초로 개심 수술을 집도했을 뿐 아니라 전기 충격으로 심장을 다시 뛰게 하는 혁신적인 제세동기를 발명하기도 했다. (초기의 제세동기는 교류 전기 — 벽면 콘센트에서 나오는 것과 같은 — 를 사용했기에 심장에 충격을 줄 뿐만 아니라 환자를 감전시켜 격렬한 경련으로 몰아넣었다. 에드마크 박사는 강도가 더 낮은 직류 전기로 작동해서 환자에게 미치는 부작용을 줄이고 휴대까지 가능한 제세동기를 고안했다.) 그는 피지오컨트롤Physio-Control이라는 회사를 설립해서 자신의 발명품을 제품화해 판매했다.

나는 이 이야기를 꽤 긴 시간에 걸쳐 가족의 저녁 식사 자리나 사람들의 이런저런 대화에서 조금씩 얻어들어 알게 되었다. 아버지가 한번은 에드마크 박사가 수년 동안 회사를 운영하면서 돈을 거의 벌지 못해 결국 회사를 포기해야 할 상황에 처했던 이야기를 들려주었다. 아버지의 도움으로 그는 회사에 마케팅 사고방식을 심을 전문 경영인을 고용했다. 아버지는 외부 투자자들에게 접근해 회사를 소개하는 소임을 맡았다. 점차 매출과 수익이 증가해 사업이 성공 일로를 달리게 되었다. 나는 생명을 구하는 기계를 만든 의사 발명가의 이야기에 매료되었고, 나의 초등 6학년 두뇌로 흡수할 수 있었던 자본 조달, 특허와 수익, 연구개발에 관한 내용에도 흥미를 느꼈다.

얼마 지나지 않아 나는 시애틀 시내에 있는 피지오컨트롤 사무실을 찾아가 엔지니어들을 만나고 신임 사장인 헌터 심슨Hunter Simpson을 인터뷰했다. 그는 우리 동네에 살았고, 부모님 파티에서 만난 적이 있었다.

나는 내가 배운 내용을 토대로 보고서를 작성해 학교에 제출했다. 내가 발명한 관상 동맥 치료 시스템을 만드는 가상의 회사─게이츠웨이Gatesway라고 칭했다─에 관한 내용이었다. 보고서에는 생산의 요소들과 제품을 만들기 위해 투자자로부터 자본을 조달하는 방법에 대한 자세한 설명을 담았다. 〈내 아이디어가 좋고 훌륭한 사람들을 고용하고 충분한 자금을 조달할 수 있다면 성공할 수 있을 것이다.〉 결론 부분에 쓴 내용이다. 선생님은 최대한의 노력에 대한 평점과 최고 점수를 조합해 A1을 주었다. 성적 평가 시스템에 대해 불만이 많았던 나였지만, 이번만큼은 동의할 수밖에 없었다.

그해에 내가 클럽을 조직했다는 것은 사교적으로 얼마나 편안해졌는지를 보여 주는 증표다. 기본적으로 부모님 모임의 주니어 버전인 그 클럽에 〈컨템포러리 클럽Contemporary Club〉이라는 이름을 붙이고 같은 학년 아이들을 초대해 당대의 이슈에 대해 토론하기 시작했다. 줄여서 컨템프 클럽이라 불렀던 그 모임은 내 친구 부머를 포함해 남학생 3명과 여학생 3명, 총 6명의 멤버로 구성되었다. 한 달에 한두 번씩 회원의 집에서 모였는데, 각자 돌아가면서 호스트 역할을 맡았다. 주스와 쿠키를 먹으며 토론을 하곤 했는데, 어떤 주제들을 골랐는지 잘은 기억나지 않지만, 베트남 전쟁이나 시민권 등 당시의 긴급한 이슈를 다뤘던 것은 확실하다. (우리만의 핼러윈 파티도 열었다. 나는 어머니식의 발상을 더해 다른 사람이 입을 코스튬을 가져오자고 했다. 덕분에 평생 처음이자 마지막으로 파란 줄무늬 셔츠를 입고 챙이 넓은 밀짚모자를 쓴 베네치아 곤돌라 사공 복장을 했다.)

부모님의 도움으로 컨템프 클럽은 지역 비영리 단체나 워싱턴 대학교로 견학을 다니기도 했고, 유아 교육 프로그램인 헤드스타트Head Start를 위한 기부금도 모았다. 가장 큰 성과는, 적어도 당시에 그렇게 느꼈던 것은 대형 비영리 연구개발 회사인 배텔Battelle이 소유한 지역 싱크탱크를 방문한 것이었다. 사무실이 우리 동네에 있었다. 전에 그들의 잔디밭에서 축구를 하면서 늘 그 멋진 건물 안에서는 무슨 일이 벌어지는지 궁금해했었다. 어찌어찌해서 그들에게 연락을 취했는데, 놀랍게도 그곳에 대한 궁금증을 풀며 어느 오후를 보낼 수 있도록 초대해 주었다. 배텔은 건식 복사를 발명한 것으로 가장 유명했다(그 기술 덕분에 기업 분할로 제록스가 설립된 것이었다). 우리는 당시 가장 각광 받던 기술인 사무용 복사기에 대한 이야기를 듣고 배텔이 복사 특허로 번 돈을 어떻게 투자하는지에 대해 배웠다. 우리를 진지하게 받아들이고 많은 신경을 써주는 부분에 대해 놀라지 않을 수 없었다. 배텔을 나서면서 나는 이렇게 생각했다. 〈똑똑한 사람이 하는 일은 다른 똑똑한 사람들과 함께 정말 어려운 문제를 해결하는 거구나. 나한테 딱 맞는 일인 거 같아.〉

나는 크레시 박사를 계속 만났다(상담을 받은 기간이 약 2년 반 정도다). 어느 시점엔가 토요일 세션이 끝났다. 우리 집에는 평화가 찾아왔다. 내가 이상적인 아들이 되었다고 말할 수는 없지만 전보다 열심히 노력하고 있었다. 그러는 동안, 부모님은 나에게 나답게 움직일 수 있는 더 많은 자유를 주었다. 나는 어머니가 나에게 더 많은 공간을 내어주려 노력하는 것을 인식하고 고맙게 여겼다. 동시에 어머니의 경력은 날아오르고 있었고, 또 돌봐야 할 유아(리비)도 있었다. 돌이켜 보면, 부모님은 적응하는 데 시간이 좀 걸리긴 했지만 아들이 다른 부모들이 정상이라고 생각하는 것과는 다소 다른 방향으로 움직인다는 사실을 받아들인 것 같다. 크레시 박사의 말처럼 두 분의 사랑은 결코 흔들리지 않았다. 그가 옳았다.

부모님은 또한 지적 자극에 대한 나의 끊임없는 욕구를 계속 충족시켜 주었다. 6학년이 끝난 여름에 부모님은 크리스티와 나를 데리고 동부로 여행을 떠났다(세 살이었던 리비는 가미와 함께 집에 머물렀다). 우리는 먼저 몬트리올에서 열리던 엑스포 67Expo

67(일종의 캐나다 세계 박람회)을 둘러보고 보스턴과 뉴욕, 워싱턴 D.C., 식민지 시대 초기 모습을 보존한 콜로니얼 윌리엄스버그를 차례로 방문했다. 매일매일이 신중히 선별된 교육적 코스를 따르는, 실속과 재미가 어우러진 체험으로 채워졌다. 메이플라워호 복제본 관람, 브로드웨이에서의 「지붕 위의 바이올린Fiddler on the Roof」 관람, 뉴욕 증권 거래소 방문 등이 포함된 일정이었다. 의회 의사당에서 상원 회의를 참관하고, 백악관과 알링턴 국립묘지, 스미스소니언 박물관을 둘러보는 등 미국 수도의 거의 모든 명소도 방문했다.

동부 여행은 크리스티와 나를 위한 일종의 축하 행사였다. 누나는 가을에 루스벨트 고등학교에 입학할 예정이었고, 나 역시 다른 상급 학교로 옮겨 가는 것이 결정된 상황이었다. 부모님은 나를 시애틀 북부에 있는 남학생 사립 학교인 레이크사이드에 보내기로 결정했다. 부모님에게는 쉽지 않은 결정이었다. 두 분 모두 공립 학교를 다녔고(어머니는 루스벨트 고등학교를 졸업했다), 공립 학교 시스템을 지지하는 입장이었기 때문이다. 그리고 연간 1천4백 달러에 달하는 등록금은 아버지의 월급으로도 부담스러운 금액이었다. 하지만 부모님은 내게 더 많은 도전이 필요한데 동기 부여가 부족하다는 것을 알았다. 레이크사이드가 나를 자극할 수 있을 거라고 생각했다. 처음에는 그 학교에 간다는 것이 싫었다. 상급 학년 학생들은 재킷과 넥타이를 착용하고 선생님을 〈마스터Master〉라고 불러야 한다고 들었기 때문이다. 입학시험을 보기 위해 학교를 방문했을 때, 나는 고의로 시험을 망칠까도 생각했다. 하지만 막상 문제를 풀기 시작하고 나니 어쩔 수가 없었다. 자존심이 허락하질 않았고, 결국 합격했다.

5장

레이크사이드

BILL GATES ≫ SOURCE CODE

레이크사이드 스쿨에서 내 7학년 감수성에 가장 먼저 포착된 것은 학교 이름이 잘못되었다는 점이었다. 학교 근처에 호수 비슷한 것조차 없었다. 레이크사이드는 우리 동네에서 차로 20분 거리의 시애틀 북단에, 5번 주간 고속도로 나들목 인근 숲속에 자리 잡고 있었다. 첫날 어머니의 포드 스테이션왜건을 타고 그곳에 갈 때 꽤나 먼 곳처럼 느껴졌다.

    레이크사이드는 1919년 시애틀의 부유층 남학생들을 위한 명문대 예비 학교로 설립되었다. 원래는 워싱턴 호수 옆에 위치했지만(그래서 그 이름이 붙은 것이다), 1930년대에 대학교 규모의 캠퍼스를 조성하기 위해 현 부지를 개간해 이전했다. 내가 그곳에서 보내는 6년 동안 학교는 보수적인 예비 학교 전통의 잔재를 털어내고 복장 규정도 폐지하고 여성 교직원을 채용하고 여학교와 합병도 했지만, 내가 입학한 1967년 가을에는 사서 선생님을 제외한 모든 교사가 백인 남성이었다. 점심시간에는 지정된 좌석에서 식사를 했다. 그 학교에 다니던 시절 나는 『호밀밭의 파수꾼The Catcher in the Rye』이나 『분리된 평화A Separate Peace』 등과 같은, 동부 연안의 상징적인 사립 학교들이 묘사된 성장 소설에 푹 빠지곤 했다. 레이크 사이드 역시 깔끔하게 다듬어진 잔디밭과 외부 기둥 양식의 벽돌 건물을 갖춘 동부 사립 학교 캠퍼스를 모델로 구축되었다. 심지어 종탑도 있었다.

학교는 7학년과 8학년의 하급 학년(중학교 과정 2년), 9학년에서 12학년까지의 상급 학년(고등학교 과정 4년)으로 나뉘어 있었고, 서로 섞이는 경우가 많지 않았다. 하급 학년 학생들은 캠퍼스에서 가장 오래된 건물 중 하나인 무어 홀Moore Hall에서 하루의 대부분을 보냈고, 상급 학년 학생들은 자유롭게 돌아다니며 의심할 여지없이 캠퍼스를 지배했다. 스포츠가 큰 비중을 차지했기에 나에게는 나쁜 소식이 아닐 수 없었다. 미식축구팀은 연승 행진을 이어가고 있었고, 조정팀은 전국 대회에서 더 유명한 동부 연안 학교를 꺾음으로써 레이크사이드의 명성을 드높이고 있었다.

우리 반은 약 50명의 남학생으로 구성되었는데, 거의 모두가 백인이었다. 그들의 아버지는 당시의 태평양 연안 북서부 지역 사립학교 학부모에게서 흔히 기대할 수 있는, 그런 유형의 직업을 보유했다. 변호사, 의사, 은행 간부, 임업 기업 임원, 보잉사 엔지니어 등 시애틀의 엘리트들이었다. 한 아버지는 나중에 전국적인 체인점으로 성장하는 스테이크 레스토랑을 창업했다. 또 다른 아버지는 얼마 후 대형 건강 보험 회사를 창립했다. 우리는 어떤 면에서도 다양성을 갖춘 것으로 볼 수 없었지만, 나는 여전히 다른 많은 아이들과 다르다는 느낌이 들었다. 많은 아이들이 자신감이 넘쳐 보였는데, 특히 레이크사이드에 형이 다니고 있는 아이들은 이미 모든 것을 알고 있는 것처럼 여유 만만하게 움직였다. 처음 몇 주 동안나는 다른 아이들이 미식축구부나 학보사, 연극부, 글리 클럽(합창단) 등 다양한 서클에 가입하면서 빠르게 자신의 자리를 찾는 것을지켜보았다. 나와는 달리 많은 학생들이 이미 사회적 네트워크를보유한 상태로 입학했다. 스키 클럽이나 테니스 클럽을 통해, 또는가족 간의 교류로 서로 알고 지내던 사이였다.

새로운 곳에서 길을 잃은 나는 연습이 잘되어 있던 농땡이 연기에 다시 빠져들었다. 예전 학교에서도 잘 먹혔으니 계속 그렇게가는 게 좋겠다고 생각했다. 레이크사이드에서 획득할 수 있는 최고의 영예 중 하나는 운동, 학업, 친목, 인성, 노력의 〈5가지 스타 포인트〉에서 가장 뛰어난 학생에게 수여하는 메달인 골드 스타였다.처음 2년 동안은 누구도 나를 그 유형에 해당하는 것으로 착각하지않았다.

레이크사이드에서 나를 알았던 사람들이 그 시절의 나에 대해묘사한 글을 읽은 적이 있다. 외톨이, 너드, 다소 불쾌한 친구…….아마 나는 그 모든 것에 해당했을 것이다. 세월이 흘러 나이가 들고나서 보니 내가 그 시절 정체성을 찾기 위해 참으로 무던히도 애쓰고 있었다는 생각이 든다. 이전 학교에서 내가 이뤘다고 생각한 모든 발전이 이곳에서는 무의미했다. 나는 스포츠로 유명한 학교에서 운동과 거리가 먼 학생이었다. 모두 특정한 목표나 방향을 정하고 매진하던 곳에서 나는 다양한 사안에 열렬히 관심을 기울이는 학생이었다. 나는 적응하지 못했고, 어떻게 개선해야 할지 몰랐다. 그래서 만사 관심 없는 척했다.

하지만 이 시도는 거의 즉시 실패로 돌아갔다.

7학년 지리학은 운동부 감독인 앤더슨Anderson 선생님이 가르쳤는데, 레이크사이드 미식축구팀의 연승을 이끈 것으로 유명한 분이었다. 그는 사각턱과 짧게 자른 머리, 책상 위에 올려놓은 미식축구 공 등 모든 것이 직책에 걸맞은 인물로 보였다. 때때로 그는 경기장에 나와 있는 선수들을 다루듯 수업을 진행했다. 시험 성적이 나쁜 학생에게는 〈엎드려뻗쳐 팔굽혀펴기 10회 실시〉를 지시했고, 오답을 말하면 미식축구공을 던지는 시늉을 하기도 했다. 나는 지리학과 지도 보는 것을 좋아했고 앤더슨 선생님이 좋은 분임을 어느 정도 알고 있었지만, 수업 시간에 장난을 치고 숙제를 빼먹고 집중도 잘 하지 않았으며, 결과적으로 응분의 팔굽혀펴기를 해야 했다.

그렇게 광대 노릇에 전적으로 만족하며 학교생활을 하던 중, 그룹 프로젝트를 수행해야 하는 시간이 찾아왔다. 앤더슨 선생님은 성적이 우수한 학생들끼리 그룹을 정해 주고 나는 성적이 최하위라고 알려져 있는 아이와 짝을 지어 주었다. 그 간단한 조치를 계기로 나는 갑자기 선생님의 눈을 통해 나 자신을 보게 되었다. 〈게이츠는 똑똑한 학생이 아니다.〉 자존심이 상했다.

이를 만회하기 위한 나의 한 가지 시도는 흑해에 대한 보고서였다. 내가 앤더슨 선생님에게 인정받을 자격이 있다는 것을 보여 주기 위해, 시애틀 도서관으로 가서 『브리태니커 백과사전Encyclopaedia Britannica』 등을 뒤졌다. 나는 『브리태니커』를 집에 있던 아동 친화적인 『월드 북』의 학문적 삼촌 격으로 간주했다. 그런 출처에서 뽑은 사실과 역사로 페이지와 페이지를 채웠는데, 5학년 시절의 델라웨어 보고서에서는 이러한 물량 공세 접근 방식이 효과를 거뒀지만, 이후 2년이 지난 시점에서는 기대치가 달라져 있었다. 앤더슨 선생님은 나에게 예상 밖의 낮은 점수를 주었다(정확히 얼마나 낮았는지는 기억나지 않지만, 이후 한동안 머릿속에서 떠나지 않을 정도로 나빴다). 나 자신에 대한 스스로의 높은 평가와는 달리. 앤더슨 선생님과 그해 다른 교사들의 객관적인 분석에서 나는 평균 이하였다.

첫 학년이 끝날 무렵, 나의 7학년 추억록에 서명란을 만들어 놓고 모든 선생님들께 사인을 해달라고 청했다. 서명란 한쪽에 〈A+를 주세요!〉라는 간곡한 권고까지 덧붙여 놓았다. 물론 아무도 내게 그런 호의를 베풀지 않았다. 그 점수를 받을 자격이 없었던 것이다. 집에 돌아와서 연필을 꺼내 페이지 하단에 큰 말풍선을 그려 놓고 이렇게 썼다. 〈와! 선생님들은 잊어야 할 대상이로군요. 다시 보지 맙시다!〉

전에는 내가 쓴 무관심이라는 가면 아래에 놓인 잠재력을 엿본 선생님들 덕분에 그럭저럭 겉돌면서도 무난하게 학교생활을 할 수 있었다. 레이크사이드에서는 선생님들이 가면만 보는 것 같았다. 새 학교에서 1년이 지난 후 부모님은 올바른 결정을 내렸는지 의문을 품었을 것이다. 나는 확실히 그랬다.

하지만 만약 내가 그해 봄에 레이크사이드 학보의 학년 마지막 호를 주의 깊게 봤더라면, 2면 하단에 실린 두 문단짜리 기사를 알아챘을 것이다. 가을부터 수학과에서 컴퓨터와의 연결을 제공할 예정이라는 기사였다. 〈학생들이 이 컴퓨터와의 연결을 통해 광범위한 프로젝트를 수행하게 되기를 바란다〉라는 내용으로 끝났다.

8학년이 시작될 무렵, 나는 같은 학년의 한 아이를 주목하기 시작했다. 알아채지 못하기가 힘든 아이였다. 큰 키에 헝클어진 갈색 머리를 한 켄트 에번스Kent Evans는 심한 구순열에 약간의 언어 장애가 있었다. 나중에 알게 된 사실이지만, 어렸을 때 입술과 입천장이 너무 심하게 기형이어서 부모님이 점안용 스포이트로 젖을 먹여야만 했다. 내가 켄트를 알게 된 그해까지 그는 일련의 고통스러운 수술을 견뎌 냈고, 그로 인해 입이 교정기로 채워져 늘 느슨하게 벌어져 있었다. 지금 돌이켜 보면, 그가 겪은 그러한 초기의 난관이 내가 그를 알고 지낸 너무도 짧았던 그 기간 동안 거듭 드러난, 두려움을 모르는 성향의 씨앗으로 작용했을 것이라는 생각이 든다.

켄트와 나는 둘 다 스토클린Stocklin 선생님의 8학년 수학 수업을 들었다. 켄트는 나서는 일이 거의 없이 조용히 수업에 임했지만, 나는 그가 수업 내용을 숙지하고 있다는 것을 알 수 있었다. 적어도 교실을 가로질러 바라보는 내 눈에는 수학을 잘하는 학생처럼 보였다. 수업 시간에 다른 어떤 아이보다 진지한 모습이 인상적이었다.

나는 그가 시애틀에 온 지 얼마 안 되었다는 것도 알게 되었다. 그와 그의 가족은 불과 1년 전, 그러니까 그가 7학년이 되기 직전에 이곳으로 이사 왔다. 유니테리언교Unitarian 목사인 아버지의 직업 때문에 가족은 이러저리 옮겨 다녔는데, 시애틀로 오기 전에는 캐나다의 브리티시컬럼비아주 빅토리아에서 살았다. 나와 마찬가지로 켄트도 레이크사이드의 기존 파벌에 쉽게 적응하지 못했다. 그 역시 운동과 거리가 멀었고, 모두가 관심을 갖는 멋진 아이도 아니었다. 나와 달리, 그는 신경 쓰지 않았다. 사회적 포지션이나 다른 사람들의 평가가 켄트에게는 아무런 영향을 미치지 못했다. 그는 자신과 자신의 관심사를 위해 살았고, 열두 살짜리 아이에게서는 상상할 수 없는 수준으로 치열하게 관심사를 추구했다. 8학년 때 그 관심사는 바로 국가 정치였다.

때는 1968년 가을, 미국 역사상 가장 격동적인 해로 기억될 한 해가 막바지를 향해 달려가고 있었다. 불과 몇 달 사이에 마틴 루서 킹 주니어와 로버트 F. 케네디Robert F. Kennedy가 암살당했고, 시카고 민주당 전당 대회에서 시위대가 구타당하는 장면이 TV로 중계되었으며, 볼티모어에서 보스턴에 걸쳐 폭동이 일어났다. 베트남 전쟁에 대한 반대 여론은 가열되던 수준을 넘어 완전히 끓어올랐다. 린든 존슨Lyndon Johnson 대통령은 재선 도전을 포기함으로써 일단의 민주당 대권 주자들에게 공화당 리처드 닉슨Richard Nixon의 백

악관 입성을 막기 위해 경쟁할 수 있는 길을 열어 주었다.

켄트는 이 모든 현안에 대해 정보에 입각한 강력한 견해를 가지고 있었다. 그는 베트남 전쟁에 격렬히 반대했고, 닉슨을 증오했으며, 테드 케네디Ted Kennedy를 좋아했다(그는 민주당 정책에 관한 이 상원 의원의 저서를 탐독했다). 켄트는 미국 시민 자유 연맹American Civil Liberties Union이 맞서 싸우고 있던 소송 사건들을 공부했고, 수돗물 불소화가 국민을 독살하려는 공산주의자들의 음모라는, 과학을 부정하는 음모론의 부상을 매도했다. 그는 현직 대통령 린든 존슨에 맞서 민주당 대선 후보로 나섰던 미네소타 출신의 유진 매카시Eugene McCarthy 상원 의원을 우상화했다. 켄트는 매카시의 지적 자유주의자 이미지를 일부 모방해 레이크사이드 학생 상원 의원에 당선되기도 했다(서기 겸 회계 선거에서 낙선한 후).

1968년, 매카시가 민주당 대선 후보 경선에서 패하자 켄트는 허버트 험프리Hubert Humphrey의 대선 캠페인에 몸을 던졌다. 그는 자신의 집 마당에 빨간색과 파란색의 험프리 홍보 팻말로 카펫을 깔았고, 집집마다 다니며 지지를 호소했으며, 시내에 나가 험프리는 물론이고 주지사 및 연방 상원 의원에 출마한 민주당원들을 위한 전단지를 배포했다. 험프리가 시애틀을 방문했을 때, 켄트는 험프리 후보와 대화할 기회를 잡기 위해 올림픽 호텔에 잠복했다(실패했지만 한 달 후 험프리의 러닝메이트인 에드먼드 머스키Edmund Muskie와 악수했다고 자랑스럽게 알렸다). 이 시기에 시애틀에서 민주당 지지 활동을 한 사람이라면 집회나 유니언스트리트의 지역

본부에서 정치 책략가들과 기자들 사이를 외톨이처럼 떠돌던 통통한 10대를 보았을 가능성이 크다.

레이크사이드의 한 선생님은 특정 정당의 행사장에서 켄트를 우연히 만났다가 해당 그룹의 교묘한 책략과 막후 권력 투쟁에 대한 그의 해설을 듣고 얼마나 놀랐는지 즐겨 이야기하곤 했다. 「개가 나보다 정치에 대해 더 많이 알고 있었다니까. 나는 평생 가도 그 수준에 이르지 못할 거야.」 선생님은 말했다. 켄트는 그해 대통령 선거에 얼마나 집착했던지 자신의 프랑스어 시험을 채점할 때 각 후보의 이니셜을 표시하기도 했다. 틀린 문제에는 닉슨의 이니셜, 맞힌 문제에는 험프리의 이니셜. 물론 1968년 대통령 선거는 닉슨이 승리했다. 켄트는 우리의 삶의 터전인 워싱턴주에서 자신이 험프리의 근소한 승리를 도왔다는 믿음으로 실망감을 조금은 덜어 냈다.

그의 이런 강렬함이 나의 흥미를 끌었다. 마음에 드는 것이 있으면, 켄트는 올인했다. 델라웨어주에 관한 177페이지 분량의 보고서를 쓰고 나무 표지까지 만들어 붙였던 나는 그런 부분을 높이 평가할 수 있었다. 한 영어 교사는 켄트가 너무 열정적이라고 지적했다. 〈현재 학생의 유일한 단점은 과도한 준비성입니다.〉 선생님이 켄트의 1학년 성적표에 적은 내용이다. 〈최근 40분 정도 할애하면 되는 과제물에 석사 논문의 개요를 작성해 제출했습니다.〉 나와는 달리, 그는 좋은 성적을 받았다.

켄트와 나는 금세 친해졌다. 만난 지 얼마 지나지 않아 비에 젖은 숲속에서 오랜 시간 고투를 벌이게 만드는 것으로 유명한 한 레이크사이드 선생님이 인솔하는 캠핑 여행에 참가했다. 그가 선택한 하이킹 코스는 워싱턴의 험준한 해안선을 따라 이어졌다. 밤이 되자 켄트와 나는 해변에 텐트를 치고 우리가 태평양에 얼마나 가깝게 자리했는지는 신경 쓰지 않았다. 그날 밤 늦은 시각 켄트가 나를 흔들어 깨웠다. 바닷물이 텐트 안으로 밀려들며 침낭을 침수시키고 있었다. 우리는 히스테릭하게 낄낄거리며 텐트를 끌고 높은 곳으로 도망쳤다.

이미 친하긴 했지만, 떼려야 뗄 수 없는 사이가 된 것은 그때부터였다. 학교에서 시작한 대화가 밤에 전화로 다시 이어지곤 했다. 나는 빙빙 말린 전화선을 계단 아래 내 방까지 늘려 놓고 몇 시간 동안 통화를 하곤 했다. 나는 아직도 그의 전화번호를 기억한다.

대부분의 아이들과 마찬가지로 나 역시 미래에 대해서는 별로 생각하지 않았다. 막연히 과학자가 되고 싶다거나 아버지처럼 변호사가 되면 어떨까, 생각하는 정도였다. 하지만 그 나이 때는 먼 장래의 직업은 말할 것도 없고 시험을 잘 보는 것이 학교 이후의 삶에 어떻게 연결되는지 상상하는 것조차 어렵기 마련이다. 켄트는 우리보다 훨씬 앞서 있었다. 그는 항상 10년 후 또는 20년 후 자신이 어디에 있기를 원하는지 이야기하며 거기에 도달하기 위한 전략을 세웠다. 그는 자신이 위대한 무언가에 이를 운명이라고 확신하는 것으로 보였고, 거기에 도달하는 여러 경로 중 최상의 것을 알아내기만 하면 되는 것 같았다.

우리는 프랭클린 루스벨트Franklin D. Roosevelt나 더글러스 맥아더Douglas MacArthur 등과 같은 지도자들의 전기를 함께 읽었다. 우리는 몇 시간씩 전화통을 부여잡고 그들의 삶을 분석했다. 당시 다른 10대들이 「루시 인 더 스카이 위드 다이아몬드Lucy in the Sky with Diamond」를 해독하는 데 쏟았던 것과 같은 수준의 열정으로 우리는 그들이 성공에 이르기까지 밟은 경로를 분석했다. 웨스트포인트West Point에 진학해 육군 장성이 되는 것은 어떨까? 우리는 맥아더가 어릴 때부터 군인의 길을 걷도록 프로그래밍된 것처럼 살았다는 사실을 배웠다. 우리는 그 길을 패튼Patton 장군이 밟은 경로와 비교해 보았다. 패튼은 비교적 우연히 탁월한 군인이자 지도자의 삶을 살게 된 것 같았다. 역사적 관점을 갖추기 위해 우리는 나폴레옹Napoleon에 관한 책들도 읽었다. 그의 천재성과 끔찍한 결함에 놀라는 한편, 자신을 진정으로 차별화할 수 있는 유일한 방법은 전쟁 영웅이 되는 것이라고 추정했다. 하지만 우리 둘 다 전쟁에 나가고 싶지는 않았다. 그렇게 장성은 목록에서 지워졌다. 미국 외무부에서 일하는 것은 어떨까? 하지만 최고의 직책은 모두 정치적 임명으로 채워지는 것 같았고, 켄트가 어떤 정부 기관에 요청해 얻은 보고서에 따르면 대사관 직원의 급여가 낮았다. 목록에서 제외. 교수가 되는 것은 어떨까? 영향력도 있고 멋진 무언가를 연구할 자유도 있지만, 켄트는 급여가 적을지도 모른다고 걱정했다. 아니면 정치인은 어떨까? 아버지 같은 변호사는?

　나는 내가 하는 모든 게임에서 이기고 싶어 하는 아이였지만,

단순히 이기는 것 말고는 별다른 목표가 없었다. 나는 날것 그대로의 두뇌 능력으로 닥치는 대로 정보를 흡수했지만, 인생의 장기적인 방향에 대해서는 생각하지 않았다. 켄트의 야망은 내 야망에 불을 지피고 나의 엄청난 경쟁 욕구를 의미 있는 목표와 연결 짓도록 도왔다.

우리가 그렇게 미래를 상상하고 있을 때조차도, 궁극적으로 우리가 따르게 될 길은 바로 눈앞에 있었다.

8학년 가을의 어느 날 아침, 스토클린 선생님은 우리 반 학생들을 이끌고 수학과가 자리한, 흰색의 비막이 판자를 덧댄 건물인 매칼리스터 하우스McAllister House로 향했다. 건물 안에 들어서니 마치 톱니 궤도 열차가 산비탈을 기어오르고 있는 것처럼 〈척 척 척〉 소리가 복도에 울려 퍼졌다. 복도를 따라 내려가자 한 무리의 상급 학년 아이들이 전에 사무실로 쓰던 공간에 모여 한쪽에 회전식 전화 다이얼이 달린 타자기처럼 생긴 물건을 굽어보고 있었다.

스토클린 선생님은 그것이 텔레타이프 기계라고 설명했다. 이 기계로 컴퓨터에 연결해 게임을 할 수 있었고, 심지어 컴퓨터 프로그램을 직접 작성할 수도 있었다. 컴퓨터 자체는 레이크사이드가 아니라 다른 곳, 즉 캘리포니아에 있고 우리는 전화선을 통해 컴퓨터에 로그인하는 것이라고 그가 설명했다. 그래서 텔레타이프에 전화 다이얼이 달려 있는 것이었다. 그 이후 곧 알게 되었는데, 선생님이 그때 설명한 것은 〈시분할timesharing〉이라는 것으로, 한 대의 컴퓨터를 여러 사용자가 동시에 나누어 쓰게 하는 방식이었다.

나는 그 이전까지 늘 컴퓨터는 대부분의 사람들이 결코 방문하지 않는 대학 연구실이나 은행 지하실 같은 곳에서 전문가들이 운영하는 커다란 상자로만 간주했었다. 세계 박람회에서 유니박 UNIVAC 컴퓨터를 본 적이 있었다. 그것은 냉장고 크기의 상자 여러 개로 구성되어 있었으며, 사람 키보다 크고 소형 트럭 한 대 정도의 길이였다. 〈미래의 도서관〉이라고 불리던 그 기계는 한 남자가 작동했는데, 그는 관람객의 질문을 받아 입력한 후 답을 뱉어 내게 하는 방식으로 시범을 보였다.

내가 직접 컴퓨터로 게임을 할 수 있게 될 거라고는 상상하기 어려웠다.

내가 수학과에서 텔레타이프를 보고 1년이 채 안 지난 시점에 레이크사이드의 교장이 된 댄 에이롤트Dan Ayrault는 레이크사이드를 〈규칙이 거의 없는 학교〉라고 표현한 적이 있었다. 규칙이 거의 없다는 것은 레이크사이드 교사들이 자유롭게 실험을 시도할 수 있다는 것을 의미했다. 한 학생이 특정 주제에 매우 열렬한 관심을 표하면, 교사는 계획했던 수업에서 임의로 벗어나 새로운 방향으로 수업을 진행할 수 있었다. 학교는 자신의 분야에 대한 깊은 관심과 진정한 전문성을 갖춘 교사들을 채용했다. 몇몇은 보잉과 같은 기업에서 일한 경험이 있었다. 한 명은 천체 물리학자였다. 변호사도 몇 명 있었다. 내가 12학년 때 화학을 가르친 선생님은 예일 대학교에서 유기 화학 박사 학위를 받았고 필수 아미노산 중 하나인 트립토판을 분리하는 방법에 대한 특허를 보유했다.

학교에서는 이런 수준의 강사들은 학생들에게 자유롭게 탐구할 수 있도록 자신 있게 지도할 것이라고 기대했다. 설령 그것이 선을 넘어서는 것을 의미하더라도 말이다. 미술을 가르쳤던 로버트 풀검Robert Fulghum은 안수 받은 목사였으며, 나중에 베스트셀러『내가 정말 알아야 할 모든 것은 유치원에서 배웠다*All I Really Need to Know I Learned in Kindergarten*』로 이름을 날렸다. 물론 이것은 풀검이 미술 수업에 누드모델을 고용하여 레이크사이드의 자유분방한 정신을 시험하고 수년이 지난 후의 일이었다. 수학과에서 그 누드모델에 해당하는 것은 바로 그 텔레타이프, 즉 컴퓨터 단말기였다.

그것이 레이크사이드에 들어오는 데 가장 큰 역할을 한 인물은 수학과 학과장 빌 더골Bill Dougall이었다. 다른 많은 교사들과 마찬가지로 더골 선생님 역시 교육을 폭넓게 정의했다. 그의 교육은 단순히 교실에 앉혀 놓고 수동적으로 강의를 듣게 하는 것에 머물지 않았다. 그는 2차 세계 대전에 참전한 해군 조종사 출신으로 보잉에서 항공 엔지니어로 일했다. 그 과정에서 그는 공학과 교육학 대학원 학위와 더불어 파리 소르본 대학의 불문학 학위까지 취득했다. 열렬한 산악인이자 탐험가였던 그는 네팔의 카트만두에 풍차를 건립하기 위해 안식년을 갖기도 했다. 그가 바로 나와 켄트가 바닷물에 잠길 뻔하며 유대감을 키운 그 캠핑 여행을 이끈 선생님이었다. 그의 캠핑 여행은 40명의 소년들과 몇몇 용감한 교사들이 태평양 북서부 지역의 어떤 거친 날씨든 헤쳐 나가는 트레킹으로 악명 높은, 레이크사이드의 신성한 전통이었다.

빌 더골과 몇몇 교직원들은 여름 컴퓨터 수업을 들은 후, 레이크사이드에 컴퓨터를 도입하기 위해 노력하기 시작했다. 1968년 당시 그것은 곧 텔레타이프 기계의 월 임대료와 시분할 컴퓨터 연결에 대한 시간당 사용료를 지불해야 한다는 의미였다. 단말기 임대료는 연간 1천 달러가 넘었고, 컴퓨터 사용료는 시간당 8달러로 수천 달러에 이를 수도 있었다. 더골은 교장의 지지는 확보했지만, 여타의 고등학교나 가정 어디에도 컴퓨터가 없는 상황에서 그 비용을 정당화하기가 어려웠다. 그러던 중 더골 선생님은 학교 활동을 지원할 기금을 마련하기 위해 매년 자선 바자회를 개최하던 일단의 레이크사이드 학부모들과 연결되었다. 1967년 3월, (공식 명칭으로) 레이크사이드 머더스 클럽Lakeside Mother's Club은 시내의 한 사무실 건물의 공간을 빌려 3일 동안 약 3천 달러를 모금했다. 이는 최첨단 텔레타이프 ASR-33을 임대하고 일정 기간 컴퓨터 사용료를 지불하기에 충분한 금액이었다.

이 기적의 재미있는 부분은 아무도 그 물건의 사용법을 몰랐다는 것이다. 더골 선생님이 자신의 프로그래밍 지식을 모두 소진하는 데는 일주일밖에 걸리지 않았다. 프레드 라이트Fred Wright라는 수학 교사가 프로그래밍 언어를 공부한 적이 있었지만, 실제로 컴퓨터를 사용한 경험은 전혀 없었다. 그럼에도 이 단말기가 좋은 물건이라는 직감을 토대로 학교 당국은 누군가가 그 사용법을 알아낼 것이라는 데에 베팅했다.

나는 그렇게 1968년부터 컴퓨터를 사용하게 되었다. 그런 환경이 조성되기까지 얼마나 많은 이질적인 요소가 합쳐져야 했는지를 생각하면, 그 오랜 세월이 지난 지금도 여전히 놀랍다. 우리에게 단말기를 안겨 준 교사들과 학부모들의 믿음의 도약, 전화선을 통해 컴퓨터를 공유하는 시대의 도래라는 행운을 넘어 이 기적을 완성한 것은 다트머스 대학의 두 교수가 BASIC 프로그래밍 언어를 만들기로 결정한 일이었다. 당시 소개된 지 4년밖에 되지 않았던 이 〈초심자용 다목적 기호 명령어 코드Beginners' All-purpose Symbolic Instruction Code, BASIC〉는 비전문가들도 컴퓨터 프로그래밍을 시작할 수 있도록 돕기 위해 만들어졌다. 이 코드의 특징 중 하나는 GOTO, IF, THEN, RUN 등과 같이 사람들이 쉽게 이해할 수 있는 명령어를 사용한다는 점이었다. BASIC은 나를 매료시켰고, 계속 다시 컴퓨터를 사용하고 싶게 만들었다.

단말기 옆 벽에는 한 교사가 로그인 방법, 문제 발생 시 눌러야 하는 키 등 가장 기초적인 사용법을 적은 A4 반 장 정도 크기의 종이가 붙어 있었다. 거기에는 〈명령 번호 없이《PRINT》를 입력하면 통제력을 잃을 수 있다〉라는 불길한 경고가 적혀 있었다.

또한 그 종이에는 컴퓨터에 두 개의 숫자를 더하는 방법을 알려 주는, BASIC으로 작성한 샘플 프로그램도 포함되어 있었다.

```
Ready...
10 INPUT X,Y
```

```
20 LET A=X+Y
30 PRINT A
40 END
```

이것이 아마 내가 처음으로 입력한 컴퓨터 프로그램이었을 것이다. 그리고 그것은 나를 매료시켰다. 네 줄로 된 코드의 정밀함과 간결함이 내 질서 감각에 호소력을 발휘했다. 그에 대한 즉각적인 응답을 보며 짜릿한 전율을 느꼈다. 그로부터 얼마 지나지 않아 나는 내 최초의 컴퓨터 프로그램을 작성했다. 틱택토 게임을 실행하는 프로그램이었다. 이 프로그램을 제대로 작동시키기 위해 처음으로 게임 규칙의 가장 기본적인 요소들을 세세히 검토했다. 그러면서 곧바로 나는 컴퓨터가 멍청한 기계라는 사실을 깨달았다. 일어날 수 있는 모든 상황에서 컴퓨터가 취해야 할 모든 단계를 일일이 알려 줘야 했다. 내가 부정확한 코드를 작성하면 컴퓨터는 내가 의미하는 바를 유추하거나 짐작할 수 없었다. 이를 파악하는 과정에서 많은 오류를 범하지 않을 수 없었다. 마침내 제대로 완성했을 때 결과물을 훨씬 능가하는 성취감이 밀려왔다. 사실 틱택토 게임은 너무 간단해서 어린 아이들도 금방 배울 수 있다. 하지만 기계가 이 게임을 실행하도록 만든 것이 마치 큰 업적이라도 되는 양 느껴졌다.

컴퓨터를 제대로 작동시키려면 고찰의 과정을 밟을 수밖에 없다는 사실이 마음에 들었다. 컴퓨터는 정신적 부주의를 결코 용납하지 않았다. 논리적으로 일관성을 유지하며 세부 사항에 주의를 기울일 것을 요구했다. 쉼표나 세미콜론 하나만 잘못 배치해도 작동이 되지 않았다.

마치 수학의 증명 문제를 푸는 것 같았다. 프로그래밍에는 (기본 이상의) 수학적 능력이 필요하진 않지만, 문제를 다루기 쉬운 부분으로 작게 나누고 엄격하게 논리적으로 접근하는 것과 같은 문제 해결 능력은 필요하다. 그리고 대수학 문제를 푸는 경우와 마찬가지로, 작동하는 프로그램을 작성하는 방법에는 여러 가지가 있지만, 그 가운데 보다 정교하고 효율적인 방법이 있기 마련이고, 작동에 실패하는 프로그램을 만드는 방법도 무한히 많다. 그리고 내가 작성한 프로그램이 처음부터 제대로 돌아가는 경우는 없었다. 인내심을 갖고 영리한 방안을 도출하기 위해 고민에 고민을 거듭한 후에야 비로소 프로그램이 완벽하게 실행되도록 유도할 수 있었다.

내가 초기에 만든 또 다른 프로그램은 달 착륙 게임이었다. 연료가 떨어지기 전에 착륙선을 충돌시키는 일 없이 안전하게 달에 착륙시키는 것이 관건인 게임이었다. 그런 까닭에 그 과제를 여러 단계로 나눠야 했다. 나는 게임 플레이어가 착륙선을 좌우나 상하로 움직이는 방식과 연료의 계량 방법 및 소진 속도 등을 설정해야 했다. 또한 우주선의 모양을 묘사하고 화면에 줄표와 별표로 우주선을 표시하는 방법도 궁리해 내야 했다.

레이크사이드에 단말기가 설치되고 얼마 지나지 않아 스토클린 선생님이 무한 루프가 포함된 프로그램을 작성했다. 이는 누군가가 그것을 멈추기 전까지 프로그램이 계속 실행된다는 의미였다. 결국 프로그램이 멈춰진 것은 이미 바자회 행사로 조달된 우리의 소중한 예산 가운데 1백 달러 이상이 소진된 뒤였다. 스토클린 선생님이 컴퓨터실에 다시 얼굴을 내밀었는지 잘 모르겠다. 우리 모두에게 교훈을 안겨 준 사건이었다.

요금이 쌓이는 것을 피하기 위해 나는 기계 앞에 앉기 전에 펜으로 종이에 가능한 한 많은 프로그램을 작성했다. 기계를 오프라인 상태로 두고 입력하면 프로그램이 1인치 너비의 종이테이프 롤에 인쇄되었다. 이 역시 시간 요금을 피하기 위한 방편이었고, 그것이 1단계였다. 그런 다음 단말기 측면에 있는 회전 다이얼로 전화를 걸어, 연결되었음을 알려 주는 모뎀의 신호음이 울리길 기다렸다. 그런 다음 종이테이프를 넣으면 〈척 척 척〉 소리와 함께 초당 10문자의 엄청난 속도로 프로그램이 입력되었다. 마지막으로 〈RUN〉을 타이핑했다. 보통 다른 아이들이 뒤에서 웅성거리며 컴퓨터 사용 차례를 기다리는 경우가 많았기에 내가 입력한 프로그램이 작동하지 않으면 로그오프하고 적당한 장소로 물러나 어디가 잘못되었는지 자세히 살펴보면서 다시 텔레타이프 사용 차례가 돌아오기를 기다려야 했다.

이 피드백 루프는 중독성이 있었다. 점점 더 나아지고 있다는 느낌에 흥분감이 고조되었다. 프로그램 작성에는 논리적 사고와 장시간 집중할 수 있는 능력 등 나에게는 비교적 자연스러운 기술들의 조합이 요구되었다. 프로그래밍은 또한 내 자신을 증명해야 한다는 끊임없는 욕구를 자극했다.

컴퓨터실의 분위기는 (주로) 협력과 경쟁이 건전하게 뒤섞인 양상이었다. 서로를 이기려 애쓰는 10대 소년들로 늘 시끌벅적 북적거렸다. 2~3년의 나이 차이는 사실 큰 그림의 차원에서 보면 별거 아니지만, 폭풍 성장기까지 아직 불확실한 시간이 남아 있던, 또래보다 작은 열세 살짜리에게는 큰 격차로 느껴질 수밖에 없다. 켄트와 나는 그 그룹에서 가장 어렸고, 몇몇 상급 학년 아이들의 암묵적 우월감에 시달렸다.

나는 내 두뇌 능력을 자신하던 8학년생이었고, 내가 가진 집중력으로 상급 학년들이 할 수 있는 어떤 것이든 할 수 있다고 확신했다. 더 잘하지 못하는 경우라도 더 빨리는 할 수 있었다. 그 누구도 나를 얕잡아 보지 못하게 만들어야겠다고 결심했다. 켄트 역시 다른 사람에게 휘둘리는 것을 싫어했다. 어쩌면 나보다 더 많이.

폴 앨런이라는 10학년생이 이 점을 바로 알아차렸고, 이를 아주 멋지게 활용했다. 「빌, 네가 그렇게 똑똑하다고 생각하면 그것을 한번 해결해 봐.」 훗날 마이크로소프트를 공동 창업하게 될 사람이 나를 알게 된 초기에 건넨 말 중 하나다. 레이크사이드에 컴퓨터실이 생기고 2~3주쯤 지난 시점이었다. 한 무리의 아이들이 모두 컴퓨터 사용 시간을 확보하려고 경쟁하는 상황이었다. 선생님들이 물려준 책 몇 권을 제외하고는 아무런 가르침도 없는 상태에서 모두들 자신의 첫 프로그램을 작성할 방법을 찾기 위해 고심하고 있었다.

열다섯 살의 폴은 우리보다 두 살 많았고, 자신이 훨씬 더 멋지다고 생각했다. 그가 공들여 확보한 사회적 포지션은 (다방면에 능통한) 르네상스맨이었다. 그는 지미 헨드릭스Jimi Hendrix 노래의 코드 변화를 식별할 수 있었을 뿐 아니라 대륙간탄도미사일ICBM의 투하 중량 같은 것도 줄줄이 꿸 수 있었다. 그는 진지한 기타리스트였고, 외모도 그에 걸맞았다. 무리 중 유일하게 아래로 퍼지게 기른 구레나룻을 하고 있었다. 다른 많은 학생들과 달리 폴은 세계 박람회에서 본 것과 공상 과학 소설에서 영감을 받아 이미 오래전부터 컴퓨터에 관심을 기울이고 있었다. 2년 전, 레이크사이드 8학년이었던 폴은 (하급 학년) 졸업 연설에서 우리 사회 전반에 스며들 컴퓨터의 밝은 미래를 그리며 수십 년 안에 컴퓨터가 생각하는 능력을 갖게 될 것이라고 예측하기도 했다.

하지만 그해 가을 컴퓨터실에 모습을 드러낼 때까지 컴퓨터를 실제로 사용해 본 적은 없었다. 폴의 부추김으로 나는 당연히 〈그것〉을 해결하는 데 몰두했고, 나이 많은 아이들보다 더 복잡한 프로그램을 가장 먼저 작성하기로 결심했다.

컴퓨터실에서 멀리 떨어진 곳에서도 특정 형태의 시나리오가 계속해서 반복되었다. 양상은 다음과 같았다. 폴이 나를 자극한다. 「빌, 너는 이 수학 문제를 못 풀 것 같은데.」 나는 문제와 씨름하며 내가 풀 수 있다는 것을 증명하려고 애쓴다. 어떤 경우에는 이런 식이다. 「빌, 아무래도 체스는 네가 [방에 있는 누군가의 이름]을 못

이길 것 같아.」나는 또 도전에 나선다.

폴이 미끼를 던질 때마다 나는 그것을 물었다. 폴이 제시하는 어떤 도전에든 응하며 풀거나 이기거나 완수할 때까지 나 자신을 던졌다. 이러한 역학은 한쪽으로는 켄트와 나, 다른 한쪽으로는 폴과 그의 친구이자 또 다른 10학년생인 릭 웨일랜드Ric Weiland 사이의 보다 폭넓은 관계를 정의하게 되었다. 폴과 릭은 전자 기기에 대한 관심을 공유했는데, 릭의 경우 보잉의 엔지니어로서 날개 조립체의 핵심 부품을 발명한 아버지의 영향으로 그런 취미가 촉발된 것으로 보였다. 몇 년 전에 릭은 전기 릴레이 회로를 이용해, 틱택토 게임을 할 수 있는 간단한 컴퓨터를 만든 적도 있었다. 릭은 조용하고 지적인 성격으로 폴에 비해 덜 도발적이었다. 나이별로 둘씩 짝을 이뤄 경쟁의식도 가졌지만, 폴과 릭, 켄트, 그리고 나는 4인 조로 어울리며 친구가 되었다.

몇 주가 지나자 처음에 단말기 주위에 몰려들어 놀던 많은 아이들이 흥미를 잃고 떠났고, 소수의 하드코어 신봉자들만 남게 되었다. 코드 작성은 사회적 평준화를 이끄는 역할을 했다. 좋은 프로그램을 작성하고 멋진 문제를 해결할 수 있다면 나이는 중요하지 않았다. 밥 매코Bob McCaw라는 12학년생은 카지노 프로그램을 맨 처음부터 창출했다. 그의 같은 반 친구인 하비 모툴스키Harvey Motulsky는 컴퓨터에게 모노폴리 게임을 가르치려고 했다. 나는 컴퓨터가 스스로 게임을 할 수 있도록 그 모노폴리 프로그램을 확장하는 작업을 했다. 켄트는 랜드 연구소RAND Corporation에서 발행한 매뉴얼에서 손으로 베긴 수학 프로그램을 수정했다. 그와 나는 함께 명사와 동사, 형용사 그리고 구문을 결합하여, 수십 년 후에 등장할 AI 챗봇chatbot의 아주 원시적인 버전에 해당하는 무작위 문장 생성기를 만드는 방법을 알아내기도 했다. 우리는 그 문장 생성기에 문장을 연결하도록 지시한 다음, 그것이 만들어 내는 엉뚱한 이야기에 웃음을 터뜨리곤 했다.

지금 생각해 보면 이러한 창의성의 급증은 훌륭한 지도(정확히 말하자면 지도의 부재)가 낳은 의도적인 결과였다는 것을 알 수 있다. 컴퓨터실의 실질적인 감독자는 수학 교사였던 프레드 라이트였다. 프레드는 20대 후반의 젊은 교사로 레이크사이드 재직 연한도 2년밖에 되지 않았다. 그는 아이들이 스스로 답을 찾아 가는 과정을 지켜보며 감탄하는 교사였기에 학교에 딱 맞는 인재라 할 수 있었다. 나는 나중에 그의 수업을 듣게 되었는데, 그는 내가 대수를 사용하여 기하학 문제를 풀어 나가는 모습을 즐겁게 지켜보면서 내가 결국 더 쉽고 더 나은 방법을 찾으리라는 것을 직관적으로 인식하는 가운데, 덜 효율적인 길을 실컷 탐색하도록 기꺼이 놔두었다.

프레드는 이와 동일한 철학으로 컴퓨터실을 운영했다. 사용예약표도, 출입 통제도, 공식적인 교육도 없었다(레이크사이드에서는 아직 컴퓨터 수업을 제공하지 않았다). 그는 제한 없이 창의력을 발휘하고 스스로 배울 수 있는 길을 찾아야 한다고 믿으며 컴퓨터실을 항상 열어 두고 원하는 대로 오도록 했다. 그가 짧게 자른 머리를 들이밀며 개입하는 경우는 대개 말다툼을 말리기 위해서 아니면 자신이 만든 멋진 프로그램에 대해 열정적으로 설명하는 학생에게 귀를 기울이기 위해서였다. 어느 시점엔가 한 학생이 문 위에 〈프레드 라이트의 분노를 조심하라〉라고 적힌 표지를 붙여 프레드의 자유방임적인 관리 감독에 유머러스하게 경의를 표하기도 했다. 몇몇 교직원들은 컴퓨터실에 대한 규제를 강화해야 한다고 주장했다(저 애들은 대체 저기서 뭘 하고 있는 걸까요?). 프레드는 매번 이를 묵살했다. 결과적으로 모종의 권력 공백 같은 것이 조성되었고, 우리 아이들이 즉시 이를 채웠다. 초기부터 그곳은 우리의 영역이자 클럽하우스였다. 그해 가을부터 우리는 거기서 거의 살다시피 하며 프로그램을 작성하고 실패하고 또 다시 시도하는 과정을 반복했다. 성적이 떨어졌고, 부모님들은 걱정했다. 하지만 우리는 빠른 속도로 배우고 익히고 있었다. 내가 학교생활에서 경험한 가장 재미있는 시간이었다.

나는 매일 아침 같은 학교에 다니는 동네 학생들의 어머니들이 운영하는 카풀을 이용해 레이크사이드로 등교했다. 보통 20여 분 달리는 동안 차 안은 조용했고, 우리는 대개 여전히 반쯤 잠들어 있거나 막바지 숙제를 하고 있었다. 어머니들은 서로 요일을 나눠 일주일에 하루나 이틀씩 차를 끌고 나왔다. 매주 월요일과 화요일은 파란색 컨버터블 셰벨Chevelle에 올라타는 날이었다. 톰 로나Tom Rona의 어머니는 이른 아침 시간인데도 어김없이 누구보다 에너지가 넘쳤다. 거의 우리 어머니에 필적하는 수준이었다. 프랑스인이었던 모니크 로나Monique Rona는 매번 탁한 억양의 영어로 조는 승객들을 대화로 끌어들이곤 했다. 1968년 가을, 우리는 컴퓨터에 대해 이야기했다. 레이크사이드에서 컴퓨터 사용료로 지불할 돈이 바닥을 드러내고 있었다. 로나 부인이 뜻밖의 구세주가 되었다. 곧 우리 소규모 그룹은 당대의 가장 강력한 컴퓨터 중 하나를 무료로 이용할 수 있는 진귀한 선물을 받게 되었다.

2차 세계 대전 중 파리에서 어린 시절을 보낸 모니크 로나는 일종의 바람잡이로 이용되었다. 레지스탕스의 지시에 따라 특유의 수다스러움으로 독일군을 유대인 은신처에서 멀어지도록 유인하곤 했다. 이후 소르본 대학에 진학한 그녀는 재학 시절 헝가리 출신의 유대인 난민과 결혼해 함께 미국으로 이민했다. 남편은 MIT에서 학위를 받았고, 그녀는 수학을 공부했다. 보잉의 일자리 제안으로 부부는 시애틀로 이주했고, 남편은 그 비행기 제조업체의 수석 과학자가 되었다. 로나 부인은 워싱턴 대학교 컴퓨터 연구소의 부소장으로 취직했다(당시에는 여성이 이런 직업을 갖는 경우가 드물었다). 그들의 두 아들은 레이크사이드에서 나보다 학년이 높았다.

로나 부인은 새로운 취미에 대한 나의 열정을 눈치 채고 내가 어떤 작업을 하고 있는지 물어보곤 했고, 그럴 때마다 나는 프로그래밍 문제에 대해 조용히 골몰하던 상태에서 불현듯 깨어나곤 했다. 고작 한두 달의 경험밖에 없었으면서도 내가 과도한 자신감을 내비쳤던 것으로 기억된다. 그럼에도 그녀는 호기심을 갖고 내가 하는 말에 관심을 기울였으며, 결코 나를 깎아내리지 않았다.

공교롭게도 그해 가을, 로나 부인은 시애틀에 미국 최초로 컴퓨터 시분할 회사의 설립을 추진하고 있었다. 그녀는 대학 컴퓨터 연구소를 통해 당시 보스턴 지역 회사로 미니컴퓨터의 선구적인 제조업체였던 디지털 이큅먼트 사DEC의 영업 사원을 만났다. DEC는 연구소나 대학을 대상으로 고가의 메인프레임이 아니라 실험실 실험이나 급여 명세 처리, 기타 일상적인 계산 업무를 수행할 정도의 성능만 갖춘 미니컴퓨터를 판매한다는 사명으로 설립되었다. DEC의 컴퓨터는 약 1만 8천 달러부터 시작했는데, 수십만 달러에 달하던 메인프레임에 비하면 실로 저렴한 가격이 아닐 수 없었다. DEC 덕분에 처음으로 은행은 지점에 컴퓨터를 놓을 수 있었고, 미 해군도 잠수함에 컴퓨터를 설치할 수 있었다. 그리고 시애틀의 작은 스타트업도 컴퓨터를 임대할 수 있었다.

로나 부인과 그 DEC 영업 사원, 그리고 (역시 워싱턴 대학교 컴퓨터 연구소 출신의) 여타 공동 창업자들은 보잉 같은 대기업이 컴퓨터 사용을 확대하고 소규모 기업이 처음으로 컴퓨터화를 시도할 가능성이 있는 시애틀 지역에서 기회를 발견했다. 팀은 최신 DEC 컴퓨터를 임대했다. 그러고는 그들의 벤처 회사를 컴퓨터센터 사Computer Center Corp.라고 명명하고, 줄여서 CCC라고 불렀다. 수학광인 나는 그 회사를 C의 3승, 즉 〈C-큐브드C-Cubed〉라고 부르지 않을 수 없었다.

한편 레이크사이드에서는 우리의 새로운 취미 생활에 갈수록 비용이 많이 들기 시작했다. 사용 시간이 늘어났기 때문이다. 이 사실을 알게 된 로나 부인은 레이크사이드에 놀라운 제안을 담은 서한을 보냈다. 학교의 어린 프로그래머 몇 명이 자신의 벤처 사업을 도와주면 회사에 들여놓은 새로운 DEC 컴퓨터에 무료로 접속할 수 있게 해주겠다는 것이었다(이것이 정말 놀라운 부분이다).

1968년 11월의 어느 토요일, 아버지는 나를 C-큐브드의 새 본사에 태워다 주었고, 나는 그곳에서 라이트 선생님과 폴, 켄트, 릭, 그리고 레이크사이드의 상급생 몇 명을 만났다. 본사는 워싱턴 대학교 근처의 5번 고속도로 지근거리에서 오랜 기간 영업하던 뷰익 Buick 대리점 건물이었다. 얼마 후 길 건너편에 자칭 아나키스트가 히피들의 아지트로 적합한 모닝타운 Morningtown이라는 카페를 열었고, 나는 이후 12개월 동안 그곳에서 수백 개의 페퍼로니 슬라이스를 먹었다.

겉으로 보기에 C-큐브드는 예전의 자동차 대리점 그대로의 모습을 하고 있었지만, 한 가지 차이점이 있었다. 거대한 유리창 안쪽의, 예전에 일렉트라스 Electras와 스카이락스 Skylarks를 전시했을 게 분명한 공간에 레이크사이드에 있던 것과 똑같은 텔레타이프 단말기가 길게 줄지어 늘어서 있었다. 안으로 들어서자 C-큐브드 엔지니어가 우리를 안내해 주었다. 그는 회사가 연말에 영업을 개시할 계획이라고 설명했다. 새 컴퓨터가 수백 명의 사용자를 동시에 관리해야 하는 까다로운 상황을 감당할 수 있도록 준비시키는 두 달의 시간이 그들에게 주어진 셈이었다.

여기서 잠깐, 약간의 배경 설명이 필요하다. 오늘날 컴퓨터 시스템을 구매하는 기업은 해당 시스템이 안전성과 내결함성, 최고 수준의 신뢰성과 보안, 안정성을 갖추고 있을 것으로 기대할 수 있다. 하지만 1968년에는 그렇지 않았다. DEC 같은 회사와 IBM, GE 등의 경쟁사들은 실제 컴퓨터 본체를 구성하는 칩과 테이프 저장 드라이브, 처리 장치 등 냉장고 크기의 상자에 들어가는 모든 부품과 거기에 연결되는 장치 같은 하드웨어로 돈을 벌었다. 그에 비해 소프트웨어는 부수적인 것으로 간주되었고, 그 가치가 너무 낮아 무료로 제공되었다. 고객이 컴퓨터를 임대하거나 구매하면 다듬어지지 않은 상태의 운영 체제(컴퓨터의 주요 기능을 제어하는 소프트웨어)가 따라왔다. 일상적으로 사용하기 전에 많은 추가 테스트와 디버깅이 필요했다.

그래서 우리의 개입이 필요했던 것이다. 소프트웨어의 개선을 위해 DEC는 C-큐브드와 모종의 계약을 체결했다. 이 신생 벤처가 버그를 발견하고 보고하는 동안에는 DEC에서 월 임대료를 면제해 주기로 한 것이다. 업계에서는 이를 〈품질 보증 테스트〉라고 하는데, 일반적으로 고객이 새 컴퓨터 시스템이 약속한 대로 작동하는지 확인하기 위해 일정 기간 테스트를 진행하는 것을 의미한다. C-큐브드는 이를 가능한 한 오랜 기간 임대료를 지불하지 않을 수 있는 기회로 생각했다.

로나 부인이 마련한 이 계약 덕분에 우리는 시스템에 자유롭게 접속할 수 있었지만, 시스템이 충돌하거나 이상한 행동을 하면 이를 문서로 보고해야 한다는 유일한 조건이 따랐다. 역설적이게 도 시스템을 망가뜨리는 것이 좋은 일이었다. 유료 고객이 문제를 발견하기 전에 청소년들이 먼저 찾아내는 것이 나았기 때문이다. 게다가 더 많은 버그를 보고할수록 임대료를 내지 않아도 되는 기 간이 더 길어지는 것이었다. C-큐브드는 원숭이들이 필요했다. 망 치를 든 원숭이들.

6장

무료 이용 시간

BILL GATES ≫ SOURCE CODE

모니크 로나 부인이 우리에게 도움을 요청한 후, 자동차 대리점을 개조한 그녀의 회사는 우리의 두 번째 집이 되었다. 1968년 12월, 켄트와 폴, 릭 그리고 나는 C-큐브드에서 프로그램을 코딩하고 디버깅하고 버그 보고서를 작성하며 대부분의 시간을 보냈다. 1월이 왔다 갔고, 토요일이 평일 오후로 바뀌었으며, 오후가 다시 밤으로 녹아들었다. 레이크사이드의 다른 아이들이 공부를 하거나 스포츠를 하거나 교회에 가거나 잠을 잘 때, 우리는 C-큐브드에서 값비싼 고성능 컴퓨터를 공짜로 사용하며 놀고 있었다. 공교롭게도 시애틀 역사상 가장 눈이 많이 내린 겨울이 되는 바람에(150센티미터가 넘게 눈이 쌓이는 바람에), 휴교령이 떨어져 C-큐브드에서 보내는 날이 늘어났다.

우리는 언젠간 쫓겨날 것임을 알았다. 피냐타에서 쏟아진 사탕을 집으려고 바닥을 뒹구는 아이들처럼, 우리는 〈사탕〉이 사라지기 전에 최대한 많이 부여잡아야 했다. 그 겨울 어느 밤, 침실에 앉아 머릿속에 떠올린 생각이 바로 그것이었다. 〈컴퓨터 앞에 있을

수 있는데 왜 여기서 시간을 낭비하고 있는 거지?〉

밤 10시쯤이었다. 부모님은 위층에 계셨다. 크리스티 누나는 방에서 공부하고 있었다. 나는 조용히 침실 창문을 열고 밖으로 올라와 데크 밑과 집 옆으로 기었다. 몇 분 만에 아동 병원 앞에 도착했고, 그곳에서 30번 로럴허스트-밸러드 버스를 타고 루스벨트웨이로 향했다. 루스벨트웨이에서 네 블록만 걸으면 C-큐브드가 나왔다. 집에서 거기까지 20분밖에 안 걸렸다.

그해 겨울과 이후 몇 년 동안 몰래 외출한 수많은 밤은 그렇게 시작되었다. 늦게까지 운행하는 30번 버스를 타고 퇴근하는 병원 직원들 무리에 합류하곤 했다. 새벽 2시쯤 집으로 가는 막차를 놓치는 경우, 머릿속으로 코드를 다시 정리하는 가운데 술집과 커피숍에서 쏟아져 나오는 대학생들을 외면하며 45분 동안 걸어서 돌아오곤 했다. 아무도 그 시간에 아이가 왜 혼자 돌아다니는지 궁금해하지 않는 것 같았다. 눈앞의 땅을 주시하며 45번가에서 우회전하여 동네까지 길게 뻗은 길을 따라 걸었다. 경치 좋은 길로 가고 싶은 날에는 워싱턴 대학교 캠퍼스를 가로지른 후 부머의 집 근처에 있던 거대한 쓰레기 매립지를 지나 집에 이르는 언덕을 올랐다. 뒷마당을 통해 창문으로 들어와 몇 시간 잠을 자고 나면, 노래가 들렸다. 「굿모닝 투 유, 굿모닝 투 유, 굿모닝, 굿모닝, 굿모닝 투 유.」

부모님은 나와 데탕트에 도달한 이후로 전보다 관대해졌다. 하지만 열세 살짜리 아들의 그런 늦은 밤 외출은 허락하지 않았을 것이다. 크리스티는 알고 있었지만, 결코 고자질하지 않았다. 지금도 고마운 부분이다. 나는 아침형 인간이 아니긴 했지만, 어머니가 아침에 평소보다 더 무기력하게 움직이는 나를 눈치 채지 못했다는 게 믿기지 않는다.

무료로 컴퓨터를 사용할 수 있었던 이 기간이 우리 넷에게 얼마나 특별했는지는 아무리 강조해도 지나치지 않다. 우리는 어렸다. 나와 켄트는 8학년 열세 살, 폴과 릭은 10학년 열다섯 살에 불과했다. 우리 중 누구도 이전까지는 진정한 의미의 컴퓨터 사용 경험이 없었다. 모니크 로나의 아들은 어린 시절 전쟁에 휘말려 바람잡이로 활동한 당신의 특이한 경력 때문에 어머니가 아이들을 믿었고, 아이들이 책임감을 가질 수 있음을 알았다고 해석한다. 1960년대 기술 분야의 여성으로서 그녀는 수없이 무시당하고 배제되고 저평가되었을 것이다. 나는 그분이 우리를 지원하게 된 데에는 그런 일이 우리에게는 일어나지 않게 하려는 마음도 한몫했던 것으로 생각하고 싶다.

내가 지금까지 만난 많은 성공한 사람들은 스스로 선택한 분야와 사랑에 빠진 후 일정 기간 얼마나 열심히 집중적인 노력을 기울여야 했는지 이야기한다. 이 기간이 바로 원초적인 관심이 실제 실력으로 전환되는 시기이다. 맬컴 글래드웰Malcolm Gladwell은 『아웃라이어Outliers』에서 곡을 작곡하든 테니스를 치든 높은 기술 수준에 도달하려면 1만 시간의 의도적인 연습이 필요하다고 설명한다. 이른바 〈1만 시간의 법칙〉인데, 그는 소프트웨어 분야의 대표적 사례로 나를 꼽았다. 그의 법칙에 내 의견을 덧붙이자면, 처음에

5백 시간이라는 그 행운의 컴퓨터 무료 이용 기회가 없었더라면 다음 9천5백 시간은 전혀 이루어지지 않았을지도 모른다.

확신컨대 C-큐브드는 이 거래를 통해 초기에는 별다른 이득을 얻지 못했을 것이다. 처음에 우리는 그저 멍청한 짓을 하면 어떻게 되는지 보려고 그 강력한 컴퓨터를 그냥 맹목적으로 가지고 놀았다. 초기의 버그 보고서에는 대개 이런 내용이 담겼다. 〈테이프 드라이브 5개 모두를 동시에 돌리면 이상한 일이 발생한다. 컴퓨터에 10개의 작업을 수행하도록 지시하면, 각각의 작업이 가능한 한 빨리 메모리를 할당하려고 시도하는 가운데 컴퓨터가 멈춰 버린다.〉 진정 망치를 휘두르는 원숭이들이었다.

그러면서 우리는 배웠다.

켄트와 릭이 집에 돌아간 후에도 폴과 나는 종종 단말기 앞에 남아 있곤 했다. 급히 끼니를 때우거나 길 위쪽의 넵튠Neptune 극장에서 영화를 볼 때만 잠시 멈추었다. 사실 약 4개월에 불과했지만, 이 기간은 나에게 이후 수십 년 동안 지속될 작업 스타일을 형성해 주었다. 나는 비용이나 시간에 얽매이지 않고 완전한 몰입 상태에 빠져들곤 했다. 프로그램의 한 부분을 완성하자마자 컴퓨터에게 실행을 요청하면 제대로 만들었는지 아닌지 즉각적인 답을 얻을 수 있었다. 무엇이든 시도해 보고 작동하는지 확인한다. 작동하지 않으면 다른 방법으로 다시 시도한다. 컴퓨터는 어찌 보면 마치 슬롯머신처럼 무작위 간격으로 작은 보상을 주면서 나를 빠져들게 만들고 있는 것 같았다. 코인을 내어 주는 대신 내 프로그램의 일부가 작동할 수 있다고 확인시켜 주며 나를 계속 움직이게 했다. 나는 그 보상의 빈도를 늘려 나가기 위해 애쓰는 정신적 게임이 너무도 좋았다.

이렇게 피드백 루프가 형성되자 더 많은 것을 배우고 싶은 갈증이 더욱 심화되었다. 인터넷이 없던 시절이라 유튜브YouTube 튜토리얼을 볼 수도 없었다. 가이드북도 드물었다. 켄트는 앞서 언급했듯이 어디선가 빌린 랜드 연구소의 매뉴얼에서 수학 프로그램과 주 인구를 계산하는 방법을 직접 손으로 베꼈다. 나는 〈프로그래밍 입문Introduction to Programming〉이라는 제목의 얇은 페이퍼백 한 권을 손에 넣은 후, 잃어버릴까 봐 너무 걱정되어 어머니의 타자기에 표지를 밀어 넣고 이렇게 타이핑했다. 〈이 책의 주인은 빌 게이츠다. 그에게 필요한 책이니 반드시 돌려줘야 한다!〉

당시에 교육용 가이드가 부족했다는 것은 전문가가 그렇게 많지 않았다는 사실을 반영하는 것이었다. 최고의 프로그래머들은 대부분 정부에서 비밀 프로젝트를 수행하고 있거나 다트머스나 MIT, 스탠퍼드 같은 유수한 대학에서 일하고 있었다. 유명 인사들도 소수 있었는데, 주로 이러한 명문 대학의 연구실 책임자였다. 그 중 한 명인 스탠퍼드 대학 교수 존 매카시John McCarthy는 당시 우리가 이용하고 있던 시분할 시스템의 개발을 주도한 인물로, 인공지능 분야의 아버지라고 할 수 있었다. 그의 제자들은 이어서 초기 프로그래밍 기법과 언어, 도구 등을 개척했다. 공교롭게도 이 스타 학생들 중 몇 명이 시애틀의 C-큐브드로 자리를 옮겨 회사의 기술팀을 구성했다.

당시에는 내가 시분할과 인공지능을 개척한 인물과 한두 다리 건너로 연결되어 있다는 사실을 인식하지 못했다. 하지만 거기서 얻을 수 있는 혜택은 확실히 실감했다. 가끔씩 C-큐브드 프로그래머들이 코드의 일부를 보여 주며 그들이 우리에게 가르쳐 줄 만한 내용이 있음을 감질나게 내비치곤 했다. 더 많은 것을 보고 싶었지만, 왠지 그런 부탁이 부끄럽게 느껴졌다.

그러다 우연히 해결 방법을 발견했다. 하루 일과가 끝나면 누군가 그날 발생한 쓰레기를 내다 버리곤 했다. 그 쓰레기에는 그날 C-큐브드 엔지니어들이 작성한 코드가 인쇄된, 양쪽에 작은 구멍이 줄지어 뚫린 15인치 너비의 컴퓨터 용지가 포함되었다. 당연히 그 코드들은 불완전했다. 도트 프린터 용지에 찍힌 생각의 단편들일 뿐이었으며, 때로는 용지가 구겨져 있거나 찢어져 있었다. 직원들이 모두 퇴근한 어느 날 밤, 폴과 나는 무언가 찾아보려는 의도로 건물 뒤쪽의 쓰레기통으로 향했다. 폴이 내 다리를 안아 들어 올렸고, 나는 상체를 들이밀고 스티로폼 컵과 음식물 찌꺼기, 그리고 스스로 풀린 이중 나선처럼 꼬인 종이 등이 뒤엉켜 있는 쓰레기 더미를 뒤졌다. 첫 번째 쓰레기통 다이빙에서는 별다른 소득이 없었지만, 우리는 몇 번이고 다시 보물을 찾으러 나갔다. 키가 더 크고 힘이 센 폴이 매번 들어 올리는 역할을 맡았고, 더 가볍고 민첩한 나는 늘 다이빙을 했다.

어느 밤, 평소처럼 쓰레기통을 뒤지다가 숫자 열과 ADD,

SUB, PUSH, POP 등과 같은 간결한 명령어로 가득 찬 두터운 종이 뭉치를 발견했다. 그것을 안으로 가져와 테이블 위에 펼쳐 놓았다. 잭팟! PDP-10의 운영 체제 일부에 대한 지침이었다. 그 지침, 즉 소스 코드는 우리에게 접근 금지된 것이었다. 우리가 찾은 것은 마치 암호와 같은 일련의 코드에 불과했기에, 그 코드가 무슨 역할을 하는지 알아내려면 역설계reverse engineering 과정을 밟아야 했다. 구겨지고 커피로 얼룩진 그 종이는 우리가 그때까지 본 중 가장 흥미로운 것이었다.

그 출력물은 프로그래머가 사용할 수 있는 가장 근본적인 코드인 기계어로 작성되어 있었다. 기계어 코드를 사용하면 BASIC과 같은 고급 언어로 작성하는 것보다 훨씬 빠르게 실행되는 프로그램을 만들 수 있지만, 컴퓨터가 작업을 수행하기 위해 취해야 하는 모든 단계를 명시적으로 정의해야 하는 번거로움이 따른다. 예를 들어, BASIC에서는 컴퓨터에 〈Hello〉를 표시하도록 지시하는 경우 단 한 줄의 명령어(PRINT 〈Hello〉)가 필요하지만, 기계어 코드로 같은 작업을 수행하려면 문자 하나하나를 지시하는 25줄의 명령어가 필요할 수 있다. 초보자에게 기계어 코드는 거의 이해가 불가능한, 진정한 전문가들만 사용하는 비밀 언어처럼 보였고, 바로 그 이유로 나는 이 코드를 배우고 싶었다.

비슷한 시기에 폴은 MIT 출신의 C-큐브드 프로그래머로,「스페이스워!Spacewar!」라는 중독성 강한 초기 비디오 게임을 개발한 것으로 유명한 스티브 러셀Steve Russell과 친해졌다. (「스페이스워!」

는 두 명의 플레이어가 광자 어뢰로 상대방의 우주선을 격추시키며 승부를 겨루는 전투 게임이다.) 폴이 고급 언어를 배우고 싶다고 말하자 스티브는 PDP-10 컴퓨터의 기계어 코드와 그 운영 체제인 TOPS-10의 내부 작동 방식이 자세히 설명된 매뉴얼을 빌려주었다. 우리가 쓰레기 더미에서 발견해 해독하려고 했던 바로 그 운영 체제를 설명하는 매뉴얼이었다. 얼마나 귀한 물건이었던지, 빌려준 기간이 고작 하룻밤이었다. 폴과 나는 C-큐브드 바닥에 쭈그리고 앉아 밤이 깊도록 함께 읽으며 중요한 부분을 암기했다.

코딩 실력이 늘면서 나는 누군가에게 진정으로 도움이 될 수 있는 프로그램을 작성하고 싶은 마음이 커졌다. 몇 년 전 다리나 로켓을 멋지게 그리는 것과 실제로 완벽하게 기능하도록 만드는 것은 별개의 문제라는 사실을 깨달았을 때 느꼈던 것과 유사한 욕구였다. 그때는 현실 세계에서는 그런 것을 만들 수 없다고 생각했지만, 이번에는 달랐다. 컴퓨터만 있으면 상상할 수 있는 무엇이든 만들 수 있을 것 같았다. 집에서 어머니는 작은 나무 상자에 깔끔하게 분류해 놓은 레시피 카드를 보면서 요리를 했다. 나는 그중 네다섯 장의 카드를 빌려 C-큐브드로 가져온 다음, 예컨대 〈미트로프〉라는 명령어를 입력하면 엄마의 미트로프 레시피를 생성하는 간단한 프로그램을 BASIC으로 설계했다. 프로그래머의 시각으로 보자면 사소한 프로그램이었지만, 설계 과정을 통해 DATA 문과 READ 명령어에 대해 배울 수 있었다.

전쟁은 우리 삶의 일상적인 일부였다. 텔레비전 뉴스와 『라이프』의 커버스토리는 베트남전의 양쪽 진영이 겪는 참상을 생생하게 전달했다. 아마도 그런 연유로 내가 전쟁 시뮬레이션 프로그램을 만들어 보자는 아이디어를 떠올렸던 것 같다. 내가 상상한 것은 정해진 규칙에 따라 높은 점수를 얻기 위해 겨루는 방식의, 사전 프로그래밍된 게임인 「스페이스워!」와는 달랐다. 나는 마치 전쟁에서 한 편을 이끄는 장군이 된 것처럼 실제 세계를 모델링하고 다양한 전략과 전술을 테스트할 수 있는 도구로 작용할 시뮬레이션 프로그램을 설계하고 싶었다. 그러려면 주요 전투에서 작용할 것으로 생각되는 모든 요소를 포착하도록 코드를 구상해야 했다. 먼저 종이 위에 작업하면서 해안선을 배경으로 가상 세계를 창출하고 공방을 벌일 두 진영에 육군과 해군, 공군을 배치했다. 각 진영에 사령부와 비행장, 병력, 대포, 탱크, 그리고 방어용 대공포를 두었고, 공격을 위한 전투기, 폭격기, 구축함, 항공 모함도 갖춰 놓았다.

데이터를 얻기 위해 오래된 전쟁 영화를 보며 대공포의 사격 속도를 측정했고, 전장 전술을 이해하기 위해 도서관에서 책을 훑었으며, 켄트와 함께 읽었던 군사 역사도 다시 살펴봤다. 나는 모든 것이 게임이 아니라 가능한 한 사실적으로 느껴지기를 바랐다. 사람들이 이미 날씨를 예보하고 경제 동향을 예측하는 데 사용하고 있는 컴퓨터 모델 중 하나처럼 말이다.

이 모든 요소가 상호 작용할 수 있는 방법을 강구하던 중, 그저 컴퓨터에게 「이런 일이 발생하면 항상 저렇게 해」라고 말할 수 없다는 것을 깨달았다. 현실적으로 만들려면 각 결과에 일정한 발생

확률을 부여해야 했다. 예를 들어, 플레이어가 상대방의 본부를 향해 전투기들을 출격시키는 경우 각 전투기가 대공포에 격추될 일정 수준의 확률이 있을 터였다. 그 확률을 어느 정도로 잡아야 마땅한가? 도서관의 책들에는 나와 있지 않았기에 영화에서 본 내용과 2차 세계 대전에서 피격되거나 격추된 비행기에 대해 파악한 대략적인 수치를 바탕으로 추정할 수밖에 없었다.

몇 주가 지나면서 내 계획은 점점 커졌다. 전투 간 회복 시간에 따른 병력의 효율성 조정안과 각 폭격기를 호위하는 데 필요한 전투기의 수, 상대적으로 더 크고 느린 폭격기가 지상 사격에 맞을 확률의 증가분, 비행기와 함선, 보병에 미치는 날씨의 영향 등까지 고려해서 작업을 진행했다.

이렇게 설계를 구체화한 후, 나는 해당 시나리오를 C-큐브드 PDP-10에서 한 번에 한 줄씩 BASIC 컴퓨터 코드로 변환하기 시작했다. 종종 릭과 켄트가 자리를 먼저 뜨곤 했는데, 그들의 부모님이 통금 시간에 더욱 엄격했기 때문이다. 폴과 나는 그런 날에도 계속 남아 각자의 프로젝트에 몰두했다. 폴은 기계어 코드를 배우며 자신의 프로그램을 작성했고, 나는 소프트웨어로 꾸준히 전쟁을 벌였다.

나는 내가 만들고 싶은 것을 명확하게 머릿속에 그릴 수 있었다. 그리고 결과물을 얻을 수 있을 것이라고 믿었다. 그것이 당시 내 능력 밖의 일이라는 것을 깨달았음에도 그랬다. 나는 열세 살이었고, 50만 달러짜리 기계를 선생님 삼아 혼자만의 방식으로 배우고 있었다.

그러던 중 우리의 행운에 끝이 찾아왔다. 그해 늦은 봄, DEC에서 C-큐브드에 컴퓨터 임대료를 청구하기 시작했고, C-큐브드는 더 이상 우리가 필요하지 않다고 판단했다. 더불어 레이크사이드도 C-큐브드에 컴퓨터 접속 이용료를 지불하기 시작했다. 그때부터 우리 네 명은 테스트 원숭이에서 고객으로 강등되었다. 학교에서는 라이트 선생님이 우리의 계정을 관리하기 시작했으며, 매월 말이면 유난히 깔끔한 필체로 우리 각자가 갚아야 할 금액을 적은 종이를 게시판에 붙였다. 그 리스트의 맨 위에 이름이 오른다는 것은 축복이자 부담이었다. 가장 열렬한 이용자라는 자부심을 누리는 한편, 그 지위에 대해 실제 돈으로 대가를 치러야 했다.

성에서 쫓겨났다 하더라도, 이미 성안에서 많은 시간을 보내며 여기저기 뒤져 숨은 문들을 찾아낸 경험이 있다면 도움이 되기 마련이다. C-큐브드에서 PDP-10을 사용하던 동안, 나는 결함 한 가지를 발견한 적이 있었다. 시스템에 로그인할 때 〈Ctrl+C〉를 두 번 입력하면 컴퓨터가 관리자로 로그인할 수 있도록 허용하는 시간의 문이 잠시 열렸다. 컴퓨터에 대한 관리자 액세스 권한은 시스템의 모든 부분을 열어 볼 수 있는 만능열쇠를 갖는 것과 같다. 이를 통해 관리자는 각 고객의 계정을 보고, 파일을 읽고, 비밀번호를 확인하고, 계정을 삭제할 수도 있다. 또한 전체 시스템을 재부팅하거나 종료할 수도 있다. 우리는 그 어떤 것도 하지 않았다. 대신 폴은 이 트릭을 이용해 몇 가지 비밀번호를 알아냈고, 우리는 그것을 이용해 컴퓨터 사용 시간을 확보할 계획을 꾸몄다. 안타깝게도 계획을 실행에 옮기기도 전에 발각되었다. 우리가 무슨 일을 꾸미고 있는지 알게 된 라이트 선생님이 C-큐브드에 연락했고, 회사는 DEC에 연락했다. 곧 DEC는 다른 버전의 로그인 소프트웨어를 운용했다.

그리고 우리는 곧 그것도 우회했다.

프레드 라이트는 학생들을 신뢰로 대하는 관대한 선생님이었지만, 단 한 가지, 즉 부정행위는 용납하지 않았다. 그가 우리를 매칼리스터에 있는 그의 사무실로 호출했다. 그곳에 도착하니 반다이크 수염을 기른 키가 매우 큰 남자도 우리를 기다리고 있었다. 누군가 그를 연방 수사국FBI에서 나온 아무개 씨라고 소개하는 것 같았다. 수년 후 폴은 C-큐브드에서 그 남자를 보낸 것이라고 설명했지만, 검은 정장의 그는 FBI 요원처럼 보였고 FBI 요원처럼 말했기 때문에 나는 그가 FBI 요원이라고 확신했다. 어디서 나온 누구였든, 나는 그를 보고 겁을 먹었다. 그는 우리가 C-큐브드의 시스템을 해킹함으로써 법을 어겼다고 엄중하게 경고했다.

나는 나쁜 아이가 아니었다. 물건을 훔친 적도 없었고 파괴적인 행동을 한 적도 없었다. 심각한 사고를 친 적도 없었고 어른들에게 질책을 당하는 데 익숙하지도 않았다. 약간의 두려움은 말할 것도 없고 부끄러움까지 느낀 것은 그때가 처음이었다. 나중에 그 상황을 다시 생각해 보니 맥락이 다르게 보였다. 우리의 임무는 애초부터 시스템의 결함을 찾는 것 아니었는가. 그런 우리가 큰 결함을 발견한 것이었다. 하지만 그 자리에서는 정학이라도 당하면 어쩌나, 하는 걱정만 들었다. 그런 일은 발생하지 않았지만, 내게는 더 아픈 처벌이 내려졌다. 우리 모두 C-큐브드 컴퓨터에 대한 이용이 금지되었다.

처음으로 컴퓨터에 손을 대고 8개월 만에 접근 금지 명령이 떨어진 것이다.

그해 여름에는 폴이나 릭을 거의 볼 수 없었고, 켄트와 함께 보내는 시간도 훨씬 줄어들었다. 켄트의 가족은 여름철의 일정 기간 동안 자가용 요트를 타고 캐나다 서부 해안으로 긴 유람 여행을 다녀왔고, 이후 켄트는 다른 레이크사이드 친구와 함께 워싱턴 D.C.를 방문했다. 컴퓨터에서 멀어지자 켄트는 다시 정치에 대한 열정에 빠져들었다.

과외 활동에 적극 참여하라는 어머니의 압박은 전년부터 많이 완화되었지만, 한 달에 두 차례 다른 아이들과 함께 카풀로 에피파니 교회에 가서 볼룸 댄스 강습에 참여하기 시작했다. (수업은 어색했지만, 여자애들과 얼굴을 마주할 기회를 준다는 장점이 있었다. 마침 여자애들에게 흥미를 느끼기 시작하던 참이었다.) 그리고 보이 스카우트 활동을 계속하는 부분에 대해서는 어머니가 나를 설득할 필요조차 없었다. 항상 좋아하던 활동이었으니까. 열두 살 때 나는 지역에서 가장 크고 조직적인 스카우트단 중 하나인 186단에 가입했다. 당시 미국에서는 하이킹, 캠핑, 등산이 인기를 끌기 시작했고, 시애틀은 아웃도어 스포츠의 메카로 부상하고 있었다. 시애틀 지역에서 성장한 아웃도어 소매업체인 레크리에이셔널 이큅먼트 사Recreational Equipment Inc.(REI로 더 잘 알려졌음)는 제품 라인을 빠르게 확장하고 있었고, 회사 대표 짐 휘터커Jim Whittaker는 몇 년 전 에베레스트 산 정상에 오른 최초의 미국인으로 이름을 날렸다. 내가 새로 가입한 스카우트단은 이러한 야외 활동 대유행에 발맞춰 스카우트 단원들을 산으로 데려가는 것을 주요한 존재 이유로 삼았다. 186단에서도 다른 곳에서처럼 공로 배지를 획득하고 계급을 올릴 수 있었지만, 아이들이 거기에 가입한 주된 이유는 하이킹과 캠핑을 즐기기 위해서였다.

8학년 초에 파도에 흠뻑 젖는 캠핑 여행도 다녀왔고, 컵 스카우트 시절에 며칠간 하이킹을 한 적도 있었지만, 처음 80킬로미터 하이킹에 참가하던 당시에는 진정한 야생 경험이 많지 않은 상태였다. 트레킹 직전, 아버지는 나를 REI 매장에 데려가 빨간색 크루저Cruiser 백팩과 고가의 이태리제 가죽 하이킹 부츠를 사주었다. 단원들과 함께 글레이셔 피크 야생 지역으로 향하면서 나는 곧 딱딱한 새 부츠의 뒤축에 발뒤꿈치가 쓸리는 것을 느꼈다. 첫날의 절반쯤, 그러니까 6킬로미터 정도 걸었을 무렵에는 발뒤꿈치가 타 들어갔다. 나는 계속 걸었다. 그날 밤 부츠를 벗고 양말을 벗어 보니 뒤꿈치가 벗겨져 속살이 드러나 있었다. 나중에 한 단원이 마치 젤리 도넛의 속처럼 보였다고 말할 정도였다. 여행에 따라나선 한 아버지가 마침 이비인후과 의사였는데, 나에게 코데인 알약을 주었다

(1960년대에는 그렇게 많은 것이 지금보다 느슨했다). 그 마약성 진통제에 취해 멍한 상태로, 배낭의 내용물을 나눠 분담한 다른 단원들의 도움을 받으며 나는 이틀 정도 더 절뚝거리면서 중간 지점까지 걸어갔고, 거기서 나를 데리러 온 아버지를 만나 집으로 돌아왔다.

모두가 나를 겁쟁이로, 하이킹을 완주하지 못한 유일한 아이로, 하이킹화도 미리 길들이지 않은 멍청한 아이로 보는 것 같아 굴욕감을 느꼈다. 내 마음속에서 그 하이킹은 총체적 재앙이었다.

이 여행의 리더 중 한 명은 나보다 5살 정도 나이가 많은 마이크 콜리어Mike Collier라는 스카우트 선배였다. 그가 우리 단의 성인들보다도 훨씬 더 많은 아웃도어 경험을 가지고 있다는 것을 모두가 알고 있었다. 그의 부모님 역시 열렬한 하이커였고, 마이크는 하이킹을 조직하고 전문 등반 및 여타 아웃도어 기술에 대한 강습을 진행하는 오랜 전통의 아웃도어 클럽인 마운티니어스Mountaineers의 회원이었다. 내가 186단에 가입할 무렵, 마이크와 그의 부모님은 몇몇 스카우트 단원들을 가족여행에 초대하기 시작했다. 그들의 여행은 늘 우리 단의 여행보다 훨씬 더 야심 찬 하이킹으로 구성되었다.

내가 80킬로미터 하이킹에 실패했음에도(어쩌면 그 때문인지도 모르겠지만), 마이크와 그의 부모님은 학년이 끝나는 6월에 있을 다음 여행에 나를 초대했다. 우리와 함께할 스카우트 단원들인 로키, 라일리, 대니는 나와 마찬가지로 열세 살 정도였고, 하이킹에 열광하는 친구들이었다. 나는 거기에 포함된 것이 기뻤고, 나 자신을 시험할 수 있는 기회가 주어진 것에 흥분했다. 게다가 타이밍도 완벽했다. 마침 C-큐브드에서 컴퓨터 접근 금지령을 내린 터라 남는 게 시간뿐이었다.

마이크는 라이프세이빙 트레일Lifesaving Trail에 관한 TV 프로그램을 본 적이 있다고 우리에게 말했다. 폭풍우와 암초, 험난한 해류로 유명한 외딴 지역이자 수천 척의 배가 난파한 무덤으로 알려진 밴쿠버섬의 태평양 연안을 따라 이어지는 트레일이었다. 1900년대 초 캐나다 정부는 난파된 배에서 살아남은 선원들이 문명 세계로 걸어 나올 수 있도록 그 트레일을 조성했다. 그러나 세월이 흐르면서 이 트레일은 점차 황폐해졌다. TV 프로그램에서는 지역의 한 자연주의자와 그녀의 남편이 그 80킬로미터의 라이프세이빙 트레일을 하이킹하는 내용을 보여 주었고, 마이크는 그 루트를 따라가 보길 원했다. 수상 비행기를 타고 강을 건너고 절벽을 오르는 등 말 그대로 모험 여행이 될 것이라고, 그가 말했다. 동굴도 탐험할 것이고 만에서 수영도 하게 될 것이라고 했다.

첫날 수상 비행기에서 짐을 내릴 때, 내 배낭이 물에 빠졌다. 시작이 좋지 않았다. 걷기 시작하자 왜 난파된 배의 선원들을 위해 이 트레일을 만들었는지 알 수 있었다. 육지에 도착하더라도 해안이 너무 고르지 않고 외진 곳이라 문제가 끝나지 않았을 터였다. 첫날 북쪽으로 향하면서 우리는 무성하게 자란 숲과 진흙 늪지대를 헤쳐 나갔다. 트레일이 갑자기 벼랑에서 끝나면 긴 수직 사다리를 타거나 밧줄을 잡고 내려가야 했다. 그런 다음 한동안 바위 해변을 따라 천천히 길을 골라 나아가다가 다시 다른 사다리나 밧줄을 타고 풀이 무성한 오솔길로 올라가 쓰러진 채 이끼가 잔뜩 낀 거대한 나무 아래를 기어가곤 했다.

그 여정에서 마이크가 걱정한 한 부분은 클라나와강을 건너는 것이었다. 클라나와강은 유속이 빠르지는 않지만, 날씨에 따라 수심이 수시로 달라졌다. 폭우나 산에서 흘러내리는 물로 인해 하이커들이 건널 수 없게 되는 경우도 생겼다. 마이크는 우리에게 자갈이 깔린 강가로 내려가 유목을 모으게 한 다음, 빨간 눈사태 대비용 끈을 잘라 유목을 겹쳐 묶는 방식으로 작은 뗏목을 만드는 방법을 알려 주었다. 우리는 그 뗏목을 이용해 강의 반대편으로 건너 갔다.

다음 날 뱀필드라는 작은 어촌 마을에서 여행을 마쳤다. 마을에 들어섰을 때 한 할머니가 우리에게 다가왔다. 「너희들 어디에서 오는 거니?」 시애틀에서 왔다고 자랑스럽게 답했다. 방금 라이프세이빙 트레일을 하이킹해서 왔다고. 「세상에!」 할머니는 우리를 집으로 초대해 남편이 그날 아침에 잡은 신선한 새우를 대접했다.

나중에 근처의 페리로 가는 차를 타기 위해 기다리는 동안 다른 마을 주민이 우리에게 다가왔다.

「여러분 중에 빌 게이츠라고 있나요?」 그가 물었다.

알고 보니 아버지가 그날 늦은 시각에 예정된 우리의 계획에 생긴 변경 사항을 전달하기 위해 마을 사람 아무에게나 전화를 걸어 메시지를 남긴 것이었다. 우리는 정말 대단한 일이라고 생각했다. 마치 스탠리Stanley가 탕가니카 호숫가에서 리빙스턴 박사Dr. Livingstone를 찾은 것과 흡사한 경우가 아닌가.

　나는 푹 빠져들었다. 첫 여행 후 마이크는 자신이 독자적으로 계획을 짜 여행을 이끌 수 있게 해달라고 부모님을 설득했다. 가끔 다른 사람이 합류하기도 했지만, 보통은 마이크, 로키, 라일리, 대니 그리고 나, 이렇게 다섯 명이 함께 여행을 떠났다. 나는 마이크의 자연스러우면서도 편안하게 이끄는 방식에 감탄했다. 그는 산에서 우리가 알아야 할 모든 것을 알고 있는 것처럼 보였지만, 설교하거나 명령하지 않았다. 그는 조용히 모범을 보였고, 중요한 결정을 내려야 할 때는 투표에 부쳤다. 그것이 대개는 보다 짧은 루트를 원하는 나의 바람과는 다른 결과로 이어지곤 했지만 말이다. 2년 후 프레스 익스페디션 트레일에서 그랬던 것처럼.

1969년 여름 라이프세이빙 하이킹을 마치고 돌아온 후, 가족과 나는 후드 운하로 차를 몰고 가서 동일한 가족들과 동일한 올림픽, 동일한 시장 역할의 아버지 등 내 평생의 여름을 규정해 온 치리오의 전통에 스며들었다. 하지만 그해에는 특별한 한 가지가 더 있었다. 할머니가 운하 인근에 작은 별장을 샀다는 소식을 알렸다. 수십 년의 방문 끝에 이제 우리 가족은 우리만의 장소라 할 수 있는, 우리가 나이 들면서 필연적으로 삶이 더 바빠지더라도 때때로 모두 모이기를 어머니와 할머니가 바랄 수 있는 공간을 갖게 되었다. 그해 여름 우리는 1억 2천5백만 명의 다른 미국인들과 함께 아폴로 11호의 달 착륙 장면을 보기 위해 텔레비전 세트를 후드 운하로 가져가 메인 로지에 설치했다. 일반적으로 우리는 외부 세계가 운하 생활을 방해하도록 허용하지 않았지만, 인류를 위한 닐 암스트롱 Neil Armstrong의 위대한 도약만큼은 예외로 인정할 수 있었다.

달 탐사 외에도 그 여름은 내가 개인적 전환기를 맞이한 시기로 기억된다. 그 나이 또래의 많은 아이들처럼 나도 다양한 정체성을 실험하고 있었다. 내가 다른 사람들에게 어떻게 인식되는지가 상황에 따라 달라진다는 것을 뚜렷이 인식한 기억이 난다. 조직 스포츠에서 나는 낙오자였지만, 그해 여름 하이킹에서는 강인하고 위험을 감수하며 자신을 육체적으로 극한까지 밀어붙일 수 있는 사람이었다. 나와 함께 미식축구를 했던 누구도 인식하지 못한 측면이었다. 나는 동료애가 유일한 보상이던 작은 그룹에서 존중되는 팀원이었다.

치리오에서도 어른들은 나를 리더로 보았다. 나는 나이에 상관없이 다른 아이들을 한데 모아 그룹을 조직하고 깃발을 만든 뒤 〈클럽 치리오〉라고 이름 붙였다. 내가 한 일이라곤 그저 인근 숲을 탐험하는 미션을 진두지휘한 것뿐인데, 이 클럽은 아이들 사이에 일종의 흥분과 팀 정신을 불러일으켰다. 특히 그해 여름 다섯 번째 생일을 맞이한 리비에게서 그런 흥분을 강하게 느낄 수 있었다. 나는 리비의 보호자이자 장난질 파트너의 역할을 즐겼고, 리비의 눈에는 내가 완벽한 오빠로 보였다. 나는 흡족한 마음이 들었다.

하지만 학교에서는 이야기가 달라졌다. 수업 시간에 나는 여전히 농담을 던지거나 모두가 하는 일에 반대 의견을 내거나 무례하더라도 다른 아이들이 웃음을 터뜨릴 만한 무언가를 말할 기회를 찾는 데 대부분의 관심을 집중하고 있었다. 당시 막 마무리된 학년도에 우리는 그리스 연극「리시스트라타Lysistrata」를 공부하고 그에 대한 논문을 썼으며, 심지어 외부에서 초청된 배우들이 펼친 연극 공연을 감상하기도 했다. 그런데 나는 어떻게 감사를 표했던가? 나는 뻔뻔스럽게도 주인공 역을 맡은 여배우에게 멍청한 연극이라고 말했다. 이는 내가 타당한 이유나 필요도 없이 무례하게 내뱉은 여러 발언 중 하나로서 다른 무엇보다도 나의 부족함을 드러내는 축에 속했다. 그런 나쁜 행태를 보이고 나면 꼭 뒤에 후회와 죄의식이 밀려왔다.

레이크사이드에서는 매일 점심 식사 후 오후 수업이 시작되기 전에 하급 학년 전원에게 한 시간의 자습 시간이 주어졌다. 대부분의 학생은 무어 홀 2층 강당에 들어가 선생님의 감시 아래 조용히 공부해야 했다. 이 스터디 홀은 평균적이거나 평범한 성적을 받는 학생 또는 수업에 집중하지 않는 학생들을 위한 공간이었다. 반면 성적이 최상위권인 소수의 학생들, 즉 우등생들은 스터디 홀 자습이 면제되고 자유 학습이라는 보상이 주어졌다.

1층에 따로 방이 배정된 그 학생들은 아무런 감독도 받지 않으며 숙제를 하거나 프로젝트에 대한 메모를 비교하거나 그냥 이야기를 나누며 쉴 수 있었다. 심지어 원한다면 중앙 광장에 나가서 책을 읽거나 캠퍼스를 돌아다닐 수도 있었다. 자유 학습은 얻어 내서 누리는 권리로, 성적이 떨어지면 박탈당할 수 있었다. 자유 학습을 하는 아이들이 반에서 가장 우수한 학생들이라는 것은 모두가 아는 사실이었다.

당연히 나는 스터디 홀에 갇혔다. 성적이 과목별로 들쑥날쑥하고 태도도 안 좋았으니 그럴 만했다. 그리고 한동안은 신경 쓰지도 않았다.

물론 켄트는 자유 학습의 권리를 빠르게 따냈다. 그는 다른 〈똑똑한 아이들〉과 함께 떠났고 나는 강당에 웅크리고 앉아 있었다. 스스로 켄트와 동류라고 확신하고 있었는데…… 흑해 프로젝트가 첫 번째 큰 힌트였다면, 레이크사이드에는 농담꾼이 존중받을 만한 자리는 없다는 것이 두 번째 힌트였다. 레이크사이드는 자유를 누릴 자격이 있는 아이들에게 그것을 제공한다는 사실을 깨닫기 시작했다. 성적이 좋거나 무언가에 깊은 관심을 기울이면 학교는 배우고 성장할 수 있는 공간을 마련해 주었다. 또한 기꺼이 도와주려는 열정적인 교사도 있었을 것이다. 켄트는 그것을 본능적으로 이해했다. 나는 천천히 깨달았다.

그해 여름 기억에 남는 또 다른 학교 경험이 있었다. 레이크사이드의 상급 학교, 즉 우리 고등학교에는 매년 4개 주에서 열리는 지역 경시대회에 참가하여 몇 년 연속 우승한 수학팀이 있었다. 미식축구팀이 누렸던 과거의 영광에 비할 바는 아니었지만, 이 팀은 나름대로 성과를 올리며 레이크사이드의 일부 학생들 사이에서 명성을 떨치고 있었다. 1969년, 하급 학년 중 수학을 잘하는 몇몇 학생에게 대회 참가 자격이 주어졌다. 나도 그중 한 명이었다. 나는 수학팀의 거의 모든 학생들보다 높은 점수를 받을 정도로 시험을 잘 치렀고, 그렇게 8학년 학생으로서 지역 최고의 고등학교 수학 영재들의 반열에 올랐다. 당연히 이 일로 내 자존심은 한껏 부풀어 올랐다. 하지만 더 의미 있었던 것은 시험에서 최고 점수를 받은 선배로부터 인정을 받은 일이었다. 큰 아이들이 작은 아이들을 너그럽게 대하는 컴퓨터실을 제외하면, 하급 학년과 상급 학년 사이에는 일반적으로 별다른 교류가 없었다. 서너 살이나 어린 애들을 인정하고 함께 어울리는 것이 멋진 일로 통하지 않았기 때문이다. 그런 환경인데도 상급 학년 수학 천재가 하급 학년으로 내려와 나를 찾았다. 아마도 수학 괴짜의 입장에서 떠오르는 또 다른 수학 괴짜를 그저 만나 보고 싶었던 것인지도 몰랐다. 이유가 무엇이든, 나는 신이 났다. 그는 정말 친절했다. 그는 축하한다고 말하면서 하급 학년이 그렇게 잘하는 것은 드문 일이라고 덧붙였다.

8학년 학생이 전교생 거의 전부를 능가하는 점수를 받았다는 소문이 수학에 관심 있는 학생들을 넘어 학교 전체로 퍼졌다. 게다가 놀랍게도 그 학생이 항상 장난만 치던, 아무도 우등생이라고 생각하지 않았던 빌 게이츠였다. 나는 그 인식에 대해 많은 생각을 했다. 그리고 그것이 점점 신경 쓰이기 시작했다.

당시 형성되기 시작한 내 세계관 속에서, 수학이 요구하는 논리적이고 합리적인 사고는 어떤 과목이든 마스터하는 데 사용할 수 있는 기술로 느껴졌다. 지능의 계층 구조가 있다는 생각이 들었다. (그 구조의 최상위에 있는) 수학을 얼마나 잘하느냐에 따라 생물이나 화학, 역사 심지어 어학에 이르는 다른 과목의 성취 수준이 달라질 수 있다는 인식이었다. 내가 세운 이 모델은 단순했지만, 학교에서 확인해 볼 수 있을 것 같았다. 학생들의 수학 실력과 보다 폭넓은 학업 성취도 사이의 상관관계를 추적할 수 있다는 느낌이 들었다.

그해 여름 후드 운하에서 나는 내 이론을 나 자신에게 직접 테스트해 보기로 마음먹었다. 인생에서 처음으로 나 자신을 학교에 적용시켜 보기로 했다.

7장

고작 애들에 불과하다고?

BILL GATES ≫ SOURCE CODE

레이크사이드에서는 학생이 모든 책을 직접 구입해야 했다. 블리스 홀Bliss Hall 아래층에 학부모들이 돈을 입금해 놓을 수 있는 작은 은행 지점이 있었다. 연중 내내 책값과 기타 학교생활 비용(컴퓨터 이용 시간 등)을 지불하기 위해 수표를 써야 했다. (지하층의 한 교실 앞에 마련된 테이블 하나로 구성된) 서점에 가서 조 닉스Joe Nix 에게 학년과 반을 말하면 그는 몇 분 동안 서가 안으로 사라졌다가 책 더미를 들고 돌아왔고, 그러면 그에 맞춰 수표를 써주곤 했다. 조는 항상 독일산 셰퍼드와 함께 다니는, 학생들이 따르는 야간 경비원이었는데, 그렇게 학교의 서점 관리인 역할도 겸했다. 내가 새 학년이 시작된 첫 주에 찾아가자 그는 나를 활짝 웃으며 맞이했고, 나는 그에게 학기 일정을 보여 주었다. 새로운 각오로 가득 찬 나는 큰 성공을 거둘 수 있을 거라 확신하는 계획을 세운 터였다.

고대 및 중세 역사, 영어, 라틴어, 생물학, 심화 대수학 등 그가 내 수강 목록을 검토할 때, 나는 각각 두 권씩 사겠다고 말했다. 그는 의아한 표정을 지으며 잠시 멈칫거리다가 서가로 들어가 책을 골라 왔다. 당시 부모님이 책값이 두 배로 나가던 것을 눈치 챘는지 여부는 지금도 잘 모르겠다.

내 계획은 집에 한 권, 학교에 한 권을 두는 것이었다. 책을 싸 들고 통학하는 불편함을 피하기 위해서라기보다는 집에서까지 공 부하는 아이로 비치지 않기 위해서였다. 학구적인 엘리트로 변신 하고 싶었지만, 아직은 만사 관심 없는 머리 좋은 농땡이 가면을 벗 을 준비가 되어 있지 않았다. 다른 친구들이 무거운 교과서에 신음 하며 하교하는 동안 나는 매일 확연히 눈에 띄는 빈손으로 가뿐히 발걸음을 옮겼다. 밤에는 침실에 숨어 똑같은 교과서를 펼쳐 놓고 모든 이차 방정식을 풀고 또 풀었고, 라틴어 어형 변화를 외웠으며, 그리스 전쟁과 전투, 신과 여신의 이름과 연도, 역사를 복습했다. 다음 날이면 나는 그렇게 머리를 채우고 학교에 도착했지만, 공부 한 티는 전혀 나지 않았다. 물론 아무도 관심을 갖지 않았을지 모르 지만, 나는 그들이 느끼는 신기함을 머릿속으로 상상했다. 〈책도 안 갖고 다니다니! 어떻게 그럴 수 있지? 정말 머리가 좋은 게 분명 해!〉 당시 나의 불안감이 이 정도로 팽배했다는 의미다.

나는 이전부터 늘 고도의 집중력을 발휘할 수 있는 능력이 있 었다. 이제 나는 그 능력을 학교에서 어떻게 내게 이롭게 활용할 수 있는지 깨닫고 있었다. 학과목에 진정으로 집중해서 사실이나 (수 학의) 정리, 일자, 이름, 아이디어 등을 흡수하면, 내 머리는 자동적 으로 체계적이고 논리적인 틀 안에서 정보를 분류했다. 그리고 그 러한 틀과 더불어 통제감도 생겼다. 어디에서 사실에 접근해야 하는지, 저장한 정보를 어떻게 통합해야 하는지 정확히 알 수 있었다. 패턴을 즉시 인식하고 보다 나은 질문을 던질 수 있었으며, 새로운 데이터가 들어오면 기존의 비계에 쉽게 끼워 넣을 수 있었다. 얼빠진 소리처럼 들리겠지만, 마치 초능력이 발현된 것 같았다. 동시에 내 능력이 완전히 발달한 상태는 아니었다. 나는 열네 살이었고, 『타잔*Tarzan*』책을 한 권 더 보는 것을 미루고 역사 과제에 몰두하는 식의 절제력을 늘 발휘할 수는 없었다.

그리고 여전히 나의 더 큰 세계관과 관련이 없는 것으로 느껴지는 과목에는 잘 집중하지 못했다. 그해 생물 시간에 편형동물인 플라나리아를 해부하라는 지시를 받았는데, 선생님은 그것이 왜 중요한지 전혀 설명해 주지 않았다. 편형동물은 생물의 계층 구조에서 어디에 속하는가? 그것을 잘라 놓고 이 조각이나 저 조각에서 무엇을 배워야 하는가? 너무 무작위적인 행태로 느껴졌다. 선생님은 사실, 인간 존재의 가장 유의미한 주제라 할 수도 있는 생명 과학을 가르치고 있었다. 건강과 질병, 종의 다양성, 수십억 년의 진화, 심지어 의식의 뿌리를 결정하는 그 시스템에 대한 이해를 심어 주려는 의도였을 것이다. 삶의 훗날 나는 내가 놓치고 있던 것을 발견하고 생물학의 아름다움과 경이로움에 빠져들었다. 하지만 9학년 때의 나는 그 벌레 조각을 바라보며 이런 것이 생물학의 모든 것이라면 이해도 안 되고 관심도 없다고 결론 내렸다. (공교롭게도 같은 선생님이 우리에게 성교육도 가르쳤는데, 그 수업 역시 플라나리아 수업만큼이나 흥미 없게 느껴지도록 진행했다.)

나는 항상 9학년 때 전 과목 A를 받았던 것으로 기억하고 있었다. 그런데 최근 우연히 내 성적표를 접하고 A와 B가 섞여 있다는 사실(B 학점을 받은 과목에 생물학도 포함되었다)에 깜짝 놀랐다. 분명히, 내가 인식한 획기적 돌파구에 대한 기억으로 인해 내 정신 수양이 여전히 진행 중이었다는 사실은 까맣게 잊힌 모양이다. 어쨌든 내가 방에 처박혀 보내는 시간을 수년 동안 걱정했던 어머니는 마침내 보상을 받을 수 있었다. 그때까지 내가 받은 최고의 성적이었고, 더 열심히 노력할 수 있는 원동력이 되었다. 또한 스터디 홀에서도 해방되었다.

경계를 낮추고 선생님들에게 배움에 대한 호기심과 관심을 보여 주기로 결심하고 나자, 나는 꽃을 피우기 시작했다. 〈education〉이라는 단어의 어근은 〈이끌다 또는 끌어내다〉를 뜻하는 라틴어 〈educere〉이다. 레이크사이드 선생님 대부분은 나의 도전의식을 자극함으로써 나를 더 끌어낼 수 있다는 것을 직감했다. 똑똑하다는 것, 수업 시간에 통찰력 있는 의견을 제시할 수 있다는 것, 추가적으로 읽으라는 참고 자료를 이해할 수 있다는 것을 증명하는 일이 내게 중요하다는 사실을 그들은 알았다.

나는 물리학 선생님인 게리 마에스트레티Gary Maestretti가 추천하는 모든 책을 섭렵했다. 수업 시간을 벗어나 나눈 많은 대화에서 선생님은 어떻게 나의 광적인 에너지가 내 시야를 넓힐 수 있는 질문으로 연결되도록 이끌 수 있는지 파악했다. 그는 과학이 기계적으로 암기해야 하는 입증된 사실의 집합이라는 개념을 깨버렸다.

과학은 세상에 대한 사고방식으로, 오랫동안 간직된 사실과 이론에 도전하는 지속적인 이야기라고 말했다. 역사적으로 연구자들은 수 세대 또는 수 세기 동안 받아들여진 〈사실〉이 틀렸음을 발견하고 더 나은 아이디어를 제시함으로써 유명해졌다고도 했다.

마에스트레티 선생님이 든 사례 중 가장 인상 깊었던 것은 20세기에 접어들면서 많은 물리학자들이 해당 분야에서 중요한 질문의 대부분은 답이 발견되었다고 믿었다는 부분이었다. 뉴턴 Newton과 맥스웰Maxwell을 위시한 많은 선구자들 덕분에 그들은 중력과 전기, 자기의 힘이 어떻게 작용하는지 계산할 수 있었다. 과학은 원자의 구성에 대해서도 이미 적절한 설명을 내놓은 상태였다. 하지만 그 당시에도 물리학자들은 엑스선이나 마리 퀴리Marie Curie가 발견한 방사능과 같은 완전히 설명할 수 없는 현상에 주목하고 있었다. 20세기가 시작되고 10년도 채 지나지 않아 아인슈타인 Einstein은 뉴턴의 법칙이 대부분의 일반적인 상황에 대해 정답을 제공하지만 그 이유는 기존의 알려진 것과 다르다는 사실을 보여 주었다. 우주는 초기의 과학자들이 인식한 것보다 훨씬 더 기묘하다. 물질은 공간과 빛을 구부릴 수 있다. 운동과 중력은 모두 시간이 느리게 흐르도록 만들 수 있다. 빛은 입자처럼 움직이기도 하고 파동처럼 행동하기도 한다. 상대성 이론과 양자 역학이라는 새로운 이론은 우주의 역사와 작동 방식, 그리고 미래에 대한 과학자들의 이해를 뒤흔들어 놓았다.

레이크사이드에서 물리학을 공부한 다음에는 화학을 선택해 대니얼 모리스Daniel Morris 박사의 연구실에서 수업을 들었다. 모리스 박사가 예일 대학교에서 유기 화학 박사학위를 받은 산업 화학자 출신임은 학교의 모두가 알고 있었다. 앞서 소개한, 필수 아미노산 중 하나인 트립토판을 분리하는 개선된 방법으로 특허를 받았다는 선생님이 바로 이분이다. 특유의 흰색 실험실 가운을 걸치고 유리 비커에 담긴 커피를 홀짝이는 모리스 박사는 내가 생각하던 과학자 이미지에 딱 들어맞는 분이었다. 직접 저작한 교과서 서문에 그가 쓴 글의 일부는 교실의 거의 모든 학생들에게 전달하고자 한 아이디어를 요약했다. 〈우리는 과학의 진정한 초석, 즉 세상이 이치에 맞는다는 신념을 잊고 사는 것 같다.〉

한번은 내가 무엇이든 붙일 수 있다는 초강력 접착제에 대한 광고에 매료되었다. 「어떻게 그렇게 센 접착력이 생길 수 있는 거죠?」 모리스 박사에게 물었다. 그는 이런 식의 호기심에서 비롯된 질문을 장려했고, 이를 가르칠 수 있는 기회로 활용했다. 접착제는 서로 결합하려는 성질을 가진 작은 분자들로 만드는데, 거기에 첨가하는 미량 성분으로 인해 결합이 억제되고 액체 상태가 유지되는 것이라고, 그는 설명했다. 두 표면 사이(조심하지 않으면 손가락도 포함된다)에 접착제를 짜 넣으면 미량의 물이 억제제를 중화하면서 접착제가 거의 즉시 굳게 된다는 것이었다.

마에스트레티 선생님과 마찬가지로 모리스 박사도 과학적 이해가 시간이 지남에 따라 확장되고 심화될 수 있게 하는 지식의 단계별 축적을 강조했다. 그가 가장 좋아하던 역사적 인물은 시스템

평형의 변화에 관한 원리를 고안한 19세기 프랑스 화학자 앙리 루이 르 샤틀리에Henry Louis Le Chatelier였다. 모리스 박사는 일상생활에서 예를 찾아 이를 설명했다. 탄산음료 병의 절반을 비운 후 뚜껑을 다시 닫아 놓으면 음료에 탄산이 유지되는 이유 등이 이에 해당한다. (나는 그 답을 잊은 적이 없다. 탄산 가스는 액체에서 기포로 빠져나와 비워진 공간으로 올라가지만, 결국 병 내부에 충분한 압력이 다시 형성되면 빠져나올 때만큼 빠르게 다시 액체에 녹아들어 간다.)

모리스 박사에게 〈동적 평형〉의 원리는 화학의 많은 부분을 포괄적으로 정리할 수 있는 우아한 방법이자 많은 화학 반응을 구체적으로 이해할 수 있는 수단이었다. 화학이 종종 지루하고 힘든 과목으로 여겨지는 까닭은 일련의 암기 과제 위주로 가르치기 때문이다. 모리스 박사는 달랐다. 그는 어린 학생들이 이해할 수 있도록 복잡성을 제거해 간단한 모델로 제시하는 재능이 있었다.

모리스 박사는 과학에 얽매여 사는 삶이 어떤 모습일지에 대한 나의 관점을 바꿔 놓았다. 과학자에 대한 당시의 고정 관념은 다른 사람은 거의 이해할 수 없고 이해하려 하지도 않는 매우 좁고 난해한 문제에 편집적으로 몰두하는 사람이었다. 하지만 모리스 박사는 깊고 폭넓은 관심사를 가진 사람이었다. 그는 클라리넷을 연주했고 합창단을 지휘했으며 4차원의 기하학을 연구했다. 또한 10대 남학생들이 특히 좋아하던 사항으로, 폭죽 기술자 자격증도 보유했다. 그는 건드리면 폭발하는 액체 폭약을 우리가 만드는 데 도움을 주었고, 몇몇 아이들은 그것을 스테이플러와 심지어 변기 시트에 발라 놓기도 했다. (당시 나의 입장은 나는 그 중 한 명이 아니라는 것이었고, 지금도 그 입장을 고수하고 있다.)

내가 과학에 사로잡힌 것은 부분적으로는 질서와 조직화에 대한 나의 욕구에 부합했을 뿐만 아니라 수학에서 이미 발견했던 것과 같은 종류의, 불안을 없애 주고 만족감을 주는 틀까지 제공했기 때문이다. 또한 과학은 세상에 대한 나의 지극히 이성적인 감각에도 호소력을 발휘했다. 과학은 핵심적인 부분에서, 규율과 회의주의로 자신을 길들일 수 있는 호기심 많은 연구자를 필요로 한다. 〈어떻게 하면 알 수 있을까?〉〈내가 틀릴 수도 있지 않을까?〉 나는 이런 식으로 끊임없이 자문하는 과학자들의 사고방식이 마음에 들었다.

레이크사이드의 선생님들은 나에게 관점 변경이라는 선물을 안겨 주었다. 자신이 알고 있는 것, 즉 진실이라고 생각하는 것에 의문을 제기하라. 그것이 바로 세상이 발전하는 방법이다. 이는 감수성이 예민하던 나이의 나에게 본질적으로 낙관적인 메시지였다.

우리가 C-큐브드 성에서 추방된 후, 폴은 누군가를 설득해 워싱턴 대학교 컴퓨터실의 출입 권한을 얻었고, 거기서 여름 내내 우리 없이 프로그래밍 기술을 연마하며 시간을 보냈다. 그는 켄트나 나에게 그 쾌거에 대해 말하지 않았는데, 나중에 고백한 바에 따르면, 우리가 대학생이라 하기에는 너무 어려 보였고 우리가 나타나서

괜히 자신의 특권까지 상실하는 상황이 발생할까 봐 두려웠기 때문이다. 그는 학년 중간쯤에 우리가 다시 C-큐브드에 출입할 수 있게 도움으로써 이를 만회했다. 그 무렵 회사와의 관계는 해빙된 상태였고, 그들은 폴에게 특정한 프로그래밍 작업을 도와 달라고 요청했다.

그렇게 나는 컴퓨터에서 멀어진 6개월 후 C-큐브드의 폴에 합류하여 전쟁 시뮬레이션 작업을 재개했다. 조금씩조금씩 작동하는 부분이 늘어났다. 프로그램을 인쇄해서 잘못된 부분을 표시하고 새 코드를 입력한 다음 다시 인쇄했다. 결국 내 프로그램이 인쇄된 컴퓨터 용지가 15미터를 넘어섰다. 그 일부가 꽤 잘 작동하던 어느 날, 나쁜 소식이 들려왔다. C-큐브드가 문을 닫는다는 소식이었다. 창업한 지 1년이 조금 넘은 이 벤처 기업은 주요 고객을 다수 확보하는 데 실패했다. 컴퓨터 사용 시간에 대한 수요가 예측했던 것과 달랐다. 게다가 시애틀의 가장 큰 고용주였던 보잉이 심각한 재정적 어려움에 봉착했다. 항공사들의 항공기 주문이 급감했고, 보잉은 최초의 점보제트기(747)를 개발하기 위해 막대한 자금을 차입해야 했으며, 그로 인해 수만 명의 직원을 정리해고해야 했다. 그 파급 효과로 시애틀은 경기 침체에 빠졌고, 더불어 많은 기업들이 어려움을 겪었다. (1년이 채 지나지 않은 어느 시점에 누군가 99번 고속도로에 그 유명한 광고판을 게시했다. 〈시애틀을 마지막으로 떠나는 사람, 불을 꺼주세요.〉)

3월의 어느 토요일, 폴과 나는 C-큐브드에서 이삿짐센터 직원들이 고정되어 있지 않은 모든 것을 포장하는 동안에도 정신없이 프로젝트 작업에 매달렸다. 어느 순간 이삿짐센터 직원들이 우리 밑에서 의자를 쓸어 가버렸다. 폴과 나는 바닥으로 이동해 무릎을 꿇고 단말기를 두드렸다. 몇 분 후 의자 중 하나가 마치 압류 직원을 피해 도망이라도 치는 듯 루스벨트웨이를 따라 유니언 호수 쪽으로 굴러가는 모습이 눈에 들어왔다. 우리는 웃음을 터뜨렸다.

　무료 접근권의 상실은 나에게 또 한 가지 문제를 일으켰다. 역사 수업의 마지막 프로젝트로 그 전쟁 시뮬레이션 프로그램을 제출할 계획이었기 때문이다. 이제 그것을 마무리할 수단이 없는 까닭에 방향을 틀어야 했다. 그해 봄부터 나름대로 결심을 하고 신약 성경을 읽고 있었다. 나는 1학년 때부터 주일 학교에 다녔고, 작년에는 젊은이들이 그리스도께 헌신하기 위해 치르는 의식인 견진 성사도 받은 터였다. 하지만 여전히 내 신앙에 대해 확신이 서지 않았기에, 무언가를 이해할 필요가 있을 때마다 그랬던 것처럼, 읽어 보기로 한 것이었다. 계산해 보니 하룻밤에 다섯 장씩 읽으면 아직 읽지 못한 나머지 신약 성서 252장을 50.4일 안에 다 끝낼 수 있었다. 결국 그보다 조금 일찍 끝냈고, 그래서 작가 해리 에머슨 포스딕Harry Emerson Fosdick이 〈지적인 삶의 철학을 진지하게 모색하는〉 한 청년에게 보내는 가상의 편지 모음집인 『친애하는 브라운 씨 Dear Mr. Brown』를 포함해 기독교와 관련된 몇 권의 책도 읽었다. 그 책의 많은 부분이 마치 나한테 보내는 편지 같았다. 포스딕이 내린 모든 결론에 전적으로 동의하지는 않았지만, 내 탐구 과정에 중요한 영향을 미치기는 했다.

내가 제출한 보고서에는 전쟁 시뮬레이션에 대한 설명과 성경에 대한 분석이 반반씩 섞여 있었다. 부분적으로 하느님과 내 신앙에 대한 감정을 표현하는 데 어려움을 겪었다. (선생님도 그 점을 지적했다. 「대단히 야심 찬 프로젝트다. 잘했지만, 가끔은 네 글쓰기 스타일을 해독하기가 어렵구나.」)

「폴에게, 우리가 없어 외로워할 것 같아 편지를 보내기로 했어.」그 해 학년이 끝나고 몇 주 후에 내가 썼지만 보내지는 않은 편지의 첫머리이다. 나는 마이크 콜리어와 세 명의 후배 스카우트 단원들과 함께 또 다른 모험을 막 끝낸 참이었다. 우리는 또 한 번 라이프세이빙 트레일을 하이킹했는데, 이번에는 1년 전의 루트를 거꾸로, 즉 반대 방향으로 밟았다. 이 편지는 그 여행의 순수하고도 자유로운 형식의 즐거움을 되살려 주었다. 우리 다섯 명은 마이크의 폭스바겐 비틀Volkswagen Beetle에, 짐은 지붕에 가득 실은 채로 꾸역꾸역 올라탔다. 네 시간을 달려가는 동안, 나는 잠시 필Phil이라는 아이와 숨 참기 대결을 벌였다. 내가 졌다. 2분 10초라는 필의 놀랄 만한 기록이 나의 1분 40초 기록을 가볍게 눌렀다고, 편지에 적었다. 그리고 필의 남동생이 출발 5분 만에 내 동물 쿠키 한 봉지를 게걸스럽게 비워 버렸다는 중요한 사실도 전했다.

그날 밤 페리에서 후배들이 『플레이보이Playboy』를 보는 어떤 남자의 어깨 너머로 킥킥거리며 훔쳐보는 동안 마이크는 지도를

살펴보았고 나는 책을 읽었다. 아마 로버트 하인라인Robert Heinrein
이나 다른 공상 과학 소설이었을 것이다. 앨버니 항구에서 엄청나
게 많은 얼음을 운반하는 바지선을 얻어 탔는데, 거기서 우리는 한
무리의 남녀가 와인을 병째로 거듭 들이켜는 모습을 보며 입이 쩍
벌어졌다. 트레일에 들어선 후 우리는 밤늦게까지 잠을 미루기도
했고, 길을 잃기도 했으며, 아침으로 핫도그를 먹기도 했고, 가파른
절벽 아래로 미끄러진 개를 구조하기도 했다.

내가 그 편지를 쓴 것은 하이킹을 마친 며칠 후, 파이럿츠 코브
라는 곳에 정박한 에번스 가족의 요트 안에서였다. 하이킹이 끝났
을 때 마이크는 나를 섬의 남쪽으로 데려다주었고, 그곳에서 나는
켄트와 그의 부모님을 만났다. 그들은 전주에 시애틀에서 빅토리
아로 항해해 왔고, 앞으로 열흘 동안 함께 유람하자고 나를 초대한
것이었다. 우리는 북으로 방향을 잡아 프린세스 루이자 인렛으로
들어섰다. 가장자리에 해발 2천4백 미터에 달하는 산이 곧게 솟아
있는, 놀랍도록 아름다운 협만 수역이었다. 우리는 수영이나 독서
를 했고, 밤에는 보드게임을 했다. 켄트는 스톡스앤드본즈Stocks and
Bonds 게임을 좋아했다. 시장의 기복과 관련 뉴스(회사 〈사장이 무
기한 요양소에 입원〉)를 토대로 주식 및 채권 포트폴리오를 관리하
는 게임으로, 마지막에 가장 높은 가치의 포트폴리오를 보유하는
사람이 승리했다. 가상의 기업들을 대상으로 하지만, 게임을 통해
주식 분할과 강세장, 주가 수익 비율PER, 채권 수익률 등 현실 세계
에 존재하는 개념들을 배울 수 있었다. 나의 하이킹 친구들처럼 켄

트도 건전한 경쟁심을 가지고 있었지만, 현실 세계에 적용 가능한 무언가를 배울 수 있는 게임에 더 관심이 많았다.

그 여행에서 나는 켄트의 부모님에 대해서도 잘 알게 되었다. 부모님이 켄트와 얼마나 가까운 사이인지 느낄 수 있었다. 시애틀로 이사하기 직전, 켄트의 아버지 마빈Marvin은 자신의 외가에서 약간의 유산을 물려받은 덕분에 풀타임으로 일하던 유니테리언 목사직에서 은퇴했다. 켄트의 부모님은 그렇게 얻은 자유 시간을 두 아들에게 아낌없이 쏟아부었다. 주변의 다른 아버지들과 달리 낮에도 한가했던 마빈은 항상 자신의 1967년식 닷지 폴라라Dodge Polara로 켄트와 나를 시애틀 이곳저곳에 데려다줄 준비가 되어 있었다. 그럴 때면 마빈은 이따금 뒷좌석에 앉은 우리 쪽으로 고개를 돌려 남부 특유의 느리고 부드러운 말투로 우리가 이야기하는 내용에 대해 질문하거나 자신이 궁금해하던 사안에 대해 의견을 묻곤 했다.

돌이켜 보면 켄트가 겪은 어린 시절의 고난이 가족의 생활 방식에 어떤 영향을 미쳤는지 이해할 수 있다. 어렸을 때 켄트는 입이 너무 기형적이어서 음식을 먹지 못했다. 그의 부모님 마빈과 메리Mary는 그가 자라면서 말을 하지 못하고 배척당하며 평생 힘겹게 살게 될까 봐 걱정했다. 1950년대는 장애에 대한 사회적 인식이 지금과 많이 다르던 시절이었다. 일부 친척들이 심지어 그를 입양 보내자고 제안하기도 했다고 들은 것 같다. 수술과 치료, 그리고 입안에 넣은 많은 금속 장치를 통해 가장 심각했던 신체적 문제는 교정

되었다. 그리고 여타의 걱정거리들과 관련해서는 이보다 더 좋을 수 없는 결과가 나타나기 시작했다. 메리와 마빈은 켄트가 성장함에 따라 그 힘겨운 시작에 구애받지 않고 오히려 나이를 훨씬 뛰어넘는 자신감과 성숙함을 쌓아 간다는 사실을 알게 되었다. 그는 새로운 도전에 뛰어드는 데 주저함이 없었고, 스스로에 대해 높은 기대치를 형성하며 성공할 수 있다는 자신감을 키웠다. 이러한 자신감을 인식한 켄트의 부모님은 그를 성인으로 대했다. 더 나아가, 켄트 역시 스스로를 성인으로 여겼던 것 같다.

내가 켄트를 만났을 무렵, 능숙하게 요트를 조종할 수 있다는 사실이 그의 정체성에서 큰 부분을 차지하고 있었다. 그가 아끼던 소장품 중 하나는 윈슬로 호머Winslow Homer가 그린 「바람을 타고 Breezing Up」의 복제본으로, 작은 범선을 탄 한 남자와 세 명의 소년이 돛이 기울어질 정도로 거센 바람을 뚫고 항해하는 모습이 담겨 있었다. 그는 그 그림을 침실의 커다란 코르크판에 걸어 두었고, 얼마나 좋아했던지 원본을 보기 위해 워싱턴 D.C.의 내셔널 갤러리 National Gallery로 특별 여행을 다녀오기도 했다.

그해 여름 우리가 탔던 배는 그들이 새로 장만한 10.7미터짜리 피어슨Pearson이었다. 퓨젯사운드만을 오르내리며 장기간 크루즈 여행을 즐길 수 있을 만큼 큰 범선이었다. 그들은 고향인 버지니아의 강 이름을 따서 〈셰넌도어Shenandoah〉라고 이름 붙였다. 켄트와 그의 형제, 그리고 부모님은 학년이 끝나자마자 항해를 시작해 가을에 새 학년이 시작될 때까지, (파이럿츠 코브와 유사한) 디솔

레이션 사운드Desolation Sound, 시크릿 코브Secret Cove, 선샤인 코스트Sunshine Coast 등 『하디 보이즈*Hardy Boys*』 시리즈에나 나올 법한 장소들을 방문하곤 했다. 켄트의 어머니는 표지에 금박으로 〈요트 셰넌도어의 항해 일지〉라고 적힌, 크고 무거운 일기장에 매일의 세부 행적을 꼼꼼히 기록했다.

내 요트 조종 경험은 플래티Flattie라고 알려진, 지역에서 흔하던 저렴한 합판 보트로 시작되었고, 또 그것과 함께 끝이 났다. 누나 크리스티가 요트의 매력에 푹 빠진 후 나도 (부분적으로는) 따라잡기 위해 레슨을 받았다. 로럴허스트 주민으로서 우리는 동네의 해변 클럽을 이용할 수 있었다. 근사하게 들리지만 실상은 선착장 몇 개에 피크닉 테이블들이 널려 있는 모래사장에 불과했다. 이 클럽은 여름에 플래티 레이스를 열었다. 크리스티와 나는 한 팀이 되어 바람이 별로 불지 않는 날을 즐기곤 했다. 그런 날에는 가벼운 페더급 몸무게로 유리한 고지를 점할 수 있었기 때문이다. 이 모든 내용으로 말하고자 하는 바는 셰넌도어에 승선하기 전까지 내 요트 경력의 하이라이트라고 해봐야 동일한 5.5미터짜리 보트를 탄성인보다 더 빨리 반환점을 돌기 위해 아드레날린을 뿜어 댄 몇 차례의 시도가 전부였다는 것이다.

이번 여행에서 북쪽으로 항해하는 동안 배의 선장은 거의 켄트가 맡았다. 그는 프린세스 루이자 인렛의 좁은 입구인 말리부 래피즈를 지나며 좌초되지 않도록 조수와 수심 측정기를 확인했다. 또한 겉보기 풍향 지시계를 주시하며 돛과 배의 위치를 조정했다.

그는 (해도를 기반으로 배의 위치를 추정하는) 추측 항법을 행할 줄 알았고, 다양한 깃발이 의미하는 바와 언제 어디로 날려야 하는지에 대해서도 잘 알았다. 배에서 9일을 함께하는 동안, 나는 켄트가 특정한 기술을 마스터하고자 할 때 얼마나 많은 열정을 쏟는지 목격했는데, 이듬해에 그 열정은 산 타는 기술을 배우는 쪽으로 집중되었다.

그해 여름 우리의 대화는 대부분 컴퓨터를 중심으로 이뤄졌다. 우리는 처음 프로그램을 작성한 이후 1년 반 정도에 걸쳐 실로 많은 것을 배웠다. 하지만 우리가 아는 것을 가지고 무엇을 할 수 있을까? 돈을 벌 수 있을까? 켄트는 우리가 그럴 수 있다고 확신했다.

　우리가 논하던 진로는 이제 비즈니스에 초점이 맞춰졌다. 켄트의 증조할아버지는 자신이 설립한 종묘장에서 과일나무와 여타의 식물을 팔아 나름의 부를 일구었다. 그것이 그들이 물려받은 유산의 기원이었다. 켄트는 그 유산에 자부심을 느꼈고, 부자가 될 자신만의 길을 찾아야 할 운명이라고 생각했다. 나는 심장 제세동기 제조업체인 피지오컨트롤과 같은, 부모님 지인들의 사업에 관해 배운 내용을 그와 공유했다. 켄트는 나에게 『포천Fortune』과 『월 스트리트 저널Wall Street Journal』을 읽으라고 권유했다. 한편, 그는 사업가의 면모를 갖추려는 듯, 10대보다는 중년의 세일즈맨에게 더 어울리는 커다란 서류 가방을 사서 들고 다녔다. 그가 〈흉물〉이라고 불렀던 그 가방에는 항상 잡지와 서류가 가득 차 있었다. 그는 그것을 어디든 들고 다녔다. 가방을 열면 즉석 도서관이 펼쳐졌다.

　이전에 직업을 탐색할 때 장군이나 정치인의 전기를 샅샅이 뒤졌던 것처럼, 이번에는 도서관에 가서 기업들의 공시 자료를 찾아 지역 경영진의 연봉을 살펴보기로 했다. 켄트와 나는 지역에서 가장 큰 은행의 대표인 우리 부모님의 친구가 약 1백만 달러의 연봉을 받는다는 사실에 깜짝 놀랐고, 그의 스톡옵션을 보고는 더욱 입이 벌어졌다.

　「이 분은 1천5백만 달러의 가치가 있어!」 켄트가 불쑥 말했다. 「만약 그가 이 모든 것을 현금으로 달라고 하면 어떠할지 상상이나 돼?」 우리는 그 돈을 그의 차에 실으면 얼마나 많은 공간을 차지할지 추측해 보았다.

　그렇게 많은 돈을 벌려면 어떻게 해야 하는지 상상해 보았다. 은행에서 경력을 쌓거나, 생명을 구하는 의료 기기를 발명하거나, IBM에서 최고 직급에 오르면 될 것도 같았다. 『포천』에서 컴퓨터 주변 기기(프린터, 테이프 드라이브, 단말기, 컴퓨터에 추가하는 여타 장치) 시장의 호황을 다룬 기사를 읽었는데, 대부분 IBM에서 만든 제품들이었다. (당시만 해도 컴퓨터 프로그래밍으로 부자가 될 수 있다는 생각은 꿈에도 하지 못했다.) 우리 주변의 주요 산업은 은행업과 해운업, 그리고 목재업이었다. 소프트웨어 산업이란 것은 보이지 않았다. 시애틀에도 없었고, 그 어디에도 없었다. 우리에게는 그에 대한 모델이 없었다. 그럼에도 우리는 프로그래밍 능력으로 약간의 돈을 벌 수 있기를 바랐다. 아이들이 잔디 깎는 일로 용돈을 버는 것처럼 말이다. 어쨌든 잔디 깎는 것보다는 재밌지 않은가.

회사와 비슷한 무엇으로 가장해 무료 제품 브로슈어를 받아 보자는 아이디어를 낸 쪽은 켄트였다. 자신의 집 주소를 적어 보내 우편으로 그것들을 받아 보자는 것이었다. 당시 『데이터메이션 Datamation』이나 『컴퓨터월드Computerworld』 같은 컴퓨터 잡지에는 지금은 존재하지 않는 스퍼리 랜드Sperry Rand와 컨트롤 데이터 Control Data를 위시하여 10여 개 기업의 제품에 대한 자료를 받아 볼 수 있는 엽서 형태의 신청 양식이 첨부되어 있었다. 켄트는 눈에 띄는 모든 신청 양식을 작성해 우편으로 보내는 습관이 생겼다. 1960년대 후반의 많은 컴퓨터 하드웨어 공급업체들은 시애틀의 〈1515 우드바인 웨이〉에 레이크사이드 프로그래밍 그룹Lakeside Programming Group이라는 회사의 본사가 있는 것으로 생각했을 것이다. 클럽이라고 하면 우리가 본격적인 사업체가 아니라 그저 애들의 모임이라는 사실이 드러날까 봐 일부러 모호한 이름을 붙였다. 〈그룹〉이라는 단어는 그 절충 지점에 위치했다. 그 이름 속에는 실험 단계의 회사가 자리했고, 언젠가 누군가 우리의 기술에 대해 돈을 지불할 수도 있다는 개념의 씨앗이 담겨 있었다.

나의 고등학생 시절 초기에 새로운 교장이 레이크사이드에 부임했다. 댄 에이롤트 교장은 이 학교의 교사였는데 안식년을 갖고 교육학 석사 학위를 취득했다. 그는 모든 기관과 학교, 기업들이 적응에 어려움을 겪고 있던 1960년대 격동의 말기에 교장으로 돌아왔다. 레이크사이드는 교복 착용과 선생님에 대한 〈마스터〉 호칭 등 오랫동안 잘 유지된 전통을 더욱 강화하는 방식으로 어려운 시기에 대응할 수도 있었다. 하지만 오히려 더 느슨해졌다. 학교는 오래된 복장 규정을 폐지하고 (오늘날이면 비즈니스 캐주얼이라고 불렸을) 재킷과 넥타이를 벗어던질 수 있도록 허용했다. 당시의 기준으로는 급진적인 조치였고, 일부 학부모들은 학교의 평판이 나빠질 것이라며 항의하기도 했다. 댄은 또한 흑인 학생을 보다 많이 받아들이는 프로그램을 통해 백인 위주의 학교에 다양성을 더하기 위해 노력했다. 물론 이는 대단한 시도에 속하진 않았지만, 레이크사이드가 시대의 흐름에 조금 더 발맞추는 계기는 마련해 주었다.

댄은 안식년 기간 동안 미국 전역을 여행하며 독립 사립 학교들을 조사했고, 학생들이 제약에서 자유로울 때 최상의 성과를 낼 수 있다는 결론을 내렸다. 그는 그해 가을 학교 신문과의 인터뷰에서 〈의무 교육이 없는 세상〉을 보고 싶다고 말했다. 아이들이 스스로 학습 동기를 찾아야 하며, 그것을 발견하면 성공할 수 있다는 것이었다. 더 많은 자유 시간과 더 많은 선택 수업, 더 많은 비전통적인 학습 방식이 더 많은 학생들로 하여금 학습 동기를 발견하도록 돕는다는 논리였다.

이 말은 내게도 매력적으로 들렸다. 그리고 이를 달성하기 위한 그의 경로 중 하나도 마찬가지로 매력적이었다. 바로 여학생들과 교류해야 한다는 것이었다. 댄은 남자아이들이 더 많은 자유를 감당하려면 어느 정도 성숙해질 필요가 있다고 생각했다. 그는 학교 신문과 인터뷰에서 이렇게 말했다. 「남학생들은 여학생들이 주변에 있을 때 더 성숙한 자세로 품위 있고 규율 있게 처신하는 경향이 있는 것 같습니다.」 그는 그것이 일반화의 오류일 수도 있다는 점을 인정하면서도 「나는 꽤 설득력 있는 논리라고 생각합니다」라고 덧붙였다.

내 생각도 그랬다.

그래서 나와 레이크사이드 학생 대부분은 댄이 인근 여학교인 세인트 니컬러스 스쿨과 합병 계약을 체결했을 때 적잖은 흥미를 느끼지 않을 수 없었다. 세인트 니컬러스는 확실히 구식이었다. 두꺼운 모직 스커트, 화장 금지, 장신구 금지 등의 복장 규정은 1940년대에는 적합했을지 모르지만, 1960년대 후반에는 시대에 한참 뒤처진 구식이었다. 학생 수가 줄어들자 학교 측에서 레이크사이드에 합병을 제안했다.

레이크사이드의 하급 학년 수학 교사 중 한 명인 밥 헤이그Bob Haig는 두 학교의 수업 일정을 통합하는 작업을 맡았다. 레이크사이드는 다가오는 합병이 늘 그때그때 불완전하게 수작업으로 진행하던 수업 일정 수립 과정을 전산화할 수 있는 완벽한 기회라고 판단했다. 헤이그 선생님은 켄트와 나에게 도움을 요청했다. 복잡한 프로그램이 될 터였다. 면밀히 생각해 보았지만, 그 프로그램을 작성할 영리한 방법이 떠오르지 않았다. 우리는 거절했다.

그 프로젝트를 직접 진행할 시간을 확보하기 위해 헤이그 선

생님은 켄트에게 자신의 컴퓨터 과학 입문 수업을 맡아 줄 수 있는
지 물었다. 켄트는 레이크사이드 프로그래밍 그룹의 나머지 멤버
들을 징집해 자신을 돕게 했다. 그렇게 우리의 첫 번째 직업은, 직
업이라 할 수 있을지 모르겠지만, 교사가 되었다. 사실 무급 가정
교사에 가까웠다. 그냥 아이들이 아이들을 가르치는 일이었다.

학교에서 처음으로 개설한 과목이었다. 이전에 누구도 가르치
거나 들어 본 적이 없다는 뜻이었다. 수업 계획표도 없었고, 교재도
없었다. 그래서 우리가 직접 만들어 냈다. 각자 한 섹션씩 맡아 가
르치기로 했다. 릭은 〈컴퓨터의 기능과 역할〉을, 나는 〈어셈블리 언
어〉를, 폴은 〈메모리 이론〉을 가르쳤다. 켄트는 자신이 맡은 수업
중 하나에서 〈셰이키 로봇Shakey the Robot〉에 대한 영화를 보여 주었
다. (당시 인공지능 분야에서 가장 큰 관심을 모으던 셰이키는 기본
적으로 바퀴가 달린 상자에 TV 카메라가 장착된 형태로, 방 안을
스스로 탐색할 수 있었다.) 가르치는 데는 예상치 못한 난제들이 따
랐다. 컴파일러가 하는 일이나 GOTO 명령어에 대해서는 얼마든
지 설명할 수 있었다. 하지만 아이들이 지각하거나 집중하지 않거
나 수업을 빼먹으면 어떻게 해야 하는가? 학생들이 시험 성적이 나
쁘면 학생들 잘못일까, 아니면 우리 잘못일까? 나쁜 성적이 아이들
에게 상처를 줄지도 모른다는 걱정 때문에 우리는 A와 B를 듬뿍
나눠 주었다.

C-큐브드의 폐업으로 레이크사이드는 컴퓨터 공급업체를 잃
은 상태였다. 1970년 가을, 학교는 또 다른 신생 시분할 벤처 기업

과 계약을 맺었다. 오리건주 포틀랜드 소재의 인포메이션 사이언스Information Sciences Inc., ISI라는 회사였는데, 훨씬 더 비싼 시간당 사용료를 부과했다. 그래서 당연히 우리는 무료로 사용할 수 있는 방법을 해킹할 때까지 여기저기 뒤져 봤다. 그리도 물론 그 방법을 제대로 활용하기도 전에 발각되었다. 켄트는 화를 냈다. ISI의 높은 가격을 감당할 방법이 없었으니까! 켄트는 계획을 하나 짜냈다. ISI는 곧 레이크사이드 프로그래밍 그룹이라는 〈공식〉 사업체로부터 서비스를 제공하겠다는 서한을 받았다. 우리는 어머니의 필기체 타자기 볼을 사용하여 편지를 더욱 그럴 듯하게 보이도록 만들었다. 우리는 그들이 이 교묘한 속임수를 알아차릴 방법이 없다고 확신했다. 하지만 그다음에 일어난 일은 ISI의 친절한 영업 담당자가 레이크사이드 프로그래머들이 누구인지 정확히 알고 우리 작품을 맘에 들어 한 덕분이라는 확신이 든다. 그들은 우리에게 일거리를 주었다.

ISI는 시애틀에서 C-큐브드가 시도했던 것처럼 포틀랜드 지역 기업들이 운영을 전산화하도록 유도하는 데 주력하고 있었다. 파이프 오르간 제조업체인 ISI 고객이 급여 시스템을 자동화하기를 원했다. ISI는 좋은 교육적 경험이 될 것이라는 명목하에 우리에게 무보수로 그 프로그램을 작성해 달라고 요청했다. ISI는 프로젝트의 범위를 명시한 계약서를 작성하며 〈프로그램 설계에서 최대한의 창의성을 발휘하도록〉 우리를 독려하고 1971년 3월을 마감일로 정했다. 우리의 〈계약서〉는 1970년 11월 18일에 작성되었다.

그로부터 약 4개월의 시간이 주어졌지만, 우리는 곧 시간이 턱없이 부족하다는 것을 깨달았다.

첫 번째 장애물은 ISI가 릭을 제외하고는 아무도 모르던 컴퓨터 언어인 COBOL로 프로그램을 작성하기를 원한다는 사실이었다. 또한 필요한 도구도 부족했다. 집을 지으려면 망치와 수준기가 필요하듯이 소프트웨어를 작성하려면 편집기와 디버거가 필요하다. 릭은 편집기를 만들기 시작했고, 나머지 팀원들은 COBOL을 배우기 시작했다.

폴, 릭, 켄트, 나는 서로를 친구라고 생각했지만, 관계를 맺는 방식에서 종종 심한 경쟁심과 유치함이 드러났고, 선배 대 후배라는 서열이 꾸준히 적용되었다. 하지만 지금까지 우리의 다툼은 그저 사소한 것을 둘러싸고 벌어졌기에 대수롭지 않게 여겨졌다. 그런데 ISI 프로젝트를 시작하면서 우리는 컴퓨터 무료 이용 시간이라는 진정 가치 있는 무언가를 놓고 경쟁하게 되었다.

분명 그런 이유가 작용했을 것이다. ISI 프로젝트를 시작한 지 몇 주 만에 폴은 자신과 릭 둘이서만 그 일을 처리하기로 결정했다. 그는 나와 켄트에게 말했다. 「일을 나눠서 하기엔 양이 너무 부족한 거 같아.」 레이크사이드 프로그래밍 그룹의 시니어 파트너인 그들은 서열을 내세우며 사실상 우리를 해고했다. 켄트는 분개했는데, 이는 그가 무시당한다고 느낄 때 보이던 전형적인 반응이었다. 나는 비교적 침착하게 반응했다. 마침 프레드 라이트 선생님의 기하학 수업을 듣고 있었고, 그와 수학에 관해 이야기하며 시간 보내는 것을 좋아했기에 그런 시간을 더 많이 갖게 되는 것도 나쁘지 않다고 생각했다. 그럼에도 컴퓨터실을 나오면서 나는 폴에게 말했다. 「이게 얼마나 힘든 프로젝트인지 알게 될 거야. 우리를 필요로 하게 될 거야.」

진심이었다. 폴과 릭보다 더 명확히, 켄트와 나는 이 프로젝트가 처음에 생각했던 것보다 훨씬 더 복잡해질 것이라는 사실을 일찍부터 파악하고 있었다. 어떤 급여 시스템이든 재무와 비즈니스, 정부 규정의 규칙을 기반으로 구축해야 했다. 직원에게 급여를 지급하려면 연방 및 주의 세금과 사회 보장 공제에 관한 법률을 준수해야 했다. 병가 급여와 휴가 수당, 실업 보험, 수표 정산, 저축 채권 프로그램도 고려해야 했다. 그 모든 것이 우리에게는 새로운 영역이었다.

몇 주가 지나면서 폴과 릭은 그 일의 복잡성을 이해하기 시작했다. 먼저 켄트를 다시 초대했다. 우리를 내쫓고 약 6주 후에 폴이 나에게 다가왔다. 그는 「네가 옳았어」라고 말했다. 그러면서 급여 관리라는 것이 생각보다 훨씬 더 복잡하다고 토로했다.

1월경 우리는 다시 뭉쳤지만, 프로젝트는 정체되고 있었다. 릭은 자기가 맡은 일에만 지나치게 몰두했다. 편집기가 그의 유일한 관심사가 되었고, 그것이 너무 멋진 물건이라 그 자체로 판매할 수도 있다고 판단했다. 한편 폴은 흥미를 잃고 다른 프로그램들에 시간을 쓰기 시작했다. 계약에는 구속력이 따른다는 사실을 모른단 말인가? 나는 그들의 나태함과 비전문적 행태에 짜증이 났다. 진정한 소프트웨어를 만들 수 있는 기회가 생겼는데 폴과 릭은 이를 놓치고 있었다. 월말에 나는 모두를 모아 놓고 폴이 정말 나를 프로젝트에 참여시키길 원한다면 내가 책임자가 되어야 한다고 통보했다. 그리고 내가 책임자가 된다면 제한된 컴퓨터 무료 이용 시간을 누가 어느 정도 쓸 수 있는지 결정하겠다고 했다. 나는 누가 가장 많은 일을 하고 있는지에 대한 내 판단에 기초해 보상을 11분의 1단위로 나누는 할당 계획을 세웠다. 나는 폴에게 모욕적인 11분의 1을, 릭에게 11분의 2를 할당했다. 켄트는 나와 동등하게 해달라고 요구했고, 그래서 우리는 각각 11분의 4를 갖기로 했다. 폴과 릭은 어깨를 으쓱하며 동의했다. 그들은 우리가 프로그램을 완성하지 못할 것으로 생각하는 것 같았다.

그사이에 켄트는 워싱턴 대학교 컴퓨터 과학 연구소의 책임자와 접촉해 우리의 프로젝트에 대해 설명하고 연구실을 사용할 수 있는지 물어보았다. 켄트가 어른처럼 행동하고 어른 대접을 받은 완벽한 예였다. 연구실에는 여러 대의 단말기가 있어서 우리 모두가 동시에 작업할 수 있었고, 워싱턴 대학교 도서관과 지극히 중요한 캠퍼스 푸드 코트, 피자 가게, 오렌지 줄리어스Orange Julius까지 걸어서 다닐 수 있는 가까운 거리에 위치했다. C-큐브드에서와 마찬가지로, 우리는 거기서도 우리 또래의 아이들이 침입할 수 없는 성을 발견했다. 하지만 C-큐브드의 경우와 마찬가지로, 그런 상태가 오래 지속되진 않았다.

그 후 한 달 반 동안 우리는 방과 후 시간과 주말을 이용해 그 연구실에서 작업하며 〈페이롤PAYROL〉이라고 이름 붙인 프로그램을 만들었다. 워싱턴 대학교 연구실은 C-큐브드보다 집에서 훨씬 더 가까웠다. 이제 나는 잠자리에 드는 척하고 창문 너머로 사라져 밤새 프로그래밍에 매달리는 것이 일상이 되었다. 부모님도 알고 있었겠지만, 그 무렵에는 무언의 협정이 형성되어 있었다. 나는 성적을 잘 유지하고 말썽을 일으키지 않을 것이며, 부모님은 나를 세세하게 관리하지 않는 것으로.

고등학생들이 실험실에서 야영을 하며 몇 시간씩 단말기를 점유하고 오렌지 줄리어스 컵으로 쓰레기통을 채우는 것을 모두가 반기는 것은 아니었다. 하지만 연구소의 관리자들은 대체로 우리를 용인해 주었다. 그러니까 마감 전날 밤까지는 그랬다. 그때 우리는 일을 마무리하려고 정신없이 애쓰고 있었다. 폴은 작업 속도를 높일 수 있는 키보드를 구해 왔지만, 키보드 단말기를 전화선으로 컴퓨터에 연결하려면 음향 커플러라는 값비싼 장치가 필요했다. 그는 다른 사무실에서 그 장치를 잠시 〈빌리기로〉 결정했다.

그날 밤 9시 30분경, 애초부터 우리의 연구실 사용을 탐탁지 않게 여겼던, 해당 장치의 소유자인 교수가 폴이 허락도 구하지 않고 메모도 남기지 않은 채 커플러를 가져갔다는 사실에 격분해서 들이닥쳤다. 폴은 교수에게 자신이 잘못한 게 없다고 생각한다면서, 사실 전에도 그런 식으로 쓰고 도로 가져다 놓았는데 아무런 문제가 없었지 않느냐고 말했다. 이 말은 교수의 화를 더욱 부추기는 결과만 낳았다. 그는 연구소 책임자를 불렀고, 책임자는 폴을 꾸짖었다. 그렇게 한밤의 불꽃놀이가 막을 내렸고, 우리는 다시 작업에 몰두했다.

다음 날 아침, 거의 한숨도 자지 못한 우리 네 명은 시애틀 시내의 특히 칙칙하고 거친 구역에 위치한 버스 터미널에서 만나 오전 7시발 포틀랜드행 그레이하운드에 올랐다. ISI 본사에 가서 우리의 작업을 발표하기 위해서였다. 버스 여행은 네 시간 가까이 걸렸다. 우리는 정류장에서 ISI 사무실까지 걸어갔다. 우리는 그날 최대한 프로다운 외양을 갖추려 애썼다. 결석 허가를 받고 나온 아이들처럼 보이고 싶지 않아서였다. 모두 블레이저에 넥타이를 매고 서류 가방을 들었다. 켄트의 주도에 따라 나 역시 자신감과 무심한 태도를 가장하려 노력했다. 〈뭐, 늘 하는 일이니까.〉 하지만 마음속으로는 ISI 간부들이 우리를 보고 믿기지 않는다는 표정으로 이렇게 말할까 봐 불안했다. 「뭐야, 고작 애들에 불과하잖아. 당장들 나가.」

정반대였다. 그들은 우리를 진지하게 받아들였다. 그들은 우리가 가져온 한 무더기의 컴퓨터 용지에 인쇄된 PAYROL 프로그램의 코드를 꼼꼼히 살펴봤다. 사실 PAYROL에는 더 많은 기능이 필요했지만, 핵심 프로그램은 충분히 인상 깊게 만든 것 같았다.

우리는 오후 내내 ISI에서 30대의 사장을 비롯한 회사의 최고 경영진과 만남의 시간을 가졌다. 그들은 점심시간에 우리를 헨리스Henry's라는 고급 레스토랑으로 데려갔고, 식사를 하면서 시분할 컴퓨팅 기업들 간에 경쟁이 심화되고 있다는 이야기를 들려주었다. 시분할 컴퓨팅 서비스에 대한 수요가 아직 본격화하지도 않았는데, 급여 관리와 판매 추적과 같은 종이 기반 작업을 컴퓨터로 전환하는 개념 자체가 여전히 초기 단계에 머물러 있어 이를 인지하고 있는 회사도 거의 없을 정도인데, 벌써 그렇다고 설명했다. 우리는 그들에게 우리가 목격한 C-큐브드의 파산에 관한 이야기를 들려주었다.

사무실로 돌아온 사장은 우리에게 일거리를 더 줄 수 있다며 이력서를 작성해 달라고 요청했다. 나는 그 자리에서 줄이 쳐진 종이에 연필로 C-큐브드에서의 경험과 습득한 기계어, 그리고 컴퓨터로 시도한 다른 모든 것을 나열하며 이력서를 썼다. 어느 순간 켄트가 돈 얘기를 꺼냈다. 앞으로는 무료 이용 시간이나 물품 같은 것으로 보상받고 싶지 않다고 말했다. 우리는 프로젝트 단위로 보수를 받거나 우리가 만드는 제품의 판매에 따른 로열티를 받고 싶었다. 켄트는 이 부분에 대해 충분히 고심한 상태였다. 아직 학생이었기에 생계를 위한 돈이 필요한 것은 아니었지만, 우리 제품 중 하나라도 크게 성공하면 로열티로 큰돈을 벌 수 있으리라는 판단이었다. 사장도 이에 동의했다. 하지만 가장 먼저 해야 할 일은 PAYROL을 완성하는 것이었다.

우리가 꽤 잘나가는 사람들이라는 생각이 들었다. 우리는 진지하게 받아들여질 만큼 실력이 뛰어났고, 프로그램을 작성할 만큼 실력이 좋았다. 돌아보건대 선한 어른들이 내민 도움의 손길도 확연히 느껴진다. 예를 들어, 우리의 주요 지지자였던 ISI의 버드

펨브록Bud Pembroke이라는 어른은 이미 수년 전부터 오리건주 학생들에게 컴퓨터 프로그래밍을 홍보하며 커리큘럼을 짜고 강습을 설계하는 등 적극적으로 활동하고 있었다. 그의 열정은 교육에 있는 것으로 보였다. 그가 네 명의 청소년에게 일을 제공한 것도 같은 맥락으로 이뤄졌을 것이다. 레이크사이드에서는 프레드 라이트 선생님이 우리의 작업을 후원하는 어른이었다. 비록 불간섭주의를 견지했지만, 그는 우리와 ISI의 〈계약서〉에 서명하면서 하단에 〈레이크사이드가 실제로 프로그램을 납품할 의무는 없다〉는 부가 조항을 타이핑하고 〈가능한 모든 방법으로 관련 학생들이 이 프로젝트를 완수하도록 격려할 것이다〉라고 덧붙였다. 하지만 우리에게 일을 맡기는 과정에서 무슨 역할을 했든, 이 어른들은 이후 한발 물러서서 우리가 스스로 무엇을 할 수 있는지 보여 주도록 놔두었다.

그때까지 우리가 컴퓨터로 시도한 것은 주식과 채권을 관리하는 켄트의 최애 보드 게임과 같은, 현실적 결과물이 없는 연습에 불과했다. 그저 가상이었다. 그런 우리가 이제 우리 자신에게 (그리고 추정컨대 세상에도) 가치 있는 무언가를 만들어 낼 수 있다는 사실을 보여 주었다.

우리가 ISI 사무실을 나섰을 때, 켄트는 진짜 사업가들은 그런 곳에 가서 거래 성사를 축하한다고 주장하며 힐튼Hilton 호텔에 가서 저녁 식사를 하자고 했다. 나는 손을 내저으며 우리 넷을 햄버거 트레인Hamburger Train으로 끌고 갔다. 우리는 레스토랑을 돌고 있는 모형 열차에서 감자튀김과 햄버거를 집어 들면서 그날의 모든 세부사항을 들뜬 마음으로 되짚어 보았다.

시애틀로 돌아온 3일 후, 켄트와 나는 그 큰 프로젝트의 다음 단계에 들어가기 위해 워싱턴 대학교 컴퓨터 연구소에 도착했다. 그런데 연구실을 사용하던 레이크사이드 학생들은 더 이상 출입이 허용되지 않는다는 안내문이 문에 붙어 있었다. 프런트 데스크에 있던 여성 직원은 해당 장치의 주인인 교수가 화가 풀리지 않아 결국 우리를 출입 금지시켰다고 설명했다.

우리가 출력물과 노란 노트패드 등에 불과한 짐을 챙기는 동안 대학원생 한 명이 지켜보며 서 있었다. 켄트와 나는 버스를 타고 레이크사이드로 향했다. 그곳의 컴퓨터실을 이용할 생각이었다. 하지만 주말이라 컴퓨터실이 닫혀 있었다. 여기저기 정신없이 들쑤신 끝에 휴대용 단말기 한 대를 빌릴 수 있었다. 우리는 내 침실에 단말기를 설치하고 전화로 컴퓨터에 접속했지만, 가족 중 누군가가 전화를 받을 때마다 연결이 끊겼다. 아버지가 구조의 손길을 내밀었다. 시내에 있는 자신의 사무실을 사용하라고 했다. 주말이었기 때문에 우리 둘이 그곳을 독점할 수 있었다.

1971년 봄은 한쪽에 폴과 릭, 다른 한쪽에 켄트와 내가 자리한 가운데 진영 간의 균열이 심화된 시기로 기억된다. 당시에는 심각해 보였지만, 돌이켜 보면 10대 시절 우정의 자연스러운 변동이 반영된 갈등이었다. 켄트와 나는 폴 때문에 워싱턴 대학 연구실에서 쫓겨난 사실에 더해 폴과 릭이 우리의 ISI 마감일에 점점 관심을 두지 않는 태도를 보이는 것에 화가 났다. 이 선배들은 각자의 프로그래밍 프로젝트에 몰두하는 한편, 졸업반으로서 고교 시절 마지막 몇 달을 즐기느라 여념이 없는 것 같았다.

그러던 중 DEC테이프 스캔들이 터졌다.

당시에도 하드 디스크 드라이브와 플로피 디스크 드라이브가 존재했지만, 흔하지는 않았다. 대신 우리가 사용하던 컴퓨터 (PDP-10)의 데이터 저장 표준은 너비 3/4인치에 길이 79미터의 자기 테이프였는데, 4인치 직경의 스풀에 감겨 있는 형태였다. 이 테이프는 주머니에 넣을 수 있는 크기의 플라스틱 통에 담겨 제공되었다. (데이터를 저장하거나 검색하려면 컴퓨터에 연결된 오픈 릴식 기계에 테이프를 끼워야 했다.)

C-큐브드가 사라진 후 어느 시점에 켄트는 그 회사의 파산 절차를 조사하다가 회사 자산이 시내 연방 법원에서 경매에 붙여질 것이라는 사실을 알게 되었다. 그 폭탄 세일에 1백 개가 넘는 DEC 테이프도 포함되어 있었다. 켄트는 테이프를 싸게 구입하면 기업이나 컴퓨터 센터에 웃돈을 얹어 팔아 수익을 올릴 수 있을 거라고 생각했다. 테이프에는 코드가 저장되어 있을지도 모르지만, 누가 구입하든 덮어쓸 수 있을 터였다. 더욱이 테이프를 재판매하기 전에 샅샅이 뒤져 유용한 코드를 찾아낼 수도 있었다. 더러운 찌꺼기와 커피 얼룩 따위를 신경 쓸 필요 없는 쓰레기통 다이빙과 같았다.

경매가 있던 날, 켄트와 나는 표준 독해 시험을 치르느라 학교에 묶여 있었다. 시험이 끝나자마자 우리는 법원으로 달려갔다. 테이프는 이미 낙찰되었지만, 서기가 구매자의 이름을 알려 주었다. 나는 그에게 전화를 걸었다. 그는 워싱턴 대학교의 물리학과 학생이었으며, 대화를 나눠 보니 구입한 테이프에 대해 별다른 계획이 없는 것 같았다. 이후 봄철 내내 나는 한두 주마다 그에게 전화를 걸어 그것을 팔 의향이 없는지 물었다. 5월이 되어서야 그는 우리에게 123개의 테이프를 파는 데 동의했다. 폴과 릭에게는 말하지 않았다. 그 무렵 그들은 PAYROL 작업을 거의 중단한 상태나 마찬가지였다. 졸업을 몇 주 앞둔 시점이었고, 컴퓨터실에서 각자 자신의 프로젝트에 모든 시간을 할애하고 있었기 때문이다. 학교 전체에 단 두 대의 단말기만 있었기에 우리는 끊임없이 이용 차례를 놓고 다투고 있었다. 한번은 싸움이 크게 격해졌다(적어도 한 차례 이상 그랬다). 릭은 나를 벽으로 밀어붙였고, 폴은 내 손에서 만년필을 빼앗아 내 얼굴에 잉크를 묻혔다. 그가 나를 방 안 여기저기로 잡아끌던 중에 프레드 라이트 선생님이 나타나 우리를 갈라놓았다.

그 주 후반, 우리 사이의 긴장은 최고조에 달했다. 바로 우리가 테이프를 구입한 시점이었다. 켄트는 80개 정도의 테이프를 종이 봉투에 담아 가지고 있었다. 하필 그날 비가 억수 같이 쏟아졌다. 켄트가 학교에서 버스를 타고 집으로 가는 도중에 소중한 테이프가 젖을까 봐 걱정이 된 우리는 텔레타이프 단말기의 속이 빈 받침대 안에 테이프를 숨겼다. 그렇게 기발한 조치를 취한 것에 대한 뿌듯한 기분을 가까스로 감추며 각자 하교했다. 다음 날 와서 보니 테이프가 사라지고 없었다. 폴이 테이프를 가지고 달아났다고 확신한 켄트는 분통을 터뜨리며 길길이 날뛰었다. 폴을 절도범으로 몰아세우며 경찰에 신고하고 고소하고 법정에 세우고, 그 밖의 여러 법적 조치를 취하겠다고 위협했다. 나중에 켄트는 〈폴 앨런 및 릭 웨일랜드와의 관계에 관한 켄트 에번스 및 빌 게이츠의 성명서〉라는 제목의 세 페이지짜리 문서에 그간의 고충과 더불어 그 여러 법적 조치를 적시했다.

첫 번째 문단은 우리의 불만 사항을 명시하고 있었다. 〈우리는 지난 며칠 동안 다수의 개인이 접한, 우리에 대한 허위 사실과 부분적인 진실이 우리에게 상당한 피해를 입혔다는 결론을 내렸다. 이 성명서는 우리의 입장을 밝힘으로써 부분적인 정보나 일방적인 이야기에 근거한 견해가 형성되지 않게 하려는 시도이다.〉 마지막 페이지에서 켄트는 장엄하게 결론을 피력했다. 〈우리는 절도 사건의 피해자다. (……) 만약 내일 아침까지 테이프가 반환된다면 어떠한 법적 조치도 취해지지 않을 것이다.〉 우리는 문서에 서명하고 라이트 선생님에게 제출했다. 결국 폴은 테이프를 돌려주었다.

우리는 여전히 친구였지만 학년이 끝나면 서로를 자주 볼 수 있을지 불투명했다. 졸업 후 폴은 워싱턴주 남동부 풀먼에 있는 워싱턴 주립 대학교로 진학할 예정이었고, 릭은 오리건 주립 대학교에 진학한 후 이듬해 스탠퍼드에 입학할 예정이었다. 레이크사이드에는 졸업생들이 모의 유언장의 발행을 통해 학생이나 교사에게 우스개 선물을 남기는 전통이 있었다. 릭은 유언장에 이렇게 적었다. 〈켄트 에번스와 빌 게이츠에게는 컴퓨터실에서의 토론에 절실

히 필요한 나의 탁월한 공정성 감각의 일부를 유산으로 남기노라.〉
폴은 졸업반 시절 한 에세이에 나에 대해 이렇게 썼다. 〈남의 영향
을 매우 잘 받으며, 이상한 방식으로 재미를 즐길 어떤 기회든 기꺼
이 부여잡는다. 우리는 서로 아주 잘 맞는다.〉 나 역시 같은 느낌이
었다.

　레이크사이드 프로그래밍 그룹에 남은 두 명의 멤버인 켄트와
나는 PAYROL을 완성해야 했다. 우리는 여름 내내 소득세가 있는
주를 분류하고 미국 재무부에 저축 채권 공제에 관한 규정을 문의
하는 등 열심히 작업에 매달렸다. 3개월이면 끝날 줄 알았던 프로
젝트가 9개월 만인 8월에 완료되었다. 무엇보다도 좋았던 것은 잘
작동한다는 점이었다.

8장

현실 세계

BILL GATES ≫ SOURCE CODE

「고소해야 합니다!」 켄트는 우리 집 거실을 서성이고 있었다. 고등학교 3학년(11학년)이 되고 몇 주 지나지 않았을 때였다. 나는 열여섯 번째 생일을 막 앞두고 있었고, 켄트는 이미 생일이 지난 상태였다.

켄트가 우리 아버지 앞에서 ISI로부터 우리가 얼마나 부당한 대우를 받고 있는지 소리 높여 토로하는 동안 나는 조용히 지켜만 보았다. 우리가 수백 시간을 일했는데도 ISI는 약속했던 컴퓨터 무료 이용 시간의 제공을 거부하고 있었다. 변호사인 아버지는 두 손을 모은 채 참을성 있게 귀를 기울였다.

켄트는 아버지가 시들러, 맥브룸, 게이츠 앤드 볼드윈Shidler, McBroom, Gates & Baldwin의 모든 화력을 동원해 그 포틀랜드 회사를 압박할 것이라고 확신했다. 나는 켄트의 반응이 과하다고 생각했지만, 뭐 어때, 그의 행동을 지켜보는 것도 재미있었다. 그 무렵 나는 켄트가 억울한 일을 당하거나 무언가 부당하다고 느끼면 폭발하는 성격이라는 것을 이미 알고 있었다. 때때로 그는 분노의 합리적인 출구를 찾았다. 예를 들면, 그 달에 그는 지역 CBS 계열사에, 로저 머드Roger Mudd를 일요일 저녁 뉴스 앵커 자리에서 하차시킨 결정에 엄중히 항의하는 편지를 보냈다. 하지만 때로는 분노를 있는 대로 표출하기도 했다. 지난 5월, DEC테이프 분실 사건에서 폴과 릭을 중대 절도범으로 몰아세운 것이 그런 사례다. 켄트가 보기에 ISI가 우리의 컴퓨터 무료 이용 시간을 취소한 것은 중대 절도죄에 해당했다.

열변을 토하던 켄트가 지친 기색이 역력해지자, 아버지는 우리의 프로그램과 마지막으로 ISI와 대화한 내용, 그리고 우리가 체결한 계약에 대해 질문하기 시작했다. 회의의 말미에 아버지는 그 회사에 전화를 하겠다고 말했다. 그리고 바로 그 자리에서 전화를 했다.

그는 ISI 사장에게 자신이 빌의 아버지라고 밝히며 두 아이의 요청에 따라 문제의 무료 이용 시간에 대한 합의에 도달할 수 있는지 알아보려고 연락했다고 말했다.

ISI의 사장은 한참을 이야기했고, 아버지는 그저 듣고만 있었다. 그 남자의 말이 끝나자 아버지는 그저 이렇게 답했다. 「I hear you.」

아버지의 이 세 마디와 그 어조는 지금도 내 머릿속에서 맴돈다. 「I hear you.」 나는 그 말이 아버지가 지닌 조용한 힘의 본질을 그대로 담아냈다고 느꼈다. 아버지는 그 남자의 주장에 전혀 흔들리지 않고 그저 그가 한 말을 들었다는 것만 인정했으며, 다른 말은 하지 않으면서 그 말을 받아들이지 않겠다는 뜻을 분명히 했다. 아이들이 약속한 일을 했으니 이제 그쪽에서 약속을 이행할 차례라는 암묵적인 메시지를 전한 것이었고, ISI의 사장도 이를 이해한 것 같았다. 조금 더 논의가 오고 간 끝에, 그는 우리에게 컴퓨터 이용 시간을 제공하기로 동의했다.

아버지는 우리가 대금 지급과 기타 세부 사항을 제안하는 편지를 작성하는 데 도움을 주었다. 2주가 지나지 않아 우리는 5천 달러 상당의 컴퓨터 이용 시간을 제공받는 계약서에 서명했다. 단, 7개월 뒤인 이듬해 6월까지 사용해야 한다는 조건이 명시되었다. 아버지는 계약서에 〈부모/조언자〉 직함으로 서명했다. 여느 변호사처럼 아버지는 자신이 제공한 서비스에 대한 비용을 청구했다. 장거리 통화 55분에 들어간 비용 11달러 20센트.

이것이 ISI와의 갈등에 대한 나의 기억이었다. 회사는 불공정하게 행동했고, 아버지는 우리의 입장에 공감했다. 하지만 당시의 관련 서류를 다시 살펴보며 그렇게 간단한 문제가 아니었다는 것을 깨달았다. 처음에 ISI 경영진은 몇몇 아이들에게 비즈니스와 프로그래밍에 대해 배울 수 있는 진귀한 기회를 제공하는, 일종의 호의를 베풀고 있다고 생각했다. 우리가 이 일을 그렇게 진지하게 받아들일 것이라고는 생각하지 않았던 것 같다. 하지만 우리가 그 일에 실로 열심히 임하자, 그들은 어느 정도 보상을 해줘야 한다고 결정했다. 즉 그들이 미처 고려하지 못한 상황이 전개되기 전까지는 그랬다. 우리가 프로그램을 작성하는 과정에서 이미 2만 5천 달러가 넘는 컴퓨팅 시간을 소모했을 뿐 아니라 저장 비용까지 발생한 것이었다. 또한 다시 생각해 보니 아버지는 부분적으로 아들과 아들의 친구에게 모종의 학습 경험이 될 것이라는 판단하에 우리를 대변하는 역할을 했던 것 같다.

컴퓨터 무료 이용 시간을 확보한 것도 좋았지만, 무엇보다도 우리의 첫 번째 소프트웨어 제품을 완성했다는 단순한 사실이 더할 나위 없이 기뻤다. 우리는 세금이나 사회 보장 연금 또는 기타 급여 관련 필수 사항 등에 관한 지식이 전혀 없는 상태에서 뛰어들었다. 1년 후 즈음에는 컴퓨터 단말기가 있는 중견 기업의 관리자라면 누구나 우리의 프로그램을 사용하여 2백 명 또는 1천여 명의 직원 급여를 정확하게 정산할 수 있을 터였다. 완벽하거나 세련되지는 않았지만, 잘 작동한다는 사실이 나를 놀라게 했다. 그리고 우리는 보상을 받았다. 현금은 아니었지만 의미 있는 보상이었다.

이것을 발판으로 삼을 수 있었다. 그해 가을, 우리는 다른 기회를 찾아 눈에 띄는 모든 문을 두드려 보았다.

켄트는 자신을 레이크사이드 프로그래밍 그룹의 〈마케팅 매니저〉라고 소개하며 잠재 고객들에게 DEC테이프를 소개하는 서한을 보냈다. 고객이 구입하는 테이프 수량에 따라 무료 배송과 할인 혜택도 제공했다. 얼마 지나지 않아 포틀랜드 지역의 과학 박물관과 첨단 산업 전자회사에 테이프를 팔아 몇백 달러의 수익을 올렸다.

릭은 레이크사이드를 졸업하기 전, 시애틀 지역 도로의 교통 흐름을 연구하는 회사에서 프로그래밍 아르바이트를 시작했다. 저기술 산업에서 첨단 기술의 도입을 시도한 사례였다. 이 로직 시뮬레이션Logic Simulation Co.이라는 회사는 도로변에 설치한 박스를 통해 교통 흐름에 대한 데이터를 수집했다. 자동차나 트럭이 고무호스 위를 지날 때마다 박스 안의 장치가 종이테이프에 작은 구멍을 뚫어 시간을 기록했다. 도시와 주에서는 이 데이터를 토대로 신호등의 타이밍이나 도로 보수 등에 관련된 결정을 내렸다. 이들 장치는 당연히 엄청나게 많은 양의 종이테이프 롤을 쏟아 냈으며, 수작업으로 그것을 일일이 집계해 일람표를 만들어야 했다. 켄트와 나는 한동안 이 지루한 작업을 도급받아 수행했다. 켄트는 사업을 확장하고 싶었고, 그래서 레이크사이드의 어린 애들을 하도급 업자로 고용할 계획을 세웠다. 그는 레이크사이드의 행정과에 찾아가 취지를 설명했고, 얼마 지나지 않아 7학년과 8학년 학생 몇 명이 우리를 위해 일하게 되었다.

그리고 우리에게는 5천 달러 상당의 ISI 컴퓨터 시간이 확보되어 있었다. 켄트는 컴퓨터 액세스가 필요한 회사를 찾아 ISI에서 청구하는 금액보다 할인된 가격으로 제공하고자 했다. 나는 그 아이디어에 대해 주저하는 마음이 생겼다. ISI가 소유한 컴퓨터에 대한 이용권을 놓고 그들과 경쟁하는 것은 비윤리적으로 보였기 때문이다. 컴퓨터실을 감독하던 수학 교사 프레드 라이트도 내 생각과 같은 입장이었다. 그는 켄트의 계획을 눈치 채고 그의 성적표에 이렇게 적어 부모님에게 학교의 입장을 전했다. 〈레이크사이드 프로그래밍 그룹의 활동이 항상 공명정대하게 이뤄지는 것 같지는 않습니다. 저는 그들이 ISI가 제공한 시간을 ISI의 잠재 고객들에게 판매하려고 한다는 사실에 상당한 우려를 느낍니다. 부모님께는 아이들이 이 벤처에서 완전히 독자적으로 움직이고 있다는 점을 확실히 인지하시길 바랍니다.〉 켄트는 계획을 취소했다.

그해 가을 레이크사이드는 세인트 니컬러스와의 합병으로 혼돈의 소용돌이에 휩싸였다. 수학 교사 밥 헤이그가 컴퓨터로 수업 일정 잡는 일을 관리하고 있었는데, 그가 예상했던 것보다 훨씬 더 어려운 일로 드러났다. 9월에 캠퍼스에 도착한 일부 학생들은 존재하지도 않는 수업에 배정된 것을 발견했다. 어떤 학생들은 프랑스어 I이 배정된 교실을 찾았다가 라틴어 II 수업이 진행 중임을 알고 황당해했다. 학생들은 지도 교사들에게 질문을 쏟아부었고, 교무과에는 긴 줄이 형성되기도 했다. 「모든 수업이 연달아 잡혀 있고, 네 타임이 연속으로 공강인데, 바꿔 주셔야 하는 거 아니에요?」

더 깊은 불안감도 감돌았다. 50년 동안 레이크사이드는 남성들의 요새였고, 학생들은 외딴 곳에 위치한 학교의 품속에서 안전하게 생활했다. 어떤 이들은 남녀 공학이 되면 그 익숙한 문화가 손상될 것이라고 믿었다. 우리 반 친구 중 한 명은 학교 신문에 미식축구팀의 쇠퇴를 한탄하는 글을 실었는데, 갈수록 자유롭고 태평스러워지는 분위기를 원인으로 꼽으며 거기에 여학생들로 인한 〈산만함〉까지 더해질 것을 걱정했다. (게다가 맙소사, 축구의 인기도 높아지고 있었으니!) 또 다른 학생은 서른 명의 여학생으로 혁명이 일어나는 것은 아니며 여전히 백인 남성이 대부분인 레이크사이드가 더 넓은 사회를 대표할 수는 없다고 지적하면서 변화가 부족하다고 주장했다. 한편 켄트는 우리의 학업 수준에 미칠 영향을 깊이 우려했다. 그는 세인트 니컬러스가 레이크사이드만큼 학문적으로 엄격하지 않다고 확신했다(결과적으로 틀린 판단이었지만). 전형적인 그의 방식으로, 켄트는 교사진 회의에 은근슬쩍 참석하여 자신의 주장을 피력했고, 심지어 교사 성과 평가에 대한 새로운 계획을 세우는 데 도움을 주기도 했다.

세인트 니컬러스의 학생들이 추가되면서 내가 겪은 유일한 문제는 그들과 대화하는 방법을 전혀 모른다는 것이었다. 사실 그 당시 난 같은 또래의, 괴짜가 아닌 남학생들과 대화하는 것도 어려워했다. 그런데 여학생들이라니? 내 누이들과 가족의 친구들을 제외하면 그들은 외국인이었다. 게다가 그들 눈에는 내가 어떻게 보였을까? 나는 여전히 마른 체격과 날카로운 목소리에 10대라기보다는 어린아이에 가까워 보였다. 운전을 시작했지만 차는 없었다. 내가 불안감을 관리한 한 가지 방법은 나 자신을 「토마스 크라운 어페어The Thomas Crown Affair」의 스티브 매퀸Steve McQueen과 같은 안티히어로라고 생각하는 것이었다(물론 외모는 제외하고). 얼마 전에 그 영화를 보고 그 배우의 차분한 자신감에 매료되었다. 그는 거부할 수 없는 매력을 지닌 능력자였다. 내가 그와 유사한 자신감에 가장 가까이 다가갈 수 있었던 곳은 컴퓨터실이었다. 물리학 선생님이 학생들에게 짧은 컴퓨터 프로그램을 작성하는 과제를 내주었다.

나는 대부분의 학생들이 컴퓨터를 한 번도 접해 본 적이 없는 까닭에 도움을 필요로 할 것임을 알고 컴퓨터실에 자리를 잡았다. 그런 학생 중 일부는 여학생일 가능성이 컸다.

두 번째 학기가 시작되면서 나는 좀 더 확실한 결과를 얻을 수 있기를 바라는 마음으로 급진적인 조치를 취했다. 연극반에 들어간 것이다. 물론 연극반에 여학생의 비율이 높다는 점이 가장 큰 유인으로 작용했다. 그리고 수업의 주요 활동이 서로 대사를 맞춰 보는 것이었기 때문에 실제로 한 명과 대화를 나눌 확률이 매우 높았다.

내가 배우로서의 잠재력을 탐구하는 동안 켄트는 자신의 새로운 관심사인 등반에 빠져들었다. 그해 겨울 그는 스노 슈즈와 아이젠, 로프를 갖추고 잠들어 있는 거대한 화산 세인트헬렌스를 등반하는 레이크사이드 여행에 참가하고 싶다는 생각에 사로잡혔다. 악천후로 인해 여행이 한 차례 연기된 후, 또 한 차례 취소되었다. 최소한의 장비만 갖추고 날씨와 상관없이 우리가 함께 다녔던 하이킹과는 차원이 다른 진지한 활동이었다. 나는 전문 등반을 배우려는 켄트의 열정에 놀랐다. 내게 연극반이 그랬던 것처럼, 그에게 등반은 큰 도전이었다. 운동 신경이 좋은 편이 아니었기에 힘이나 신체 동작의 조정력을 필요로 하는 모든 것이 도전이었다. 하지만 그는 굴하지 않았다. 자신의 단점을 충분히 인식하면서 이를 극복하기 위해 부끄러워하지 않고 노력했다. 그는 이미 스키를 통해 이를 극복한 경험이 있었다. 한 시즌의 레슨을 마친 후, 그는 최악의 스키 선수 그룹에서 1등을 해서 트로피를 받았다고 자랑스럽게 알렸다. 그런 작은 진전이 그가 필요로 하던 전부였다.

가을 내내, 일단의 선생님들이 밥 헤이그 선생님과 함께 엄청난 노력을 기울였음에도 수업 일정 문제는 계속되었다. 1월 중순이 되자 밥 헤이그는 학교 이사회 앞에서 그 이유를 설명하느라 진땀을 뺐다. 그동안 우리는 밥의 컴퓨터 수업을 계속 대신 가르쳤고, 이제 중학생뿐만 아니라 고학년 학생들도 우리 앞의 책상에 앉아 있었다.

밥 헤이그 역시 해군 조종사이자 보잉 엔지니어 출신으로, 재능 있는 수학 교사이자 헌신적인 조정팀 코치였지만 컴퓨터를 접해 본 경험은 극히 제한적이었다. 모두가 그 혼란스러운 상황에 동요하는 것을 보며 켄트와 나는 우리가 나서서 도와야겠다고 결심했다. 우리는 헤이그 선생님과 몇 차례 만나 봄 학기가 시작되기 전에 문제를 해결할 방안을 강구했다. 켄트는 워싱턴 대학교 도서관에서 〈유동 방식에 따른 학사 일정 구축Construction of School Timetables by Flow Methods〉과 같은 제목의 대학 시간표 프로그램에 관한 수년간의 학술 문헌을 찾아 살펴보았다. 하지만 그가 발견한 논문 더미에서 우리에게 유용한 것은 아무것도 없었다.

조정해야 할 변수가 너무 많았다. 하루 11교시에 걸쳐 9개 수업을 듣는 수백 학생의 필요와 욕구를 반영해 70개 과목과 170개 분반의 일정을 조합하며 특별한 사항까지 고려해야 했다, 예를 들면, 합창단 연습실 위에 드럼 수업을 배치하면 안 되고, 대부분의 수업은 한 교시만 진행되지만 무용이나 생물학 실습 같은 일부 수업은 연이은 두 교시가 필요하다는 등의 고려 사항이었다. 매우 어려운 수학 문제가 아닐 수 없었다.

하지만 거의 의식하지도 못한 채 나는 지난 6개월 동안 그 문제를 풀고 있었다. 수업을 들으러 이동하거나 밤에 침대에 누워 있을 때면 내 머릿속에 다양한 순열의 일정이 떠올랐다. 수업 수 X와 학생 수 Y에 여러 가지 상충 조건과 제약 조건을 고려해야 하는 방정식을 떠올리곤 했다.

1972년 1월은 시애틀에서 기록상 가장 눈이 많이 내린 달에 속했고, 이는 곧 며칠간의 휴교를 의미했다. 1월 25일 화요일에는 20센티미터에 가까운 눈이 내려 도시 전체가 거의 마비되었다. 나는 스키나 썰매를 타러 가는 대신 침실에 틀어박혀 펜을 들고 노란색 패드를 펼친 채 그때까지 시도한 중 가장 어려운 문제를 해결하는 데 몰두했다. 수백 명의 서로 배타적으로 보이는 뚜렷한 요구를 어떻게 하면 컴퓨터가 이해할 수 있는 방식으로 충족할 수 있을까? 수학에서는 이를 최적화 문제라고 하는데, 항공사가 승객의 좌석 배정을 위해, 그리고 스포츠 리그가 경기 일정을 잡기 위해 풀어야 하는 퍼즐과 같은 유형이다. 나는 학생, 수업, 교사, 시간, 그리고 그 밖의 모든 변수를 담은 행렬을 그리기 시작했다. 그렇게 주말까지 차트를 조금씩 다듬어 가자, 점점 더 명확하게 짜임새가 갖춰졌다. 토요일, 나는 컴퓨터가 파악할 수 있는 체계적인 방식으로 상충 조건을 정리했다는 확신하에 방을 나섰다. 이번 주 들어 처음으로 하늘이 완전히 개어 있었다.

다음 날인 1월 30일 일요일, 헤이그 선생님은 시애틀 북쪽의 한 공항에서 세스나 150의 조종석에 올랐다. 기온은 일주일 내내 영하를 유지했고, 그날 아침에는 맑은 하늘이 예보되어 있었다. 그는 사진 전문가이기도 한 레이크사이드 영어 교사 브루스 버지스 Bruce Burgess와 함께 하늘로 날아올랐다. 그날 아침 이들의 목표는 멀리 레이니어산을 배경으로 눈 덮인 레이크사이드 캠퍼스의 완벽한 사진을 찍는 것이었다. 비행을 시작한 지 몇 분 만에 엔진에 문제가 발생했다. 그들의 비행기는 전선에 부딪혀 시애틀 북쪽의 한 동네에 추락했다. 두 사람 모두 사망했다.

레이크사이드는 작은 공동체였다. 학생들은 물론 그 가족들도 선생님들과 끈끈한 유대감을 형성했다. 하급 학년 담당이었던 밥과 브루스는 매년 어린 학생들을 맞이해 그들의 학업을 도우며 성취 과정을 지켜보았다. 밥의 아들이 나와 같은 반이었다. 브루스는 레이크사이드에서 나의 첫 영어 선생님이었다. 그는 종종 카메라를 들고 컴퓨터실에 들르곤 했다. (레이크사이드 시절의 폴과 내가 담긴 가장 유명한 사진이라 할 수 있는 바로 그 사진, 두 대의 텔레타이프 앞에서 작업하다 고개를 들어 올린 우리의 모습을 찍은 분이 바로 브루스 버지스 선생님이다.)

베트남에서 들려오는 뉴스와 당시의 폭력적인 상황 속에서 죽음은 끊이지 않는 화제였다. 마틴 루서 킹과 로버트 케네디의 연이은 암살 사건으로 온 나라가 충격에 빠졌고, 주변에서는 시애틀의 민권 운동 지도자 에드윈 프랫Edwin T. Pratt이 집 앞에서 총에 맞아 사망하는 사건도 발생했다. 하지만 로럴허스트와 레이크사이드의 부와 특권에 둘러싸인 나의 일상에서 죽음은 저 멀리서 벌어지는 일이었다. 할아버지와 증조할머니를 제외하고는 나와 가까운 사람이 죽은 적이 없었다.

사고 이틀 후, 댄 에이롤트 교장 선생님이 켄트와 나를 몇몇 선생님들과의 회의 자리에 초대했다. 교장 선생님은 우리에게 팀을 이뤄 수업 일정 작업을 마무리해 줄 것을 요청했다. 내가 고안해 낸 해결책을 중심으로 새 프로그램을 다시 작성할 시간은 없었다. 봄학기에 대비하려면 임시방편의 해결책이라도 찾아야 했다. 댄은 우리의 작업에 대해 학교 측에서 시간당 2.75달러를 지급할 수 있다고 말했다.

급여 프로그램을 작성하면서 느꼈던 모든 압박은 대부분 우리 스스로 부과한 것이었다. 반드시 지켜야 할 마감일이 있었던 것도 아니었다. 수업 일정 프로그램은 완전히 다르게 느껴졌다. 학교 전체가, 내가 다니는 학교 전체가 문제를 해결해 줄 것을 우리에게 기대하고 있었다. 우리가 실패하면 모두가 그 사실을 알게 될 터였다. 나 자신보다 더 큰 무언가에 대한 책임감을 느낀 것은 이번이 처음이었다. 켄트와 나는 이렇게 되새겼다. 〈이건 수업 프로젝트가 아니다. 현실 세계의 문제다.〉

약 3주 동안 켄트와 나, 그리고 네 명의 선생님은 하루 20시간씩 일하며 다음 학기 시작 전에 수업 일정 프로그램을 꿰맞추려고 노력했다. 우리는 수업도 빠지고 밤늦게까지 일하면서 실수하지 않으려 애쓰는 동시에 피로와 싸웠다. 한밤중에 우리 팀의 영어 선생님과 고무줄 사격 시합을 벌였던 기억도 난다. 펀치카드 기계에서 타이핑을 하던 중 잠이 들었다 깼는데, 새벽 3시인 것은 알았지만 무슨 요일인지는 생각나지 않았던 적도 있다. 또 다른 선생님이 몇 시간이라도 집에 가서 부모님을 뵙고 오라고 권하기도 했다. 며칠째 집에 가지 못한 상태였다.

우리는 학교에서 컴퓨터 이용권을 확보해 준 워싱턴 대학교에 가서 대부분의 작업을 수행했다. 그곳의 컴퓨터는 그 당시에조차도 약간 구식이었다. (한 번에 하나의 프로그램을 처리하는) 일괄 처리 방식으로 작업을 수행하며, 지금은 사라진 펀치카드 시스템을 사용했다. 얇은 종이 카드에 구멍을 뚫는 기계에 프로그램을 입력하는 방식이었다. 펀칭이 끝나면 카드 한 묶음이 생겼다. 워싱턴 대학교는 컴퓨터가 지하실에 있었다. 나는 카드 뭉치를 들고 복도를 지나 엘리베이터를 타고 건물의 깊숙한 곳으로 내려가서 컴퓨터 운영자에게 그것을 건네곤 했다. 그런 다음에는 기다려야 했다. 마침내 운영자가 카드를 컴퓨터에 로드하면 결과가 출력되었다. 코드에 작은 문제라도 있으면 컴퓨터가 작동을 멈췄다. 예컨대 10번째 줄의 구문 오류와 같은 사소한 문제라도 생기면 전체 프로그램이 망가지는 바람에 엘리베이터를 타고 올라가서 다시 처음부터 새 카드를 만들어야 했다. 프로그램을 한 번 테스트하는 데 처음부터 끝까지 다섯 시간이 걸릴 수도 있었다. 대학원생들이 학교 프로젝트를 하고 있냐고 물어볼 때마다 켄트와 나는 이렇게 대답하곤 했다. 「학교가 아니에요. 현실 세계랍니다.」

결국 우리는 마감일 전날 밤에 프로그램이 작동하도록 만드는 데 성공했다. 그해 봄 학기가 시작되자 교무과 앞에 줄 서는 학생들이 거의 없었다.

우리가 만든 프로그램은 일종의 작동 가능한 프로토타입이었다. 침과 풀로 간신히 붙여 놓은 샘플 같은 것이나 마찬가지였다. 헤이그 선생님이 (과학자나 기술자들이 사용하는 컴퓨터 언어인) 포트란FORTRAN으로 작성해 놓은 조각들과 우리가 밤늦게까지 작업하며 만든 핵심 부분들을 결합해 놓은 것이었다. 심지어 일정 수립 과정의 한 단계는 수작업으로 진행하도록 설계했다. 그 부분을 프로그램에 넣을 시간이 없었기 때문이다. 교장 선생님은 매우 만족스러워하며 학교가 필요로 하는 모든 기능을 갖춘 새로운 버전을 개발할 수 있도록 자금을 마련해 주겠다고 했다. 새 버전은 우리가 선호하는 언어인 BASIC으로 개발해도 되는 것이었다. 켄트는 언제나 그렇듯이 더 큰 기회를 바로 알아차렸다. 그는 레이크사이드에서 거둔 성공으로 전국의 다른 학교들도 우리 소프트웨어를 유료로 사용해 수업 일정을 관리하도록 유도할 수 있다고 확신했다. 그는 교통량 집계 사업(여전히 순조롭게 진행되고 있었다)을 비롯해 우리가 수행한 다양한 프로젝트를 홍보하는 제안서를 작성했다. 그 무렵 우리는 세 명의 후배를 고용했고, 그중 한 명인 크리스 라슨Chris Larson이라는 8학년 학생에게 교통량 집계 작업의 관리를 맡긴 상태였다. 우리는 전단지를 만들어 학교 곳곳에 붙였다. 레이크사이드 프로그래밍 그룹에서 일하며 로직 시뮬레이션을 위한 교통량 집계 업무를 수행할 사람을 뽑는다는 채용 공고였다.

레이크사이드 프로그래밍 그룹LPG과 로직 시뮬레이션 컴퍼니LSC는 수익 창출을 목표로 다양한 사업을 추진하는 컴퓨터 중심 조직입니다. 주요 활동 분야에는 수업 일정 수립과 교통량 연구, 요리책 제작, 〈결함수 시뮬레이션fault-tree simulation〉 등이 포함됩니다. 현재 다섯 명의 레이크사이드 학생이 함께하고 있으며, 올봄과 여름에 걸쳐 인력을 확충할 계획입니다! 〈컴퓨터 마니아〉만을 위한 일자리가 아닙니다. 타자나 제도 작업, 건축 도면 작성이 가능한 학생도 환영합니다. 관심이 있는 학생은 켄트 에번스나 빌 게이츠(고등학생), 또는 크리스 라슨(중학생)에게 연락 바랍니다.

지원서에는 우리가 동등한 고용 기회를 제공하는 고용주라고 명시했다.

그해 봄은 정말 바빴다. 수업 일정 프로그램 작업으로 인해 빠진 수업 시간을 보충해야 했고, 그와 동시에 해당 프로그램의 다음 단계 작업에 착수해야 했다. 나는 꽉 찬 수업 일정에 쫓기며 여전히 헤이그 선생님의 컴퓨터 수업까지 진행하고 있었다. 켄트는 더 빡빡한 일정을 소화하고 있었다. 수업을 병행하면서 학생들의 기강

해이에 관해 자신이 파악한 바를 학교 행정과에 알리기 위해 보고서를 작성하고 중학생을 대상으로 미적분을 가르치는 파일럿 프로그램을 계획하는 등 레이크사이드 교사진에 대한 기여에 깊이 몰두하고 있었다. 게다가 워싱턴 대학교에 개설된 산악 등반 입문 과정에도 등록했다. 켄트는 월요일 저녁에 등반 기술 강의에 참석하기 시작했고, 주말에는 워싱턴 서부의 산과 암벽에서 등반 연습을 하며 시간을 보냈다.

늘 그렇듯이 우리는 매일 밤 전화 통화를 했다. 켄트는 수업이나 등반을 마치고 집에 돌아오면 나에게 전화부터 했다. 켄트는 항해 용어들을 습득했을 때처럼, 낭떠러지crag, 최대 난관crux, 확보belay, 카라비너'biner 등과 같은 등반 용어를 자연스럽게 구사하기 시작했다. 그는 자신의 첫 번째 큰 등반인 〈5등급〉에서 두려움을 극복한 경험에 대해 이야기했다. (한 등급 시스템에 따르면, 5등급은 지속적인 등반과 고도의 집중력이 요구되며 비박 장소가 거의 없는 난이도를 의미한다). 나도 기뻤고, 그의 부모님도 기뻐했다. 켄트의 부모님은 아들이 나와 떨어져 새로운 활동에 도전하며 등반 수업에 참여하는 대학생 및 커플들과 어울리는 가운데 새로운 친구를 사귀는 것을 긍정적으로 생각했다.

메모리얼 데이 전주 금요일, 몇 주에 걸쳐 세부 사항을 조율한 후 레이크사이드와 다음 단계의 수업 일정 작업에 대해 보수를 받는 계약을 체결했다. 학교는 우리에게 급여를 주고 관련 작업의 컴퓨터 이용 시간에 대해서도 지불하기로 했다.

그날 밤 켄트에게서 평소처럼 전화가 왔다. 주말에 일할 시간이 없다고 했다. 수업의 마지막 등반을 위해 시애틀에서 북쪽으로 두어 시간 떨어진 2천7백 미터급의 빙하 봉우리인 석산산Mount Shuksan에 갈 예정이었다. 그의 부모님은 그가 그 등반에 참여해도 되는지를 놓고 한동안 논쟁을 벌였다. 그 전 주말에 그의 그룹이 투스라는 지점에서 등반을 하던 중 바위가 무너져 급우 두 명이 빙판 경사를 미끄러져 바위 위로 떨어지는 사고가 발생했기 때문이다. 켄트는 그들이 헬리콥터에 실려 시애틀로 이송되는 장면을 지켜보았다. 결국 부모님은 켄트에게 별일이 생기지는 않을 것이라고 판단했다. 켄트는 늘 자기 자신을 잘 돌보는 아이였다. 「돌아오는 대로 전화할게.」 그가 내게 말했다.

그 주말에 내가 뭘 했는지 잘 기억나지 않는다. 아마 레이크사이드의 컴퓨터실에서 수업 일정 작업에 매달려 있었을 것이다.

5월 29일 월요일, 내 방에 있었는데 전화벨이 울리고 천장을 통해 부모님의 웅얼거리는 목소리가 들려왔다. 아버지가 계단 위에서 교장 선생님 전화라면서 올라와 전화 받으라고 소리쳤다. 나는 교장 선생님이 집에 전화를 했다는 게 이상해서 두 계단씩 밟으며 뛰어 올라갔다. 아버지는 나를 부모님 침실로 안내했고, 어머니는 나에게 수화기를 건네주었다.

교장 선생님은 뜸을 들이지 않았다. 등반 도중 사고가 발생했다. 켄트가 추락한 것이다. 헬리콥터 수색 구조대가 그를 태워 병원으로 이송했다.

나는 언제 그를 보러 갈 수 있는지 알려 주기를 기다렸다.

「안타깝게도 빌, 켄트가 버터 내지 못했어. 어젯밤에 눈을 감았다.」

어떻게 전화를 끊었는지, 부모님이 나를 위로하기 위해 무슨 말을 했는지 기억나지 않는다. 나는 내 안으로 숨어들어 머릿속으로 최근 며칠간의 이미지를 슬라이드 쇼처럼 돌리며 방금 들은 말이 사실이 아니라는 증거를 찾았다. 켄트는 학교에 있었다. 단말기에 타이핑하며 나를 올려다보고 있었다. 우리 둘이 통화를 하고 있었다. 돌아오는 대로 전화할게. 산에서 그가 떨어지는 모습이 그려졌다. 교장이 헬리콥터에 대해 뭐라고 말하고 있었다. 켄트는 지금 어디에 있는 거지?

다음 날 레이크사이드의 또 다른 친구인 팀 톰슨Tim Thompson 과 함께 켄트의 부모님을 뵈러 집에 찾아간 기억이 어렴풋이 난다. 우리는 다음 날 돌아왔고, 추모식은 다음 주로 예정되었다. 켄트의 부모님은 폴과 릭에게도 이 비극적인 소식을 전해 달라고, 그리고 추도식에 올 수 있는지 알아봐 달라고 부탁했다.

가장 선명히 기억하는 장면은 학교 예배당 계단에 앉아 수백 명의 사람들이 켄트의 추도식을 위해 안으로 들어가는 것을 보며 울고 있었던 부분이다. 켄트의 부모님과 그의 형제 데이비드가 첫 번째 줄에 앉았다. 미술 선생님인 로버트 풀검이 들어오는 모든 사람을 맞이했다. 나는 나의 가족과 함께 앉아 바닥만 바라보았다. 풀검 선생님이 추도식을 주관했다. 친구들과 선생님들이 일어나서 켄트에 대한 추억을 나누었다. 그들의 말이 내 머릿속을 겉돌았다.

켄트는 삶의 가볍고 어리석은 측면을 즐길 줄 알았지…….

자신이 옳다고 믿는 것을 끝까지 고수하곤 했어…….

자신의 자원과 능력을 최대한으로, 가능한 한 열심히 발휘하던 친구였지…….

상황이 정신없이 돌아가거나 혼란스럽거나 복잡해질수록 오히려 기운을 내곤 했지…….

똑똑하고 자립심이 강한 데다가 우등반 수업과 하이킹, 가르치는 일을 모두 척척 해내던 재주꾼이었어…….

기획력도 좋고 사업도 잘하고 항해술도 뛰어났지만 그림은 레이크사이드에서 최악이었지…….

손에는 내 생각을 적은 종이 한 장이 있었다. 사람들 앞에서 읽으려고 계획했던 것인지는 잘 모르겠다. 어쨌든 나는 움직일 수 없었다. 그 자리에 얼어붙은 듯 앉아 있었다. 추도식이 끝나 밖으로 나서자 사람들이 줄지어 내게 다가와 나의 상실감을 같이 애석해했다. 모두 우리가 얼마나 가까웠는지 알고 있었다. 서류 가방을 들고 다니는 키 크고 거친 아이와 말 많고 허세 가득한 말라깽이. 둘 다 미래에 대한 큰 야망을 보유했다. 나는 그들의 동정이 진심이라는 것을 알 수 있었다. 하지만 여전히 그들은 우리가 함께한 그 모든 시간과 그 안에 담긴 것을 상상할 수 없었다. 우리끼리만 통하던 얼빠진 농담들. 작업에 쏟던 폭발적인 열정. 이렇게 나 혼자 남아 주목받는 것이 이상하게 느껴졌다. 그러던 중 켄트의 부모님이 눈에 띄었다. 내가 뭐라고 이렇게까지 나 자신을 불쌍히 여긴단 말인가? 그 무엇과도 비교할 수 없는 삶의 비극을 겪고 있는 쪽은 그분들이었다.

이 깨달음은 추모식이 끝난 후 가족들이 집에 마련한 연회 자리에서 더욱 확실해졌다. 추모식에 참석하기 위해 대학에서 네 시간 반을 운전해 온 폴이 나와 다른 몇 명을 태워다 주었다. 우리는 함께 들어갔고 켄트의 아버지가 우리를 악수로 맞이했다. 켄트의 어머니는 소파에 웅크린 채 흐느끼고 있었다. 그 순간 나는 내 슬픔이 켄트의 어머니만큼 깊을 수는 없다는 사실을 절감했다. 켄트는 내 가장 친한 친구였지만, 그녀에게는 소중한 아들이었다. 에번스 부부가 이 상실감 속에서 영원히 고립되어 살아가게 될 것임을 어느 정도 알 수 있었다. 그날 친절하고 온화했던 켄트 부모님의 절망에 휩싸인 표정은 이후로 내 뇌리에서 떠나지 않았다.

켄트의 친구들은 켄트의 물건 중에 의미 있다고 생각되는 무엇이든 가져가도 좋다고, 켄트의 아버지가 우리에게 말했다. 바닥에 쌓여 있는 그 익숙한 컴퓨터 용지와 책들, 두 개의 파일 캐비닛 위에 문을 올려 만든 커다란 책상, 코르크판에 붙인 〈바람을 타고〉의 복제본이 있는 그의 작은 방에 들어서는 순간, 감당하기 힘든 슬픔이 밀려왔다. 너무 마음이 아파 그의 유품 중 가장 하찮은 것 하나라도 가져 나오고 싶지 않았다. 나는 에번스 씨에게 감사를 표하며 아무것도 가져갈 수 없다고 말했다.

시간이 지나면서 나는 그 사고의 전말을 자세히 알게 되었다.

산악반 학생들과 두 명의 강사는 오후 늦게 셕산산 정상에 도착했다. 하산하면서 그들은 베이스캠프 위쪽의 경사면 꼭대기에 멈춰 섰고, 강사와 학생 한 명이 먼저 내려가며 나머지 인원이 안전하게 내려올 수 있는 상태인지 점검했다. 꼭대기에 있던 학생 중 한 명이 체중을 옮기던 중 작은 눈사태가 발생해 경사면 아래로 미끄러지는 아찔한 순간이 있었지만, 그는 곧 몸의 균형을 잡고 일행에게 괜찮다는 신호를 보냈다.

그 순간의 안도감은 찰나에 그쳤다. 켄트가 앞으로 비틀거리다 일순 오르막으로 고개를 돌리며 자세를 잡으려 애썼다. 학생들은 미끄러지기 시작하면 오르막을 향해 엎드린 자세를 취하고 피켈로 눈밭을 찍어 더 이상 미끄러지지 않게 해야 한다고 배웠다. 하지만 켄트는 중심을 잃고 뒤로 굴러 떨어져 경사면 아래의 바위에 부딪히고 말았다. 다른 대원들이 도달했을 때 그는 아직 살아 있었다. 대원들은 눈으로 이글루를 만들어 그를 따뜻하게 감쌌고, 두 대원은 도움을 청하러 산을 내려갔다. 마침 대원들 중에 두 명의 의사가 있어 최선을 다해 켄트를 돌봤다.

그날 밤 육군 헬리콥터가 켄트를 벨링햄의 병원으로 이송했다. 그들이 병원에 도착했을 때, 그는 이미 숨을 거둔 뒤였다.

나는 그가 학생 등반 대원들 중 가장 열정적으로(때론 무모할 정도로 의욕적으로) 임했지만, 동시에 가장 고군분투했다는 사실

을 알게 되었다. 그는 거의 모든 등반에서 가장 마지막으로 정상에
도달하곤 했다. 또한 한 달 동안의 과정에서 갈수록 많은 사람들이
너무 힘들다거나 너무 위험하다는 이유로 중도에 그만두었다는 사
실도 알게 되었다. 하지만 켄트는 마지막 등반에 참여하겠다는 의
지를 굽히지 않았다. 항상 예상되는 한계를 뛰어넘는 것이 그의 본
성이었다.

　1973년, 지역의 한 등산 잡지는 전년도를 〈워싱턴 등반 역사
상 최악의 해〉라고 선언하는 짧은 기사를 실었다. 기사는 켄트의
이름을 포함해 산에서 발생한 사망자와 부상자의 긴 명단을 포함
했으며, 부분적으로는 등반 수업의 인기로 인해 사고가 급증했다
고 비난했다. 그런 수업이 경험 없는 등반가들을 위험에 빠뜨린다
는 논지였다. 초보 등반가들의 판단력 및 체력 부족을 지적한 것이
다. 솔직히 말하자면 나도 그런 의아심이 들었다. 내 마음 한편에서
일던 켄트에 대한 원망이 그에 기인했다. 왜 산악 등반과 같은 극단
적인 도전에 자신을 내몰아야 했는지 이해할 수 없었다. 지금도 어
느 정도는 그 감정이 남아 있다.

　내가 만난 그 누구보다도 켄트는 미래에 맞이할 경이로운 순
간들에 대한 전망에 이끌려 투지를 불태웠다. 직업적 성공에서부
터, 어느 시점에 어떻게든 입수할 랜드로버Land Rover를 타고 페루
를 횡단하는 육로 여행에 이르기까지, 자신이 누리게 될 모든 가능
성에 사로잡혀 살았다. 그해 여름, 그는 고등학생을 거의 뽑지 않는
다는 것을 알면서도 산림 레인저 보조원으로 봉사할 계획을 세우

고 있었다. 그와 내가 무엇이든 성취할 수 있다는 낙관론은 우리 우정의 핵심이었다. 우리가 늘 그것을 함께할 것이라는 가정도 마찬가지였다.

가까운 사람이 죽었을 때 사회적으로 기대되는 것은 그 시점부터 그 사람의 뜻을 받들며, 평소 그가 지향하던 바에 걸맞은 삶을 살았다고 말하는 것이리라. 그의 장점을 찾아 삶의 지표로 삼았다고 말이다. 하지만 사실 열여섯 살이던 그 무렵, 켄트는 이미 나라는 사람에 대해 깊은 영향을 미친 상태였다. 우리가 처음 만났을 때 나는 그저 타고난 높은 지능에 승부욕만 강한 열세 살 소년이었다. 어떤 게임에서든 이기는 것 외에는 별다른 목표가 없었다. 켄트는 내가 방향성을 갖도록 도우며 스스로 어떤 사람이 되고 싶은지 정의할 수 있는 길로 이끌었다. 아직 그 답을 찾지는 못했지만, 그의 영향은 이후 오랜 세월 동안 내가 내리는 많은 결정에 원동력으로 작용했다.

나는 최근 에번스 가족의 요트 셰넌도어호에서 가져온 그 금박 표지의 큰 항해일지를 읽다가 1970년 우리의 여름 여행 중에 그의 어머니가 쓴 메모에서 잠시 멈추었다. 1972년 봄에 그의 어머니가 쓴 일지에는 켄트가 가족과 함께 항해하는 대신 등반을 선택한 모든 순간이 기록되어 있었다. 일지의 3분의 1 정도 되는 지점에서 두 페이지를 공란으로 두었는데, 그중 한 페이지의 중앙 부분에 이렇게만 적혀 있었다.

켄트 후드 에번스

1955년 3월 18일 출생

1972년 5월 28일 사망

켄트는 석산산에서 등반 사고로 사망했다.

나는 평생 일종의 회피 방식으로 상실에 대처하는 경향이 있었다. 슬픔을 억누르며 초기 단계를 견뎌 낸 후 마음을 온전히 사로잡을 다른 것에 서둘러 집중하는 식이다. 우리 가족은 과거에 얽매이지 않고 항상 더 나은 미래를 기대하며 앞으로 나아갔다. 그리고 1972년 당시는 지금과 달리 슬픔을 적극적으로 처리하는 데 중점을 두는 문화가 제대로 형성되기 이전이었다. 상담이란 것이 일반적이지 않고, 그냥 하던 일 하며 살아가는 것이 당연시되었다. 켄트의 부모님은 상상할 수 없는 상실감에 그들만의 방식으로 대처했다. 추도식이 끝나고 3주 후 그들은 셰넌도어호를 타고 켄트가 가장 좋아하던 곳인 디솔레이션 사운드를 향해 북쪽으로 긴 크루즈를 떠났다. 그들은 출항하기 전 배 위에서 짧은 기도를 올렸다.

나는 켄트가 세상을 떠난 얼마 후 폴에게 전화를 걸었다. 마침 여름 방학이 시작되어 폴이 대학 기숙사를 떠나 집에 와 있었다. 컴퓨터 자유 이용 시간이 끝나는 이달 말까지 수업 일정 작업을 끝낼 것이라고 그에게 말했다. 아직 완성해야 할 부분이 많이 남아 있었다. 그렇게 말하진 않았지만, 켄트와 함께 시작한 일을 마무리하는 것이 내게는 중요했고, 학교에서도 나를 믿고 있었다. 내가 폴에게 말했다. 「도움이 필요해. 나와 함께 그 일을 마무리하고 싶지 않아?」

하루도 지나지 않아 우리는 레이크사이드의 컴퓨터실에 함께 자리를 잡았다. 이후 한 번에 12시간씩 코드 작성 작업을 하며 중간중간 낡은 군용 야전 침대에서 잠을 자는 날들이 이어졌다. 학교 측에서 건물 마스터키를 주어서 여름 내내 텅 빈 캠퍼스에서 자유롭게 지낼 수 있었는데, 꽤나 근사하게 느껴졌다. 폴에게는 분명 그 여름을 더 멋지게 보내는 방법이 있었을 것이다. 대신 그는 나와 함께 예전 공간에서 지내며 한 학생에게는 점심시간 전에 생물 실험 수업을 배정하고 다른 아이에게는 목요일 축구 수업 전에 공강 시간을 주는 등 580명의 레이크사이드 학생들에게 필요한 모든 수업을 하나의 일정으로 짜는 방법을 컴퓨터에 지시하는 데 매달렸다.

그렇게 한 달 동안을 폴과 나는 컴퓨터실에서 살았다. 나는 기억할 수 있는 것보다 더 많이 단말기 앞에서 잠들었고, 한두 시간 동안 자다 보면 어느새 키보드에 코가 박혀 있기도 했다. 그러다 깜짝 놀라 깨어나면 바로 다시 코딩에 들어가곤 했다. 때로는 너무 힘들어서 눈에 눈물이 맺힐 정도로 미친 듯이 웃어 대기도 했다. 아주 사소한 것이 우리의 웃음보를 터뜨릴 수도 있었다. 나는 잠이 부족했던 그 밤들의 구체적인 일들에 대해서는 기억하지 못하지만, 폴은 기억한다. 그는 자서전 『아이디어맨*Idea Man*』에 이렇게 적었다. 〈우리는 코드 줄에 무작위로 X라는 글자가 들어가는 것을 발견했다. 버그였다. 우리는 히스테리 발작에 빠져들어 마치 비밀스러운 적의 정체를 알아내기라도 한 것처럼 연신 《엑스!》를 외쳐

됐다.〉

돌이켜 보면 그 광적인 임무 수행은 부분적으로, 우리가 켄트와 공유한 과거와 서로의 유대감에 기초한 일종의 애도의 과정이었다. 폴은 내가 무슨 일을 겪고 있는지 누구보다 잘 알고 있었다. 그는 코딩이라는 복잡한 퍼즐에 빠져 스스로를 잊는 것이 내게 최선의 대처 방법이 될 수 있다는 것을 알았고, 옆에서 돕고 싶어 했다. 물론 우리는 이런 감정을 결코 입 밖으로 꺼내 놓지 않았다. 하지만 분명히 그런 감정이 존재했다.

같은 사람과 그토록 많은 시간을 함께하다 보면 더 가까워지지 않을 수 없다. 전에는 폴의 집에서 많은 시간을 보낸 적이 없었지만, 그해 여름에는 몇 차례 방문해 긴 시간 머물렀다. 그의 아버지는 워싱턴 대학교 도서관 부관장답게 과묵한 분이었다. 반면에 그의 어머니는 매우 친근하게 사람을 대했고, 주로 책을 통해 사람들과 소통하기를 갈망하는 모습을 보였다. 시간이 지나면서 나는 폴의 어머니를 내가 만난 사람 중 가장 훌륭한 독서가 중 한 명으로 인정하게 되었다. 그녀는 내가 아는 모든 책은 물론이고, 고전부터 최근에 출간된 치누아 아체베Chinua Achebe 같은 작가의 소설까지 내가 들어 보지도 못한 책도 수백 권이나 읽은 상태였다.

그 나이대에 누군가의 가족을 알게 되면 학교라는 사회적 안개와 아이가 사람들 앞에서 꾸미는 태도에 가려져 있던 많은 것들을 접하게 되기 마련이다. 나는 폴의 괴짜 기질이 완전히 발현되는 모습을 보았고, 나의 경우와 마찬가지로 아들이 주류에 맞지 않는다는 것을 알면서도 여전히 깊이 지지하는 부모님도 인지했다. 폴의 집 지하실에는 실험실이라고 해도 무방한 공간이 갖춰져 있었는데, 대형 화학 실험 세트와 알루미늄 구체 사이에 전기를 발생시키는 장치(아버지의 크리스마스 선물) 등이 눈에 띄었다. 폴이 한번은 그 장치를 쓰다 감전될 뻔한 적이 있다고 했다. 거기에는 그가 중고품 가게를 뒤져 찾아낸 여분의 전자 부품과 납땜인두 및 기타 신비한 도구들이 담긴 상자도 있었다(적어도 나에게는 신비한 도구들이었다). 위층에 있는 그의 방에는 지금까지 나온 공상 과학 소설은 다 모아 놓은 것처럼 보이는 책들이 천장부터 바닥까지 꽉 차 있었다. 나는 공상 과학 소설을 좋아했지만, 폴은 하인라인와 아시모프Asimov, 허버트Herbert, 브래드버리Bradbury, 딕Dick의 작품과 잘 알려지지 않은 많은 작가들의 작품을 주로 섭렵했다.

우리는 가끔 쉬는 시간을 내서 한적한 레이크사이드 캠퍼스를 산책하곤 했는데, 그럴 때면 섹스와 마약, 로큰롤에 대한 폴의 강의가 펼쳐졌다. 폴은 세 가지 모두에 나보다 훨씬 더 정통했다. 나는 처음 두 가지는 시도해 본 적도 없었고, 세 번째에 대해서는 별로 아는 게 없었으니까. 폴은 실제로 데이트를 해봤고, 심지어 여자 친구도 있었다. 또한 음악에 심취해 있었는데, 주로 프로콜 하럼Procol Harum의 로빈 트로워Robin Trower나 본인의 영웅 지미 헨드릭스와 같은 독창적인 기타리스트의 음악을 좋아했다.

아, 헨드릭스. 폴에게 지미 헨드릭스는 창의적 천재성의 시작이자 끝이었다. 그해 여름, 그는 지미 혼자서 여섯 줄과 디스토션만으로 우리를 우주로 데려갔다가 안전하게 집에 데려다 놓을 수 있다며 열변을 토했다. 주말이면 폴은 보라색 나팔바지를 입고 챙 넓은 모자를 썼다. 그 무렵 그는 「당신은 경험이 있습니까Are You Experienced」를 자신의 만트라이자 일종의 테스트로 삼았다. 헨드릭스의 데뷔 앨범 타이틀 곡으로 던지던 이 질문은 자각에 도달했는지, 또는 마약을 해본 적이 있는지를 가늠하는 폴의 척도였다. 나를 겨냥해 흥얼거리던 이 노래의 후렴구는 폴의 또 다른 도발이었다. 〈당신은 경험이 있습니까? 경험해 본 적이 있나요? 음, 나는 해봤거든요.Are you experienced? Have you ever been experienced? Well, I have.〉

스카치에서 시작되었다. 폴이 컴퓨터실에 가져온 정말 싸구려 스카치위스키였다. 그는 나를 처음으로 취하게 했고, 그날 밤 나는 너무 취한 나머지 레이크사이드 교사 휴게실에서 토하고 기절했다. 이 에피소드는 며칠 후 대마초 피우는 법에 대한 시범으로 이어졌다. 그리고 물론, 폴은 이어서 LSD를 해보지 않고는 진정한 경험에 이르렀노라 할 수 없다고 주장했다. 나는 거절했다.

그해 여름 나는 엄청난 압박감을 느꼈다. 학교가 내 능력을 믿고 시간에 맞춰 수업 일정 프로그램을 완성할 것을 기대하고 있었다. 그 신뢰의 무게가 고스란히 나를 짓눌렀다. 한 달 안에 워싱턴 D.C.로 가서 여름의 일부 기간 동안 의원 보조 견습생으로 일할 예정이었다. (10학년 때 올림피아에서 주 하원 의원 보조 견습생으로 일한 적이 있었고, 이번에는 연방 의회를 경험할 기회라서 고대하던 참이었다.) 만약 우리가 실패하면 모든 책임이 내게로 돌아올 터였다. 그 느낌이 견딜 수 없을 정도로 싫었다.

다행히도 밤낮을 가리지 않은 노력이 결실을 맺었다. 폴과 나는 제시간에 프로그램을 완성했다. 가을 학기에 프로그램이 완벽하게 작동했다. 우리가 여름에 작성한 그 코드가 앞으로 수년 동안 사용될 터였다. 더 이상 아이들이 지도 교사에게 도움을 요청하러 달려갈 필요가 없었다. 그리고 우리는 보수를 받았다.

켄트와의 우정이 남긴 유산 중 하나는 다른 사람이 나를 더 나아지도록 도울 수 있다는 사실에 대한 깨달음이었다. 그해 여름, 폴과 나는 당시에는 몰랐지만 우리의 나머지 삶을 정의하게 되는 파트너십을 맺었다. 파트너는 서로의 관계에서 부족한 부분을 채워주고, 각자의 능력을 끌어올릴 수 있는 영감을 준다. 폴을 파트너로 삼고 나니 내 역량의 한계를 시험하는 도전에도 더욱 자신감 있게 임할 수 있다는 확신이 들었다. 위험한 도전을 함께 극복한 사람이 있으면 다음 도전도 더욱 과감히 수용할 용기가 생기는 법이다.

폴과 나는 서로의 작업 스타일이 상호 보완적이라는 것을 알게 되었다. 나는 빠르고 직접적인 접근 방식을 선호했다. 그 자리에서 바로 정답이나 최상의 답을 찾아낼 수 있는 나의 처리 속도에 자부심을 느꼈다. 급하게 즉각적인 사고로 답을 찾곤 했다. 그리고 나는 며칠 동안 쉬지 않고 일하고 또 일할 수 있었다. 폴의 스타일은 더 조용하고 차분했다. 그는 시간을 들여 곰곰이, 신중하게 생각하곤 했다. 그는 경청하고, 나름대로 정보를 처리했다. 그의 지성에는 인내심이 수반되었다. 그는 올바른 답이 떠오를 때까지 기다릴 줄 알았다. 그리고 올바른 답에 이르곤 했다.

폴은 항상 컴퓨터의 하드웨어 측면에 관심이 많았다. 그는 연구소나 컴퓨터 회사에서 이뤄지는 핵심적인 기술 발전에 대한 모든 잡지 기사를 닥치는 대로 찾아 읽었다. 1972년 여름, 그는 인텔Intel이라는 캘리포니아의 작은 회사에서 나오는 혁신에 관해 많은 이야기를 했다. 내가 폴에게서 그 회사에 대해 처음 들은 것은 전년도 가을이었다. 그때 그가『일렉트로닉 뉴스Electronic News』에 실린 광고를 보여 주었는데, 인텔이 〈마이크로 프로그래밍이 가능한 컴퓨터를 칩 하나에 구현했음〉을 홍보하는 내용이었다. 간단히 말해, 컴퓨터의 주요 기능을 하나의 실리콘 조각에 집어넣었다는 얘기였다. 그들은 이를 4004 마이크로프로세서라고 불렀다.

획기적인 기술이었다. 컴퓨터는 논리적인 일련의 명령을 따르는 전기적 자극 덕분에 작동한다. 내가 태어난 1955년 당시에는 대형 컴퓨터 내부의 진공관(작은 전구처럼 생겼다)이 그 역할을 수행했다. 깨지기 쉬운 그 유리관은 많은 공간을 차지하고 많은 전력을 사용하며 많은 열을 발생시켰다. 비슷한 시기에 엔지니어들은 실리콘 트랜지스터를 발명했는데, 그것은 엄지손톱만 한 크기의 마이크로칩에 새겨진 작은 전자 회로를 통해 진공관과 동일한 기능을 수행했다. 인텔은 이러한 회로를 이용해 컴퓨터 두뇌의 대부분을 하나의 실리콘 칩에 집어넣음으로써 한 단계 더 발전된 기술의 도약을 이뤄냈다.

4004는 오래된 라디오와 납땜인두 등으로 가득 찬 골판지 상자를 애지중지하는 폴과 같은 전자 제품 애호가라면 아주 흥미로워할 만한 제품이었다. 하지만 매우 제한적이었다. 인텔이 그것을 개발한 이유도 휴대용 계산기를 생산하는 일본의 한 기업에 납품하기 위해서였다. 다른 용도로는 사용할 수 없었다.

당시 폴은 인텔의 공동 창업자이자 엔지니어인 고든 무어Gordon Moore가 1960년대 중반에 밝힌 예측에 대해 이야기해 주었다. 무어는 반도체 제조업체들이 칩에 점점 더 작은 회로를 새겨 넣기 위해 이용하는 공학 및 제조 기술의 발전을 연구하고 있었다. 무어는 기술 혁신이 지속되면서 매년 칩에 탑재되는 트랜지스터의 수가 두 배로 늘어날 것이라고 예측했다(나중에 〈2년마다 두 배〉로 수정했다).

2년마다 두 배로? 기하급수적인 성장이었다. 폴이 이 이야기를 했을 때, 나는 그래프에서 점진적으로 상승하다가 하키 스틱 모양으로 치솟는 선을 떠올렸다. 우리는 세상을 선형적이고 점진적인 방식으로, 즉 인치 단위나 온스 단위로 경험하는 경향이 있다. 조금씩, 서서히 변화하는 방식으로 경험한다는 뜻이다. 컴퓨터 산업도 다르지 않았다. 오랫동안 컴퓨터의 두뇌를 구성하는 수많은 개별 부품을 서로 연결하는 데 따르는 크기와 발열, 전력 소비 등에 제약을 받는 가운데 점진적인 발전이 이루어졌다. 무어의 예측은 마이크로프로세서의 속도가 기하급수적으로 증가할 것임을 암시했다. 그렇게 된다면 지금 방 하나를 통째로 차지하는 컴퓨터가 언젠가는 책상 위에 올라갈 수 있을 터였다. 무어 자신도 이러한 트렌드가 〈가정용 컴퓨터와 같은 경이로움〉을 낳을 수 있다고 썼다.

따라서 4004가 많은 것을 할 수 없더라도 미래의 마이크로프로세서는 훨씬 더 많은 것을 할 수 있을 터였다. 예측이 맞아 떨어진다면 말이다. 지금까지는 들어맞고 있었다. 인텔에서 최근에 내놓은 칩인 8008은 이전 칩보다 두 배 빠른 속도로 데이터를 처리할 수 있었다.

이게 그것인가? 이것이 가정용 컴퓨터의 두뇌가 될 수 있는 칩이란 말인가? 나는 사양을 살펴본 후 폴에게 아니라고 말했다. 그 칩으로는 게임이나 급여 관리 등과 같은 흥미로운 프로그램을 실행할 방도가 없었다. 나는 폴에게 인텔이 더 나은 제품을 내놓을 때까지 기다려야 한다고 말했다.

한 가지 가능성은 있다고, 그가 말했다. 켄트가 죽기 전에 나와 함께 시작한 교통량 집계 작업이 그 가능성이었다. 수작업으로 진행하던 지루한 계산과 데이터 입력을 8008 기반 컴퓨터로 대체할 수 있다면, 그 칩의 완벽한 응용 사례가 될 수 있다는 것이었다. 문제가 충분히 단순해서 8008로도 해결할 수 있다고, 내가 동의했다. 테이프 판독기와 소프트웨어만 있으면 컴퓨터가 천공된 테이프를 읽고 사용 가능한 디지털 데이터로 변환할 수 있도록 만들 수 있었다. 어쩌면 우리가 전국 수천 개는 아닐지라도 수백 개 도시에서 필요로 하는, 종이에 뚫린 구멍을 유용한 교통 데이터로 빠르게 변환하는 컴퓨터를 구축할 수 있지 않을까?

첫 번째 단계는 하드웨어 작업을 담당할 사람을 찾는 것이었다. 우리는 워싱턴 대학교의 폴 길버트Paul Gilbert를 찾아갔다. 우리가 C-큐브드에 있을 때 길버트는 시애틀의 학생들로 구성된, (여전히 소규모이긴 했지만) 보다 폭넓은 컴퓨터 애호가 서클의 일원이었다. 우리보다 몇 살 많은 그는 이제 전기 공학도가 되어 있었다. 캠퍼스 물리학 실험실에서 아르바이트를 하는 까닭에 온갖 종류의 전자 도구와 장비를 접할 수 있었다. 그는 우리의 아이디어에 대한 구두 설명만 듣고도 기꺼이 돕겠다고 했다. 그렇다면 인텔 칩은 어디서 구할 수 있을까?

7월에 폴 앨런은 그들의 향후 계획 등 몇 가지 질문을 담은 편지를 인텔에 보냈다. 한 관리자가 인텔이 2년 후에, 아마도 1974년까지 새로운 칩 제품군을 출시할 예정이라고 직접 답장을 보냈다. 당시 업계 전체가 얼마나 작은 규모였는지를 보여 주는 부분이다. 폴이 보낸 편지에는 8008을 어디서 구입할 수 있는지에 대한 질문도 있었다. 해밀턴/에이브넷Hamilton/Avnet이라는 대형 전자 부품 공급업체가 인텔의 첫 번째 유통업체로 계약했다고, 답장에 적혀 있었다. 공교롭게도 이 회사는 보잉의 주요 공급업체였다. 시애틀에 영업 사무소를 두고 있었다.

그렇게 해서 1972년 가을, 폴과 나는 시애틀 남부 공업 지구의 한 매장에서 판매 직원에게 인텔 8008 칩 하나를 사고 싶다고 말하게 되었다. 지금도 우리가 도대체 무슨 생각으로 그것을 사는지 놀란 표정으로 의아해하던 그 직원을 상상하면 웃음이 난다.

나는 수업 일정 프로그램 작업으로 번 현금 360달러(오늘날의 약 2천4백 달러에 해당)를 내밀었다. 그는 다른 매장이었다면 멋진 보석이 들었을 것으로 여겨질 만한 작은 상자를 우리에게 건넸다. 내 첫 번째 생각은 이랬다. 〈이렇게 작은 물건이 어떻게 이다지도 비쌀 수 있지?〉

인텔의 발명품이 미친 영향을 아는 지금, 그 순간을 돌이켜 보면 실로 놀랍기 그지없다. 회로의 두 배 증가 예측은 나중에 〈무어의 법칙 Moore's Law〉으로 알려졌고, 마이크로프로세서는 개인용 컴퓨터와 스마트폰을 탄생시킨 디지털 혁명을 주도했다. 마이크로프로세서의 발명은 나의 직업 경력에서 가장 중요한 단일 사건으로 기록되었다. 마이크로프로세서가 없었다면 마이크로소프트도 없었을 것이다.

물론 이 모든 것은 열여섯 살의 너드와 열아홉 살의 히피 기술광 친구에게는 먼 미래의 일이었다. 마이크로프로세서가 어떤 모습인지 보고 싶어 안달 난 우리는 매장에서 바로 알루미늄 포장지를 뜯었다. 18개의 금도금 다리가 달린 풍선껌처럼 생긴 물건이 들어 있었다. 손에서 방출된 전하가 그 껌을 튀겨 버릴지도 모른다는 불안감에 우리는 재빨리 다시 포장해서 그곳을 빠져나왔다.

9장

단막극 배우와 파이브 나인

BILL GATES ≫ SOURCE CODE

하버드 대학 지원 에세이를 쓰면서, 나는 컴퓨터 관련 배경을 어머니의 셀렉트릭 타자기의 깔끔한 필기체 글꼴로 6백 단어 분량에 압축했다. 지역 회사(C-큐브드)와의 〈생산적인 협의〉에서부터 시작해 급여 관리와 수업 일정, 자동 교통량 집계 등에 관한 컴퓨터 프로그램 작성 활동을 요약하면서, 레이크사이드 프로그래밍 그룹에 대해서도 소개했다. 아이들을 가르쳐 본 경험에 대해서는 이렇게 썼다. 〈내가 해본 모든 일 가운데 가장 힘들었다. 보통 한 반에 몇 명씩은 수업에 매우 흥미를 느끼고 계속해서 컴퓨터 작업을 수행했다. (……) 반면에 내 수업을 듣고 컴퓨터를 더욱 알 수 없는 무엇으로 생각하는 학생들도 있었다.〉

입학 사정관들이 내 에세이를 끝까지 읽었다면, 어쩌면 내가 내린 결론에 놀랐을지도 모른다. 〈컴퓨터 관련 작업은 재미도 있고, 약간의 돈도 벌 수 있고, 실로 많은 것을 배울 수 있는 멋진 기회였다. 하지만 계속 이 분야에 집중할 계획은 없다. 현재는 사업 경영이나 법률에 가장 관심이 많다.〉

사실 나는 컴퓨터, 특히 소프트웨어 분야가 가능한 진로, 어쩌면 가장 가능성이 큰 진로가 될 수 있다는 것을 알고 있었다. 폴과 나의 희망처럼 마이크로프로세서의 발전으로 저렴한 범용 컴퓨터가 탄생한다면 말이다. 하지만 1972년 가을에는 아직 불분명한 부분이 너무 많은 미지의 영역이었다. 당장은 나 자신의 호기심을 충족하면서 만일에 대비한 대안으로 새로운 세계를 탐험하고 싶었다.

그해 여름 나는 워싱턴 D.C.에서 한 달간 하원 의원 보조 견습생으로 일했다. 고등학생인 다른 견습생들과 함께 기숙사에서 생활하고 매일 의사당으로 출퇴근하면서 정말 환상적인 경험을 했다. 내가 워싱턴 D.C.에서 보낸 시간은 민주당 부통령 후보였던 토머스 이글턴Thomas Eagleton이 우울증과 기타 정신 건강 문제를 밝힌 후 1972년 대선 레이스에서 사퇴하기로 결정한 시기와 맞물렸다. 러닝메이트였던 대통령 후보 조지 맥거번George McGovern은 몇 주 동안 이글턴의 곁을 지켰지만, 결국 대체자를 찾기 위해 동분서주했다. 이 극적인 사건이 얼마나 흥미롭게 느껴졌는지, 마치 정치 스릴러 영화를 보는 것 같았다. 나는 또한 이 드라마를 활용해 약간의 돈벌이를 해보기로 했다. 이글턴이 사퇴하기 전, 한 친구와 나는 맥거번-이글턴 캠페인 버튼을 가능한 한 많이, 때로는 돈까지 들여가며 서둘러 확보했다. 그가 사퇴할 것이라는 데에 베팅한 셈이다. 이글턴 사퇴 후, 우리는 그 18일간의 역사가 담긴 수집품을 원하는 의회 직원들이나 의사당 주변 사람들에게 버튼을 판매했다. 우리는 수익금의 일부를 다른 견습생들과 함께 근사한 식사를 하거나 저녁 시간에 외출하는 데 썼다.

아무리 낮은 직급이라도 의회에서 시간을 보내면서 그 분위기에 휩쓸리지 않는 것은 거의 불가능하다. 그 한 달의 경험을 계기로 나는 정부 및 정치 분야에서 경력을 쌓는 것에 대해 보다 진지하게 생각하게 되었고, 법학도가 그 길의 좋은 출발점이 될 수 있다고 판단했다.

대학 선택과 지원은 내가 주도하긴 했지만, 그 모든 과정에 어머니의 영향이 크게 작용했음은 물론이다. 게이츠 가문의 자녀는 누구든 훌륭한 대학에 진학할 것이라는 기대가 이미 자리 잡고 있었다. 나는 당시 워싱턴 대학교 2학년이던 누나 크리스티에 대해 어머니와 아버지가 얼마나 흡족해하는지 알고 있었다. 누나는 어머니가 보기에 훌륭하고 존경받을 만한 경력으로 이어질 것 같은 실용적인 학문인 회계학을 전공하고 있었고, 어머니 당신이 워싱턴 대학교 시절에 그랬던 것처럼 학생회 활동에 깊이 관여하고 있었다. 이제 내 차례였다. 어머니는 하버드가 목표라고 명시적으로 밝힌 적이 없었지만, 분명히 그곳을 염두에 두고 있었다.

그해 가을, 내 관심은 새로운 역할에 집중되었다. 긴장한 배우. 11학년 때 연극반 수업을 얼마나 즐겼는지 스스로 놀랐고, 그래서 다시 등록했다. 연기는 애초의 우려와 달리 스트레스를 주기보다는 오히려 해방되는 느낌을 선사했고, 대본 리딩을 할 때마다 자신감이 생겼다. 하지만 레이크사이드의 객관적인 관찰자라면 누구나 배우로서의 나에 대한 기대치가 매우 낮을 것임을 충분히 알고 있었다. 나는 〈컴퓨터 도사〉로 통했으니까. 하지만 나는 그런 협소한 분류가 맘에 들지 않았다. 연극은 나 자신을 넓혀 새로운 것을 시도하고 성공할 수 있는지 알아보기 위한 시도였다.

우리가 공연한 작품은 영국 극작가 피터 셰퍼Peter Shaffer가 쓴 「블랙 코미디Black Comedy」였다. 생활이 불안정한 젊은 조각가 브린슬리와 그의 약혼녀 캐럴을 중심으로 전개되는 익살극이다. 캐럴은 엄격한 전직 육군 대령의 딸로, 상류층 사교계에 어울리는 유복한 젊은 여성이다. 브린슬리는 자신의 집에서 하룻밤 동안, 처음으로 캐럴의 아버지를 만나고 〈세계에서 가장 부유한 사람〉이라는 유명한 예술품 수집가도 맞이해야 하는 상황에 처한다. 모든 것이 순조롭게 돌아가면, 긴장한 브린슬리는 대령의 인정도 받고 수집가에게 조각품을 팔아 큰 성공의 기회도 잡을 수 있을 것이다. 하지만 일이 잘 풀리지 않는다. 퓨즈가 끊어져 불이 나간다. 등장인물들은 극의 대부분 동안 어둠 속이라는 설정하에 더듬거리며 움직이지만, 관객은 모든 장면을 밝은 조명 아래 감상하며 그들이 허둥대고 실수하고 서로를 착각하는 모습을 유쾌하게 즐길 수 있다. 나는 레이크사이드에 입학하기 직전 여름, 뉴욕으로 가족여행을 갔을 때 이 연극을 정말 재밌게 본 적이 있었다. 특히 수집가에게 깊은 인상을 주기 위해 주인 몰래 〈빌려 온〉 값비싼 앤티크 가구에 걸려 넘어지고 불시에 나타난 전 여자 친구를 쫓아내려고 애쓰는 브린슬리가 많은 웃음을 자아낸다. 가볍게 즐기기에 좋은 연극이다.

모두의 예상을 깨고 내가 브린슬리 역을 맡게 되었다. 내 상대 역은 12학년에서 가장 인기 있는 여학생 중 한 명인 비키 윅스Vicki Weeks였다. 일주일에 세 차례 오후 시간에 우리 출연진은 교내 예배당에 모여 코믹한 상황의 미세한 타이밍을 맞추기 위해 노력했다.

연극은 나의 고교 생활 전체를 이끈 열정과는 거리가 멀었지만, 레이크사이드 시절 최고의 경험 중 하나라 할 수 있다. 리허설에 들어갔을 때 나는 캐릭터에 온전히 녹아들었다. 예배당을 뛰어다니며 가구를 옮기고 어둠 속에서 더듬는 시늉을 하는 것 자체가 순수하고 색다른 재미였는데, 출연진과 제작진 간의 유대감이 깊어져 더욱 좋았다. 초창기 컴퓨터실과 비슷했지만, 한 가지 결정적인 차이점이 있었으니 바로 여학생들이었다. 특히 비키는 자신 있는 태로도 나의 자신감까지 북돋우며 보다 과감한 연기를 펼칠 수 있도록 도왔다. 우리는 농담을 주고받으며 서로 〈달링Darling〉이니 〈스위티 푸Sweetie Poo〉니 하면서, 연극에 나오는 바보 같은 애칭으로 불렀다. 캐릭터 연기라는 안전망이 감싸 준 덕에 난생처음으로 플러팅을 연습할 수 있었다. 행여 실수라도 해서 공연을 망칠까 봐 걱정이 된 나는 집에 돌아오면 방문을 닫고 대사를 반복해서 연습하곤 했다.

안전지대를 벗어나는 모험에서 이렇게 큰 보람을 느끼게 될 줄은 예상치 못했다. 이 경험 덕분에 나는 대학 생활에서도 다시 한 번 나 자신을 재정의할 기회를 가질 수 있을 것이라는 기대가 생겼다. MIT 같은 곳에 진학하면 다른 수학 너드들에게 둘러싸인 수학 너드가 될 것 같았다. 그 전망은 너무…… 답답하게 느껴졌다. (그래서 그해 여름 MIT 면접을 포기하고 대신 핀볼 게임을 한 것이다.) 대학 전공 안내서를 살펴보며 순수 수학, 인지 심리학, 전쟁 정치학, 경영 이론, 고급 화학 등 다양한 학문적 가능성의 매력에 빠져들었다. 이런 것들이 나를 온갖 종류의 새로운 방식으로 확장시켜 줄 수 있을 것 같았다. 지원서를 작성하면서 나의 페르소나를 실험해 보았다. 연극 수업에서 배운 대로 각각의 지원을 하나의 연기로 삼기로 한 것이다. 한 명의 배우가 세 가지 다른 캐릭터를 연기하는 셈이었다.

프린스턴 대학에는 소프트웨어를 작성할 줄 아는 엔지니어가 되고 싶다고 말했다. 내가 작성한 코드의 샘플을 보여 주며 수학 성적을 강조했다. 예일 대학교에는 정부 기관이나 법조계에 몸담고 싶다고 말했다. 워싱턴 D.C.에서의 경험을 설명하며 보이 스카우트에 대한 애정과 극예술에 대한 열정을 강조했다. 하버드에는 에세이에 적었듯이 비즈니스나 법학에 관심이 있다고 소개했다.

「블랙 코미디」를 공연한 11월의 그 저녁, 나는 어둠 속에서 비틀거리고 넘어지고 허우적대고 두 명의 소녀에게 키스를 시도하면서 (대본에 따라) 대사 한 마디도 놓치지 않았다. 우리 전체 출연진은 자연스러운 연기로 많은 찬사를 받았다.

공연이 끝난 후 무대에서 부모님의 표정을 읽을 수 있었다. 한때 반에서 광대 노릇이나 하던 아들이 새로운 친구들에게 둘러싸여 새로운 영역에서 사교적이고 자신감 넘치는 모습을 보여 주고 있었다. 부모님은 나의 그런 측면을 사적으로 이미 알고 있었지만, 공연장에 있던 대부분의 다른 사람들과 마찬가지로 그것이 공개적으로 펼쳐지는 모습에 깜짝 놀랐을 것이다. 나는 당연히 기분이 좋았다. 내 자신에게 높은 기준을 세웠고, 여유롭게 그 기준을 통과했으니까. 마지막 커튼콜을 하면서 나는 언젠가 적절한 때를 잡아 비키에게 데이트 신청을 하겠다고, 새로운 도전 과제를 설정했다.

크리스마스 직후, 2년 전 레이크사이드 프로그래밍 그룹이 급여 관리 프로그램 프로젝트를 맡는 데 도움을 준 ISI의 임원으로부터 전화가 왔다. 버드 펨브룩은 워싱턴주와 오리건주, 캘리포니아주 전역에 걸쳐서 전력을 생산하고 배급하는 연방 기관인 보네빌 전력청Bonneville Power Administration, BPA의 프로젝트에 대한 자문을 맡고 있다고 말했다. BPA는 컬럼비아강의 그 거대한 그랜드쿨리Grand Coulee 댐을 관리 감독하는 것으로 가장 잘 알려져 있었다.

BPA는 발전 업무를 전산화하는 프로세스를 진행 중이었다. 대형 방위 및 기술 계약업체인 TRW가 이 작업을 감독하고 있었는데, 거기에 대부분 수작업으로 이루어지던 시스템을 (레이크사이드 프로그래밍 그룹이 거의 모든 작업에 사용하던 컴퓨터인) PDP-10에서 작동하도록 전환하는 일이 포함되었다. 예산이 초과되고 마감 기한이 지나간 상황에 처한 TRW는 전국을 돌며 PDP-10 전문가를 모집하고 있었다. 그러던 중 버드에게 연락이 닿았고,

버드는 폴과 릭, 그리고 나를 그들에게 소개했다.

버드의 전화를 받았을 때 나는 워싱턴 주립 대학교에서 폴 앨런과 함께 우리의 교통량 집계 프로그램에 관한 작업을 일주일간 진행하고 막 돌아온 참이었다. 당시 그 프로그램에 우리는 〈트래포 데이터Traf-O-Data〉라는 이름을 붙였다. 폴 길버트는 전자레인지 크기의 상자 안에 전선과 칩이 얽혀 있는 형태로, 대략적인 버전의 하드웨어를 조립해 놓은 상태였다. 하지만 소프트웨어는 아직 완성되지 않았다. 우리가 워싱턴 주립 대학교 컴퓨터를 이용해 집요하게 작업을 이어 가던 동안, 폴은 벌써 학교가 지겹다고 말했다. 그의 빠른 두뇌와 잡식성 호기심에 비해 수업이 충분히 도전적이지 않았다. 그는 휴학하고 취업할 것을 고려하고 있었다.

그래서 내가 전화를 걸어 BPA에 대해 이야기했을 때, 폴은 한순간도 망설이지 않고 합류하겠다고 했다. 스탠퍼드에서 전기 공학을 전공하던 릭은 그냥 학교생활에 충실하기로 결정했다. (그는 결국 여름에 우리와 함께 일하게 된다.)

크리스마스 직후, 폴과 나는 폴 부모님의 1964년식 크라이슬러 뉴요커를 몰고 오리건주로 건너가기 직전에 있는, 당시에는 다소 거친 도시였던 워싱턴주 밴쿠버 소재의 BPA 사무실로 갔다. 그날 차 안에서 우리는 버드가 TRW 직원들과 나눴을 법한 대화로 농담을 주고받았다.

「이봐요, 버드, PDP-10을 잘 아는 사람 알아요?」

「글쎄요, 게이츠와 앨런이라고 있지요.」

「뭐 하는 사람들인데요?」

「둘 다 애들이에요.」

인터뷰에서 우리는 기계의 내부든 외부든 죄다 꿰고 있다는 점을 분명히 밝혔다. 수업 일정과 교통량 집계 프로그램을 위해 작성한 코드의 출력물도 가져갔다. 우리의 실력과 그들의 절박함 중에서 어느 쪽이 더 크게 작용했는지는 잘 모르겠지만, 어쨌든 우리는 그 일을 따냈다.

대단히 멋진 일 같았다. 시간제로 급여를 받는 데다가 C-큐브드나 ISI에서와 마찬가지로 부수적으로 다른 프로젝트를 진행할 수 있는 시간적 여유도 있을 것으로 생각되었다. 폴은 즉시 학교에 휴학 신청서를 제출했다.

집에 돌아온 날 밤, 나는 부모님에게 최고 수준의 기업과 미국에서 가장 중요한 공익 사업체 중 하나에서 일을 제안받았다고 말했다. 중요한 프로젝트에 우리의 전문 지식이 필요하고 그 일을 통해 훌륭한 경험을 쌓고 인정도 받을 수 있으며 급여도 받는다고 설명했다. 학교는 어떻게 하고? 어머니가 물었다. 당시 고등학교 마지막 학년(12학년)이었던지라 대학 입학을 위해 좋은 성적으로 아무런 문제 없이 마무리하는 것이 중요했다. 나는 문제가 되지 않을 거라고 확신했다. 어머니는 납득하지 않았다. 아들이 훌륭한 고등학교를 떠나 집에서 수백 킬로미터 떨어진 곳에서 혼자 사는 것은 각본에서 크게 벗어난 일이었다.

그래서 그 주에 어머니와 아버지, 그리고 나는 항상 현명한 판

단을 내리는 레이크사이드의 댄 에이롤트 교장 선생님을 만나러
갔다. 나는 그에게 나의 계획을 설명했다. 2학기를 두 달만 결석한
후 돌아와 학년을 마치고 졸업식에 참석할 것이다. 나는 교장 선생
님이 내 편을 들어 줄 거라고 확신했고, 실제로 그렇게 흘러갔다.
〈규칙이 거의 없는 댄〉으로 불리던 교장 선생님은 그것이 문제가
되지 않는다고 생각했을 뿐만 아니라, 그 시간을 자율 학습 프로젝
트로 간주해 졸업 요건에 포함시키자고 제안하기도 했다.

1960년대 중반 초등학교 시절, 나는 주인공인 두 과학자가 현
실과 상상의 장소를 오가며 시간을 여행하는 공상 과학 드라마 「타
임 터널The Time Tunnel」의 열렬한 팬이었다. 목요일 밤이면 잠을 미
루고 타이태닉Titanic호를 구하거나 셔우드 숲에서 날아오는 화살
들을 피하거나 거대한 크라카타우 화산에서 흘러내리는 용암을 피
해 달리는 주인공들을 지켜보곤 했다. 드라마에서는 지하 깊숙이
위치한 거대한 통제실을 배경으로, 흰색 실험복을 입은 일단의 과
학자들이 다이얼을 돌리고 컴퓨터에 명령을 입력하며 동료들을 특
정한 시간대로, 그리고 최근의 난감한 상황 속으로 보내는 장면이
펼쳐지곤 했다.

새로운 작업 현장을 처음 봤을 때 가장 먼저 든 생각은 이랬다.
「타임 터널」에 나오던 통제실과 똑같네. 아니, 더 나은데! 벽 크기
의 스크린에서 북서부의 모든 댐과 전력 시설 그리고 전력망의 상
태가 추적되고 있었다. 앞쪽으로 최신의 브라운관CRT 모니터를 갖
춘 컴퓨터 단말기가 줄줄이 늘어서 있었는데, 화면에 컬러 그래픽

이 떴다! 천장이 너무 높아서 직원들이 긴 사다리를 오르내리며 조명을 조정하거나 디스플레이를 미세 조정했다.

통제실은 미 서부에 전력을 공급하는 전력 시스템의 심장부였다. 이 시스템은 그랜드쿨리 댐과 북서부 전역의 다른 댐들, 그리고 석탄 발전소와 같은 추가 공급원에서 생산된 전력을 수백만 가구와 사업체에 공급했다. BPA는 주로 수력 발전 댐을 통해 전력을 생산했다. 문제는 변동하는 전력 공급량을 변동하는 수요량에 맞추는 것이었다. 회사는 이를 항상 수작업으로 처리해 왔다. 직원들이 서로 전화를 걸어 「이 댐의 전력을 올려 주세요」 또는 「저 댐의 전력을 내려 주세요」라고 말하면, 말 그대로 다이얼을 돌려 올리거나 내리는 방식이었다. 우리의 임무는 그 과정을 전산화하는 것이었다.

말로는 간단하지만 실행은 그리 쉽지 않은 작업이었다. DEC는 자동차 공장 현장의 생산 제어와 같은, 마이크로초(1백만분의 1초) 단위가 중요한 고급 실시간 작업을 처리할 수 있도록 PDP-10과 그 운영 체제 TOPS-10을 설계했다. 하지만 그조차도 TRW가 직면한 도전에 비하면 단순한 작업이었다. 그들은 전력 사용량과 댐 용량, 그리고 전력의 수요와 공급에 영향을 미치는 그 모든 방대한 데이터를 처리하고 수요와 공급의 균형을 맞추는 즉각적인 결정을 완벽하게 내리도록 컴퓨터를 프로그래밍해야 했다.

처음에 나는 이 임무의 무게를 제대로 인식하지 못했다. 초기에 회의에 들어가 앉아 있는데 프로그래머 중 한 명이 〈파이브 나인 five nines〉에 대한 무언가를 말했다. 나는 그가 무슨 말을 하고 있는 건지 전혀 몰랐다. 듣다 보니 우리가 구축 중인 컴퓨터 시스템이 99.999퍼센트(9가 다섯 개)의 시간 동안 전력이 공급되도록 작동해야 한다는 뜻이었다. 이 정도의 효율성이면 다운타임이 1년에 5.26분에 불과하므로, 사실상 연중 중단 없는 전력 공급을 가능하게 해야 한다는 것이었다. 내가 이전에 한 어떤 작업도 이렇게 완벽에 가까운 효율을 요구하지는 않았다. 농담인 줄 알았다.

TRW 직원들은 전력의 공급과 수요가 요동칠 때조차도 중단 없는 전력 공급을 안정적으로 유지해야 한다고 우리에게 설명했다. 일반적으로 사람들이 일어나 가전제품을 켜는 아침에 수요가 증가하고, 퇴근 후 집에 돌아와 난방이나 에어컨을 가동하고 조명을 밝히고 TV를 시청하는 오후와 초저녁에 최고조에 이른다. 새벽 2시에도 가로등과 병원, 경찰서, 소방서, 야식집 등은 전력을 소비한다. 이러한 기저 부하 수요를 충족하려면 안정적으로 전력을 생산하는 발전소가 필요하다.

〈타임 터널〉 통제실은 BPA의 조직 문화를 그대로 드러내는 증거였다. 전체 전력망이 큰 벽면에 조명과 스크린으로 표시되어, 언제든 전력이 어디서 어디로 흘러가는지, 그리고 중단이 발생하진 않았는지 등을 풀 컬러로 확인할 수 있었다.

그곳에 도착한 1월, 나는 그 어느 때보다도 나 자신과 코딩 능력에 자신감이 넘쳤다. 4년간의 컴퓨터 경력을 보유했고, 대부분 BPA가 사용하는 바로 그 컴퓨터로 작업했다. 급여 관리 프로그램을 개발했고, 학교 수업 일정 프로그램으로 히트를 쳤으며, 미국 도시들의 교통량 연구를 자동화하는 회사도 운영하고 있었다.

　내게 주어진 첫 번째 과업은 오류 메시지를 문서화하는 것이었는데, 이는 시스템의 문제 발생을 알리는 팝업 메시지를 간단한 언어로 작성하는 것이었다. 특별히 창의적이거나 흥미로운 일은 아니었다. 그럼에도 나는 그 일에 몸을 던졌다. 폴과 나는 매일 일찍 출근해서 늦게까지 일에 매달렸다. 시간이 지나자 회사에서 점점 더 중요한 일을 맡겼다.

　나는 장시간 강도 높게 작업하며 코드를 빠르게 작성할 수 있는 것에 자부심을 느꼈다. 매일 밤늦게까지 미친 듯이 코드를 찍어대며 탕Tang 분말 음료 믹스를 그냥 퍼먹어 혀를 주황색으로 물들이던 어린애를 보네빌의 노련한 전문 프로그래머들은 과연 어떻게 생각했을까. 그해 봄에는 거의 1백 시간 동안 지하 타임 터널을 떠나지 않고 계속 일함으로써 기존의 내 기록을 경신하기도 했다. 거의 나흘 동안 샤워도 하지 않고 거의 먹지도 않았다.

　어느 날 아침 출근해 보니 내 책상 위에 전날 밤에 작성한 코드의 출력물이 놓여 있었는데, 온통 파란색 잉크로 뒤덮여 있었다. 누군가 내가 작성한 코드를 살펴보다가 학교 선생님처럼 수정해서 올려놓은 것이었다. 사실 그 이상이었다. 단순히 구문상의 문제만 수정한 것이 아니라 내가 작성한 코드의 전체 구조와 설계를 완전히 뜯어고쳤다. 보통의 경우라면 내 첫 번째 반응은 방어적인 자세를 취하는 것이었으리라. 레이크사이드의 누군가가 내 코드를 비판하려고 하면 나는 이렇게 말했을 것이다. 「아니야. 네가 틀렸어.」

하지만 이번에는 앉아서 지적된 내용을 읽고 코드를 살펴보면서 〈와, 이 사람 말이 다 맞구나〉라는 생각이 들었다.

그 남자의 이름은 존 노턴John Norton으로, 그 문제 많은 프로젝트의 해결을 도우라고 TRW에서 파견한 프로그래머였다. 큰 키에 검은 머리를 짧게 자른 존은 30대 후반이었고, 나중에 알게 된 사실이지만, 고품질의 코드 작성 실력과 한 번의 치명적인 실패로 유명한 인물이었다. 20대 후반이던 1962년, 존은 우주 탐사선 마리너 Mariner 1호의 핵심 부품을 제어하는 소프트웨어를 감독했다. 금성으로 향하던 이 탐사선은 비행 몇 분 만에 NASA에 의해 파괴되면서 역사에 이름을 남겼다. 그것의 레이더 시스템이 작동하지 않는다는 사실을 관제사들이 깨달았기 때문이다. 문제의 원인은 아주 사소한 오류, 추정컨대 존 노턴이 감독한 컴퓨터 코드에서 하이픈 (-) 하나가 누락된 작은 결함 때문이었다. 전설에 따르면, 노턴은 이 실수가 너무 괴로운 나머지 몇 년 동안 실패로 돌아간 마리너호 탐사에 관한 신문 기사를 깔끔하게 접어서 지갑에 넣어 가지고 다녔다고 했다.

나는 컴퓨터 코딩에 대해 그처럼 예리하고 철저한 사람을 만난 적이 없었다. 그는 내가 작성한 코드를 계속 검토하고 수정해 내가 상상도 못한 수준까지 끌어올려서 돌려주었다. 그는 조용하고 자신감이 넘쳤으며 항상 눈앞에 있는 일에 집중했다. 그는 자신의 업적을 세우는 것이 아니라 어떻게 하면 자신의 지식을 활용해 작업을 개선하고 프로젝트를 성공시킬 수 있는지에 관심을 쏟았다.

성공보다 실패에서 더 많은 것을 배운다는 격언은 진부하지만 절대적으로 사실이다. 그때까지 나는 아마도 어떤 10대보다도 더 많은 시간을 코드와 구문에 대해 생각했을 것이다. 하지만 노턴은 나에게 완전히 새로운 차원을 열어 주었다. 그의 견실한 지도를 받으며 나는 더 나은 코드를 작성하는 법을 배웠을 뿐 아니라 자기 인식에 대한 교훈도 얻었다. 이런 생각을 했던 기억이 난다. 〈대체 뭘 믿고 프로그래밍에 대해 그렇게 오만했던 걸까? 내가 그렇게 잘한다는 것을 어떻게 확신할 수 있었지?〉 나는 완벽에 가까운 컴퓨터 코드란 어떤 모습일지 진지하게 숙고하기 시작했다.

3월에 집에 전화를 걸었다. 아버지가 전화를 받는데, 뭔가 흥분한 기운이 느껴졌다. 「아들, 하버드에서 편지가 왔다.」 봉투를 뜯는 소리가 수화기 너머로 들려왔다. 「윌리엄 헨리 게이츠가 하버드 대학에 합격했음을 이 서한으로 증명합니다.」 아버지가 읽었다. 나는 전화선을 타고 흘러오는 어머니의 자부심을 느낄 수 있었다. 나는 이미 예일 대학교에 합격했고, 한 달 뒤 프린스턴에서도 합격 통보가 날아올 터였다. 하지만 굳이 선언하지 않아도 게이츠랜드의 모든 사람들은 내가 하버드를 선택할 것임을 알고 있었다.

그 후 시애틀로 돌아와 3개월 남은 졸업반 생활을 마무리하면서 비키를 비롯한 연극반 친구들과 함께 마지막 공연을 준비했다. 우리는 무뚝뚝한 부조리 유머로 유명한 제임스 서버James Thurber의 짧은 촌극 몇 편을 무대에 올리기로 했다. 나는 화자의 침대가 뒤집어진 후 가족이 보인 과잉 반응에 대해 엉뚱한 이야기를 익살스럽게 늘어놓는 거의 10분 분량의 독백극 「침대가 넘어진 밤The Night the Bed Fell」을 공연했다.

비키와 우리 반의 몇몇 친구들은 레이크사이드와 세인트 니컬러스가 합쳐진 후 처음으로 무도회를 열기로 결정했다. 화려하거나 거창한 행사 없이 우리 반 학생들 위주로 소박하게 치르기로 했다. 분위기를 보아하니 비키에게 데이트 신청을 해도 큰 부담이 따를 것 같지 않았다. 무도회 며칠 전 저녁, 나는 용기를 내어 비키에게 전화를 걸었다. 전화를 걸 때마다 통화 중 신호가 울렸다. 계속 전화를 걸고 또 걸었고, 어느 순간에는 발가락으로 다이얼을 돌리는 도전까지 추가했다. 마침내 10시쯤 비키의 오빠가 전화를 받았다. 그는 잠자리에 든 비키를 불러오겠다고 했다.

「여보세요.」

「비키, 나 빌이야……. 빌 게이츠.」 내 특유의 높은 목소리를 알아들었을 거라 확신했지만, 그래도 성을 덧붙이는 것을 잊지 않았다. 저녁 내내 전화를 걸었지만 통화가 되지 않아 발가락으로 다이얼을 돌리기까지 했다고 말했는데, 분명 멋진 데이트 상대로 어필하는 최선의 방법은 아니었을 것이다. 나는 잠시 말을 빙빙 돌렸다. 「토요일 밤에 뭐 해?」

「오, 무도회에 갈 생각이었어.」 그녀가 말했다.

「그럼 나랑 같이 갈래?」

「내일까지만 시간을 줄 수 있어?」 그녀는 데이트 신청을 기다리고 있는 남자가 있는데, 그가 연락하지 않으면 나에게 알려 주겠다고 설명했다. 다음 날 교내 중앙 광장에서 그녀는 그 친구로부터 연락이 왔다는 소식을 전했다. 그보다 더 친절할 수는 없게 말했지만, 그녀는 나를 친구 이상으로 생각하지 않는다는 점을 분명히 했다. 거절을 극복하는 데 시간이 좀 걸렸고, 이후로 한동안은 나 자신을 드러내는 것을 피했다. 그래도 무도회에는 갔고, 각자 서로의 예비 데이트 상대였던 것 같긴 하지만, 멋진 후배와 즐거운 시간을 보냈다.

미국의 많은 고등학교와 마찬가지로, 레이크사이드 졸업반 학생들 역시 전통적으로 봄에 하루 정도 학교를 빠지고 모두 각자의 길을 가기 전에 함께 어울려 휴식을 즐기는 시간을 갖는다. 1973년 레이크사이드 졸업반은 이 시니어 스니크Senior Sneak 행사로 페리를 타고 베인브리지 아일랜드로 건너가 동급생의 넓은 집에서 하룻밤을 보냈다. 일정 시간 동안 나는 비키를 비롯한 인기 많은 친구들과 어울렸지만, 결국 그들은 자기들끼리 따로 떨어졌고, 내 주변에는 낙오자 몇 명만 남았다. 앞서 대마초를 조금 피웠던 터라 한 친구가 LSD를 권했을 때 다소 거리낌 없는 기분이 들었다. 나는 LSD로 〈경험에 이르러야 한다〉는 폴의 주장에 늘 저항했었다. 이번에는 그것이 어떤 것인지 알아보기로 결정했다. 경험의 일부는 짜릿했지만, 다음 날 오전까지 약의 영향을 받을 수 있다는 사실을 몰랐다. 그날 아침 오래전에 예약된 치과 수술을 받으러 교정 전문의의 진료실에 갔다. 나는 치료 의자에 앉아 입을 벌린 채 의사의 얼굴과 그의 드릴이 돌아가는 모습을 멍하니 바라보며 내가 보고 느끼는 것이 실제로 일어나고 있는 일인지 확신할 수 없었다. 〈이 의자에서 뛰어내려 그냥 나가 버릴까?〉 나는 속으로 맹세했다. 만약 혹시라도 LSD를 다시 하게 된다면 절대로 혼자 하지는 않을 거라고, 다음 날 일정이 잡혀 있는 경우에는, 특히 치과 치료와 같은 일정이 있을 때는 절대 하지 않겠다고.

졸업 후 다시 밴쿠버로 내려와 여름을 보냈다. 폴과 함께 타임 터널에서 밤새 코딩을 하거나 보네빌의 한 엔지니어가 소유한 보트로 컬럼비아강에서 수상 스키를 즐기는 날들이 이어졌다. 스탠퍼드에서 방학을 맞이한 릭도 우리에게 합류했다. 우리는 여전히 때때로 스스로를 레이크사이드 프로그래밍 그룹이라고 일컬었지만, 켄트가 없는 까닭에 결코 온전하게 느껴지지는 않았다.

우리 셋은 밴쿠버의 한 허름한 아파트에서 함께 지냈다. 밤늦은 시간에는 보네빌 PDP-10을 이용해 부업 프로젝트를 진행했다. 교통량 집계 사업을 위한 소프트웨어를 작성하거나 레이크사이드의 수업 일정 프로그램을 업데이트하는 일이었다. 탕과 피자로 끼니를 때우며 미친 듯이 일했는데, 그때까지의 인생에서 가장 자유롭고 편한 시간처럼 느껴졌다.

TRW 엔지니어들은 나의 특이한 작업 습관을 놀려 댔다(「넌 진짜 이상한 녀석이야」라는 말을 그 여름에 수없이 들었다). 하지만 동시에 믿을 수 없을 정도로 나를 지원해 주었다. 그들은 나의 어린 나이와 미숙함을 눈감아 주며 나를 그들의 사회에 받아들였다. 하이킹 친구들이나 레이크사이드의 컴퓨터실 친구들에게 그랬던 것처럼 여기서도 일종의 소속감을 느낄 수 있었다.

엔지니어들은 어떤 과제를 던져 줘도 기어이 해내려 노력하는 나의 열정을 높이 평가했다. 그들은 내가 밤새 매달릴 것을 알면서도 단지 얼마나 빨리, 얼마나 잘 작성할 수 있는지 확인하기 위해 코드 작성 과제를 내주기도 했다. 때로는 그들이 이미 코드를 직접 작성해 놓은 경우도 있었기에, 과제를 완성한 후 내 작업과 그들의 작업을 비교하며 그들의 더 영리한 서브루틴과 기발한 알고리즘에서 많은 교훈을 얻을 수 있었다.

그해 여름, 나는 한 사람이 어떤 분야에서 어떻게 최고가 될 수 있는지에 대해 많은 생각을 했다. 노턴은 재능과 전문성 면에서 타의 추종을 불허하는 인상적인 인물이었다. 나는 다른 프로그래머들이 갖지 못한 그의 강점을 이해하려고 노력했다. 다른 사람들보다 20퍼센트 더 뛰어나려면 무엇이 필요할까? 타고난 재능은 어느 정도 작용하고 헌신적인 노력은 또 얼마나 중요한가? 전날보다 오늘 더 나은 성과를 내기 위해 매일 끊임없이 집중하고 고심하며 얼마나 오랜 기간 노력을 기울여야 최고의 경지에 오를 수 있는 걸까?

나는 프로그래밍 분야에서 그 길을 잘 따라가고 있는 것 같았다. 옆에서 지켜본 TRW 직원들이 대학 과정을 건너뛰라고 권유할 정도였다. 학사 학위는 필요 없다고, 그들이 말했다. 바로 대학원에 들어가 컴퓨터 프로그래밍을 공부한 다음 DEC에 취직하면 된다고 했다. 「자네 같은 친구는 거기에 있어야 해.」 프로그래머 중 한 명이 말했다. 「거기서 그 사람들과 함께 일하면서 다음 버전의 운영 체제를 결정하는 거야.」

정말 대단한 아이디어였다. 그 여름에 DEC 엔지니어들이 보네빌에 들이닥칠 때마다, 나는 나름대로 뛰어난 실력을 갖춘 보네빌 프로그래머들이 그들을 얼마나 정중히 대하는지 지켜본 터였다. 그들은 DEC 엔지니어들의 명백히 우월한 지위와 전문 지식에 순종하는 것 같았다. 사람들이 내가 그들 중 한 명이 될 수 있을 만큼 재능이 있다고 생각한다는 사실은 내 자신감을 크게 키워 주었다. DEC는 내 상상 속에서 거의 신화적인 존재였다. 미래의 진로를 조사하던 시절, 켄트와 나는 이 회사에 대해 찾을 수 있는 모든 세부 정보를 살펴본 적이 있었다. 1957년 엔지니어 켄 올슨Ken Olsen과 할런 앤더슨Harlan Anderson이 MIT의 일자리를 그만두고 단 네 페이지의 사업 계획서와 7만 달러의 투자금으로 DEC를 창업한 이야기 역시 알고 있었다. 당시 IBM은 업계의 거물이었고, IBM의 백만 달러짜리 메인프레임 컴퓨터는 타의 추종을 불허한다고 여겨졌다. 그런 환경에서 신생 기업이 독자적으로 자리를 개척할 수 있다는 생각은 허황된 꿈처럼 보였다. 올슨과 앤더슨은 처음에는 전자 테스트 장비를 만드는 작은 일부터 시작했고, 몇 년 동안 꾸준히 수익성 있는 사업을 구축한 후 DEC의 첫 번째 컴퓨터를 출시했다. 10년 만에 DEC는 미국 기업계에서 선망의 대상이 되었고, 올슨은 예지력 있는 창업자로 찬사를 받았다. DEC의 이야기는 우리도 성공적인 회사를 만들 수 있다는 가능성을 엿보게 해주었다.

폴은 시작할 준비가 되어 있었다. 그해 초여름, 그는 나에게 하버드 진학을 포기하라고 압박했다. 자신은 대학 휴학을 연장하겠다고 했다. DEC처럼 작게 시작해서 단일 용도 컴퓨터를 개발해 교통량 집계 사업을 확장한 다음, 컨설턴트가 되어 보네빌 같은 흥미로운 프로젝트에 참여하면서 인텔이 최근 개척한 새로운 마이크로프로세서의 세계를 위한 소프트웨어를 작성하면 된다고 말했다.

나는 일부러 반대 입장을 취하며 그의 여러 아이디어와 기술 비전이 적어도 가까운 미래에는 사업적으로 타당하지 않다고 생각하는 이유를 나열했다. 또한 그가 제시한 어떤 사업적 시도도 내가 대학 진학 계획을 포기할 만큼 큰 기회라는 확신이 들지 않았다. 하지만 대학을 건너뛰고 바로 대학원에 들어간다는 생각에는 잠시 유혹을 느꼈고, 부모님에게 슬쩍 그 생각을 떠보기도 했다. 부모님은 좋아하지 않았다. 사실을 말하자면, 나는 정말 대학에 가고 싶었다. 레이크사이드보다 훨씬 더 넓은 세계에서 다른 똑똑한 아이들과 경쟁하며 내가 어느 수준인지 확인하는 기회를 갖고 싶었다.

당시 나는 세상의 발전이 개인에게서 비롯된다고 믿었다. 흔히 말하는 고독한 천재, 즉 자신의 분야에서 홀로 끊임없이 노력하며 돌파구를 찾을 때까지 자신을 밀어붙이는 과학자를 상상했다. 내가 그것을 살짝 맛본 것은 우리가 수업 일정 프로그램으로 성공을 거두었을 때였다. 그 소프트웨어를 제공하고 몇 달이 지났음에도 나는 여전히 해당 프로젝트 전체에 대해 깊은 만족감을 느꼈다. 그것은 일종의 수학적 증명을 컴퓨터 코드로 변환해 수백 명의 삶을 개선한 사례였다. 큰 틀에서 보면 소박한 성취에 불과했지만, 앞으로 내가 무엇을 이룰 수 있을지에 대한 상상을 불러일으켰다. 그 경로 중 하나가 수학이 될 수 있다고 생각했다. 내가 과연 수 세기 동안 풀리지 않은 수학 정리에 대한 해답을 찾거나 삶을 개선할 수 있는 과학적 해결책을 내놓을 수 있는 두뇌를 보유하고 있을까? 가능성이 희박해 보이긴 했지만, 나는 내가 얼마나 멀리 갈 수 있는지 확인하고 싶었다.

세상에 대한 나의 〈고독한 과학자〉 관점은 폴과 간헐적으로 이어지던 논쟁의 주제가 되었다. 그는 똑똑한 사람들이 공동의 목표를 향해 힘을 모으는 협업을 통해 세상이 발전한다고 보았다. 내가 아인슈타인을 모델로 삼았다면, 폴은 맨해튼 프로젝트Manhattan Project를 모델로 삼았다. 두 가지 관점 모두 지나치게 단순화된 것이었지만, 결과적으로 시간이 지나면서 폴의 관점이 우리 둘 모두의 미래를 정의하게 되었다.

몇 주가 지나면서, 이 철학적 논쟁은 레이크사이드 작업을 둘러싼 매우 현실적인 논쟁의 배경으로 부상했다. TRW에서 여유 시간이 생길 때마다 우리는 다가오는 새 학년에 대비해 수업 일정 프로그램을 업데이트하는 작업을 계속하고 있었다. 전년도 여름과 마찬가지로, 나는 제시간에 작업을 완료하지 못할까 봐 조바심이 났다. 우리는 예측 가능한 패턴에 빠져들었다. 폴이 일정 프로그램에 대한 아이디어를 내놓으면, 내가 거부하는 과정이 되풀이되었다. 대개 그 이유는 프로그램의 원 설계자인 내가 폴보다 그 기저의 수학과 구조를 더 잘 이해하고 있었기 때문이다. 우리는 논쟁을 벌였고, 결국 내가 말을 자르고 내가 합리적이라고 생각하는 방식으로 코딩을 하는 일이 빈번해졌다. 일정 프로그램에 대한 우리의 입씨름은 우리가 모든 시간을 함께 보낸다는 사실로 인해 더욱 심화되었다. 모든 식사를 함께 하고, 모든 영화도 함께 보고, 일터에서도 매일 붙어 있다 보니…… 서로의 신경을 건드리는 일이 생길 수밖에 없었다.

어느 날 밤, 우리의 논쟁은 저녁을 먹으러 타임 터널을 나와 주차장으로 향할 때까지도 이어졌다. 우리는 종종 르망Le Mans 24시 레이스의 드라이버들처럼 차로 달려가서(나는 아버지에게 빌린 머스탱으로, 폴은 자신의 크라이슬러로 달려가서) 정해 놓은 레스토랑까지 경주를 벌이곤 했다. 아마 그래서 내가 차를 향해 내달렸을 것이다. 이유가 어떻든 내가 폴보다 앞서 달렸다. 낮의 어느 시점에 누군가 주차장 입구에 밧줄을 쳐놓은 모양이었다. 어둠 속을 서둘러 뛰던 통에 나는 밧줄이 허리를 감싸는 것을 알아차리지 못했다. 또한 계속 달리는 동안 밧줄이 팽팽해지는 것도 인지하지 못했고, 결국 밧줄은 획 하고 나를 밀쳐 냈고, 나는 포장도로로 벌러덩 자빠졌다. 폴이 천천히 걸어와 나를 내려다봤다. 우리는 웃음이 터져 배가 아프도록 웃어 댔다.

함께 생활하고 일하면서 받는 스트레스가 특히 폴에게 더 심했던 것 같다. 어느 날 폴은 우리의 작은 사업 두 가지 모두에서 발을 빼기로 결정했다. 그는 내 침실에 남긴 편지에 이렇게 적었다.

〈최근 들어 적어도 내 관점에서는 우리의 일과 토론, 심지어 함께 사는 것조차 만족스럽지 못하다는 확신이 점점 커지고 있어.〉 그는 내가 자신의 아이디어와 지능을 무시한다고 느꼈고, 레이크사이드 수업 일정과 트래포데이터와 관련하여 〈우리의 모든 관계를 끊을 때가 왔다〉고 말했다. 마치 이혼 합의서처럼 읽히는 문구로 폴은 또 이렇게 썼다. 〈나는 이로써 일정 프로그램에 대한 나의 이해관계를 무효화한다. (……) 나는 이로써 교통량 집계 기계에 대한 이해관계도 무효화한다. 그 모두가 이제 너의 것이다(1백 퍼센트).〉 손 글씨로 작성된 그 편지에는 서명을 위한 공간도 마련되어 있었다. 그리고 맨 아래에 〈추신: 모두 진심이야〉라고 적혀 있었다.

나는 서명하지 않았다. 우리 둘 다 진정되고 나면 우리 관계가 나름의 균형을 찾을 것이라고 생각했다. 하지만 그사이에 나 역시 그곳을 떠나게 되었다. 짐도 챙기지 않은 채 시애틀로 차를 몰고 와 마감일에 맞춰 일정 프로그램의 업데이트를 완성하기 위해 24시간 내내 레이크사이드에서 작업했다. 결국 나는 보네빌로 돌아가지 않았고, 릭이 친절하게도 내 짐을 시애틀로 가져다주었다.

폴과 나 사이의 역학은 항상 복잡했다. 형제가 느끼는 것과 비슷한 애정과 경쟁심이 뒤섞인 관계였다. 보통은 기질과 스타일, 관심사의 차이가 좋은 쪽으로 작용해 서로를 더욱 발전시키고 더 나은 사람으로 만들었다. 하지만 그 여름은 계속 진화해 나갈 우리의 파트너십이 초기에 맞닥뜨린 시험대와 같았다. 나는 열일곱 살이었고 폴은 스무 살이었다. 우리는 아직 갈 길이 먼 상태였다.

두어 달 만에 폴과 나는 다시 대화를 나누기 시작했다. 그 무렵 그는 워싱턴 주립 대학교로 돌아갔고, 나는 하버드에서 첫 학기를 시작했다. 우리는 화해하고 트래포데이터 작업을 재개했다. 나는 릭에게 편지를 보내 폴과 내가 화해에 이르도록 도와준 역할에 감사를 표했다.

〈폴과 내가 완전히 동등하고 약간은 열정적인 자세로 다시 앞으로 나아가고 있다는 것(그리고 그것이 긴 여정이 될 것임)을 알고 있으리라고 믿어. 폴과 나에게 보여 준 특별한 우정에 정말 감사하고 싶어. 사실 우리 둘 다에게 특히 힘든 시기였거든. 어쨌든 우리 둘 다 어느 시점엔가는 각자의 입장이 얼마나 우스꽝스러웠는지 깨달았을 거라고 생각해. 내가 아파트에 두고 온 짐을 집으로 가져다준 것 역시 여름 내내 네가 베푼 배려와 친절의 연장이었다고 생각해. 나도 그렇게 할 수 있었으면 좋았을 텐데……. 그래도 전반적으로는 정말 멋진 여름이었어……. 너의 친구 트레이.〉

10장

조숙한 철부지

BILL GATES ≫ SOURCE CODE

1969년 어느 일요일 새벽, 미군 트럭 한 대가 어둠을 뚫고 하버드 캠퍼스로 덜컹거리며 들어섰다. 군복 차림의 남자들이 커다란 상자들을 내렸는데, 거기에는 미 국방부에서 보낸 일종의 선물이 담겨 있었다. 전쟁 수행의 일환으로 베트남에 설치했다가 분해한 DEC 메인프레임 컴퓨터의 부품들이었다. 냉장고만큼이나 큰 이 부품들은 하버드의 에이킨 컴퓨팅 연구소Aiken Computation Laboratory로 옮겨졌고, 거기서 기술자들이 그것을 조립해 PDP-10 한 대를 만들어 냈다. 내가 1973년 가을 하버드에 입학하던 무렵까지 5년 동안 프로그래밍하던 모델과 같은 컴퓨터였다.

그 심야 배송은 국방 관련 연구에 대한 대학들의 참여를 극렬히 반대하던 반전 시위대의 눈을 피하는 데 성공했다. 반전 구호를 외치던 학생들의 주장이 완전히 틀린 것은 아니었다. 당시 군대는 컴퓨터 산업의 가장 큰 고객이었으며, 소련과 대치한 냉전의 공포로 인해 미사일 유도와 잠수함 조종, ICBM 발사 탐지 등의 자동화 시스템을 연구하는 대학에 많은 공적 자금이 투입되고 있었기 때문이다.

내가 신입생 오리엔테이션에 참석하기 위해 케임브리지에 도착했을 무렵, 방위 기술에 대한 정부의 수년 여에 걸친 대대적 투자로 보스턴 지역이 새롭게 재편되어 있었다. DEC를 비롯한 이 지역의 수십 개 기업이 MIT에서 진행된 군사용 컴퓨터 및 여타 기술 개발 프로젝트에서 분리 독립하는 방식으로 설립되었다. 실리콘밸리가 미국의 하이테크 허브로 자리 잡기 전에는 그렇게 보스턴을 둘러싼 약 1백 킬로미터의 128번 국도 주변이 그 지위를 차지하고 있었다.

개강 몇 주 후 하버드의 에이킨 컴퓨팅 연구소에 처음 들어서면서, 나는 정부 자금이 남긴 유산을 엿볼 수 있는 기회를 얻었다. 그곳을 찾은 이유는 연구소 소장을 만나기 위해서였다. 로비에 거대한 기계가 전시되어 있었는데, (연구소 이름의 유래가 된) 하워드 에이킨Howard Aiken이 개발한 원시 컴퓨터 마크 원Mark I이라는 설명이 붙어 있었다. 1940년대 해군 사령관이었던 에이킨은 IBM과 협력하여 미사일의 궤적을 계산하기 위한 도구로 마크 원을 설계했다. 이 기계는 이후에 맨해튼 프로젝트에서도 사용되었다. 마크 원은 당시로서는 획기적인 기계였다. 수많은 바퀴와 전기 릴레이로 구성된, 사실상 15미터 길이의 계산기로, 인간보다 빠른 속도로 덧셈과 뺄셈, 곱셈, 나눗셈을 수행할 수 있었다. 내가 그날 본 마크 원은 작동하지 않는 전시용 유물로, 원본의 일부에 불과했다.

현관 맞은편으로 하브-텐Harv-10이 있는 방이 보였다. 에이킨 연구소는 정부로부터 기증받은 PDP-10을 하브-텐이라고 불렀다. 미 국방부 산하 고등 연구 계획국DARPA에서 하버드의 공대 교수진과 학생들이 이 하브-텐으로 소프트웨어를 더 빠르고 안정적이며 저렴하게 만드는 새로운 프로그래밍 방법을 실험할 수 있도록 에이킨에 자금을 지원하고 있었다. 이 기관은 또한 하브-텐을 ARPA 네트워크(나중에 ARPANET으로 더 잘 알려지게 된다)에 연결하는 회선도 설치했다. 에이킨 연구소는 이렇게 훗날 인터넷의 기반이 되는 이메일과 여타 새로운 통신 프로토콜을 테스트하기 시작한 전국 수십 개 컴퓨터 센터 중 하나였다.

그해 가을 나는 에이킨 연구소와 정부의 관계에 대해서는 전혀 몰랐다. 그저 내 생각은 (1) 〈와우, 하버드에 PDP-10이 있구나!〉, (2) 〈이걸 이용할 방도를 찾아야겠다〉 정도를 오갔을 뿐이다. 당시에는 이 연구소가 학부생에게는 거의 출입이 금지되어 있다는 사실도 몰랐다. 연구소는 대부분 대학원생들의 영역이었고, 대학원생들은 대부분 연구소 책임자인 톰 치텀Tom cheatham 교수 밑에서 연구를 수행하고 있었다. 치텀 교수는 컴퓨터 업계와 정부에서 경력을 쌓은 후 하버드에 부임했다. 그는 하브-텐의 관리자로, 그것의 용도와 사용자를 결정하는 사람이었다. 나에게는 그저 내가 필요로 하던 서명을 해줄 사람으로 보였다.

학계의 상당 부분에서 컴퓨터는 아직 그 자체로 진지한 연구 분야로 간주되지 않았다. 대부분의 대학에서 컴퓨터 과학은 일반적으로 이미 확립된 학과 안에 자리를 틀고 있었다. 하버드도 예외가 아니어서 컴퓨터 과학이 공학 및 응용 물리학 학과에 속해 있었다. 이 학과의 자랑은 유체 역학으로, 새가 날고 피가 흐르는 원리를 설명하기 위해 수 세기에 걸쳐 개발된 우아한 수학에 기반한 영역이었다. 컴퓨터 과학은 이러한 현상을 연구하는 데 좋은 도구는 될 수 있을지언정, 결코 동등하게 여겨지지는 않았다. 일반적으로 컴퓨터에 관심이 있는 학생들은 응용 수학이나 공학을 전공했다. 하버드에서 컴퓨터 과학 학사 학위를 수여하기까지는 이후로도 10년이 더 걸렸다.

그런 이유와 개인적인 자존심 때문에 나는 치텀 교수에게 컴퓨터 수업은 듣지 않겠지만(고급 대학원 과정이라면 몇 개 들을 수도 있다면서), 그래도 그의 컴퓨터 연구소는 이용하고 싶다고 말했다. 이 첫 만남이 하버드에서의 나머지 시간 동안 우리 관계의 분위기를 결정지었다. 나는 거의 의자에서 튀어 나갈 것처럼 과도하게 역동적으로 열변을 토했고, 그는 연구소 책임자로서 처리해야 할 급한 일이 많았을 텐데도 연신 팔러먼트Parliament 담배를 피우며 내 말이 끝나기를 기다렸다.

나는 레이크사이드 프로그래밍 그룹에 대한 소개로 시작해 열세 살에 처음 프로그래밍을 배운 이후 내가 해온 모든 일에 대해 이야기했다. 졸업 학년의 일부를 빼먹고 TRW에서 일하며 수백만 명의 고객에게 서비스를 제공하는 전력망 전산화 작업에 참여했다고 말했다. 트래포데이터에 대해서도 설명하며 점점 강력해지는 마이크로프로세서의 힘을 활용해 향후 수많은 고객을 유치할 수 있을 것이라고 했다. 마이크로프로세서가 앞으로 모든 것을 바꿔 놓을 것이며, 우리가 익히 아는 기존의 그 거대한 기계는 성냥갑 크기로 줄어들 것이고, 비용도 더불어 감소할 것이라고 덧붙였다.

나는 여전히 난해하던 세계에 대한 이해력으로 어른들을 감탄하게 만드는 데 익숙했다. C-큐브드와 TRW의 베테랑 프로그래머들조차도 이 주제에 대한 나의 순수한 열정과 더 많은 것을 배우려는 의욕에 즐거워했다. 하지만 치텀 교수는 관심이 없어 보였다. 나는 주눅이 들었다. 어쨌든 그는 컴퓨팅 연구소의 책임자 아니던가.

나중에 알게 된 사실이지만, 학생들의 학습 카드에 서명하고 연구소의 일상을 관리하는 것과 같은 행정 업무는 그가 가장 싫어하는 일이었다. 치텀은 본질적으로 프로그래머였다. 그의 회전의자 뒤에는 하브-텐 컴퓨터에 연결된 단말기가 있었다. 그는 더 많은 연구비를 확보하기 위해 국방부 고위층을 만나러 나가지 않을 때면 그곳에서 새로운 언어를 설계하는 작업에 몰두했다.

30분 동안 이어진 나의 열정적인 장광설이 끝나자, 그는 담배를 비벼 끄고 내 양식에 서명했다. 나는 나중에 치텀 교수가 학생들에게 자율성을 부여하고 실험을 허용하는 것으로 명성이 높다는 사실을 알게 되었다. 그는 새로운 아이디어에 열려 있었다. 내가 관심 부족으로 느꼈던 부분은 아마도 그런 개방적인 성향과 성가신 학생을 사무실에서 내보내고 다시 소프트웨어 작업으로 돌아가고픈 욕구가 결합된 무엇이었을 것이다. 이유가 어떠했든, 일과가 끝날 무렵 나는 연구소 열쇠와 4114번이라는 개인 계정을 받았고, 스스로 특별하다고 여기던 자부심에는 약간의 상처를 남겼다.

입학 당시 성적 우수상을 받은 나는 함께 거주할 룸메이트를 선택할 수 있는 자격을 얻었다. 나는 다양한 유형의 사람들과 어울리는 것이 좋겠다는 생각이 들었다. 워싱턴 D.C.에서 의원 보조 견습생으로 일했을 때 다양한 배경을 가진 견습생들의 이야기를 듣는 것이 흥미로웠다. 하버드에서도 같은 기회를 누릴 수 있을 것으로 판단하고 외국인 학생 한 명, 유색 인종 한 명과 함께 방을 쓰겠다고 신청했다.

위글스워스 홀Wigglesworth Hall(위그A) A-11호에 들어선 나는 몬트리올 출신의, 엄밀히 말하면 외국인 학생인 샘 즈네이머Sam Znaimer와 테네시 출신의 흑인 공학도인 짐 젠킨스Jim Jenkins를 만났다. 그들과 얘기를 나누자마자, 부모님 덕분에 내가 얼마나 많은 특권을 누리며 자랐는지 다시금 되새기지 않을 수 없었다. 샘은 1~2주 일찍 기숙사에 도착해(대학 생활에 대한 기대에 부푼 다른 학생들이 입주하기 전에) 샤워실과 화장실 등을 청소하는 잡역 아르바이트를 하고 있었다. 그는 학비를 벌기 위해 일을 해야 했다. 시간이 지나면서 그는 자신의 배경에 대해 많은 이야기를 들려주었다. 그의 부모님은 홀로코스트에서 살아남은 난민으로, 고립된 유대인 공동체에서 성장하면서 서로를 만나 그를 낳았다고 했다. 그의 아버지는 아동용 신발 가게를 직원 없이 혼자 운영했고, 어머니는 웨이트리스였다. 짐 젠킨스는 나처럼 엉뚱한 구석이 많아 보여서 즉각적으로 맘에 들었다. 짐은 자칭 〈군인 자녀〉로, 어린 시절 이사를 많이 다녔지만, 남부 출신임을 자랑스러워했고, 나는 들어 본 적 없는 남부 특유의 코믹북과 감자칩에 대한 취향도 자랑스러워했다. 그 친구도 주말이면 인근 공군 기지에 일하러 가는 등 학업과 돈벌이를 병행했다.

우리 셋은 함께 수강 신청을 하러 갔다. 교양 과목 요건을 충족하기 위해 나는 그리스 고전 —『율리시스*Ulysses*』와 『안티고네*Antigone*』 등에 대해 배운다 —을 선택했는데, 부분적으로는 레이크사이드 버전으로 그 수업을 들은 바 있었고, 부분적으로는 강의를 담당한 하버드 대학교 교수가 전설적인 인물이었기 때문이다. 재미있고 쉽기에 다른 어려운 과목에 시간을 더 쓸 수 있을 거라고 생각했다. 여름에 강의 카탈로그를 훑어보던 중, 설계와 연구 조사를 중심으로 독립적인 학습 기회를 제공하는 공학 강의를 발견했다. 설명에 따르면, 전자 회로와 열동력 공학, 그리고 결정적으로 컴퓨터 응용프로그램을 포함하여 학생이 관심을 갖는 분야의 어떤 프로젝트든 진행할 수 있었다. 수업이 매우 개방적이어서 내가 탐구하고 싶은 어떤 주제든 다룰 수 있을 것이라 생각했고, 그래서 수강을 신청했다.

수학 섹션은 강의 번호가 1a(해석 기하학과 미적분학 입문)부터 시작해 위로 올라가는 식으로 구성되었다. 강의 목록 맨 아래쪽, 자율 학습 옵션 바로 앞에서 나는 신입생에게 제공되는 가장 높은 수준의 강의 번호인 수학 55A와 55B(고급 미적분학 1, 2강좌)를 발견했다. 설명란의 눈에 띄는 경고가 마음에 들었다. 〈수학에 대한 관심이 표면적인 학생은 이 강의를 선택해서는 안 되며,《이론》수학에 대한 막연한 열망에 기초해 선택해서도 안 된다.〉 이 강의를 듣고자 하는 학생은 자격시험을 통과해야 했다.

나는 그 경고가 수학 전공 희망자들을 수학의 두 분야로 나누려는 의도임을 알 수 있었다. 하나는 순수 수학으로, 필요한 장비라고는 연필과 종이, 분필과 칠판에 두뇌만 있으면 되는 가장 높은 수준의 지적 작업이자 명망 높은 분야였다. 순수 수학자들은 최첨단을 걷는 〈아름다운 두뇌의 소유자beautiful mind〉들로, 자신의 업적을 〈발견〉이라고 표현한다. 이에 비해 수학의 〈응용〉 분야는 선구자들이 수십 년 또는 수 세기 전에 발명한 도구를 사용하여 유용하지만 〈순수〉하지는 않은 작업을 수행하는, 학계의 변두리로 여겨졌다.

레이크사이드에서 나는 학교에서 제공한 가장 높은 수준의 수학 수업까지 모두 마쳤다. SAT 수학 영역에서 8백 점 만점을 받았고, AP 미적분학 시험에서도 최고 점수를 받았다. 수학 55는 순수 수학의 세계로 들어가는 문처럼 보였다. 극소수의 사람만이 열 수 있는 문이었다. 나는 신청을 하고 그 주 후반에 자격시험을 치렀다. 그리고 합격했다.

수업이 시작된 첫 월요일 오전 11시, 세버 홀Sever Hall의 수학 55A 강의실에 들어섰더니, 예상보다 많은 80여 명의 학생들이 모여 있었다. 거의 모두가 남학생이었다.

칠판 앞에 선 젊은 교수는 붉은 곱슬머리에 똑같이 붉은 수염을 덥수룩하게 기른 모습이었다. 수염이 어찌나 덥수룩한지 칠판에 쓰고 있던 분필 글씨가 수염에 쓸려 살짝 번질 정도였다. 〈유한 차원 벡터 공간〉, 이것이 그가 매주 복사해서 나눠 주는 수업 노트의 1장 제목이었다. 분필은 계속해서 공리, 체field, 튜플, 복소수와 허수, 벡터 공간, 동형사상 등에 이어서 마지막의 미분 방정식까지, 앞으로 수업에서 다룰 일련의 주제를 삐걱거리며 적었다. 나는 그 가운데 몇 가지만, 그것도 어렴풋이 알고 있을 뿐이었다. 바나흐 공간? 대체 무엇이란 말인가? 하지만 수학 55를 수강하지 않는 수학 전공자는 우리가 두 학기에 다룰 내용을 여섯 학기 이상에 걸쳐 배운다는 것 정도는 충분히 알고 있었다. 정말 빡셀 것 같았다. 칠판 한쪽에는 붉은 머리 교수의 이름이 적혀 있었다. 존 메이더John Mather.

　　동기들은 곧 메이더 교수에 관한 이야기를 떠들어 대기 시작했다. 그는 스물여덟 살이라는 기록적인 나이에 정교수 자리에 오른 인물이었다. 또래 친구들이 글을 배우던 무렵인 여섯 살 때 메이더는 이미 로그를 배우고 있었다. 그는 집의 식탁 의자에 앉아 다리를 달랑거리며 프린스턴의 전기 공학과 교수였던 아버지와 수학 이야기를 나누곤 했다. 11살이 되던 해, 메이더는 아버지의 공학 교재로 미적분학을 공부했다. 고등학교 시절에는 거의 모든 여가 시간을 위상 수학, 추상 대수학, 그리고 (물론) 유한 차원 벡터 공간에 관한 책들에 파묻혀 보냈다. 그는 프린스턴 대학교에서 수학 강의의 청강을 허락한 최초의 고등학생이었다. 하버드 학부생 시절에는 대학생들의 수학 올림픽인 연례 퍼트넘Putnam 경시대회에서 2년 연속 전국 상위 10위 안에 들었다. 프린스턴에서 박사 학위를 땄을 때 겨우 스물네 살이었는데, 박사 논문에 현재 말그랑주-메이더 준비 정리로 알려진 주요 발견이 담겨 있었다. 그 시점에 이미 특이점 이론의 골치 아픈 문제를 철저하게 파헤친 논문을 연이어 발표했으며, 나중에 한 동료가 이렇게 말했을 정도다. 「그 질문에 대한 완전한 답을 내놓았고, 어떤 면에서는 해당 주제를 죽여 버렸다. 그것에 대해 더 이상 할 말이 없게 만들었으니까.」

메이더의 경력은 이후에도 수많은 돌파구와 셀 수 없이 많은 수상으로 장식되었다. 하지만 당시 서른한 살의 대학 교수였던 그를 보면서도, 세계적인 수학자가 되기 위해서는 초자연적인 재능과 이른 출발이 필수적이라는 것을 분명히 알 수 있었다.

수학 55의 두 번째 월요일이 되자 절반 정도만 남았고, 첫 달이 끝날 무렵에는 25명으로 줄었다. 우리는 여기서 살아남으려면, 팀을 이루어야 한다는 것을 깨달았다. 무리를 이루면 도태되는 것을 피할 수 있을지도…….

그런 연유로 앤디와 짐을 알게 되었고, 그들은 하버드 시절 나의 가장 친한 친구가 되었다. 둘 다 수학 55에 잔류한 학생의 전형이었다. 앤디 브레이터먼Andy Braiterman은 초등학교 6학년 때 폐렴으로 병상에 누운 3주 동안에 대수학을 독학으로 익혔고, 고등학교 때는 미적분학을 월반해 이수했는데, 나보다 2년이나 앞선 셈이었다. 그는 열여섯 살에 하버드에 입학했기에 동기 중에서 가장 어린

축에 속했다. 짐 세스나Jim Sethna의 어머니는 화학자였고, 아버지는 MIT를 나와 미네소타 대학 항공 우주 공학과 학과장을 맡고 있었다.

앤디와 짐은 내 방 바로 위층인 위그 A 3층의 4인실에 거주했다. 수학 55의 우리 그룹은 그들 스위트룸의 공용 공간에 모여 주간 문제 세트를 풀기 시작했다. 메이더 교수는 모든 문제를 직접 만들었는데, 이런 강좌를 위해 고안된 기존 교재가 없었기 때문이다. 그가 매주 복사해 나눠 주는 노트는 의외로 별 도움이 되지 않았다.

「숫자가 하나도 없어!」누군가 비명을 질렀다. 메이더는 문제를 단계별로 나누지도 않았고, 특정 개념이 현실 세계에서 어떤 식으로 적용될 수 있는지 설명하지도 않았다. 그가 나눠 주는 복사물에는 우리가 어떻게든 배워야 할 내용에 대한 방향만 제시되어 있었다. 해당 개념들을 파악할 수 있는 책들을 찾고 문제를 푸는 것은 우리의 몫이었다.

나는 그런 방식은 본 적이 없었다. 그리고 초기 선별 과정에서 살아남긴 했지만, 남은 무리의 어디쯤에 내가 위치하는지도 잘 몰랐다.

에이킨 연구소의 핵심은 기증받은 컴퓨터 하브-텐이었다. 한쪽 벽면을 따라 배치된 대여섯 개의 커다란 박스로 이루어진 그 컴퓨터는 방의 상당 부분을 차지하며 10여 개의 단말기에 연결되어 있었다. 연구소의 이용자 대부분은 그 PDP-10 때문에 그곳을 찾는 것이었다. 하브-텐은 치텀 교수의 지도 아래 컴파일러와 어셈블러, 그리고 ECL이라는 실험적 프로그래밍 언어를 개발하는 대학원생들이 주로 이용했다.

E. J. 코리E. J. Corey 교수와 함께 연구하던 일부 화학과 박사후 연구원들은 LHASA라는 AI 소프트웨어를 사용하고 있었다. 약품과 플라스틱 및 기타 산업적 응용을 목적으로 새로운 분자를 합성하는 연구에 활용하기 위해 그들이 개발한 소프트웨어였다. (코리는 결국 유기 합성의 이론과 방법론을 발전시킨 공로로 노벨 화학상과 국가 과학 훈장을 수상한다.) 나는 LHASA의 컴퓨터 그래픽을 보고 감탄을 금할 수 없었다. 그 프로그램은 원자 하나하나가 결합되어 분자를 형성하는 모습을 실제로 그려 낼 수 있었다.

연구소에 간 첫날, 나는 저 구석에 한가로이 놓여 있는 또 다른 컴퓨터를 발견했다. 마치 우주선 발사를 위한 지휘 센터처럼 보였다. 당시 대부분의 컴퓨터에는 자체 화면이 없었지만 이 컴퓨터는 L 자형 책상 위에 네 개의 둥근 CRT 디스플레이를 갖추고 있었다. 책상 위에는 손글씨나 손으로 그린 도형을 컴퓨터 화면의 이미지로 변환하는 최초의 도구 중 하나인 RAND 태블릿과 스타일러스도 놓여 있었다. 이 태블릿은 수십 년 후 디지털 아티스트들의 필수 도구가 된 펜 태블릿의 조상 격으로, 당시 가격은 1만 8천 달러 정도였다.

이 디스플레이 데스크의 중심에는 DEC PDP-1이 있었다. 나는 PDP-1에 대해 알고 있었다. DEC가 최초로 출시한 컴퓨터 모델이었다. 하지만 사용해 본 적은 없었다. PDP-1은 초기의 〈대화형〉 컴퓨터 중 하나로, 사용자가 직접 컴퓨터로 작업할 수 있었는데, 이는 별도의 방에 갇혀 있거나 멀리 떨어져 있는 메인프레임 컴퓨터로는 이용할 수 없는 옵션이었다. 당시 2백 만 달러에 달하던 메인프레임 컴퓨터에 비하면 훨씬 저렴한 12만 달러에 판매되었다. DEC는 PDP-1을 10년 동안만 생산해 50여 대를 판매하는 데 그쳤다. 당시 PDP-10이 1960년대 후반의 머슬카(강력한 파워로 유명한)에 해당했다면, PDP-1은 1957년식 쉐보레로 빠르지는 않지만 스타일이 돋보이는 모델이었다.

1960년대 초에 연구실들에 놓이기 시작한 PDP-1은 컴퓨터를 직접 다룰 자유를 갈망하던 컴퓨터광들에게 즉각적인 인기를 끌었다. DEC가 MIT에 기증한 PDP-1은 당대의 영향력 있는 프로그램 개발자 세대를 키워 낸 전설로 유명하다. 그들은 페어그라운드 오르간이 내는 것과 같은 선율을 연주하거나 끝없이 이어지는 눈송이 패턴을 표시하는, 시시하지만 당시로서는 멋진 프로그램을 만들어 가며 컴퓨터에 대해 배우고 프로그래밍 실력을 쌓았다. 내가 PDP-1을 알게 된 것은 「스페이스워!」 비디오 게임 덕분이었다. 우리가 C-큐브드에서 만났던 그 전설적인 컴퓨터 프로그래머 스티브 러셀은 폴과 나에게, 자신이 어떻게 MIT의 PDP-1을 이용해 획기적인 비디오 게임을 탄생시켰는지 소상히 들려준 바 있었다.

당시 에이킨의 PDP-1은 구식이었지만, 디스플레이와 입력 장치는 여전히 컴퓨터 그래픽을 표시하고 상호 작용 하기에 훌륭한 도구였다. 내가 연구소를 방문한 초기에 응용 수학 전공 대학원생인 에릭 로버츠Eric Roberts가 연구실의 최근 역사를 소개했다. 「컴퓨터 랙 뒤쪽으로 늘어진 전선 보여?」 바로 그 전선에 아이번 서덜랜드Ivan Sutherland가 머리에 장착하는 가상현실VR 장치를 연결했었다는 설명이었다. 수십 년 후에 등장할 보다 세련된 VR 헤드셋의 조상 격인 장치였다. 당시 서덜랜드는 나중에 모든 컴퓨터의 표준이 되는 그래픽 사용자 인터페이스Graphical User Interface, GUI의 선구자적 소프트웨어인 스케치패드Sketchpad를 만든 것으로 유명했다. 15년 후 서덜랜드는 컴퓨터 과학계의 노벨상에 해당하는 튜링상Turing Award을 수상하며 컴퓨터 그래픽의 아버지 중 한 명으로 인정받았다.

에릭은 PDP-1 앞 책상 위에 있는 조이스틱을 가리켰다. 그 장치는 몇 개의 스위치 및 버튼들과 더불어, 서덜랜드의 제자였던 대니 코언Danny Cohen이 1967년에 만든 혁신적인 비행 시뮬레이터의 컨트롤러에 해당했다. 이는 제한된 범용 컴퓨터에서도 정교한 시뮬레이션을 실행할 수 있다는 최초의 증거였다.

에릭의 설명에 따르면, 몇 년 후 당시 하버드 대학교 교수였던 코언은 대학원생 두 명과 함께 그 비행 시뮬레이터를 개선하기 위한 노력을 기울였다. 당시로서는 파격적인 아이디어였는데, ARPANET을 통해 세 대의 서로 다른 컴퓨터를 연결해 그 종합적인 성능을 활용하자는 것이었다. PDP-1은 그래픽을 훌륭하게 표시하고 실용적인 디스플레이와 조이스틱을 갖추고 있었지만, 속도가 느려서 사실적인 비행 경험을 구현할 수 없었다. 에드 태프트Ed Taft라는 대학원생이 이 구형 컴퓨터의 과중한 처리 부하를 더 강력한 하버드 PDP-10과 몇 킬로미터 떨어진 MIT의 또 다른 컴퓨터로 분산시키는 소프트웨어를 고안해 냈다고, 에릭은 설명했다. 이는 3D 그래픽과 프로그램이 원시 인터넷인 ARPANET을 통해 컴퓨터들 사이에서 작동할 수 있다는 것을 증명한 획기적인 실험이었다.

코언은 얼마 전 하버드를 떠나 서던캘리포니아 대학교로 옮겼고, 두 대학원생 태프트와 밥 멧커프Bob Metcalfe는 (그 복사기 제조업체의 혁신적인 연구 부서인) 제록스 PARC에서 일을 시작한 상태였다. (나중에 코언과 그의 동료들은 소프트웨어와 네트워킹에 대한 주요한 기여로 이름을 날린다. 태프트는 어도비Adobe에 합류하여 포스트스크립트PostScript와 PDF의 탄생을 도왔고, 멧커프는 이더넷Ethernet 네트워킹 기술을 공동 발명하여 쓰리컴3Com이라는 회사를 설립했다.)

이러한 연구 실험들에 대한 이야기를 들으면서 나는 독립 연구 프로젝트에 대한 아이디어를 얻었다. 그래픽 기능이 있는 PDP-1을 건너편에 있는 더 강력한 컴퓨터와 연결한다는 아이디어가 마음에 들었다. 비행기 조종석의 시야 대신, 컴퓨터의 디스플레이가 각각 다른 실시간 카메라 각도로 경기를 보여 주는 3D 야구장을 상상해 보았다. 플레이어는 조이스틱과 기타 PDP-1의 제어 장치를 사용하여 투구나 타격, 포구를 하고 컴퓨터는 ARPANET을 통해 데이터를 전송하여 PDP-10이 공의 속도와 궤적, 주자의 베이스러닝 등의 복잡한 물리학을 계산하게 한다. 실제 게임의 복잡성을 시뮬레이션하려면 많은 작업이 필요하기에 작성하기가 만만치 않은 프로그램이었다. 땅볼을 잡아 올리거나 팝 플라이를 잡기 위해 손을 뻗는 선수의 움직임을 컴퓨터가 애니메이션으로 구현하도록 훈련시키려면 어떻게 해야 할까? 1루와 3루에 주자가 있는 상황에서 좌익수 앞 단타가 나오면 유격수는 어떤 동작을 취해야 할까?

나는 〈3차원, 3카메라 인터랙티브 그래픽 시스템〉(일명 컴퓨터 야구 게임)에 대한 제안서를 작성하여 톰 치텀 교수에게 가져갔다. 그에게 이 프로젝트의 교수 스폰서가 되어 줄 수 있는지 물었다. 그는 아이디어에 흥미를 느낀 듯 흔쾌히 동의했다.

야구 시뮬레이션은 의도적으로 야심 차게 준비한 계획이었다. 나는 내 프로그래밍 기술을 치텀 교수에게 자랑했었다. 마음 한구석에서는 스스로 떠벌린 과대 선전에 부응할 수 있다는 것을 그에게 증명하고 싶었다. 그래픽과 네트워킹은 당시 컴퓨팅 분야에서 가장 뜨겁게 떠오르던 두 영역이었다. 모두 초기 단계였다. 그래서 혁신의 여지가 많았고 어느 한 명이 두각을 나타낼 수 있는 기회도 열려 있었다. 어쩌면 나도 다른 그래픽 선구자들의 발자취를 따라갈 수 있을지 몰랐다. 최소한 친구들과 함께 즐길 수 있는 멋진 게임을 만들 수 있을 거라고 생각했다.

에이킨 연구소에는 치텀 교수 밑에 부소장 직함의 교수 감독관이 있어야 했지만, 한동안 그 자리가 공석으로 유지되었다. 대신,

당시 많은 대학의 컴퓨터 연구소와 마찬가지로 에이킨은 대학원생과 연구원, 무작위 컴퓨터광 등 약 20명으로 구성된 일종의 자치 협동조합인 사용자 커뮤니티에 의해 운영되었다. 이들은 연구소 컴퓨터의 특성은 물론이고 고장 났을 때 고치는 법 등을 잘 아는 사람들이었다. 누구는 파일을 복원하는 방법을 알고 있었고, 다른 누구는 시스템이 다운되었을 때 복구할 수 있었다. 모두가 궁금한 점이 있는 누구든 기꺼이 도와주었다. 이 그룹에 사실상의 리더가 있었다면, 바로 에릭 로버츠였다. 에릭에게는 나에게 너무나도 익숙한, 프로그래밍 중독증이 있었다. 그에게 추수 감사절 휴가란 수요일 밤 에이킨에 도착해 단말기 앞에서 잠들 때까지 코딩을 하고 다음 날 칠면조를 거른 채 일요일 밤까지 자판기 사탕과 카페테리아의 기름투성이 햄버거 몇 개로 버티는 것을 의미했다. 자신의 프로젝트를 진행하지 않을 때는 사용 설명서를 작성하거나, DEC테이프 장치를 수리하거나, PDP-1의 당직 의사 역할을 수행했다. 노후화된 그 기계가 고장 나면 에릭은 오실로스코프를 들고 나타나 근처의 기증용 기계에서 추출한 부품을 이식해 기계에 다시 생명을 불어넣었다.

나는 이곳의 느긋하고 민주적인 문화에 금방 빠져들었다. 연구에 몰두해 있거나 논문 프로젝트 마감에 임박해 있는 사람을 방해하지 않는다는 상식적인 주의 사항 외에는 어떤 규칙도 없었다. 그 밖의 경우에는 하루 24시간 자유롭게 사용할 수 있었다. 그래서 1학년 가을이 채 지나기도 전에 나는 친구들을 두고 에이킨에서 밤

늦게까지 작업에 몰두하는 것으로 명성을 얻게 되었다. 물론 거기서 나는 가상의 야구 선수들을 경기장에 투입하기 위해 애쓰곤 했다.

짐과 앤디의 3층 스위트룸이 우리의 클럽하우스가 되었고, 나머지 기숙사 학생들이 자렉스ZaRex 과일 펀치와 보드카로 쓰레기통을 가득 채워 놓고 파티를 벌이는 동안, 우리는 수학 문제를 풀기 위해 고심하거나 사고력 또는 잡학 지식을 테스트하는 질문이나 토론으로 서로를 끌어들이곤 했다. 불가리아와 체코슬로바키아 중 어느 나라가 더 클까? 미국에는 주유소가 몇 개나 될까? 이 스위트룸의 또 다른 장점은 짐과 앤디의 룸메이트가 근처에서 보기 드문 스테레오를 가지고 있다는 것이었다. 나는 두 장의 LP를 샀는데, 한 장은 폴이 멋진 작품이라고 내게 주입한 헨드릭스의 「당신은 경험이 있습니까Are You Experienced」였고, 다른 하나는 내가 가장 즐겨 듣던 도노번Donovan의 「히트곡 모음집 Greatest Hits」이었다. 부드러운 목소리의 그 스코틀랜드 가수와 그의 곡 「멜로 옐로Mellow Yellow」는 나를 편안하게 해주었다. 앉아서 깊은 생각에 잠길 때 듣기 좋은 음악이었다. (내가 얼마나 도노번에 집착했으면, 20여 년 후 앤디가 내 결혼 선물로 장난삼아 그 CD를 선물할 정도였다.)

그 시절의 우정에는 그 당시보다 지금 더 소중하게 느껴지는 어떤 순수함이 있었다. 그 나이의 친구들은 그 순간에는 별로 특별해 보이지 않는 평범한 일들을 하면서 서로에 대해 조금씩 배우고 시간이 지남에 따라 유대감을 형성한다. 샘 즈네이머, 짐 젠킨스,

짐 세스나, 앤디 브레이터먼, 그리고 나 이렇게 다섯은 한 무리가 되어 카페테리아에 가서 식사를 하거나 위그 A 지하실에 가서 핀볼을 하며 시간을 보내거나 신입생 회관Freshman Union에 가서 TV 뉴스를 보곤 했다.

그해에 로 대 웨이드Roe vs. Wade 판결로 낙태권이 보장되었고, 닉슨은 〈나는 사기꾼이 아니다〉라고 선언했다. 미국이 베트남에서 서서히 철수하기 시작했고, 징병제가 중단되었다. 이런 헤드라인이 1973년 삶의 배경이었지만, 나와 친구들은 주로 좁은 범위의 관심사에 집중했다. 우리는 수학과 물리학, 역사, 음식, 그리고 가끔은 여자에 대해 이야기를 나눴다. 사실 우리 중 누구도 수학 55반의 극소수 여학생을 제외하고는 여자들과의 교류가 거의 없었다.

당시 하버드에서는 때때로 남녀 학생들이 함께 모여 술 마시고 춤추는 친목 파티가 열리곤 했는데, 주로 파인매너와 같은 인근의 여대가 무대가 되었다. 나는 그런 드문 행사에 대비해 값비싼 갈색 가죽 재킷을 사서 파란 벨벳 나팔바지와 매치했는데, 내 생각에는 1970년대 패션의 정점에 선 것 같았다. 우리 위그 A 패거리는 이 파티에서 여자를 만나는 행운을 누리지 못했지만, 주변의 다른 친구들은 돌아와서 여자를 만났다고 주장하곤 했다. 그러면 나머지 우리는 거의 한목소리로 더듬거리며 묻곤 했다. 「대체 어떻게 하면 되는 거야?」

수학 55 문제 세트에 대한 답은 매주 월요일 아침에 제출해야 했다. 매주 일요일 밤, 우리는 앤디와 짐의 스위트룸에 모이곤 했다. 우리는 함께 메이더 교수가 제시한 추상적인 문제에 형태를 부여하고 구체적인 정답을 도출하려 노력했다. 정답은 결코 쉽게 나오지 않았다. 그가 내는 문제는 전형적으로 몇 가지 정의나 공리를 제시하고, 그 사실로부터 유도된 정리를 명시한 다음(과정은 설명하지 않음), 이 정리가 참임을 증명하라고 지시하는 식이었다. 모든 증명은 몇 단계를 거쳐야 했으며, 첫 번째 단계가 잘못된 방향으로 진행되면 결코 해답에 도달할 수 없었다. 따라서 각 문제마다 올바른 접근 방식부터 열심히 생각해 내야 했다. 일단 그 방식을 찾으면 나머지는 보통 자연스럽게 제자리를 찾아 갔다. 하지만 거기에 도달하기까지⋯⋯. 우리는 일종의 5인 두뇌 통합 방식을 동원해 메이더 교수가 무엇을 요구하는지 알아내려 애썼다. 그런 다음 각자 개별적으로 작업하면서 효과가 있을 만한 접근 방식을 가장 먼저 떠올리려고 노력했다. 결국 누군가 「알았다!」라고 외치고 나머지 사람들이 여전히 막혀 있으면 자신의 아이디어를 설명하곤 했다.

밤이 깊어지면 그룹 멤버들은 하나둘씩 자기 방으로 돌아가 잠을 청했다. 보통 짐과 앤디, 나는 자정이 넘도록 문제 풀이를 계속했다. 우리가 하버드 스퀘어에 있는 피자 가게 피노키오Pinocchio's로 향하는 것도 대개 밤늦도록 문제 풀이를 하는 날이었다. 운이 좋으면 영업 종료 시간에 맞춰 도착해 치즈가 굳어 버린 남은 피자를 싸게 살 수 있었다. 새벽 2~3시, 때로는 4시까지 공부한 다음 몇 시간만 자고 11시 수업에 늦지 않게 달려가 답안을 제출하곤 했다.

대학에 입학한 첫 몇 달 동안 나는 마치 사탕 가게에 들어선 어린아이처럼, 전문가들과의 무제한 만남과 무한한 지적 자극에 매혹되었다. 1학년 인문학 과목 〈그리스 고전의 부흥〉의 담당 교수 존 핀리John Finley는 호메로스Homer와 헤로도토스Herodotus, 아리스토파네스Aristophanes를 현대의 삶과 문학에 영화처럼 엮어 가르쳤다. 나는 독립 연구 프로젝트를 통해 내 프로그래밍의 한계를 시험할 수 있는 자유를 누렸고, 수학 55반에서는 메이더 교수의 노트를 함께 풀어 가는 가운데 서로의 발전을 독려하는 동료애에서 큰 활력을 얻을 수 있었다.

하지만 첫 학기 막바지에 접어들면서 방향을 잃고 헤매는 듯한 느낌이 들었다. 나는 졸업반 전체가 90명도 안 되는 작은 학교에서 하버드에 온 학생이었다. 레이크사이드에서는 발판을 마련한 후 뛰어난 능력을 발휘하고 인정받는 것이 쉬웠다. 교사와 행정 직원, 학부모로 구성된 끈끈한 공동체의 지원도 큰 도움이 되었다. 그들은 내가 가끔씩 넛지(연극반에 한번 등록해 봐, 빌!)나 기회 제공(학기를 잠시 쉬고 일에 전념해 보도록!)을 필요로 하는, 똑똑하지만 서투른 아이라는 것을 알고 있었다. 하버드에서는 훨씬 더 큰 수영장에서 홀로 헤엄쳐야 했다. 모두가 고등학교에서 전교 1등을 했고, 모두가 남보다 앞서는 방법을 알았으며, 모두가 최고가 되기 위해 노력했다.

유기 화학 수업에 들어갔을 때, 나는 이를 뼈저리게 느꼈다. 수백 명의 학생들이 모였는데, 대부분 의사가 되기 위한 긴 여정의 필수 관문인 이 수업에서 탁월한 성적을 거두려는 의지를 불태우는 예비 의대생들이었다. 나는 고교 시절 모리스 박사와 함께한 화학 수업이 정말 좋았다는 단순한 이유만으로 이 과목을 신청했다. 의대 진학 계획은 전혀 없었지만, 유기 화학 과목이 논리적인 다음 단계처럼 보였다. 동급생들은 거대한 강의실 앞쪽의 교수에게 열심히 집중한 채 괴물 같은 크기의 교재를 무릎 위에 올려놓고 앉아 색색의 공과 막대기로 구성된 키트에서 분자를 민첩하게 이어 붙이고 있었다. 그 광경을 보면서 주눅이 들지 않을 수 없었다.

학기가 시작되고 몇 주 지나지 않아 그 수업에 들어가지 않기 시작했다. 전체 성적이 기말고사에 의해 결정되기 때문에 학기 말까지 모든 내용을 익히기만 하면 된다고 합리화했다. 게다가 유기 화학 강의는 비디오로 녹화되었기 때문에 직접 강의에 참석하는 대신 나중에 과학 센터에 가서 영상을 시청할 수도 있었다. 하버드에는 리딩reading 기간이라는 멋진 제도가 있었다. 기말고사를 준비하도록 거의 20일의 시간을 주는 제도였다. 나는 리딩 기간에 정신만 차리면 벼락치기의 에이스로서 책과 영상으로 공부하면서 잘해 낼 수 있을 것이라고 확신했다. 내가 잘 아는 한 가지가 있었다면, 그것은 바로 광적인 집중력을 발휘하며 스스로 학습하는 방법이었다.

친구들에게는 극단적으로 보였겠지만, 나는 나름대로 효과적인 일상의 리듬에 몸을 던졌다. 공부와 프로그래밍을 병행하면서 36시간 연속 깨어 있기도 했다. 더 이상 버틸 수 없을 정도로 피곤이 몰려오면 위그 A-11로 돌아와 12시간 이상 잠을 자곤 했는데, 때로는 옷을 입은 그대로, 때로는 신발도 신은 채로, 항상 햇빛을 막기 위해 노란색 전기 담요를 머리까지 뒤집어쓰고 침대에 누웠다. 일어나면 짐 젠킨스나 샘과 간단히 식사를 하고 종종 앤디와 짐을 보러 스위트룸에 들른 다음 강의실이나 도서관으로 향하거나 에이킨으로 돌아갔다. 나는 몇 달 동안 여기서 크게 벗어나지 않는 일상을 반복했다.

학기 초에 매주 침대 시트를 교체해 주는 리넨 서비스를 신청해 놓았다. 여유가 있는 아이들만 누릴 수 있는 사치였다. 일주일에 한 번 더러운 시트를 깨끗한 시트와 교환하는 방식이었다. 나는 첫 번째 시트 세트를 받았지만, 학교생활에 정신이 팔린 나머지 첫 주에 그것을 내놓지 못했다. 2주차가 지나고 3주차, 4주차도 지나고 6주차쯤에 이르니 내 자신에게 넌더리가 났다. 시트는 잉크와 부츠 진흙으로 얼룩져 거무칙칙하게 변해 있었다.

세탁실 직원이 명단에서 내 이름을 확인하더니 최소 한 달 반이 지났음을 알았다. 「이봐요, 기록을 깼네요!」이렇게 말하며 웃는 그를 보며 더러워진 시트를 건넸다. 돌아오면서 속으로 생각했다. 〈이봐요, 대단한 업적이죠. 내가 하버드에서 적어도 한 가지는 최고네요!〉

학기가 끝날 무렵, 비디오실에 들어선 나는 유기 화학 수업 친구들로 가득 차 있는 모습을 보고 깜짝 놀랐다. 그들은 한 학기 내내 성실히 수강한 강의를 다시 보려고 그곳에 와 교재를 펴놓고 분자 모형을 만지작거리고 있었다. 동영상은 따라가기 쉽지 않았다. 때로 오디오가 끊겼고, 때로는 화면이 텅 비어 교수의 설명이 시각적 효과를 잃고 무의미해졌다. 동영상을 보던 어느 순간, 급우들이 일제히 흰색 수소 원자와 검은색 탄소 원자를 붙여 놓고는 그것이 대칭적 등척인지 등척적 대칭인지 토론을 벌였다. 젠장, 망했다.

나는 그 과목에서 C를 받았다. 내가 하버드를 떠날 때까지 받은 모든 학점 중에서 최저였다. 다음 학기에 유기 화학 후반부는 신청하지 않았다.

하버드에서는 2학년 초에 전공을 선택한다. 그에 맞춰 신입생 시절, 나의 진로 탐색을 돕는 지도 교수와 짝이 이뤄졌다. 나는 가을에 지도 교수를 만나지 못했다. 봄 학기가 시작되고 얼마 후, 지도 교수 사무실로부터 상담 시간을 잡으라는 전화가 왔다.

내가 컴퓨터 과학과 관련해 대학원 과정으로 월반해야 한다고 주장했다는 소식을 들은 모양이었다. 나는 첫 학기에 이미 대학원 과정 중 하나인 〈AMATH 251a, 운영 체제 아키텍처〉를 교수 허락 하에 청강했고, 그래서 봄 학기에도 계속 이어 듣는 동시에 학점도 인정받고 싶었다. 한편, 다른 수업들에서는 전공으로 가는 명확한 길을 발견할 수 없었다. 나는 수학 55의 하반기 과정에 다시 등록했고, 〈생물학적 기계 관점에서의 유기체의 행동 방식〉에 초점을 맞춘 생리 심리학 수업을 수강 신청했다.

화학과 소속이던 진로 지도 교수와 나는 좋은 관계를 유지하게 되었다. 그는 내가 잠재적 전공을 선별할 때 지원을 아끼지 않으며 잘 안내해 주었다. 하지만 그와의 첫 만남에서는 어이없는 일이 벌어졌다. 내가 무슨 말을 했는지는 정확히 기억나지 않지만, 당시 내 특유의 과도한 사고의 흐름에 빠져들면서 미래의 컴퓨터는 우리가 알고 있는 낡은 기계들과 크게 다를 것이라고 열변을 토하며 언젠가는 컴퓨터가 인간 두뇌의 힘과 맞먹을 것이기에 심리학 수업에 등록했다고 설명한 기억이 난다. 소용돌이 같던 내 말을 모두 흡수한 후 내 지도 교수는 이렇게 말했다. 「넌 정말 조숙하구나!」

그 순간까지 나는 어머니를 제외하고는 누구도 내게 그렇게 말하는 것을 들어 본 적이 없었다. 어머니가 그 단어를 사용하는 방식도 칭찬과는 거리가 멀었다. 어머니는 내가 무언가에 대해 이의를 제기하며 반박할 때 「조숙한 철부지처럼 굴고 있다」라고 말하곤 했다. 그런 맥락에서만 그 말을 들었기에 나는 그것을 모욕으로, 말로 때리는 따귀로 받아들였다. 나는 지도 교수가 나를 부정적인 시각으로 바라본다는 사실에 충격을 받고 낙담한 채 방을 빠져나왔다.

그는 나를 꿰뚫고 있었다. 내가 다시 말썽 많던 초등학교 5학년생으로 돌아간 듯했다.

「믿어져? 지도 교수가 나보고 〈조숙하다〉고 했어!」 나는 기숙사 친구들에게 지도 교수가 도를 넘은 것이 아닌지 확인을 구했다. 아무도 반응하지 않았다. 「조숙하다니…… 그건 너무 무례한 표현이잖아.」

「하지만 빌, 넌 정말 조숙하잖아.」 앤디가 말했다. 나의 낙담은 두 배로 커졌다. 친구들조차도 나를 버릇없는 꼬마쯤으로 생각한 다는 뜻이었다. 앤디는 내가 그 단어의 의미를 잘 모르는 것 같다고 했다. 가서 찾아보라고 누군가 말했다. 나는 사전을 들추었다. 〈예 외적으로 조기 발달한…… 보통보다 이른 나이에 성숙한 자질을 보 이는……〉

나는 또래 친구들보다 어른들과 대화하는 것이 더 편했고, 어 른들의 지식이라고 생각되는 것에 능통한 아이였다. 그것이 내가 연기하는 역할이었다. 글을 빨리 읽고, 수학을 잘하고, 주식이나 특 허, 미니컴퓨터의 출현, 나일론의 발명 등을 주제로 대화할 수 있는 똑똑한 트레이 게이츠. 지적으로 두려움이 없고 모든 것에 호기심 이 많으며 가르쳐 주면 배울 준비가 되어 있다는 자신감이 나를 감 싸고 있었다.

그렇다면 대체 조숙함의 연령 제한은 몇 살인가? 어느 순간에 성인이 되어 성인의 기준으로 평가되며 더 이상 호기심 많은 아이 로 취급되지 않는 것인가?

대부분의 학교생활 동안 나는 수학을 가장 순수한 지성의 영 역으로 여겼다. 하버드라는 더 큰 무대에서, 지금은 당연한 소리로 들리지만, 내가 재능을 타고났음에도 나보다 더 뛰어난 사람들이 있다는 것을 깨달았다. 그리고 그중 두 명은 나의 가장 친한 친구 였다.

수학 55 스터디 세션에서 우리는 서로 도와주면서도 은근히 점수를 매기고 있었다. 이는 더 넓은 범위의 수학 너드들 모임에서도 마찬가지였다. 모두가 서로의 성과를 알고 있었다. 예를 들면, 위그 B의 로이드Lloyd가 수학 21a에서 1등을 했다거나 피터(아니면 다른 학생이었나?)가 메이더 교수의 노트에서 오류를 발견했다는 등의 얘기가 떠돌곤 했다. 우리 모두는 그날 누가 더 빠르고 더 예리했는지, 누가 먼저 〈이해하고〉 나머지 학생들을 정답으로 이끌었는지 파악했다. 매일매일 최고가 되기 위한 경쟁이 펼쳐졌다. 1학기가 끝날 무렵, 나는 이 계층 구조에서 나의 서열이 애초의 기대 수준과 다르다는 것을 깨달았다. 수학 55의 상위 두 자리는 앤디와 짐이 차지했다.

대부분의 기준에서, 나는 그런대로 잘하고 있었다. 수학 55에서 1학기 성적으로 B+를 받았는데, 그 수업에서는 대단한 성취에 해당했다. 하지만 냉정한 관점에서 보면 그것은 내가 얼마나 아는가보다는 얼마나 모르는가에 대한 척도였다. A와 B+의 차이는 반에서 최고인 것과 가짜에 불과한 것의 차이와 같았다. 나의 혹독한 해석에 의하면, 그 반의 모든 학생이 이전까지 수학에서만큼은 자신이 최고라고 믿어 왔다. 우리 모두 수학 SAT에서 8백 점을 받았다. 우리 모두 자신이 최고가 될 것이라고 생각하며 대학에 입학했다. 하지만 그렇지 않다는 사실이 드러난 순간, 우리는 자기기만의 희생자였고, 내 기준으로는 사기꾼이었다.

그 수업에서 더 잘할 수 없었던 나는 내 자신에 대해 다시 생각하게 되었다. 나는 내가 가장 똑똑하고 가장 뛰어나다는 인식에 너무 깊이 빠져 있었다. 그 지위는 사실 내 불안감을 숨기기 위한 보호막이었다. 그때까지 나는 스스로 중요하다고 여기는 지적 노력에서 누군가가 나보다 월등히 뛰어나다고 느끼는 상황을 고작 몇 번밖에 경험하지 못했고, 그러한 경우 나는 그들이 나에게 가르쳐 줄 수 있는 무엇이든 흡수했다. 이번에는 달랐다. 나는 탁월한 수학 두뇌를 가졌지만, 최고의 수학자가 될 수 있는 통찰력의 재능은 없다는 것을 깨달았다. 재주는 있었지만 근본적인 발견을 해낼 능력은 없었다. 나는 10년 후의 내 모습을 그려 보았다. 대학에서 가르치지만 획기적인 업적을 남기기에는 부족한 수학자……. 수학으로 우주의 깊은 비밀을 다루는 영역에서 활동하는 존 메이더 같은 인물은 되지 못할 것이었다.

나만 그런 것이 아니었다. 그해 겨울에 앤디와 짐의 스위트룸에서 함께 어울리던 중, 그들도 갈피를 못 잡고 모종의 정신적 위기를 겪고 있다고 털어놓았다. 둘 다 메이더에게서 순수 수학에 매진하면 어떤 사람이 될 수 있는지에 대한 모델을 보았다. 메이더는 매우 뛰어난 인물이었지만, 구체적인 현실과는 동떨어진 자신만의 세계에 살고 있는 것처럼 보였다. 이 대화를 나누던 당시에는 몰랐지만, 앤디는 이후 1년도 지나지 않아 순수 수학에 지쳐 3학년의 한 학기를 휴학해야 했고, 결국 응용 수학 전공으로 방향을 바꿔 졸업했다(그리고 나중에 법학 학위를 취득해 월가의 세무 전문가가 되었다). 짐은 물리학 학위를 받고 졸업한 후, 코넬 대학교에서 매우 성공적인 물리학 교수로 재직했다. 우리의 수학 55 스터디 그룹의 멤버였던 피터 갤리슨Peter Galison 역시 비슷한 깨달음에 이르렀다. 그에게 순수 수학은 최고 수준의 순수 예술과 같았다. 그는 다비드 상을 조각한 미켈란젤로Michelangelo의 천재성을 알아볼 수는 있었지만, 자신이 그토록 완벽한 무언가를 창조하는 데는 결코 근접할 수 없다고 판단했다. 순수 수학자가 되려면 스스로 미켈란젤로가 될 수 있다고 믿어야 했다. (피터는 훗날 영향력 있는 과학사 교수로 활동했다. 다름 아닌 하버드 대학에서!)

어떻게 해야 하나? 부모님의 암묵적인 기대가 있었다. 그해 2월에 릭에게 보낸 편지에 나는 이렇게 적었다. 〈지난주에 부모님이 오셔서 함께 뉴욕에 내려가 연극을 보고 고급 레스토랑에도 가는 등 즐거운 시간을 보냈어. 말씀은 안 하셨지만 내가 경영이나 법을 전공하길 바라시는 눈치였어.〉 뉴욕에서 무슨 일이 있었는지는 기억나지 않지만, 부모님이 그런 선택을 선호한다는 분위기는 확실히 느꼈던 것 같다. 〈아직 결정하지 못한 상태야.〉

사실 나는 이미 무의식적으로 선택지를 좁혀 나가고 있었다. 하버드 친구들 상당수가 내가 수학에 집착하는 것을 이상하게 생각했다. 특히 기억나는 한 명이 있는데, 바로 로이드 트레퍼든Lloyd Trefethen이었다(공교롭게도 이 친구는 나중에 수학자가 되었다). 로이드는 너무도 명백한 결론으로 나를 밀어붙였다. 「넌 컴퓨터를 진짜 잘하잖아. 그 일을 하는 게 어때?」 다른 사람들도 그 길을 제안했지만, 로이드처럼 틈만 나면 그 얘기를 꺼낸 친구는 없었다.

폴과 나는 빈번히 전화 통화를 했고, 우리의 대화는 항상 나를 같은 방향으로 이끌었다. 당시 워싱턴 주립 대학교 3학년이던 폴은 풀이 죽어 있었다. 그의 대학 수업은 도전적이지 않았다. 그는 학교에 갇혀 있는 것 같다고, 차라리 밖에 나가 일을 하며 멋진 무언가를 만들고 싶다고 말했다. 내 머릿속 뒤편으로 TRW 엔지니어들의 격려하던 목소리가 울렸다. 어쩌면 DEC에 취직할 수 있을지도 모른다는 생각이 들었다. 그해 겨울, 우리는 몇 년 전 ISI에서 손으로 썼던 것과는 달리, 타이핑으로 우리의 첫 번째 정식 이력서를 작성하기로 결정했다. 나는 이력서에 내가 작업해 본 모든 컴퓨터와 내가 작성한 모든 주요 프로그램을 나열했다. 또한 〈폴 G. 앨런과 파트너십으로〉 교통 흐름 분석 사업을 구축하고 있다는 사실도 적었다. 그렇게 진지하게 일자리를 찾고 있는 것은 아니었지만, 시도해 보면 무언가 흥미로운 일이 생길지도 모른다고 생각했다. 나는 컴퓨터 산업 분야를 전문으로 하는 채용 담당자를 찾아 여러 장의 이력서를 보냈다. 부모님에게는 말하지 않았다.

컴퓨터를 직업으로 삼는 쪽으로 점차 마음이 기울면서, 폴과 함께 일해야 한다는 확신도 굳어졌다. 우리의 대화는 인텔 칩과 여타의 마이크로프로세서가 컴퓨터 산업을 뒤흔들 것이라는 서로의 확신을 계속 공고히 다져 주었다. 우리에게 그런 이야기를 들은 다른 사람들은 동의하지 않거나 신경 쓰지 않는 것처럼 보였다. 폴은 우리가 시작할 수 있는 회사에 대한 몇 가지 아이디어를 가지고 있었다. 나는 우리가 가까운 곳에 살면 더 쉽게 그런 것들을 논의할 수 있을 거라고 생각했다.

「휴학하고 여기로 이사 와서 함께 머리를 맞대고 고민해 보는 건 어때?」 그해 봄 어느 날 내가 말했다. 이미 그에게 몇 차례 떠본 아이디어였다. 우리 둘 다 보스턴에서 프로그래머나 시스템 관리자로 일하면, 컴퓨터에도 접근하고 수입도 올리면서 부수적 프로젝트를 진행할 시간도 확보할 수 있을 거라고 생각했다. 하지만 대학을 그만두고 취업 시장에 뛰어든다는 것은 많은 위험이 따르는 선택이었다. 폴은 직업이 없으면 스스로를 부양할 방도가 없었다. 그에겐 보장된 수입원이 필요했다.

그사이에 야구 프로젝트는 예상보다 훨씬 더 복잡한 것으로 드러났다. 몇 달 동안 프로그램에 몰두했지만, 아직 경기 하나조차 실행하지 못했다. 몇 가지 중요한 요소를 작동시키는 데는 성공했고, 톰 치텀 교수는 친절하게도 이 프로젝트에 A를 주었다. (확신컨대, 에릭 로버츠가 나에 대해 좋게 말해 줬을 것이다.) 그럼에도 치텀 교수에게 내 능력을 과시해 놓고 제대로 부응하지 못했다는 사실이 내내 마음에 걸렸다.

봄 학기에는 운영 체제 대학원 과정의 후반부를 학점으로 인정받으며 수강할 수 있었다. 하버드 강사와 대기업 하니웰Honeywell의 컴퓨터 부서 엔지니어를 겸직하던 두 명의 교수가 강의를 맡았다. 그들이 실제로 업계에서 일하고 있다는 사실이 내게는 더욱 신뢰성 높게 다가왔다. 두 사람 중 더 젊은 쪽인 제프리 부즌Jeffrey Buzen은 최적화 분야에서 이미 명성을 떨치고 있었다. 이번 과정의 초점도 바로 그 부분이었다.

수업 두 번째 날, 부즌 교수는 대기 행렬 이론queuing theory이라는 개념을 소개했다. 그는 예시 차원에서 두 가지 알고리즘을 비교하며 왜 한 알고리즘이 다른 알고리즘보다 더 효율적인지 설명했다. 나는 그의 설명을 들으면서 〈와, 완전히 오판하고 있네〉라는 생각이 들었다. 물론 그는 이 분야에서 세계 최고의 전문가 중 한 명이었지만, 나는 내가 더 잘 알고 있다고 생각했다.

「교수님이 틀렸어요.」 나는 불쑥 내뱉고는 그의 접근 방식에 명백한 결함이 있는 것으로 보인다고 단언했다. 그는 당황한 표정을 지으며 설명하려고 했다. 나는 받아들이지 않았다. 나는 그의 효율성 측정 기준이 엉터리라며 이런 저런 말로 반박했다.

그는 다시 설명하기 시작했다. 「아뇨, 완전히 틀렸어요.」 내가 반복했다. 그러고는 자리에서 벌떡 일어나 강의실을 박차고 나왔다. 학부 신입생이 그렇게 나가는 모습을 보고 나머지 대학원생들이 무슨 생각을 했는지는 짐작만 할 수 있을 뿐이다. 당연히 좋게 생각하진 않았을 것이다.

나는 밖을 서성이며 머릿속으로 방금 일어난 상황을 되짚어 보았다. 15분 정도 지나자 확신이 두려움으로 바뀌었다. 사실 내가 틀렸다는 것을, 완전히 틀렸다는 것을 깨달았다. 내가 방금 무슨 짓을 한 거지? 세상에, 이처럼 바보같이 굴 수가! 내가 만난 교수님 중 가장 마음이 통하던 분이었다는 사실이 더더욱 나를 몸서리치게 만들었다. 게다가 학부생인 나에게 자신의 수업에 들어올 수 있도록 친절하게 허락하지 않았던가.

수업이 끝난 후 다시 가서 사과를 했다. 부즌 교수는 더할 나위 없이 상냥하게 모든 상황을 이해해 주었다. 궁극적으로 우리는 좋은 관계를 형성했다. 그는 자신이 연구하고 있던 하니웰 운영 체제에 대해 상세히 가르쳐 주려고 노력했고, 나는 경청하고 배우는 자세를 가져야 할 필요가 있다는 새로운 자각을 얻었다. 지금도 내가 범한 무례를 생각하면 몸이 움츠러든다. 어머니였다면 분명 조숙한 철부지처럼 군다며 혼냈을 것이다.

그해 봄 어느 날, 내가 지원한 회사 중 한 곳에서 회신 전화가 왔다. 전년도 여름에 보네빌에서 만났던 DEC 엔지니어들이 보스턴 근처의 DEC 본사에 소개해 준 덕분에 가서 면접을 봤는데, 거기서 연락이 온 것이다.

내가 DEC의 컴퓨터를 사용하던 5년 동안, 회사는 매사추세츠주 최대 고용주 중 하나로 성장했다. 1974년 봄, DEC는 본사 주변의 모든 건물을 매입하는 동시에 지역 곳곳에 새 건물을 짓고 있었다. DEC의 사업장은 이제 매사추세츠주 동부 곳곳에 자리 잡고 있었다. 회사가 그렇게 성장 일로에 오르자 설립자인 켄 올슨은 헬리콥터를 여러 대 구입해 DEC 엔지니어들이 회사 시설 사이를 빠르게 오갈 수 있게 했다.

그리고 입사 지원자들도 그 혜택을 누릴 수 있었던 모양이다. 나는 지하철을 타고 로건 공항으로 가라는 말을 듣고 놀라지 않을 수 없었다. 내게 전화한 담당자는 거기서 DEC 헬리콥터가 나를 태워 본사로 이동할 것이라고 했다. DEC 본사는 전설적인 방직 공장을 개조한 건물이었는데, 남북 전쟁 당시 담요를 짜던 베틀이 있던 자리에서 세상을 바꾸는 컴퓨터 사업을 구축한 셈이었다. 나는 헬리콥터를 타본 적이 없었다. 설령 취직이 되지 않더라도 그것만으로 충분히 멋졌다.

DEC 본사를 돌아다니며 엔지니어들을 만난 것은 그 나이의 내게 메카를 방문한 것과 같은 경험이었다. 기술의 급격한 변화가 어떻게 새로운 아이디어와 새로운 회사, 그리고 완전히 새로운 컴퓨터 활용법의 기회를 창출하는지 너무도 명확하게 보여 주던 곳이 바로 DEC였다. 그리고 우리도 제대로 된 아이디어만 있으면 회사를 창업할 수 있다는 자신감을 얻은 것도 — 켄트는 『포천』을 구독하면서, 폴은 컴퓨터 잡지들을 보면서 — DEC에 대해 배웠기 때문이었다. 여전히 〈고독한 천재〉라는 세계관을 놓지 못하면서도, 폴과 함께 힘을 모아 회사를 세워야 한다는 나의 생각은 점점 더 강해졌다. 우리가 스스로 우리 나름의 사업을 시작하기로 마음만 먹는다면, 모든 것이 잘 풀릴 거라는 확신이 들었다.

DEC에서 나는 TOPS-10 운영 체제를 만든 사람들과 면접을 봤다. TOPS는 내가 C-큐브드에서 사용해 봤고, 폴, 릭과 함께 보네빌에서 커스터마이징을 도왔던 바로 그 소프트웨어였다. 나는 그것을 속속들이 알고 있었다. DEC에서 만나는 모든 사람들에게 경외감을 느꼈고, 내가 오랫동안 갈고 닦은 기술을 인정받고 있다는 기분에도 흠뻑 젖었다.

그들이 전화로 내게 합격 소식을 전했다. 정말 영광스러운 일이었다. DEC 사람들이 나를 고려해 준 것만으로도 고마웠다. 하지만 나는 그 일자리를 받아들이지 않았다. 그러면서 너무 미안한 마음이 들었다. 생각해 보면 그 당시 나는 그저 자신감을 회복하고 싶었던 것 같다. 어느 오후 내내 나는 내가 완전히 이해하는 세상으로 돌아가 말이 통하는 사람들, 내가 무언가 기여할 수 있다고 확인해 주는 사람들과 함께 시간을 보내면서 자신감을 얻었다. 그 경험만으로 충분했다. 그해 봄에 켄터키에 있는 제너럴일렉트릭GE의 가전제품 공장에서 프로그래머로 일하라는 제안을 포함해 몇몇 다른 제안도 받았다. 나는 모두 거절했다.

일종의 테스트였다. 제의를 받을 수 있을까? 실제 직장은 필요없었다. 그 제안들은 친구들에게 들려줄 이야기를 제공했다. 마치 우리 모두가 추구하던 그 고급 교육 없이도 나는 세상에 가치를 증명할 수 있다는 사실을 보여 주려던 것 같았다.

부모님에게는 면접과 입사 제안에 대해 얘기하지 않았다. 이해하지 못했을 테니까. 오히려 내가 하버드의 궤도에서 벗어날지도 모른다는 생각에 불안해했을 것이다.

봄이 끝날 무렵, 나는 심한 복통으로 응급실에 실려 갔다. 궤양성 대장염이라는 진단이 나왔다. 41도까지 치솟는 열로 병원에 2주간 입원했고, 그렇게 대학 1학년을 마감했다. 한편으로는 그 진단에 의구심이 든다. 그 이후로 다시는 그런 문제가 발생하지 않았기에 하는 말이다. 스트레스와 피로, 잘못된 식습관, 그리고 내 삶에 대한 전반적인 불안감이 당시 나를 강타한 그 무엇의 원인이 아니었는지 궁금할 뿐이다.

여름이 시작될 무렵, 하니웰로부터 연락이 왔다. 그 얼마 전 하버드에서 몇 킬로미터 떨어진 월섬에 있는 하니웰 본사에 입사 지원을 해놓은 터였다. 면접에서 나는 내 경력에서 〈폴 G. 앨런과의 파트너십〉 부분을 강조하며 폴과 함께 일하고 싶다는 의사를 분명히 밝혔다. 나는 우리 둘을 함께 고려해 달라고 요청했고, 그들은 폴과 전화 인터뷰를 통해 후속 조치를 취했다. 그들이 우리 둘에게 제안했을 때쯤, 나는 학교로 돌아가기로 마음먹었다. 폴은 제안을 수락했다.

8월에 폴은 아버지의 플리머스Plymouth를 빌려 여자 친구인 리타와 함께 보스턴에서 새로운 삶을 시작하기 위해 미 대륙을 가로질러 차를 몰았다.

11장

와일드카드

BILL GATES ≫ SOURCE CODE

요즘도 자다가 벌떡 일어나게 만드는, 반복적으로 꾸는 꿈이 있다. 꿈의 요지는 패닉이고, 배경은 하버드 대학이다. 여전히 거기에 다니고 있는 나는 학기 말에 이르렀는데 아직도 강의실이 어디인지 파악을 못하고 있다. 필요한 교재도 찾지 못한 상태다. 그러면서 강의실이나 기말고사장을 찾아 헤매고 있다. 두려움이 밀려온다. 시간이 없는데, 도저히 정신을 차릴 수 없을 것 같다. 공부를 너무 오래 미룬 탓이다. 낙제할 게 뻔하다.

이러한 불안감의 근원은 2학년 초에 내가 정한, 강의에 대한 전반적인 접근 방식에서 찾을 수 있다. 모든 것을 마지막 순간까지 미루던 유기 화학 관련 도박은 계획대로 되지 않았고 스트레스도 많이 유발했지만, 나는 다음 학년도의 모든 수업에 대해서도 동일한 접근 방식을 중심으로 계획을 세웠다. 강의는 건너뛰면서 몇 주 동안의 편집광적인 벼락치기로 한 학기 분량의 학습을 소화해 낼 수 있기를 바랐다. 그리고 필수 수업들을 들어야 하는 시간에 관심 있는 다른 수업을 들었다. 하버드가 제공하는 것을 가능한 한 많이 탐구하기로 결심했다. 수업 수를 두 배로 늘리면 배우는 것도 두 배가 될 것이라 생각했다.

나는 응용 수학을 전공으로 정했다. 1학년 때 나눈 대화에서 지도 교수는 수학이란 태양 아래의 모든 것, 하버드 강의 카탈로그의 사실상 모든 것에 적용되는 학문이므로 내 자신에게 무엇이든 탐구할 수 있는 면허를 주는 것과 같다고 설명했다. 그는 응용 수학이 순전히 내가 흥미롭다고 생각하는 것을 토대로 다양한 강의를 섭렵할 수 있는 와일드카드 같은 전공이라는 것을 깨닫게 해주었다. 하버드 시절, 그렇게 나는 와일드카드를 반복적으로 꺼내 들며 언어학, 형사 사법학, 경제학, 심지어 영국사 수업까지 정당화했다. 정보 잡식성인 나에게는 완벽한 전공이었다.

나는 학업에 대한 이 위험한 접근 방식을 일부러 드러냈다. 조합 수학 수업을 빼먹고 한 학기 내내 흥미로운 심리학 강의를 들었다. 두 수업의 기말고사가 우연히 같은 강당의 같은 시간대로 잡혔고, 심리학 수업에서 사귄 친구들은 내가 수학 너드들 사이에 앉아 있는 것을 보고 내가 큰 실수를 하고 있다고 생각했다. 〈거기 아니야. 이쪽이야!〉

인정하건대, 연기의 일환이었다. 다른 사람들의 눈에 머리가 좋으면서 색다른 측면이 있는 사람으로 비치고 싶은 그 오랜 욕구 중 일부였다. 레이크사이드 시절 뒤로는 정말 많은 노력을 기울이면서도 겉으로는 전혀 노력하지 않는 것처럼 보이기 위해 두 권의 책을 산 것과 같은 맥락의 본능이었다. 나는 다시 무심한 척하는 연기로 내 불안감을 감추기 시작했다.

벼락치기 능력에 대한 자신감에도 불구하고 학기 말은 스트레스와 함께 다가왔다. 기말고사를 앞두고 나는 와이드너 도서관으로 사라져 시험 기간이 끝날 때까지 그곳에서 생활할 수밖에 없었다. 그 강렬함을 즐기며 그런대로 잘 해내긴 했지만, 강의실을 찾아 헤매는 그 꿈이 평생 따라붙게 되었다.

2학년을 앞두고 나와 핵심 친구 그룹 — 샘과 앤디 그리고 두 명의 짐 — 은 커리어 하우스Currier House의 스위트룸을 차지하기 위해 함께 기숙사 배정 추첨함에 이름을 적어 넣었다. 커리어 하우스는 (1) 수학-과학 마니아들의 자연 서식지, (2) 남녀 공용, 이렇게 두 가지 매력을 지닌 학부 기숙사였다. 나는 후자의 매력에 더 끌렸지만, 결국 전자의 그룹에서 모든 시간을 보내게 될 터였다.

우리는 스위트룸을 얻지 못했고, 결국 나는 앤디와 한방을 쓰게 되었다. 우리는 여러 가지 이유로 궁합이 잘 맞았는데, 그중 하나는 둘 다 청결 따위는 전혀 신경 쓰지 않는다는 점이었다.

얼마 후 일단의 커리어 친구들과 정기적으로 포커를 치는 습관이 생겼다. 일주일에 몇 차례씩 밤 시간에 지하실의 좁은 방에 모여 긴 보드 테이블을 놓고 밤이 깊도록 카드 게임을 하곤 했다. 그중 몇몇은 포커를 거의 제2의 전공으로 여기는 친구들이었다. 단골 멤버 대부분은 확률과 게임 이론을 그때그때 상황에 맞춰 적용할 줄 아는 수학 및 과학 마니아들이었다. 그리고 몇몇은 판돈을 빠르게 올릴 수 있을 만큼 주머니가 넉넉했다.

포커를 많이 해본 적은 없었지만, 처음에는 그룹 내에서 평균 이상의 순위를 기록했다. 하지만 오래가지 못했다. 수학 55반의 양상을 그대로 연상시켰다. 실력이 떨어지는 플레이어들이 점차 떨어져 나가자 내 실력이 향상되었음에도 잔여 그룹 내 상대적인 실력은 하락했다. 하지만 나는 버텼다. 아주 뛰어난 플레이어들과 경쟁하면서 점점 더 실력이 느는 느낌이 들었다. 그 기분은 중독성이 있었다. 한번은 폴에게 내 수표책을 치워 달라고 부탁할 정도로 돈을 많이 잃었는데도, 발걸음을 끊지 않았다. 다시 여덟 살 때로 돌아가 가미와 식탁에 앉아 카드 게임을 하는 것 같았다. 매번 지면서도 패가 돌아갈 때마다 실력은 향상되고 있었다. 다만 이번에는 돈이 걸려 있다는 점이 달랐다.

판돈이 점점 커졌고, 게임 장소도 커리어 하우스에서 캠퍼스 밖의 너저분한 학생 아파트로 옮겨졌다. 내가 최고로 끗발을 날린 밤은 캠퍼스 밖에서 세븐카드 스터드 하이로 게임을 한 날이었다. 판판이 이기는 통에 카키 바지 주머니에 계속 지폐를 쑤셔 넣기 바빴다. 테이블 위에 쌓아 두는 것이 너무 과시적이라는 느낌이 들어 매 라운드마다 주머니에 집어넣은 것이다. 또한 그렇게 돈을 안전하게 챙겨 두면, 베팅을 조절해 가며 게임하고 적당한 때에 일어설 수 있을 것으로 판단했다. 그날 밤 나는 1천8백 달러 정도를 챙겨서 일어섰다. 꽤나 큰 돈이었다. 다음 날 밤, 같은 장소에서 같은 사람들과 게임을 하면서 전날에 딴 거의 모든 돈을 잃었다.

뒷맛이 너무 씁쓸했고, 그렇게 포커 판에서 멀어지기 시작했다. 최고의 플레이어들만 남은 상황에서 내 실력으로는 이득을 볼 길이 없다는 사실을 깨달았다.

폴과 그의 여자 친구 리타는 8월에 보스턴에 도착해 하버드에서 차로 40분 정도 떨어진 교외 지역의 아파트를 임차했다. 가을이 되자 폴은 하니웰에서 봉급을 받는 직장인 생활에 적응해 가며 대형 프로그램의 작은 부분을 작성하고 있었다. 대학 친구들은 이미 내 이야기를 통해 폴을 실제보다 더 전설적인 인물로 알고 있었다. 이제 폴은 실제로 그 신비로운 이미지를 직접 이어 갔다. 당시만 해도 대학생이 휴학하고 나라를 가로질러 이주해 프로그래머로 일하는 것은 흔치 않은 일이었다. 수염과 여자 친구, 기타 연주 실력, 해박한 지식을 갖춘 폴은 멋진 형의 역할에 잘 들어맞았다. 그리고 언제나 그렇듯이 그는 나를 긍정적으로 자극하면서도, 약간은 타락시키는 존재였다.

10월의 어느 주말, 나는 친구들과 함께 리타의 생일을 축하하기 위해 폴의 집으로 차를 몰았다. 폴이 약간의 LSD를 가지고 있어 우리 모두는 「쿵푸Kung Fu」를 보면서 그것을 조금씩 했다. 참을성 있는 리타는 맨 정신을 유지하며 혹시나 전개될지 모르는 이상한 상황에 대비하는, 우리의 보호자 역할을 자처했다. 밤에는 집 주변의 숲을 둘러보며 나무 한 그루 한 그루 앞에 한참을 멈춰 서서 단풍을 감상했다. 나는 한 친구가 폴의 차 트렁크에 맺힌 이슬방울에 손가락으로 〈존재한다〉를 의미하는 논리 문제의 기호 ∃를 쓰는 것을 지켜보았다. 그는 첫 번째 ∃옆에 ∃를 또 하나 썼다. ∃∃. 거꾸로 된 두 개의 E가 나란히 붙어 있는 것은 그에게도, 우리에게도 심오한 의미를 제시했다. 「빌, 이것 좀 봐. 존재가 존재한다!」 이슬 맺힌 차 트렁크를 바라보는 우리에게 그가 말했다. 당시에는 완벽하게 우주적인 무엇으로 보이지만 약 기운이 사라지고 나면 순전히 우스꽝스러워지는, 그런 순간 중 하나였다.

저녁 분위기가 한창 무르익을 무렵, 호기심 어린 일련의 논리가 내 머릿속을 스쳐 지나갔다. 컴퓨터에서는 파일을 삭제하거나 저장된 데이터를 모두 지울 수도 있다. 두뇌라는 것이 고도로 정교한 컴퓨터일 뿐이므로, 〈뇌에 명령을 내려 모든 기억을 지우게 할 수 있지 않을까〉 하는 생각이 들었다. 하지만 곧 그 생각을 시험해 보려다 자칫 돌이킬 수 없는 작용이 촉발될지도 모른다는 걱정이 들었다. 〈그런 생각조차 하지 않는 것이 낫겠다!〉 다음 날 샤워를 하면서 소중히 저장된 기억의 목록을 쭉 훑으며 모든 것이 온전하게 남아 있다는 사실에 안도했다. 그렇게 나는 LSD와 멀어지기 시작했다.

폴은 일을 하지 않을 때면 잡지에 빠져 살았다. 그의 아파트에는 늘 『파퓰러 일렉트로닉스*Popular Electronics*』와 『데이터메이션 *Datamation*』, 『라디오-일렉트로닉스*Radio-Electronics*』의 과월호들과, 각종 컴퓨터 및 부품의 사양서 등이 널려 있었다. 그는 하버드 광장 한가운데에 있는 신문 및 잡지 가판대이자 랜드마크인 아웃오브타

운뉴스Out of Town News에서 한 시간 정도는 쉽게 시간을 보낼 수 있었다. 쌓여 가는 종이 자료와 간행물 더미에서 그해 가을 폴이 나에게 제안한 수많은 벤처 사업에 대한 아이디어가 도출되었다.

사업 아이디어 대부분은 마이크로프로세서를 중심으로 이뤄졌다. 한동안 폴은 DEC를 모델로 삼아 컴퓨터 회사를 세우겠다는 생각에 사로잡혔다. DEC는 새로운 기술을 활용해 컴퓨터의 가격을 낮추는 동시에 그 사용 범위 또한 크게 확장하고 있었다. 우리도 저렴한 마이크로프로세서를 사용해 똑같이 할 수 있지 않을까? 어쩌면 여러 개의 칩을 묶어 초강력 컴퓨터를 정말 저렴하게 만들 수도 있지 않을까? 소비자 대상의 시분할 서비스를 구축하는 것은 어떨까? 사람들이 우리 컴퓨터에 전화로 접속해 뉴스와 기타 유용한 정보(일테면 요리법 등)를 이용할 수 있다면……?

우리는 피자를 먹거나 아쿠아쿠Aku Aku에 앉아 몇 시간이고 이런 아이디어를 검토했다. 아쿠아쿠는 트레이더 빅스Trader Vic's 스타일의 폴리네시아 레스토랑이었다. 나는 거기서 주로 셜리 템플스Shirley Temples를 홀짝였다. 만 열아홉이 넘어 술을 마실 수 있었지만, 그 어린이용 칵테일(무알코올 칵테일)이 더 좋았다. 컴퓨터 하드웨어에 대한 폴의 사랑 때문에 그의 아이디어는 종종 모종의 혁신적인 컴퓨터를 구축하는 데 집중되었다. 그가 떠올린 대단한 아이디어 중 하나는 성능이 낮은 저렴한 칩들을 연결해 비트슬라이스bit-slice 컴퓨터라는 강력한 단일 프로세서를 만드는 기법이었다. 그의 의문은 이 비트슬라이스 기법으로 과연 10년 전 DEC가 그랬던 것처럼 IBM 시장을 잠식할 수 있을지 여부였다. 당시 업계를 선도하던 IBM 시스템/360 메인프레임 컴퓨터는 수십만 달러를 상회하고 있었다. 나는 혼자서 IBM 컴퓨터의 세부 사항과 폴의 비트 슬라이스 아이디어를 자세히 검토하는 시간을 가졌다. 다음 날 밤, 폴에게 그 아이디어가 성공할 수 있을 것 같다고 말했다. 360에 맞먹는 2만 달러짜리 컴퓨터를 만들 수 있을 것 같다고.

그럼에도 폴은 내가 하드웨어를 구축하는 아이디어에 점점 흥미를 잃어 간다는 사실을 알고 있었다. 컴퓨터 제조 사업은 내가 보기에 너무 위험했다. 부품을 구입하고, 기계를 조립할 사람들을 고용하고, 이를 실행하기 위해 많은 공간을 확보해야 하니까. IBM 같은 대기업이나 급부상 중인 일본 전자 제품 제조업체와 현실적으로 어떻게 경쟁할 수 있겠는가?

나의 이런 견해는 트래포데이터의 하드웨어 관련 난관에 영향을 받았다. 시애틀의 우리 파트너 폴 길버트는 벌써 18개월째 컴퓨터를 작동시키기 위해 고군분투하고 있었다. 그 기계는 전자 펄스가 각 메모리칩들에 정확히 동시에 도달하도록 섬세하게 조율해야 하는 숙제를 안고 있었다. 단 1마이크로초의 지연만 발생해도 모든 것이 멈춰 버렸다. 전선 하나가 아주 미세하게라도 길거나 극미량의 방사선만 발생해도 펄스가 어긋날 수 있었다. 그리고 실제로 그런 일이 계속 반복되었다. 끝없이 이어지는 이러한 결함은 우리가 완전히 통제할 수 없는 복불복 유형의 지루한 문제 해결로 점철되는 삶을 살게 될지도 모른다는 걱정을 불러일으켰다.

길버트는 자칭 완벽주의자이자 수학에 집착하는 엔지니어로, 문제를 해결할 때까지 끈질기게 매달리는 유형이었다. 「나는 패배하는 것을 좋아하지 않아. 어떤 상황을 감수하더라도 문제를 해결할 거야.」 그는 말하곤 했다. (그해에 그는 여자 친구에게 차였다. 그가 트래포데이터에 너무 많은 시간을 쓴다는 이유였다.)

나는 메모리 테스트 소프트웨어를 작성했고, 그러자 두 폴이 작업에 뛰어들었다. 그들은 인내심을 갖고 오실로스코프를 들여다보며 문제를 진단했다. 「7번 칩의 데이터 라인에 결함이 있네.」 마치 유기 화학의 학습 단위처럼, 하드웨어 문제에는 일정 수준의 혼란이 수반되어 나를 좌절하게 만들었다. 나의 조급하고 불안한 에너지가 스트레스를 가중시켰을 가능성이 크다. 나는 항상 일의 진행 속도를 높이기 위해 변경하거나 추가할 수 있는 것이 있는지 찾으려 애썼다.

길버트는 결국 내가 대학교 1학년을 마치던 무렵 하드웨어를 작동시키는 데 성공했다. 그해 여름 나는 부모님 댁에서 시애틀 킹 카운티의 잠재 고객들과 미팅 자리를 갖기로 했다. 그날 아침 모든 것을 완벽하게 준비해 놓았지만, 정작 시연 시간이 되자 기계의 테이프 판독기가 고장이 났다. 나는 어머니에게 전날 밤에는 정말 완벽하게 작동했다고 말씀 좀 드려 달라고 간청했다. 손님들은 정중하게 커피를 다 마시고 자리를 떴다. 그 후 우리는 돈을 더 들여 테이프 판독기 세계의 롤스로이스라고 생각되는 제품을 구입했다. 종이테이프의 구멍을 그래프로 변환하는 단일 목적의 단순한 컴퓨터 하나에 그 모든 노력과 비용이 들어갔다.

폴과의 저녁 식사 대화는 계속해서 소프트웨어로 귀결되었다. 소프트웨어는 달랐다. 전선도 필요 없었고, 공장도 필요 없었다. 소프트웨어 작성에 들어가는 것은 두뇌와 시간뿐이었다. 그리고 그것이 우리가 할 줄 아는 일이었고, 우리를 아주 특별하게 만들어 주는 일이었다. 그것이 바로 우리가 우위를 점할 수 있는 부분이었다. 심지어 선도할 수도 있었다.

먼저 컴퓨터 한 대가 있어야 했다. 몇몇 회사에서 인텔의 혁신을 기반으로 소형 컴퓨터를 출시한 상황이었다. 프랑스에서는 인텔의 8008 칩(우리의 교통량 집계 기계에 사용된 것과 동일한 칩)을 사용한 마이크럴Micral이라는 여행 가방 크기의 컴퓨터가 톨게이트 요금소의 자동화라는 단일 용도에 부응하고 있었다. 마크-8Mark-8이라고 불리는 또 다른 컴퓨터도 나왔는데, 그저 DIY 프로젝트를 제시하는 것에 불과했다. 조립 설명서를 몇 달러에 구입한 다음 여러 공급업체에서 다양한 부품을 구해 모든 부품을 납땜 조립한 후 컴퓨터가 작동하기를 바라야 했다. 나는 그해 초에 발표된 인텔의 최신 칩이 실용적인 범용 컴퓨터를 구동할 수 있을 만큼 충분히 진보한 제품이라는 것을 알고 있었다. 그 칩이 바로 8080이었다. 하드웨어에 관한 모든 것을 감시하는 우리의 파수꾼이던 폴은 그 칩과 관련된 동향을 계속 추적했다.

「어디에서든 8080 컴퓨터를 내놓으면 알려 줘.」내가 그에게 말했다.

한편 나는 하버드에서 도움을 받을 수 있는지 알아보기로 했다. 강의 카탈로그에서 컴퓨터 아키텍처에 초점을 맞춘 수업을 찾다가 〈디지털 컴퓨터 입문〉 강좌를 발견했다. 담당 교수를 잘 몰랐지만, 업계에 인맥이 있을 거라고 생각했다. 약속을 잡고 찾아가 내 아이디어를 피력했다. 마이크로프로세서의 발전에 관심이 많고 마이크로프로세서를 위한 소프트웨어를 개발해 보고 싶다고 말했다. 인텔이나 다른 회사에 연락해 연구용 칩을 기부해 줄 수 있는지 알아봐 줄 수 있는지요? 그는 내가 하고자 하는 일이 특정한 수업을 위한 것이냐고 물었다. 그냥 내가 많은 흥미를 느끼는 분야라서 그런다고 대답했다. 그는 도와줄 수 없을 것 같다고 답했다.

며칠 후 다시 시도했다. 나는 그의 사무실에 들러 하드웨어에 대한 나의 계획을 담은 자세한 제안서와 기부를 요청하는 샘플 편지를 두고 나왔다. 샘플 편지는 그의 서명을 받아 하드웨어 제조업체에 보낼 요량이었다. 나중에 알게 된 사실이지만, 그는 그 제안서를 펼쳐 보지도 않았다. 그는 나의 주임 지도 교수에게 〈수업과 관련 없는 일이라 도와줄 시간도, 의향도〉 없다고 말했다.

당시 이 마법의 칩에 대한 나의 이야기를 들은 대부분의 사람들은 회의적인 반응을 보였다. 지금 그들의 입장에서 생각해 보면, 충분히 이해할 수 있는 반응이다. 마이크로컴퓨터는 컴퓨터 과학학계는 물론이고 대부분의 컴퓨터 업계에서도 메인프레임과 미니컴퓨터에 비해 너무 힘이 없는 먼 사촌 정도로 여겨지고 있었다. 그들이 보기에 마이크로컴퓨터는 장난감에 불과했다. 국방부는 하버드에 장난감이나 연구하라고 연구비를 지원하는 것이 아니었다. 1974년의 마이크로컴퓨터로는 미사일을 유도할 수도, 잠수함을 조종할 수도 없었다. 당시 나는 그런 사람들에 대해 다소 가혹한 평가를 내리지 않을 수 없었다. 미래의 잠재성에 대한 상상력이 부족한 사람들이라고.

11월 말, 폴의 여자 친구 리타가 시애틀로 돌아갔다. 그 무렵 폴은 케임브리지에 있는 보조금 지원 주택으로 이사했다. 내가 있는 곳에서 기차로 두어 정거장 거리였다. 아파트 이름이 린지 타워 Ringe Towers였는데, 폴은 〈더 그린지the Grindge〉라고 불렀다. 무거운 철제문과 극성스러운 바퀴벌레로 우울한 분위기를 자아내던 아파트의 상태를 제대로 묘사한 표현 같았다. 당시 폴의 기분과도 딱 들어맞았다. 인생의 연인은 나라 반대편으로 떠나 버렸고, 그는 외로웠으며, 직장 생활도 지겨웠다. 일주일에 며칠 밤과 대부분의 주말에 커리어 하우스에 찾아왔고, 그렇지 않은 날에는 내가 그린지에 가서 함께 어울리며 우리의 계획에 대해 이야기를 나누곤 했다.

그러던 1974년 12월 초의 어느 눈 내리던 오후였다. 나는 기숙사 방에 앉아 책을 읽고 있었다. 앞으로 몇 주의 일정은 정해진 상태였다. 퍼트넘 경시대회 시험을 치르고 1학기 수업을 마무리한 후 방학 시작과 동시에 시애틀로 날아갈 예정이었다. 신입생 때 그랬던 것처럼, 어머니가 연말 파티와 저녁 식사, 친구 및 대가족과의 선물 교환 등의 과도한 스케줄로 나를 혹사시킬 것이라고 확신했다. 어머니는 벌써 내게 크리스마스 선물로 무엇을 원하는지 물어

보았다. 「비틀즈 1967-1970The Beatles 1967-1970」과 산타나Santana의 「웰컴Welcome」앨범, 그리고 폴이 추천한 공상 과학 소설 한 권을 원한다고 했다. 연휴가 끝나면 1월 6일 리딩 기간의 시작에 맞춰 학교로 돌아와 미친 듯이 기말고사 준비를 할 계획이었다.

그때 폴이 내 방으로 들어섰다. 아웃오브타운뉴스에서 내리달려와 헐떡이고 있었다. 부츠에 진창이 된 눈이 묻어 있었다.

「나한테 한 말 기억해?」 그가 물었다.

「무슨 말?」

「어디서든 8080을 기반으로 만든 기계를 내놓으면 알려 달라고 했잖아. 자, 여기 있어.」 그러면서 내 손에 잡지를 들이밀었다. 『파퓰러 일렉트로닉스』 1975년 1월호였다. 표지에 이렇게 적혀 있었다. 〈프로젝트 돌파구! 상업용 모델과 맞먹는 세계 최초의 미니 컴퓨터 키트.〉

나는 의자에 다시 앉아 기사를 펼쳤다. 헤드라인에는 〈지금까지 발표된 것 중 가장 강력한 미니컴퓨터 프로젝트 — 4백 달러 미만으로 구축 가능〉이라고 적혀 있었다. 그 아래로 인상적인 사양이 나열된 박스가 쳐져 있었는데, 8비트 인텔 8080 프로세서, 최대 64K 메모리, 78개의 기계 명령어 등이 눈에 들어왔다. 78개의 기계 명령어라면 우리가 트래포데이터 시스템에 사용한 8008 칩보다 거의 두 배나 많은 것이었다.

폴은 내가 여섯 페이지 분량의 기사를 꼼꼼히 읽고 회로도를 살피는 동안 조용히 그 자리에 서서 지켜보았다. 나는 내 몸이 흔들리는 것을 느낄 수 있었다.

이 기계는 내 앞에 있는 타자기보다 별로 크지 않을 정도로 작았다. 토글 스위치와 조명이 달린 스테레오 수신기처럼 보였다. 키보드도, 화면도, 심지어 텔레타이프 연결 단자도 없었다. 기사에서는 이것이 확장 가능하다고 설명했다. 즉 그 모든 것을 연결하면 완전한 기능을 갖춘 컴퓨터가 될 수 있다는 것이었다. 첫 문단이 이를 요약했다. 〈공상 과학 작가들이 가장 좋아하는 주제인, 모든 가정에 컴퓨터가 놓이는 시대가 도래했다! 그 주역이 바로 POPULAR ELECTRONICS/MITS 알테어 8800Altair 8800으로, 현재 시중에 나와 있는 정교한 미니컴퓨터와 견줄 수 있는 완전한 컴퓨터다. 게다가 수천 달러가 드는 것도 아니다.〉

기사의 저자들은 4백 달러 미만이라면 컬러 TV 한 대를 구입하는 가격과 비슷하다고 강조했다.

폴과 나는 지난 3년 동안 칩의 기하급수적 발전을 활용한 새로운 컴퓨터가 어떻게 모든 것을 바꿀 수 있는지 이야기해 왔다. 나는 폴을 올려다보았다. 「우리를 빼놓고 이런 일이 벌어지고 있어.」 그가 말했다.

모든 가정에 컴퓨터가 놓이는 시대? 정말 그럴까?

알테어 8800의 가격은 397달러로, 수백 개의 부품이 조립되지 않은 상태로 배송되는 키트였다. 납땜과 나사 조립을 모두 마친 후에 제대로 작동하기를 바라야 하는 물건이었다. 컴퓨터는 본질적으로 1과 0이라는 이진법을 이용한 계산의 수행에 의존한다. 이는 스마트폰에서 슈퍼컴퓨터에 이르기까지, 오늘날의 컴퓨터 내부에 탑재된 매우 강력한 프로세서에도 그대로 적용된다. 그저 여러 겹으로 구성된 정교한 소프트웨어가 컴퓨팅의 근본적인 이진법 특성을 사용자로부터 가려 주는 것일 뿐이다. 덕분에 소프트웨어를 실행하는 것은 물론이고 소프트웨어를 작성하기 위해 1과 0으로 생각할 필요가 없다.

그런데 알테어는 이 이진법 면모를 그대로 드러냈다. 텔레타이프에 연결하거나 프로그램을 입력하는 다른 방법이 없는 까닭에 컴퓨터 전면에 있는 16개(총 25개 중에서)의 토글 스위치를 사용해 모든 것을 입력해야 했다. 16개의 스위치 각각은 두 위치로 움직일 수 있었다. 위로 올리면 1, 아래로 내리면 0을 나타냈고, 각각의 1 또는 0은 1비트를 의미했다. 8비트 프로세서인 8080 칩은 1과 0으로 이뤄진 비트를 8개 묶어 1바이트의 정보를 형성했다.

알테어에 1바이트를 입력하려면 최소 9번 스위치를 조작해야 했다. 예를 들어 2+2와 같은 아주 간단한 프로그램을 입력하는 데에도 수십 차례 스위치를 올리고 내려야 했다. 복잡한 작업을 수행하는 유용한 프로그램이라면 최소 수백 번의 조작이 필요하다는 의미였다. 또한 그 컴퓨터는 작업 결과를 사용자에게 전할 때도, 전면에 줄지어 배치된 작은 빨간색 LED 표시등을 켜거나 끄는 방식의 이진법을 사용했다.

결국 제대로 조립한다 해도 알테어 8800은 모든 가정에서 사용할 수 있는 컴퓨터는 아니었다.

그럼에도 나는 우리뿐만 아니라 많은 사람들이 이 컴퓨터를 원할 것이라고 확신했다. MITS는 인텔 8080 프로세서 가격 정도에 컴퓨터 키트 전체를 제공하고 있었다. 열성적인 컴퓨터 애호가 커뮤니티에게는 성배와도 같은 제품이었다. 더 중요한 것은 부속물을 추가하더라도 가격이 매우 저렴하기 때문에 비즈니스와 엔지니어링 분야에서 실질적인 활용도가 커질 것이라고, 폴과 나는 생각했다.

『파퓰러 일렉트로닉스』 기사에는 소프트웨어에 대한 언급이 거의 없었다. 사람들이 (스위치 조작의 번거로움을 피해) 알테어로 소프트웨어 프로그램을 쉽게 작성하려면 텔레타이프 단말기가 필요하고 8080 칩에 맞춤화한 BASIC이나 POTRAN 같은 프로그래밍 언어가 있어야 했다. 하지만 기사의 저자들은 사용 가능한 언어가 있는지 여부에 대해 아무런 언급도 하지 않았다.

우리는 그러한 언어가 없을 것이라고 확신했다.

하지만 문제가 하나 있었다. 우리에게는 알테어 8800은 고사하고 새로운 기계의 두뇌 역할을 하는 마이크로프로세서인 인텔 8080도 없었다. 어떻게 우리의 코드를 테스트해야 한단 말인가?

폴은 그런 고민에 빠져 있다가 크리스마스 방학 때 멋진 소식을 들고 나에게 전화했다. 전해에 그는 PDP-10을 사용해 인텔 8008 칩을 시뮬레이션함으로써 트래포데이터 기계용 프로그램을 작성하는 방법을 알아낸 적이 있었다. 사실상 50만 달러짜리 메인프레임으로 하여금 360달러짜리 마이크로프로세서 노릇을 하도록 만드는 것이었다. 이제 그는 PDP-10의 설명서를 꼼꼼히 살펴본 후 훨씬 더 강력한 인텔 8080 칩에 대해서도 동일한 방식을 적용할 수 있는 방법을 찾아냈다. 그 시뮬레이터를 통해 하버드의 PDP-10을 마치 알테어처럼 사용할 수 있는 것이었다.

그 돌파구를 바탕으로 우리는 계획을 세웠다. 먼저 8080에 대한 인텔의 레퍼런스 매뉴얼을 구해서 명령어 세트를 배우기로 했다. 그리고 내가 그 8080 명령어를 사용해 어셈블리 언어로 BASIC을 설계하고 작성할 예정이었다. BASIC은 애초부터 초보자도 프로그래밍에 쉽게 접근할 수 있도록 고안된 언어인 만큼, FORTRAN과 같은 고급 언어보다 알테어의 애호가 시장에서 더 폭넓은 소구력을 가질 터였다. 나는 궁극의 BASIC은 아닐지라도 충분히 실용적이고 유용한 BASIC을 빠르게 구현할 수 있으리라 확신했다. 레이크사이드에서 시작했던 BASIC(PDP-8용)을 완성하지는 못했지만, 그 프로젝트 덕분에 이번 작업에서 남들보다 훨씬 앞선 지점에서 출발할 수 있었다. 그사이에 폴은 PDP-10이 8080처럼 작동하고 내 코드를 실행할 수 있게 하는 시뮬레이터 프로그램을 만들 것이었다. 그는 또한 8080 코드의 실행을 모니터링하고 문제가 생기는 경우 디버깅할 수 있는 소프트웨어 도구들을 PDP-10에서 돌릴 수 있도록 조정하기로 했다.

알테어의 제조사 MITS에 대해 들어 본 적이 없었다. 알아보니 모형 로켓 전자 제품과 계산기를 만드는 회사였다. 『파퓰러 일렉트로닉스』 기사에 뉴멕시코주 앨버커키에 있는 본사의 주소와 전화 번호가 적혀 있었다. 1월 초, 폴은 MITS에 우리가 인텔 8080 칩용 BASIC 버전을 가지고 있다고 주장하는 내용의 짧은 편지를 보냈다. 그는 편지에서 우리가 카피당 50달러를 청구할 것이며, MITS 는 애호가들에게 75달러에서 1백 달러 사이에 재판매하면 될 것이라고 제안했다. 그는 트래포데이터 레터헤드가 인쇄된 편지지에 내용을 타이핑하고, 밑에 〈사장 폴 G. 앨런〉이라고 서명했다.

몇 주가 지나도록 아무런 답변이 없었다. 우리는 직접 전화하기로 했다.

우리가 그저 대학생 한 명과 하니웰의 말단 프로그래머 한 명일 뿐이라는 사실을 알면 우리를 진지하게 받아들이지 않을까 봐 걱정했다. 그래서 폴이 편지에 그렇게 확정적으로 BASIC 버전을 준비해 놓았다고 말했던 것이다. 또한 그래서 나는 폴이 직접 통화를 하면 좋겠다고 생각했다. 나보다 나이도 많고 목소리도 더 깊었기에 우리가 어떤 회사를 시작하든 그가 공개적인 얼굴로 나서는 것이 적합할 것 같았다. 게다가 1월 편지에 서명한 것도 폴 아니었던가. 하지만 폴은 내가 전화해야 한다고 생각했다. 내가 더 순발력도 빠르고 비즈니스 관련 대화를 해본 경험도 많다는 이유였다.

우리는 타협했다. 2월의 어느 날 이른 저녁, 나는 기숙사 방에서 『파퓰러 일렉트로닉스』 기사에 나와 있는 전화번호로 전화를 걸었다.

전화를 받은 여성이 MITS 사장인 에드 로버츠Ed Roberts에게

바로 연결해 주었다. 나는 생각했다. 〈사장과 직접 통화할 수 있는 회사라면, 규모가 그다지…….〉

나는 보스턴에 있는 트래포데이터의 폴 앨런이라고 신분을 밝혔다. 알테어용 BASIC 버전 개발을 거의 끝냈고, 그것을 보여 주고 싶어 전화한 것이라고 설명했다.

로버츠는 이미 그런 소프트웨어를 가지고 있다고 주장하는 사람들로부터 전화를 몇 차례 받았다고 말했다. 그는 작동하는 버전을 가장 먼저 가져오는 사람과 거래가 성사될 것이라고 하면서, 알테어는 아직 준비되지 않았다고 덧붙였다. 그는 우리가 어떤 BASIC 버전을 가지고 있든 그것을 돌려 보려면 한 달 정도는 더 기다려야 한다고 말했다. 결국 두어 달 전 우리가 첫 번째 잡지 기사에서 접한 호언장담과 달리, 당시의 알테어는 완성되지도 않은 투박한 프로토타입에 불과하다는 얘기였다.

개인용 컴퓨터 혁명의 여명기였다. 우리 모두 그저 흉내만 내며 길을 찾고 있었다.

대부분의 BASIC 버전과 마찬가지로, 우리가 알테어를 위해 작성한 것 역시 인터프리터interpreter라 불리는 특정한 종류의 프로그래밍 언어였다. 미국 대통령과 중국 국가주석 옆에서 인터프리터, 즉 통역사가 한 번에 하나의 아이디어를 통역하는 것과 같은 방식으로, BASIC 인터프리터는 한 번에 한 줄의 코드를 컴퓨터가 쉽게 이해할 수 있는 명령어로 변환한다. 인터프리터의 장점 중 하나는 다른 유형의 프로그램들보다 적은 메모리를 사용하며 작동할 수 있다는 것이다. 당시 컴퓨터 메모리는 가격이 비싸 매우 귀중한 자원이었다. 알테어 소유자는 케이스에 추가 메모리 카드를 가득 채워 최대 64K까지 RAM을 늘릴 수 있었지만, 그 메모리 카드들이 정말 비쌌다. 4K 확장 카드 하나에 무려 338달러나 했다.

그래서 가장 중요한 과제는 가능한 한 작은 메모리 용량으로 BASIC을 압축할 방법을 찾는 것이었다. 그러지 않으면 사용자가 작성할 BASIC 프로그램과 그 프로그램이 사용할 데이터를 위한 공간이 남지 않을 터였다.

내가 가장 먼저 한 일은 3년 반 전 올림픽 산맥의 눈 덮인 산길을 하이킹하며 머릿속으로 작성했던 컴퓨터 코드를 떠올리는 것이었다. 그토록 작고 효율적으로 만들 수 있었다는 것이 곧 내가 4K 메모리에 전체 BASIC 프로그래밍 언어를 넣고도 약간의 공간을 남길 수 있다는 증거로 인식되었다. 그 하이킹에서 내가 고안한 부분인 수식 평가기가 핵심이었다. 이제 그것을 머릿속에서 다운로드하면 되는 것이었다. 나는 노란색 노트패드 위에 그것을 적는 것부터 시작했다. 작고 깔끔했다. 〈이제 나머지 프로그램도 이렇게만 작성하면, 성공할 수 있는 거야.〉

우리의 가장 큰 걱정은 시간이었다. 다른 사람이 먼저 프로그램을 완성하기 전에 그것을 마무리해 MITS에 제출해야 했다. 몇 주밖에 남지 않았다고 생각했다. 두 사람이 감당하기에는 일의 양이 너무 많았다. 더욱이 한 명은 풀타임 직장에 다니고 다른 한 명은 수업이 꽉 차 있는 상태가 아니던가. 특히 매우 큰 숫자(예를 들어 지수 계산)와 아주 작은 숫자(소수점 이하) 그리고 파이 (3.14159) 같은 값을 처리하는 부동 소수점 수학 코드 섹션이 걱정스러웠다. 코드 작성 자체가 어려운 일은 아니었지만, 지루한 작업을 많이 수행해야 했다. 스스로 정한 기한을 맞추기 위해 그 부분을 생략할 수도 있었지만, 그러면 BASIC에 심각한 제약이 따랐다. 부동 소수점 연산 없이는 제대로 된 달 착륙 게임 같은 것을 만들 수 없었다.

2월 초의 어느 저녁, 폴과 나는 커리어 하우스 구내식당에서 식사를 하며 부동 소수점 관련 문제에 대해 논의하고 있었다. 건너편에서 한 학생이 끼어들었다. 「나 그거 해봤는데.」 우리의 대화를 처음부터 듣고 있었던 것 같았다. 그는 몬테 다비도프Monte Davidoff 라는 이름의 수학을 전공하는 신입생이었다. 나는 그가 정말로 무엇에 대한 얘기인지 알고 말하는 것인지 테스트하기 위해 몇 가지 질문을 던졌다. 그는 제대로 알고 있었고, 매우 자신감 있어 보였다. 나는 나중에 내 방에 들러서 대화를 이어 갈 수 있겠냐고 물었다. 그날 밤 우리는 몇 시간에 걸쳐 이야기를 나누었다. 몬테는 위스콘신에서 고등학교에 다니던 시절에 컴퓨터에 매료되었다고 말했다. 그는 이미 다양한 프로그래밍 언어와 여러 컴퓨터로 많은 경험을 쌓았고, 심지어 자동차 배터리를 제조하는 대기업에서 돈을 받고 프로그램을 작성한 적도 있었다. 그는 우리에게 필요한 부동 소수점 알고리즘에 대한 좋은 아이디어도 갖고 있었다. 나는 그에게 BASIC 인터프리터를 작성하는 우리의 프로젝트에 대해 자세히 소개했다. 그는 의욕적으로, 작업에 참여하고 싶다고 했다.

2월 둘째 주부터 나의 일과는 빨간 의자에 구부정하게 앉아 노란색 노트패드에 손으로 코드를 작성하는 시간과 에이킨에서 코드를 작동시키려고 노력하는 시간으로 양분되었다. 주로 낮에 잠을 자고 수업은 빼먹고 초저녁에 내 방에서 몬테를 만나 함께 에이킨으로 향했다. 폴은 직장에서 바로 연구소로 달려오곤 했다. 몬테와 폴도 나의 4114 계정을 사용했고, 그래서 각자 단말기에 교대로 붙어 밤새도록 코드를 만들곤 했다.

나는 프로그램의 주요 부분을 작업하고 몬테는 덧셈, 뺄셈, 곱셈, 나눗셈, 지수 계산과 같은 수학 루틴을 처리하는 코드를 작성하기 시작했다. 폴은 자신이 개발한 8080 시뮬레이터(마치 8080 기반 컴퓨터를 사용하는 것처럼 PDP-10 도구들을 사용할 수 있게 해주는 코드)를 세밀하게 조정했다. 시뮬레이터가 개선됨에 따라 우리의 프로그래밍 속도도 빨라졌다. 내가 손으로 쓴 코드를 PDP-10에 입력하면 메인프레임이 알테어가 할 일을 정확히 에뮬레이션했다. 내가 작성한 알테어 프로그램이 충돌하는 경우 PDP-10의 강력한 디버깅 도구를 사용하여 어디에서 실수를 했는지 빠르게 파악할 수 있었다. 우리는 다른 어느 누구도 이런 식으로 PDP-10을 속인 적이 없다고 확신했다. 그와 동시에 알테어용 소프트웨어를 개발하려는 다른 어느 누구보다 우위를 점할 수 있다는 확신도 굳어졌다.

에이킨 연구소의 우선순위에 따라 치텀 교수의 박사 과정 학생들과 진지한 연구를 하는 사람들이 단말기들의 우선 사용 권리를 누렸다. 우리는 다른 사람에게 방해가 되고 싶지 않았기에 PDP-10이 대부분 유휴 상태가 되고 연구소에 아무도 없어 오랜 시간 컴퓨터를 사용할 수 있는 밤에 대부분의 작업을 수행했다. 카페테리아에 들르는 시간과 몇 번의 영화 관람 시간을 제외하고는 깨어 있는 대부분의 시간을 에이킨에서 보냈다. 실내 온도가 섭씨 10도 정도로 유지되어 PDP-10을 냉각시키기에는 완벽한 환경이었지만, 몇 시간 동안 계속 앉아 있으면 몸이 떨릴 정도로 추웠다. 겨울용 재킷을 입고 지칠 때까지 코딩을 하다가 단말기 앞에서 잠을 자거나 컴퓨터가 열기를 내뿜는 곳 근처의 바닥으로 가 웅크리고 잠을 청하곤 했다.

폴의 시뮬레이터와 개발 도구들 덕분에 작업은 빠르게 진행되었다. 코드를 작성해 PDP-10에서 실행하면서 문제가 발견되면 바로 프로그램을 멈출 수 있었다. 그런 다음 문제를 해결하고 계속 진행하면 되었다. 나는 삶의 상당 부분을 〈작성, 실행, 수정〉이라는 기묘하고 거의 마법 같은 피드백 루프 속에서 보냈다. 마치 시간이 멈춘 것 같은 지대에서 사는 기분이었다. 저녁을 먹고 단말기 앞에 앉아 있다가 고개를 들어 새벽 2시임을 확인하고는 깜짝 놀라곤 했다.

그러던 중, 나는 텔레타이프를 알테어에 연결하기 위한 코드를 작성하는 데 필요한 정보가 충분하지 않다는 것을 깨달았다. 이는 BASIC으로 알테어를 프로그래밍하려는 사람들에게 반드시 필요한 구성 요소였다. 나는 MITS에 다시 전화를 걸어 알테어를 설계한 엔지니어와 이야기를 나눴다. 컴퓨터가 문자를 입출력하는 방식에 대한 내 질문이 엔지니어를 감동시킬 만큼 구체적이었던 것 같다. 그는 이런 식으로 말했다. 「사실 이런 질문을 한 사람은 당신이 처음이네요.」 그가 제공한 정보와는 별도로, 그와 나눈 대화를 통해 나는 MITS 컴퓨터용 BASIC 인터프리터를 작성하는 다른 누구보다도 우리가 앞서 있는 게 틀림없음을 감지할 수 있었다.

3월, 약 6주간의 광적인 코드 작성 끝에 우리의 BASIC은 구동되었고, MITS에 보여 주기에 충분하다는 생각이 들었다. 추가할 다양한 기능과 개선해야 할 섹션들이 있었지만 모두 나중에 해도 될 일이었다.

폴은 MITS에 전화를 걸어 에드 로버츠와 이야기를 나누고(로버츠 사장은 통화 상대의 목소리가 지난번보다 낮고 굵어진 것에 대해 의문을 제기하지 않았다), 미팅을 잡았다. 내가 폴의 비행기 표를 사주었다.

폴의 출장 전날 밤, 나는 혹시라도 우리가 8080 매뉴얼을 읽으면서 작은 실수라도 했다면 모든 것이 망가질 수 있다는 생각이 들었다. 우리는 폴의 시뮬레이터를 통해 PDP-10에서만 프로그램을 실행했었다. 우리 프로그램은 알테어 자체에서 실행된 적이 없었고, 단지 알테어인 척하는 컴퓨터에서 실행되었을 뿐이었다. 폴의 시뮬레이터에서 단 하나의 오류라도 생기면 시연은 실패로 돌아갈 터였다. 폴이 자는 동안 나는 밤새도록 인텔 매뉴얼의 모든 지침을 시뮬레이터와 대조하며 오류를 찾았다. 작업을 마친 후 나는 프로그램을 종이테이프에 저장해서 서둘러 폴에게 가져다주었다. 나는 그가 그 종이테이프 롤을 기내 반입 가방에 넣는 것을 옆에서 지켜보았다.

그럼에도 공교롭게도, 우리가 잊은 것이 있었다. 비행기 안에서 폴은 프로그램을 메모리에 로드하고 실행하도록 알테어에 지시하는 부트스트랩 로더라는 작은 코드를 작성하지 않았다는 사실을 깨달았다. 폴은 노트패드를 꺼내 누락된 코드 줄을 미친 듯이 작성했다.

다음 날, MITS 사람들은 6K 메모리와 종이테이프 판독기를 갖춘 기계를 준비해 놓고 폴을 맞이했다. 폴은 부트스트랩 코드를 입력하기 시작했는데, 8개의 데이터 스위치를 설정해 한 바이트씩 입력해야 했기에 시간이 꽤 걸렸다. 그런 다음 그는 테이프 판독기를 가동했다. 우리의 BASIC 프로그램이 컴퓨터에 입력되는 데 약 7분이 걸렸다. 마침내 테이프 끝에 도달하여 프로그램을 실행하기 시작했는데…… 아무런 일도 일어나지 않았다. 작동하지 않았다.

그들은 다시 시도했다. 그러자 단말기 화면에 이렇게 떴다.

MEMORY SIZE?(메모리 크기는?)

폴은 우리의 역작을 시연하기 위해 몇 가지 BASIC 명령어를 타이핑했다.

```
PRINT 2+2
4
OK
```

이로써 최초의 개인용 컴퓨터를 위한 최초의 소프트웨어가 생명을
얻었다.

12장

완전무결

BILL GATES ≫ SOURCE CODE

「누가 더 놀랐는지 모르겠어. 나와 그들 중 누가 더 놀랐는지!」 폴은 아쿠아쿠에 마련된 축하 만찬 자리에서 과일 펀치를 홀짝이며 이렇게 말했다. 우리의 소프트웨어와 그들의 컴퓨터가 합쳐져 2+2를 계산했을 때, MITS 사장이 크게 놀라 외쳤다고, 그는 회상했다. 「세상에, 4가 출력됐어!」

폴은 우리의 작은 프로그램이 데뷔와 더불어 완벽하게 작동했다는 사실에 놀랐다. 동시에 MITS의 에드 로버츠 사장과 수석 엔지니어 빌 예이츠Bill Yates는 그들의 기계가 실제로 무언가를 해냈다는 사실에 놀라움을 금치 못했다.

간단한 덧셈 테스트가 끝난 후 폴은 더 많은 것을 보여 주고 싶었고, 그러면서 우리 프로그램이 어떤 일을 할 수 있는지 직접 확인도 하고 싶었다. 예이츠는 폴에게 『101 BASIC 컴퓨터 게임101 BASIC Computer Games』이라는 책을 건넸다. 폴은 거기서 「루나 랜더Lunar Lander」의 한 버전을 찾아 타이핑했다. 레이크사이드 시절에 우리가 프로그래밍하는 법을 배웠던 간단한 텍스트 기반 게임으로, 아폴로 달 착륙선의 역추진 로켓을 제어하는 것에 대한 시뮬레이션이 핵심이었다. 목표는 연료가 떨어지기 전에 자유 낙하의 속도를 줄여 부드럽게 달 표면에 착륙시키는 것이었다. 그 게임은 그날 알테어에서 첫 시도에 성공적으로 실행되었다.

에드 로버츠는 황홀해했다. 그는 폴에게 사무실로 가서 사업 이야기를 나누자고 했다.

폴은 에드를 통해, 알테어 기사를 보기 전에는 들어 본 적도 없던 MITS라는 회사에 대해 많은 것을 알게 되었다. 직원 수가 20명도 안 되는 작은 회사였다. 에드는 1960년대 후반에 모형 비행기용 송신기 제조업체로 회사를 설립한 후 전자계산기 키트 쪽으로 사업을 전환했다. 칩의 성능이 향상되고 가격이 하락하면서 MITS를 비롯한 많은 회사가 프로그래밍이 가능한 키트 계산기 시장에 진출할 수 있었다. 에드는 빚을 내어 계산기 사업에 자금을 조달하는 식으로 크게 베팅했지만, 치열한 경쟁과 국내 경기의 침체 속에서 손실을 입고 있었다. 인텔이 8080을 발표하던 1974년 봄, MITS는 파산의 위기로 몰리던 상황이었다. 에드는 이 칩을 구세주로 여겼다. 저렴하고 실용적인 키트 컴퓨터의 시장이 형성될 것이라 직감한 그는 더 많은 돈을 빌려 알테어 사업에 투자했다.

이 이야기는 사업에는 때로 도박이 필요하다는 교훈을 준다. 에드는 『파퓰러 일렉트로닉스』에서 신년 1월호에 소개할 컴퓨터를 찾고 있다는 소식을 들었다. 그는 프로토타입도, 충분한 계획도 없는 상태에서 잡지사에 나름의 아이디어를 피력했다. 잡지 출간 일정에 맞춰 자신이 반드시 저렴한 컴퓨터를 준비하겠다고 장담한 것이다. 잡지사는 그에 동의했다. 에드에게는 한 가지 믿는 구석이 있었다. 인텔에서 일정 수량 이상의 칩을 구입하면 대폭 할인해 주겠다는 약속을 받아 둔 상태였다. 시중 판매가인 375달러와는 비교도 할 수 없는, 칩 한 개당 약 75달러에 공급받기로 한 것이다. 그렇게 해서 MITS는 소비자가 컴퓨터의 두뇌만 구입할 때 드는 비용과 거의 같은 가격으로 알테어를 제공할 수 있었다.

MITS는 일정에 맞춰 프로토타입을 제작해 뉴욕의 『파퓰러 일렉트로닉스』에 배송했다. 하지만 그것은 도착하지 않았다(끝내 발견되지도 않았다). 1월호에 실린 알테어는 사진 촬영을 위해 MITS가 대충 조립한 모형으로, 빈 상자였다. 내 기억이 맞는다면, 전면 패널은 골판지로 만들어져 있었다.

3개월이 지난 지금, 수백여 명이 알테어를 갖고자 4백 달러짜리 수표를 우편으로 보내고 있었다. 회사는 밀려드는 주문을 감당할 수 없었다. 폴은 MITS 사무실이 알테어의 내부 부품과 케이스를 상자에 채우는 작업자들의 조립 라인으로 변해 있었다고 말했다. 판매량이 로버츠가 예상했던 수백 개를 크게 뛰어넘을 것이 분명했다. 더불어 에드의 도박이 결실을 맺을 것임도 명백했다. 그의 회사는 다시 생존할 수 있게 되었다.

사무실에서 에드는 폴에게 우리의 BASIC 인터프리터에 대한 라이선스 계약을 조속히 체결하고 싶다고 말했다. 우리의 소프트웨어는 알테어를 유용한 컴퓨터로 바꿀 수 있었다. 에드는 그것이

더 많은 수요를 창출하는 데 도움이 될 것임을 알고 있었다. 「조건은 차차 협의하면 된다고 하더군.」 폴이 나에게 말했다.

저녁 식사를 하면서 우리는 계약서에 어떤 내용을 담을지, 얼마를 청구할지 논의했다.

한 가지 필요한 것은 우리 파트너십의 이름이었다. 그때까지 폴과 나는 트래포데이터라는 이름을 내세우며 비즈니스 서신을 보낼 때마다 그 회사의 편지지를 사용했다. 우리는 교통량 집계 관련 업무와 마이크로컴퓨터를 활용하는 새로운 사업을 분리하고 싶었다. 〈앨런 앤드 게이츠 컨설팅〉은 논리적으로 합당했지만, 사람들이 우리를 변호사로 오해할 것 같았다. 또한 그것은 소규모 장인 그룹 같은 느낌을 풍겼다. 우리는 우리가 모델로 삼은 DEC, 즉 디지털 이큅먼트 코퍼레이션 같은 좀 더 중후한 이름을 원했다. 그 이름에는 대기업의 무게감이 담겨 있었고, 그런 이름이 있으면 사람들이 우리를 진지하게 받아들일 것 같았다. 하지만 모든 것을 배워 가며 길을 찾아 나가는 두 명의 젊은이에게는 너무 야심 찬 목표처럼 보였다. 다음 생각을 떠올린 것은 폴이었다. 우리가 마이크로컴퓨터용 소프트웨어를 만들고 있으니 이 두 단어를 합치면 어떨까? 나는 동의했다. 그렇게 우리는 우리의 이름을 정했다. 마이크로-소프트Micro-Soft.

그 무렵 나는 에이킨 연구소에서 에릭 로버츠(에드 로버츠와는 아무런 관련이 없었다)를 만났다. 나는 그에게 폴의 MITS 방문에 대해 이야기하며 우리가 만든 소프트웨어를 판매할 기회가 생긴 것 같다고 말했다. 그는 특유의 부드러운 말투로 더 이상 하버드 PDP-10을 사용하지 말라고, 친절하게 조언했다. 하버드 컴퓨터는 국방부 산하 DARPA에서 연구 목적으로 지원한 것이기 때문에 상업용 제품을 만드는 데 사용해서는 안 된다는 것이 그의 설명이었다. 그 얼마 전 나는 그 컴퓨터가 밤중에 군용 트럭에 실려 도착했다는 이야기를 들었기에 정부가 그 비용을 댄다는 것도 이해했다. 하지만 컴퓨터 사용에 관한 규정은 하나도 몰랐다. 나는 그에게 더 이상 그것을 사용하지 않겠으며 연구소 컴퓨터에서 우리 프로그램을 옮겨 가겠다고 말했다. 에릭은 연구소의 새 관리자가 내가 컴퓨터를 많이 사용하는 것을 알고 있다고, 불길하게 덧붙였다. 그가 언짢아한다고, 에릭은 말했다.

그해 초 학교는 오랫동안 공석이던 부소장 자리를 채웠는데, 에이킨 연구소의 일상적인 운영을 관리하고 DARPA 자금이 어떻게 사용되는지 설명하는 역할을 수행하는 자리였다. 톰 치텀이 여전히 연구소의 소장이고 새 인물이 그에게 보고하는 체계였지만, 더 엄격한 통제와 더 많은 규칙이 따를 것임을 연구소의 모든 사람이 분명히 인식했다. (훗날 치텀은 이러한 관리 감독 계층을 〈콩알 개수까지 세는 행태〉라고 묘사했다.)

에릭이 하브-10 사용을 중단하라고 말한 며칠 후, 나는 폴의 차를 몰고 보스턴 교외에 있는 시분할 서비스 회사인 퍼스트 데이터First Data로 가서 계정을 만들고 그들의 PDP-10에 우리의 프로그램을 설치했다. 그때부터 나는 우리의 프로젝트와 관련된 모든 일에 에이킨 연구소의 자산을 이용하지 않았다. 다음에 에릭을 만났을 때, 나는 새 부소장에게 가서 상황을 설명해야 하는지 물어봤다. 그는 걱정하지 말라고 했다. 내가 컴퓨터 이용을 그만두었다고, 자기가 대신 전하겠다고 했다.

BASIC의 개선 문제를 놓고 MITS와 이런저런 논의를 이어 가던 중, 에드가 폴에게 일자리를 제안했다. 우리에게는 완벽한 기회였다. 우리 중 한 명이 MITS에서 직접 BASIC을 지원하면서 새로운 버전을 개발하면 더없이 좋을 것 같았다. 4월이 되자 폴은 하니웰을 그만두고 뉴멕시코주로 가기 위해 이삿짐을 꾸렸다. 며칠 만에 그는 MITS의 유일한 소프트웨어 담당자로서 소프트웨어 개발 책임자라는 거창한 직함을 갖게 되었다.

알테어 주문이 밀려들자 MITS는 소규모지만 점점 커지는 사용자 커뮤니티에 조언과 정보를 제공하기 위해 뉴스레터를 발행하기 시작했다. 4월 둘째 주에 그 『컴퓨터 노트*Computer Note*』의 첫 호가 발행되었을 때, 폴이 나에게 전화했다. 그는 〈알테어 BASIC — 작동 준비 완료〉라는 제하의 메인 기사를 읽어 내려갔다. 작동 준비 완료? 기술적으로는 맞는 말이었지만, 우리의 소프트웨어는 아직 널리 배포할 수 있는 상태가 전혀 아니었다. 기사에는 650달러를 연이율 6.5퍼센트로 18개월 동안 대출받는 경우의 이자와 월 상환액, 총 상환액을 계산하는 간단한 9줄짜리 프로그램도 포함되어 있었다. 〈새로운 컴퓨터 혁명에는 두 가지 열쇠가 필요하다.〉 기사는 이렇게 이어졌다. 〈하나는 컴퓨터가 저렴해야 한다는 것이고,

다른 하나는 컴퓨터가 이해하기 쉬워야 한다는 것이다. 알테어 8800과 알테어 BASIC으로 그 두 가지 기준이 모두 충족되었다.〉

이 글을 읽는 누구도 우리의 소프트웨어가 초보적인 4K 버전에 불과하며 여전히 수개월간의 테스트가 필요하다는 사실을 알지 못할 터였다. 게다가 아직 계약도 체결하지 않은 상태였다. 최근에야 변호사를 찾아 계약서를 작성하기 시작했다. 이 이야기가 나가기 전까지만 해도 우리의 BASIC에 대해 아는 사람은 소수의 관계자들뿐이었다. 그런데 이제 수천 명이 알게 되었다.

「내일 10시에 내 사무실에서 좀 봤으면 하네. 20호실로 오게나.」부소장은 기숙사 방에서 전화를 받은 나에게 이렇게 말했다. 리딩 기간이 진행 중이던, 정확히 5월 14일로, 나는 기말고사 준비에 열중하고 있었다. 내가 에이킨으로 소환된 이유가 컴퓨터 사용과 관련이 있음을 즉시 알 수 있었다.

다음 날 아침, 부소장은 나를 대면하자마자 바로 본론으로 들어갔다. 왜 센터에서 그렇게 많은 시간을 보내고 있었는가? 무슨 일을 하고 있었는가? 누구를 센터에 데려온 건가?

나는 폴, 몬테와 함께 마이크로컴퓨터용 BASIC 버전을 작성했다고 말했다. 그리고 폴의 MITS 방문과 우리가 협의 중인 계약에 대해 이야기했다. 센터를 정기적으로 이용하던 사람이라면 내가 하는 말이 전혀 새롭지 않았을 터였다. 나는 늘 연구소의 모든 사람들에게 우리가 하던 일에 대해 솔직하게 이야기했다.

그는 이미 많은 질문에 대한 답을 알고 있는 것 같았다. 센터는 최근 각각의 인원이 컴퓨터를 사용하는 시간을 추적하는 회계 프로그램을 도입했다. 그는 내 4114 계정에 대한 추적 결과를 보여 주는 종이 한 장을 내 앞에 내려놓았다. 2월 한 달 동안에 711시간, 3월에는 674시간을 사용한 것으로 기록되어 있었다. 한 달이 7백 시간 내외로 구성된다는 점을 고려하면, 그에게는 지나치게 많은 시간으로 보였다. 그는 직접 계산을 해본 후, 711시간은 빌 게이츠와 그의 〈동료들〉(그는 몬테와 폴을 이렇게 칭했다)이 2월의 28일 동안 매일 평균 8시간 30분씩 센터를 이용했다는 뜻이라며 놀란 표정을 지었다. 그는 이게 어떻게 가능한지, 의아해했다. 컴퓨터가 스스로 작업을 처리하는 몇 시간 동안은 단말기를 방치하는 것이 일반적인 관행이라는 사실을 그가 이해하지 못하는 것 같았다. 어떤 때는 두세 대의 단말기를 동시에 사용했기 때문에, 그 사용 시간 수치는 우리가 실제로 센터에서 보낸 시간보다 두 배, 심지어 세 배로 기록되었을 가능성이 컸다.

어쩌면 그것은 중요하지 않은 모양이었다. 컴퓨터 사용 시간 외에, 내가 권한이 없는 폴과 몬테를 연구소에 데려와 함께 상업적 프로젝트를 진행했다는 점이 더 큰 문제였다. 그는 DARPA와 계약한 상태에서 상업적 작업을 수행하는 것은 정부에서 우려할 사항이라고 설명했다.

책상 건너편에서 나를 바라보는 그의 눈에는 누군가의 어리석은 판단으로 센터에 대한 접근 권한을 부여받은 버릇없는 학부생이 공범 두 명까지 하버드의 보안 컴퓨터실에 몰래 끌어들여 밤늦도록 미스터리한 제품을 작업하는 모습이 보였을 것이다. 이 시나리오에서는, 만약 국방부의 장성들에게 이 계획이 발각되면 하버드의 최첨단 에이킨 컴퓨팅 연구소에 대한 아낌없는 지원이 끊어질 수밖에 없었을 것이다.

하지만 나는 그런 결과가 터무니없어 보였다. 나의 그런 생각이 표정으로 드러났나 보다. 그 순간 반성하지 않는 나의 태도가 그를 불편하게 만든 것 같다. 최근 나의 하버드 기록에서 발견한 그의 메모에 이렇게 적혀 있었다. 〈이 학생은 자신의 행위가 초래할 파급 효과를 이해하지 못했고, 내가 그것에 대해 설명했는데도 전혀 문제의 심각성을 인식하지 못하는 것 같았다.〉 내 기록의 다른 메모에서는 그가 나를 〈머리 좋은 멍청이〉라고 언급했다.

맞는 말인지도 몰랐다. 당시 나는 반응을 걸러서 드러내는 능력이 그다지 발달하지 않은 상태였다. 지금 그가 관리하는 연구소가 이전에는 규칙도 없었고 엄격한 감독도 없었다. 많은 사용자가 자신의 부수적 프로젝트에 컴퓨터를 사용하고 있었고, 개중에는 돈 받고 다른 학생의 에세이와 논문을 써주는 데 컴퓨터를 이용하는 사람도 있었다. 우리는 다른 사람에게 방해가 되지도 않았다. 어차피 유휴 상태였을 컴퓨터를 사용했기 때문이다. 또한 우리는 MITS에 고용되어 소프트웨어를 개발한 것도 아니었다. 그 회사 제품의 사양에 맞춰서 작업했을 뿐이고, 만약 제대로 작성해 내면 그 회사에서 구매할지도 모른다고 믿었을 뿐이었다. 이것이 내가 그에게 설명이랍시고 설파한 내용이었다.

내가 깊이 반성하며 뉘우쳤다면 도움이 되었을까? 그랬을 것 같지도 않다. 이미 결정이 내려진 것처럼 보였다.

「여기에 자네 말을 듣고 있는 증인도 있다는 점에 유념하기 바라네.」 어느 시점에 그가 근처의 책상에 앉아 있던 자신의 행정 비서를 가리키며 말했다. 〈증인이라고? 내가 무슨 사법 처분이라도 받을 위기에 처한 건가?〉 나는 컴퓨터를 사용한 시간에 대해 센터에 변상하겠다고 말했고, 하버드에서 작성한 BASIC 버전을 누구나 접근할 수 있는 공공 영역에 올려놓겠다고 덧붙였다. 퍼블릭 도메인으로 공개하겠다는 의미였다.

그는 내가 가지고 다니던 센터 열쇠를 반납하라고 했다. 그러고는 내 앞에서 내 계정을 비활성화했다. 그리고 즉시 행정 위원회에 회부하겠다고 말했다.

행정 위원회 회부? 그것은 곧 학장과 일단의 행정 담당자 및 교수진으로 구성된 위원회가 내 사건을 심리한다는 뜻이었다. 이틀 후, 내가 얼마나 심각한 상황에 직면했는지 알게 되었다. 나의 주임 지도 교수는 최악의 경우 위원회가 나를 하버드에서 퇴학시킬 수 있고, 내 행위가 특히 심각하다고 판단되는 경우 내 기록을 말소할 수도 있다고 설명했다. 기록 말소는 내가 하버드에 다녔다는 사실 자체를 지워 버린다는 의미였다. 꿀꺽.

당시 나는 부모님에게 자주 전화하지 않았다. 3주에 한 번 정도 하는 게 고작이었다. 또한 내가 폴과 BASIC 작업을 하는 것에 대해서도 부모님에게 거의 언급하지 않았다.

그런데 이제 한 번의 통화로 부모님은 모든 것을 알게 되었다.

언제나 그렇듯이 아버지는 핵심 질문으로 바로 넘어갔다. 연구소의 규칙이 글로 명시되어 있고 너에게 전달되었나? 학교는 너의 컴퓨터 사용과 상업적 작업에 대학 자원을 사용하는 교수들의 컴퓨터 사용을 어떻게 구분하는가? 다른 사람들이 증언한 내용을 볼 수 있는가? 필요한 내용을 파악한 아버지는 학교에 전화해서 비슷한 질문을 던졌다. 아버지는 〈나쁜 경찰〉 역할을 하는 유형이 아니었지만, 침착하고 논리적이며 간결하게 할 말만 하는 성격이었기에 그 자체로 위압감을 줄 수 있었다. 그와 대화를 나눈 사람은 누구든 그가 상황을 면밀히 지켜보고 있다는 인상을 받았을 것이다. 명시적이든 암묵적이든, 아버지는 〈어떤 판결을 내리든 그 과정은 공정해야 한다〉는 메시지를 분명하게 전했을 것이다.

세월이 많이 흐른 지금, 부모님이 이 에이킨 사태에 어떻게 개입했는지 자세히 기억이 나지 않는다. 아버지가 상황의 심각성을 파악하기 위해 직접 보스턴으로 날아온 것은 기억한다. 하버드가 나를 함부로 대할까 봐 아버지가 걱정했다는 것도 알고 있다. 그리고 내가 하버드에서 퇴학당할지도 모른다는 생각에 어머니가 무척 힘들어했다는 것도 알고 있다. 어머니는 그 일이 내 장래에 미칠 악영향을 염려했다.

어머니는 우리 가족에 대한 지역 사회의 평판도 걱정했을 것이다. 그 무렵, 어머니는 워싱턴의 대형 은행에서 여성 최초로 이사

자리에 오르고 킹 카운티 유나이티드 웨이에서 첫 여성 회장(나중에 그 자선 단체의 전국 단위 회장직도 맡는다)을 역임하는 등 오랜 기간 노력을 기울이며 추구한 성공을 거두고 있었다. 그해에는 워싱턴 대학교 이사회의 임원으로도 임명되었다. 그 모든 일을 하면서도 아동 병원과 시애틀 재단의 이사회에서도 활동하고 있었다. 크리스티는 회계사 일을 시작해 한 세대 전만 해도 우리 어머니 같은 여성에게 거의 닫혀 있던 경력의 길을 열어 가고 있었다. 크리스티가 딜로이트Deloitte에 취직한 날, 가족 모두가 자랑스러워했다. 당시 열 살이던 리비는 세 가지 스포츠에서 두각을 나타내고 있었다(드디어 어머니의 운동 신경을 닮은 아이가 나타난 것이다!). 그리고 하버드에 다니는, 학업 성적이 우수한 아들이 있다는 사실은 20년, 아니 어쩌면 그보다 더 오랜 세월 어머니가 꿈꿔 온 성공적인 가족의 모습을 완성하는 자랑거리였다.

그런 아들이 대학을 중퇴한다는 것은 충격적인 일이었다. 쫓겨난다는 것은 더더욱 큰 충격이 아닐 수 없었다.

나는 타자기에 앉아 밤이 깊도록 행정 위원회에 보내는 편지를 쓰면서 그 모든 것의 무게를 느꼈다.

그 문서 ─ 아직도 내게 사본 한 부가 남아 있다 ─ 에는 내 행위에 대한 변명이자 사과와 더불어, 에이킨에 대한 비판과 우리 프로젝트에 대한 서술 그리고 혁명을 앞둔 한 산업에 대한 단상이 담겼다. 나는 1974년 마이크로프로세서의 출현으로 갑자기 컴퓨터가〈성냥갑보다 작아질 수 있게 되었다〉고 썼다. 그리고〈폴 앨런은 마이크로컴퓨터가 미래의 물결이라는 확고한 신념의 보유자〉라고 덧붙이며 그 물결의 일부가 되고자 하는 우리의 관심을 피력했다.

나는 몬테가 이 사태에 휘말린 상황이 너무도 안타까웠다. 이 사회에서는 몬테에 대한 징계도 고려하고 있었다. 그는 이제 막 대학 생활을 시작한 신입생이었다. 이미 이 프로젝트로 인해 성적도 나빠진 상태였다. 나는 편지에서 내가 프로젝트의 책임자고, 몬테를 연구소로 데려온 것은 나의 실수라는 점을 강조했다. 나는 몬테가 그 어떤 불이익도 받지 않아야 한다고 강하게 느꼈다.

글을 다 쓰고 나서 부모님에게 전화로 10페이지 분량의 편지를 읽어 주었다. 아버지는 내가 좀 더 융화적인 태도를 보여야 한다고 조언했다. 아버지의 조언에 따라 나는 편지를 이렇게 마무리했다. 〈제 실수에 대해 사과드립니다. BASIC 판매와 관련해 제가 심각한 오판을 한 것 같습니다. 저는 계속 하버드 커뮤니티의 자산이 될 수 있다고 믿습니다. 앞으로 제가 추구하는 삶에 방해가 될 오점이 기록에 남지 않도록 도와주시기를 부탁드립니다.〉

5월 19일, 나는 다시 타자기 앞에 앉아 폴에게 편지를 썼다. 〈오늘 밤 마이크로-소프트에 대해 많은 생각을 했어. 그리고 몇 가지 생각을 정리해 보내야겠다는 생각이 들었어.〉 나는 먼저 MITS 협상에 대한 요점을 적고 신제품의 기술적 세부 사항을 간략하게 설명했다. 이 세 페이지 분량의 편지는 다양한 세부 사항에 대해 고심하는 신규 사업가의 머릿속을 들여다볼 수 있는 창과 같았다. 수익은 어떻게 나누고, 비용은 어떻게 관리할 것인가? 변호사 비용을 지불하고, 아파트를 빌리고, 우리 둘은 물론이고 레이크사이드 시절부터 친구인 직원 한 명의 생활비까지 충당해야 하는 상황에서 현금 압박을 피하려면 어떻게 해야 하는가? 폴이나 나, 둘 중의 한 명이 〈학교로 돌아가는 등의 이유로〉 상당한 시간 동안 사업에서 손을 떼는 경우 향후의 계약에서 발생하는 수입은 어떻게 나눌지에 대해서도 계획을 세웠다. 〈그때쯤이면 어차피 우리가 십만장자가 되어 있을 테니…… 별 문제가 되지 않을 거라 생각해.〉 이것이 나의 예측이었다.

일주일 후, 기숙사 방에서 기말고사 준비를 하고 있을 때 주임 지도 교수로부터 전화가 왔다. 행정 위원회에서 방금 내 사건을 두고 회의를 진행했다고 했다. 그들은 연구소 자원에 대한 부적절한 이용과 무단 사용을 이유로 나를 〈훈계〉하기로 결정했다. 그게 무슨 뜻이죠? 그가 설명했다. 생각보다 아주 경미한 처분이 내려진 것이라고. 아무런 처벌 없이 경고 선에서 매듭된 것이었다.

컴퓨터 사용 시간과 상업용 제품 제작, 허가받지 않은 인원의 연구소 출입 등의 세 가지 우려 사항 중에서 그들은 내가 세 번째 항목만 위반한 것으로 결론 내렸다. 폴과 몬테를 에이킨에 데려오기 전에 승인을 구했어야 했다. 다행히도 위원회는 몬테의 사건을 〈취소〉하기로 결정했는데, 하버드 어법으로 그가 모든 혐의에서 벗어났다는 뜻이었다.

내게 운이 따랐다. 행정 위원회에서 연구소가 매우 느슨하게 운영되었고 사실상 정해진 규칙이 없었다는 사실을 인정했다. 내 사건에 관해 증언한 모든 사람이 그 사실을 확인해 주었지만, 나의 에이킨 스승인 에릭 로버츠가 특히 많은 도움을 주었다고 확신한다. 그는 우리 작업의 상업적 결과에는 거부감을 가졌지만, 위원회에 제출한 진술서에 〈빌의 행동은 센터의 전통적으로 느슨한 분위기에 비추어 고려되어야 하며, 센터 측에서도 기계 사용에 대한 기준을 설정하지 않은 것에 대한 책임의 일부를 부담해야 한다고 생각합니다〉라고 썼다. 나중에 에릭은 웰슬리 대학에 최초의 컴퓨터 과학과를 개설했으며, 스탠퍼드를 비롯한 여러 대학에서 수천 명의 학생들을 가르쳤다.

에이킨 문제와 관련해 부모님의 마음고생이 심했을 텐데, 왜 그 부분이 자세히 기억나지 않는지 모르겠다. 당시 나는 매우 독립적이었고, 다른 사람의 감정 상태에 지금보다 덜 민감했다. 내가 문제를 일으켰으니 그것을 해결하는 것 역시 내 몫이라고 생각했다. 그 시기의 기록이 담긴 자료 중 하나는 가미로부터 받은 크리스마스 편지다. 예상대로 가미는 나의 혼란스러운 상황에 대해 단호하고 원칙적인 입장을 취했다. 가미의 생각에는 부모님의 생각도 반영되어 있었을 것이다.

네가 훌륭한 재능을 가지고 있다는 것은 너 자신도 잘 알 거다. 우리 모두는 네가 아이디어를 실현하고자 할 때마다 보이는 창의성과 근면 성실을 자랑스럽게 생각한다. 중요한 것은 항상 가장 높은 윤리적 기준 위에 서야 한다는 것이다. 네가 기울이는 노력의 각 측면을 모든 각도에서 살펴보는 데 최선을 다해야 한다. 아마도 내가 걱정하는 이유는 살다 보면 여기저기서 조금씩 타협하고픈 유혹이 생기는 탓에 자칫 전체적인 목표를 잊기 쉬울 수 있기 때문일 거다. 이번에 하버드에서 한 경험은, 네 책임이 크지 않은 것으로 결론이 나긴 했지만, 그럼에도 네가 취하는 모든 단계에서 투명하고 정직하게 행동해야 한다는 경고임을 잊지 말아야 한다. 목적이 수단을 정당화한다고 생각하는 바람에 삶을 망친 사람들이 많다. 우리가 항상 경계해야 하는 이유가 거기에 있다. 항상 경각심을 갖길 바란다. 어떤 일에든 완전무결하게 임해서 부적절하게 해석될 여지를 없애야 한다. 너는 정말 훌륭한 젊은이다. 너를 응원하고 사랑한다. 곧 보자, 가미.

50년이 지난 후, 나의 하버드 기록에서 행정 위원회 심리 과정의 일환으로 진행된 톰 치텀과의 인터뷰 메모를 발견했다. 그는 자신의 연구소를 나에게 개방해 주었고, 2학년 때는 나의 학업 지도 교수를 맡았던 분이다. 그 일이 있고 1년이 지나지 않아 나는 그의 강의를 들었다. 하지만 당시 내 사건에 대해 그가 어떤 입장을 취했는지는 알지 못했다.

나는 BASIC 프로젝트를 시작했을 무렵 치텀을 찾아가 연구소의 도구들을 사용해 인터프리터를 작성해 보겠다고 말했었다.

그는 열정적으로 반응했지만, 바쁜 일이 있었기에 자세한 이야기를 나누지는 못했다. 우리가 대화를 나누는 경우는 흔치 않았다. 그즈음 나는 마주치기만 하면 생각하고 있던 모든 기술과 연구소에서 진행해야 한다고 생각하는 프로젝트에 대해 흥분해서 떠들어대며 시간을 빼앗는 나를 그가 지겨워한다고 느꼈다. 우리는 결국 그의 서명이 필요한 무언가가 있으면 그의 비서에게 맡기고 그가 서명하면 내가 가져가는 것으로, 암묵적인 합의에 도달했다. 연구소에서 진행한 BASIC 작업에 문제가 있을 수 있다는 것을 깨달은 후, 나는 그와의 면담 약속을 잡았다. 그는 나타나지 않았다. 당시 우리의 관계는 그 정도였다. 나는 그와 이야기를 나누면 늘 긴장이 되었다. 우리 둘 다 만나지 않는 것이 서로 더 편하다고 느꼈을 것이다. 나로서는 꽤 특이한 역학 관계였다. 나는 하버드에서 대부분의 교수님들을 매우 친근하다고 느꼈고, 그래서 편하게 다가가 수학과 프로그래밍에 대한 긴 대화를 나누며 관계를 쌓았다. 몇몇 교수님은 컴퓨터 산업의 미래에 대한 나의 사고를 발전시키는 데 직접적으로 기여하기도 했다.

에이킨 논란 당시 나는 치텀 교수가 내 편이 아니라고 생각했다. 하지만 하버드 메모를 보니 사실 그는 내 편에 서 있었다. 그는 위원회에 만약 내가 하버드에서 쫓겨나게 된다면 〈정의의 졸렬한 모방〉이 될 것이며 〈내년에도 빌 게이츠가 연구소에서 컴퓨팅 작업을 계속하는 모습을 보게 된다면 기쁠 것〉이라고 말했다. 그는 나의 전반적인 심리 상태를 알고 있는 것 같았다. 메모에 따르면, 이 모든 일의 발단은 〈벌써 대학원 수업까지도 지루하게 느끼는 학부 2학년생이 지루함에서 벗어나기 위해 나름의 프로젝트를 찾았으며〉 가지고 놀 무언가가 필요해 마이크로컴퓨터에 빠진 것이라고 그는 말했다. 모두 사실이었다. 돌이켜 보건대 그가 나를 지지해 준 것이 분명했다. 정말 감사할 따름이다. 그 시절에 더 좋은 관계를 맺었더라면 좋았을 텐데, 하는 아쉬움이 남는다. 톰 치텀 교수는 1990년대 후반까지 하버드에서 근무하며 프로그래밍이 장인의 수공예 수준에서 하나의 엔지니어링 학문으로 발전하도록 돕는 방법을 계속 연구했다. 수십 년 후 하버드 파일을 읽으면서 그가 2001년에 사망했다는 사실을 알게 되었다.

나의 에이킨 이용 문제를 둘러싸고 벌어진 갈등은 컴퓨팅이 언제나, 보호해야 하는 희소한 자원으로 여겨진 데서 비롯된 것이었다. 하워드 에이킨이 거대한 마크 원 기계식 계산기를 만든 1940년대에는 전 세계의 컴퓨터 수를 손가락으로 셀 수 있을 정도였다. 이후 많은 변화가 있었고, 1966년 DEC가 최초의 PDP-10을 판매할 당시에는 전 세계의 컴퓨터 수가 수천 대에 이르렀다. 그리고 1975년 알테어가 출시될 무렵에는 그 수가 훨씬 더 많아진 상태였다. 하지만 컴퓨터는 여전히 고가였고, 컴퓨터를 사용하려면 특별한 연결 또는 승인이 필요하거나 방 열쇠가 있어야 했고, 운이 좋으면 고등학교 시절에 계몽적인 선생님의 도움을 받아야 했다.

당시에는 누구도 완전히 이해하지 못했겠지만, 그 희소성의 시대가 곧 풍요의 시대로 바뀔 준비를 하고 있었다. 컴퓨터는 아주 빠르게 수백만 명의 사람들이 사용할 수 있는 자원이 될 터였다.

우리가 작성한 BASIC 프로그램은 다른 수천 명의 작업과 마찬가지로 그런 변혁의 소용돌이에서 중심적인 역할을 하게 되었다. 갑자기 10대 아이들도 컴퓨터로 가치 있는 무언가를 만들 수 있다는 생각이 터무니없는 환상에서 흔한 일로 바뀌었다. 그리고 컴퓨팅 비용은 매우 빠르게 떨어져 곧 거의 무료가 되었다.

13장
마이크로-소프트

BILL GATES ≫ SOURCE CODE

1975년 여름 앨버커키에 도착했을 때, 샌드위치 가게를 개조한 MITS의 본사는 2×4 목재와 합판으로 만든 긴 테이블들로 구성된 임시 컴퓨터 공장으로 변모해 있었다. 어떤 날에든 열댓 명의 직원들이 전자 부품을 상자에 채워 최대한 빨리 배송하는 모습을 볼 수 있었는데, 새로운 4백 달러짜리 키트 컴퓨터를 원하는 고객들의 주문 속도를 따라가지 못하고 있었다. 진정으로 열성적인 팬들은 차를 몰고 MITS까지 수백, 수천 킬로미터를 달려와 직접 알테어를 받아 갔다. 아침에 출근하면 린 애비뉴와 캘리포니아 스트리트가 만나는 모퉁이에 RV 차량들이 진을 치고 있는 모습을 어렵지 않게 볼 수 있었다. 그들은 마치 테이크아웃 피자를 기다리듯 알테어가 나오길 기다렸다. 수표 현금화 및 대출 서비스 업체와 세탁소, 안마 시술소 등이 들어선 낡은 스트립몰에 자리한 MITS 본사 사무실은 훗날 개인용 컴퓨터 혁명으로 불리게 될 현상의 시작 지점이었다.

이 모든 것의 아버지라 할 수 있는 에드 로버츠는 훌륭한 아이디어를 보유했지만, 그 인기는 크게 과소평가했다. 그는 자신만의 컴퓨터를 갖는다는 신기한 경험에 기꺼이 돈을 지불할 고객이 연간 8백 명 정도에 이를 것이라고 예상했다. 하지만 처음 몇 달에 벌써 수천 건의 주문이 들어왔다. 알테어의 구매자들은 조립을 완료한 후 스위치를 젖히고 불을 깜빡이게 하는 것 외에는 할 수 있는 일이 별로 없다는 사실에 크게 개의치 않는 것 같았다. 그들은 대부분 엔지니어, 의사, 소규모 사업가, 학생 및 취미 생활자 등으로 전자 기기에 돈을 쓸 여유가 있고 전자 기기를 가지고 놀 시간이 있는 사람들이었다.

이보다 앞선 3월, 캘리포니아 멘로파크의 한 차고에, 알테어에 대한 정보를 교환하기 위해 32명의 컴퓨터 애호가들이 모였다. 그 모임에 앞서 한 회원은 이 우편 주문 컴퓨터의 배후에 있는 회사가 실제로 존재하는지 확인하기 위해 캘리포니아에서 앨버커키까지 차를 몰고 찾아왔다. 에드 로버츠를 만난 그는 MITS가 배송 준비한 수량보다 훨씬 많은 컴퓨터를 주문받았다는 사실을 알게 되었다. 결국 이 컴퓨터 애호가들은 두 번째 모임에서야 알테어를 처음 보게 되었다. 소프트웨어나 키보드, 디스플레이가 없던 이 컴퓨터의 주인은 스티브 돔피어 Steve Dompier라는 목수였다. 그는 토글스위치로 간단한 프로그램을 실행했다. 그가 마지막 스위치를 젖히자 알테어는 놀랍게도 AM 라디오를 통해 비틀즈의 「풀 온 더 힐 Fool on the Hill」의 단음 연주곡을 들려주었다. 그는 이어서 「데이지, 데이지 Daisy, Daisy」를 연주하게 했는데, 그 자리에 있던 모두가 그 곡이 1957년 컴퓨터에서 최초로 연주된 노래이자 「2001 : 스페이스 오디세이2001: A Space Odyssey」에서 인공지능형 컴퓨터 할 9000HAL 9000이 천천히 〈죽어 가면서〉 불렀던 노래라는 것을 알았을 것이다.

얼마 후 이 모임은 홈브루 컴퓨터 클럽Homebrew Computer Club이라는 이름을 지었다. 몇 달 지나지 않아 회원 수가 수백 명으로 늘어났다. 전국 각지에서 홈브루와 유사한 클럽이 생겨났다. 나와 같은, 초창기 개인용 컴퓨터 팬들은 모두 컴퓨터 가격이 수십만 달러에 달한다는 사실을 이해하며 자랐다. 이제 1천 달러 미만이면, 많은 기능은 없을지언정 누구나 컴퓨터를 소유할 수 있게 되었다.

작지만 열광적인 이 시장에 활기를 불어넣기 위해 에드 로버츠는 파란색 닷지 캠핑카에 알테어 컴퓨터 몇 대를 싣고 대학생 한 명을 고용해 미국의 여러 도시를 순회하게 했다. 블루 구스Blue Goose라는 별명이 붙은 이 밴은 각 지역의 홀리데이 인Holiday Inn에서 컴퓨터 애호가들을 만났고, 거기서 MITS 직원들이 알테어로 우리의 BASIC을 실행하는 모습을 선보이고 나면 다음 도시로 이동하곤 했다.

6월에 나는 샌프란시스코로 날아가 며칠 동안 MITS 직원들 및 블루 구스와 함께하며 홈브루 클럽을 비롯해 여러 컴퓨터 애호가들을 만났다. 그때 실리콘밸리Silicon Valley를 처음 방문했는데, 페어차일드Fairchild나 인텔 같은 반도체 회사들이 들어서면서 고작 2~3년 전부터 그렇게 불리기 시작한 지역이었다. 이 여행은 내게 많은 배움의 기회를 제공했다. 내가 만난 많은 애호가들은 알테어와 개인용 컴퓨터의 전체 개념을 반문화의 렌즈를 통해 바라보았다. 저렴하거나 무료로 제공되는 컴퓨터는 1960년대와 1970년대 초의 히피 시대정신에 부합했다. 그런 컴퓨터는 한 무리로 뭉쳐 컴퓨팅에 대한 접근권을 통제하던 기업들과 기득권 세력에 맞선 대중의 승리를 상징했다. 여기에 속한 엔지니어 중 일부는 록히드 Lockheed 같은 방위 산업체나 휴렛팩커드 Hewlett-Packard 같은 대형 전자회사에서 일했지만, 그들의 기술에 대한 열정은 사회의 변혁과 아이디어의 자유로운 흐름이라는 이념에 뿌리를 두고 있었다. 내가 만난 그룹 중 하나는 피플스 컴퓨터 컴퍼니 People's Computer Company, PPC였는데, 이름에 영감을 준 재니스 조플린 Janis Joplin의 빅 브라더 앤드 더 홀딩 컴퍼니 Big Brother and the Holding Company 밴드처럼 회사와는 거리가 먼 조직이었다. PCC는 주로 학생들에게 저렴한 컴퓨터 접근권과 무료 컴퓨터 수업을 제공하는 클럽에 가까웠다. 『PCC 뉴스레터』의 창간호는 그들의 사명을 다음과 같이 명시했다.

컴퓨터는 주로 사람들을 위해서가 아니라
사람들에게 해가 되는 방식으로 사용되고
사람들을 자유롭게 하기 위해서가 아니라
통제하는 데 사용되고 있다
이제 그 모든 것을 바꿀 시간이 되었으니……

우리의 순회 여행 중 많은 사람들이 기억하게 되는 행사는 팰러앨

토에 자리한 리키스 하얏트 하우스Rickey's Hyatt House 호텔에서 열린 시연회였다. 폴과 몬테 그리고 내가 하버드의 컴퓨터로 우리의 BASIC 버전을 작성하고 불과 몇 달 지난 시점이었다. 그 프로그램인 4K BASIC은 작동하긴 했어도 초보적이고 거친 프로토타입으로, 그해 여름에 다듬을 계획이었다. 하지만 MITS가 알테어를 위해 제공하는 유일한 프로그래밍 언어였기에, 초기의 시연회에서 쇼의 주인공이었다. 이 프로그램 덕분에 알테어 팬들은 그 4백 달러짜리 상자로 실제로 무언가를 할 수 있었다.

25년 후, 한 기자는 행사가 열린 하얏트에서의 그 저녁을 〈누군가가 빌 게이츠의 소프트웨어를 훔친 날〉이라고 칭했다. 호텔 회의실은 홈브루 클럽 회원 다수를 포함해 수백 명의 사람들로 가득 찼다. MITS 직원이 알테어를 시연하는 동안 누군가가 골판지 상자에 손을 뻗어 여분으로 준비해 두었던 4K BASIC의 종이테이프를 슬쩍 가져갔다. 나는 그날 저녁에 대한 기억이 거의 없고, 코드가 없어진 것을 알아챘는지도 기억나지 않는다. 몇 달 후에는 확실히 알게 된 일이었지만 말이다. 결국 그 테이프는 한 홈브루 회원에게 넘어갔고, 그는 그 소프트웨어의 테이프 70개를 복제해 홈브루 모임에서 나눠 주며 다른 사람들에게 더 많은 사본을 만들도록 독려했다. 몇 주 안에 수십, 아니 수백 개의 4K BASIC 복제본이 떠돌게 되었다. 우리가 판매할 계획으로 다듬던 버전이 완성되기 몇 주 전이었다.

초기 개인용 컴퓨터 세계의 히피 정신에 따라 소프트웨어는 무료로 제공되어야 한다는 것이 일반적인 인식이었다. 소프트웨어는 친구에게서 복사하거나 공개적으로 공유하거나 심지어 훔쳐야 하는 무엇이었다. 여러 면에서 당시의 음악에 대한 인식과 비슷했다. 그해 여름, 브루스 스프링스틴Bruce Springsteen의「본 투 런Born to Run」을 구입한 팬들도 있었지만, 많은 이들이 친구에게서 음반을 빌려 카세트테이프에 공짜로 녹음했다.

　하드웨어는 이야기가 달랐다. 그것은 유형의 실물이었다. 책상 위에 놓이는 물건이었다. 냉각 팬의 윙윙 소리가 들렸다. 케이스에 손을 대면 전원 공급 장치의 열기가 느껴졌다. 상판을 벗기면 마이크로프로세서 두뇌와 함께 제 위치에 깔끔하게 납땜이 된 그 모든 작은 부품들을 볼 수 있었다. 마이크로프로세서는 먼지 없는 공장에서 제작될 정도로 민감한 마법의 장치였다. 그에 비해 소프트웨어는 자기 테이프에 보이지 않게 저장되거나 종이 롤에 해독할 수 없는 표시로 저장된 가상의 정보였다. 누군가가 수천 시간을 들여 설계하고 작성하고 디버깅하고 작동시키기 위해 최선을 다했다는 것을 이해하려면 상상력의 비약이 필요했다. 게다가 늘 무료로 제공되었기에, 그렇게 하지 않으려 하는 것을 더 이상한 일로 보았다.

　하지만 폴과 나는 사업체를 구축하길 원했다. 수많은 한밤 토의를 통해 우리가 도달한 결론은 개인용 컴퓨터가 점점 더 저렴해지고 기업과 가정으로 확산됨에 따라 고품질 소프트웨어에 대한 수요도 무한대로 늘어날 것이라는 확신이었다. MITS를 위한

BASIC의 첫 번째 버전을 개발하는 동안에도 폴과 나는 개인용 컴퓨터에 필요하게 될 여타 종류의 소프트웨어에 대해 이야기하곤 했다. 코드 편집기와 같은 프로그래밍 도구들과 포트란이나 코볼 COBOL 같은 다른 인기 언어의 버전들도 만들 수 있을 것 같았다. 알테어와 마찬가지로 메모리가 거의 없던 DEC의 PDP-8 미니컴퓨터를 구동하는 운영 체제를 연구한 후, 나는 개인용 컴퓨터를 위한 온전한 운영 체제도 만들 수 있다고 확신했다. 우리가 바라는 대로 상황이 전개되기만 하면, 언젠가 마이크로-소프트는 이른바〈소프트웨어 팩토리〉가 될 터였다. 업계 최고로 인정받을 수 있는 다양한 제품을 제공하게 될 것이었다. 그리고 일이 정말 잘 풀리면, 숙련된 프로그래머들로 구성된 대규모 팀을 꾸릴 수 있을 것이라고 생각했다.

당시 누군가 우리의 목표가 무엇인지 물으면, 나는 소프트웨어 팩토리의 비전을 설명하거나 그저 전 세계 모든 개인용 컴퓨터에 우리의 소프트웨어를 탑재하고 싶다고 말하곤 했다. 그러면 사람들은 고개를 갸웃거리거나 어이없어 하는 표정을 지었다.

수많은 칩 제조업체들이 인텔의 뒤를 빠르게 따라잡았다. 모토로라Motorola, 페어차일드, 제너럴 인스트루먼트General Instrument, 시그네틱스Signetics, 인터실Intersil, RCA, 로크웰Rockwell, 웨스턴 디지털Western Digital, 내셔널 세미컨덕터National Semiconductor, MOS 테크놀로지MOS Technology, 텍사스 인스트루먼트Texas Instruments 등이 인텔 8080과 유사한 8비트 마이크로프로세서를 만들고 있었다. 이들 칩 모두가 잠재적으로 개인용 컴퓨터의 두뇌가 될 수 있었다. 새로운 칩이 출시될 때마다 폴은 사양이 담긴 전문 기사를 찾아봤고, 우리는 그것을 위한 소프트웨어를 개발할 만한 가치가 있는지 논의하고 분석했다.

우리가 둘러보는 모든 곳에서 산업의 씨앗이 싹을 틔우고 있었다. 4월, 홈브루 클럽의 한 회원과 그의 친구가 캘리포니아 버클리에서 알테어용 애드인add-in 메모리 카드를 판매하는 프로세서 테크놀로지Processor Technology를 설립했고, 1년 만에 자체적으로 개발한 컴퓨터인 솔-트웬티Sol-20를 출시했다. 1974년 말, 로저 멜렌Roger Melen이라는 스탠퍼드 대학교 교수는 『파퓰러 일렉트로닉스』의 뉴욕 사무실을 방문했다가 우연히 발표되기 직전의 모의 알테어를 보게 되었다. 크게 감명받은 그는 에드 로버츠를 만나기 위해, 집으로 돌아가는 비행 여정을 바꿔 앨버커키에 들렀다. 곧 멜렌은 스탠퍼드 출신의 친구와 함께 디지털 카메라와 조이스틱 등의 알테어 추가물을 개발했고, 얼마 지나지 않아 마이크로컴퓨터인 Z-1을 출시했다. (그들의 회사 이름 크로멤코Cromemco는 스탠퍼드의 기숙사 크로더스 메모리얼Crothers Memorial에서 따온 것이다.)

알테어와 그 두뇌인 인텔 8080에서 영감을 받은 휴렛팩커드의 엔지니어 스티브 워즈니악Steve Wozniak은 자신이 찾을 수 있는 가장 저렴한 마이크로프로세서인 MOS 테크놀로지 6502를 구입해 신속하게 나름의 컴퓨터 프로토타입을 제작했다. 다른 많은 홈브루 회원들과 마찬가지로 워즈니악 역시 엔지니어링의 스릴과 클

럽에서 공유할 수 있는 무언가를 만든다는 자부심에 동기를 부여
받았다. 다시 말해서, 친구인 스티브 잡스Steve Jobs가 그 프로토타입
을 보기 전까지는 그랬다. 잡스는 최근 7개월간 인도에 머물다 돌
아왔는데, 훗날 그것이 자아 탐구의 여정이었다고 밝혔다. 그렇게
돌아온 지 1년도 지나지 않아 그는 황색 승복을 벗고 머리를 기른
후 워즈니악에게 그의 컴퓨터 취미가 사업이 될 수 있다고 확신시
켰다. 얼마 지나지 않아 그들은 회사 이름을 애플Apple로 짓고 첫 번
째 컴퓨터인 애플I을 판매하기 시작했다.

부모님은 내가 전년도 여름처럼 시애틀의 워싱턴 대학교에서
한두 개의 강의를 들으며 여름을 보낼 것으로 기대했다. 하지만 나
는 뉴멕시코로 향했다. 그리고 곧 하버드의 한 학기를 휴학하고 앨
버커키에 머물겠다고 얘기했다. 부모님은 걱정했지만, 내가 기억
하는 한 반대하지는 않았다. 아마도 행정 위원회의 훈계가 있었던
터라 한 학기 정도 쉬는 것도 나쁘지 않으리라 생각했을 것이다. 겨
울 무렵이면 아마도 소프트웨어 분야에 대한 진입 시도가 끝나거
나 학위 획득을 위해 학교로 돌아가 병행하는 부업 정도로 전환될
것이라고 여겼을 것이다.

아버지는 〈체계적organized〉이라는 단어를 상황을 통제할 수 있
는 상태를 의미하는 방식으로 사용했다. 체계적인 사람은 계획이
있고 신중하며, 목표를 설정하고 그것을 달성하기 위한 단계를 밟
아 나간다고 생각했다. 나는 아버지와 어머니에게 내가 체계적이
라는 것을, 실패할지도 모른다는 것을 인식하면서도 마이크로-소

프트 벤처를 통해 무엇을 하려는지 잘 알고 있다는 사실을 보여주고 싶었다.

나는 아버지에게 도움을 요청해야 했던 경우가 몇 차례였는지, 그 횟수를 머릿속에 새겨 두었다. 첫 번째는 켄트와 내가 급여 프로그램의 보상 문제로 ISI와 충돌했을 때였고, 두 번째는 하버드 행정 위원회의 심리를 받았을 때였다. 마이크로-소프트를 시작하면서, 나는 다시는 아버지에게 의지해야 할 상황이 생기지 않기를 바랐다. 특히 부모님에게 회사를 운영하면서 학업을 병행할 수 있다고 말했기에 더욱 그랬다.

당시 소프트웨어 회사는 존재하지 않았다. 적어도 폴과 내가 세우고자 하던 종류의 소프트웨어 회사는 없었다. 게다가 우리의 제품은 잠재 고객들이 무료로 사용해야 한다고 생각하는 무엇이었다. 하지만 우리에게는 한 곳의 고객사가 있었고, 거기서부터 시작할 수 있다는 믿음이 있었다.

앨버커키에서 우리가 처음 머문 곳은 MITS에서 몇 블록 떨어진 선다우너 모터 호텔Sundowner Motor Hotel의 셰어 룸이었고, 이어서 폴과 나는 사무실에서 차로 가까운 거리에 있던 포털스Portals라는 단지에서 침실 두 개짜리 아파트(114호)를 빌렸다. 포털스는 저렴한 데다가 수영장까지 있었지만, 우리 둘 다 정작 수영할 시간은 없었던 것 같다. 폴과 나는 각각 방을 하나씩 썼고, 여름 동안 코딩 작업을 돕기 위해 합류한 몬테 다비도프는 섀그 러그 위에 소파용 베개

들을 깔고 침대로 썼다. 8월 한 달 동안은 트래포데이터 사업의 관리를 돕던 레이크사이드 후배 크리스 라슨도 내려와 지냈다. 라슨과 몬테는 거실을 겸한 침실을 함께 사용했는데, 몬테는 밤새 혼자 코딩에 매달리다가 아침에 라슨이 일하러 나갈 무렵 소파 베개를 깔고 자는 것을 좋아했기 때문에, 그런대로 서로 불편을 줄이며 지낼 수 있었다.

우리의 본사(굳이 그렇게 부르자면)는 MITS 건물의 한쪽 구석에 임시로 마련된 일부 공간이었다. 우리는 거기에 몇 대의 단말기를 두고 시내 건너편 앨버커키 교육청에 있던 PDP-10을 전화 접속으로 이용했다. 폴이 컴퓨터 이용 시간에 대한 임차 계약을 맺었지만, 그것은 곧 교육청의 컴퓨터 사용에 부담을 주지 않는 밤 시간에 주로 작업해야 한다는 뜻이었다. 프린터가 없었기 때문에 하루 일과를 마칠 때쯤 우리 중 한 명이 몇 킬로미터를 운전해 교육청까지 가서 우리의 비밀 코드가 담긴 다량의 천공 컴퓨터 용지를 가져와야 했다.

MITS의 소프트웨어 책임자였던 폴은 일과의 상당 시간을 알테어에 우리의 소프트웨어를 이식하거나 새로 구매한 기기의 사용에 어려움을 겪는 고객들의 전화를 처리하면서 보냈다. 그리고 마이크로-소프트와 관련해서는 기술 방향의 설정을 도우며 개발 도구들을 전담했다. 폴이 PDP-10용 시뮬레이터와 관련 도구들을 개발하기 위해 수행한 작업은 이후 수년 동안 큰 결실을 맺었다. 그것들이 있었기에 우리는 알테어(또는 인텔 8080) 없이도 최초의

BASIC을 개발할 수 있었던 것이다. 또한 폴이 계속해서 그 도구들을 개선하고 조정해 준 덕분에 우리는 BASIC의 다양한 버전과 다른 프로세서들을 위한 소프트웨어도 작성할 수 있었다. 그의 작업은 우리가 BASIC을 선도하도록 도왔을 뿐 아니라 오랫동안 큰 우위를 점할 수 있게 했다.

한편, 나는 다시 BASIC 작업에 몰두했다. 4K 버전의 버그를 수정하는 것에 더해 8K와 12K의 두 가지 버전을 계획했고, 후자를 확장형 BASIC이라고 칭했다. 우리를 소설가라고 치면, 4K BASIC은 스토리의 개요, 즉 밑그림에 불과했다. 8K 버전은 흥미로운 액션과 풍성한 캐릭터가 추가된 셈이었고, 확장형 버전은 소설의 완성 원고와 같았다. 컴퓨터 영역에서 그 버전은 더 나은 프로그램을 작성하는 데 필요한 ELSE 문과 배정밀도 64비트 변수 등의 기능을 포함한다는 의미였다.

우리는 7월 말에 MITS와 계약을 체결했다. 8080 칩용의 모든 BASIC 버전에 대한 전 세계 독점 공급 권리를 MITS에 부여해 달라는 에드의 강력한 요청을 받아들인 계약이었다. 우리는 계약과 동시에 3천 달러를 선불로 받고, 알테어와 함께 판매되는 모든 8080 BASIC에 대해 한 부당 10달러에서 60달러 사이의 로열티를 받기로 했다. 로열티는 4K와 8K, 확장형 버전 중 어떤 것이냐에 따라 달라졌다. 그러한 판매에 따른 로열티는 18만 달러로 상한선이 정해졌다. 또한 이 계약은 MITS에 소프트웨어에 대한 2차 라이선스 독점권도 부여했다. 이는 8080 BASIC을 자사 제품에 사용하고

자 하는 모든 회사가 마이크로-소프트가 아닌 MITS를 통해 소스 코드, 즉 BASIC의 레시피를 얻어야 한다는 의미였다. MITS는 이러한 2차 라이선스로 발생하는 수익금을 우리와 나누기로 합의했다. 많은 회사에서 인텔 8080을 자사 제품에 사용한다면 큰 사업으로 이어질 가능성이 있었다. 하지만 1975년 7월 당시에는 그런 것들이 여전히 크나큰 미지의 영역이었다.

알테어의 성공에 힘입어 에드는 모토로라의 6800 프로세서를 사용하는 더 저렴한 버전의 알테어 680을 출시할 계획을 세웠다. 그러려면 모토로라 칩과 함께 작동하는 BASIC 버전이 필요했다. 우리가 작성하기로 했다. 또한 당시에 플로피 디스크가 종이테이프 스토리지를 대체할 수 있는 대안으로 떠오르고 있었기에, 에드는 알테어용 드라이브를 만들어 팔기를 원했다. 이는 또 다른 버전의 BASIC이 필요하다는 의미였다. 우리는 그것도 작성하는 데 동의했다.

일이 너무 많아서 나는 시애틀의 부모님 댁에 있던 릭에게 전화를 걸어 스탠퍼드의 마지막 학기를 휴학할 의향이 있는지 물었다. 모토로라 6800 칩의 BASIC을 작성해야 하는데 손이 모자란다고 그에게 말했다. 가을 동안 앨버커키에서 살면서 돈을 좀 버는 게 어때? 9월 말, 릭은 폴과 내가 거주하던 포털스 114호로 들어왔고, 크리스 라슨은 레이크사이드로, 몬테는 2학년 과정을 밟기 위해 하버드로 돌아가 마침 비어 있던 거실에서 생활했다.

릭은 우리 셋 가운데서 가장 불안정한 상태였다. 〈로스쿨이냐,

경영 대학원이냐)와 같은 대학원 진학에 관한 결정뿐 아니라 자신의 정체성에 대한 보다 깊은 질문으로 끊임없이 고민하는 것 같았다. 2년 전 TRW에서 함께 코딩에 매달려 여름을 보냈을 때, 폴과 릭, 나는 워싱턴주 남부의 한 아파트에서 같이 지냈다. 그 여름 동안 릭은 서로 다른 시점에 폴과 나를 각각 따로 불러 자신이 게이라는 사실을 털어놓았다. 친구 사이에 그것이 무슨 문제가 되느냐는 식으로 우리가 각기 반응했기에 릭은 안도했다. 우리 둘은 이미 어느 정도 짐작하고 있었다고 농담했다. 릭은 우리가 함께 쓰던 아파트에서 유일하게 『플레이걸Playgirl』 잡지를 보는 친구였으니까.

당시 나는 릭이 커밍아웃하기까지 얼마나 큰 용기가 필요했는지 충분히 이해하지 못했던 것 같다. 1970년대 초에는 동성애에 대한 낙인이 여전히 만연했고, 동성애자 인권 운동도 막 태동하던 시기였기에 사회적 지원이 많지 않았다. 그리고 우리 그룹은 서로에게 정서적 자아를 털어놓으며 시간을 보낸 것도 아니었다. 우리는 친한 친구이자 작은 사업을 함께 하는 파트너였다. 우리는 함께 어울려 놀면서 기술에 대해 이야기하고 외식하고 영화를 보며 시간을 보냈다. 하지만 서로 깊은 속내와 취약점을 드러낸 경우는 많지 않았다. 어떤 면에서 우리는 여전히 레이크사이드의 컴퓨터실에서 처음 만났을 때와 같은 청소년이었다.

우리 팀의 역학도 변하지 않았다. 폴은 계속해서 모든 최신 기술 뉴스와 데이터를 흡수해 마이크로-소프트를 발전시키는 데 도움이 될 만한 아이디어로 가공했다. 릭의 강점은 맡은 일에 집중하며 완료될 때까지 단계별로 체계적인 노력을 기울이는 태도였는데, 코딩과 관련해 우리 팀에 꼭 필요한 자질이었다. 나는 회사의 전략과 비전을 계획하는 사람이었고, 항상 우리가 충분히 빨리 움직이지 않거나 충분히 열심히 일하지 않는다고 걱정했다. 이런 관계는 우리가 고등학생 시절 함께 급여 관리 프로젝트를 진행했을 때부터 이어 온 양상이었다. 그 덕분에 레이크사이드 시절 폴은 자신이 가장 좋아하고 잘할 수 있는 일만 하고 나머지는 나에게 맡기는 여유를 누릴 수 있었다. 이제 마이크로-소프트를 출범하면서 우리는 자연스럽게 기존의 역할을 그대로 맡았다. 폴은 시뮬레이터와 도구 같은 기술 혁신에 집중하고 나는 새로운 소프트웨어를 개발하며 대부분의 비즈니스 측면을 담당했다. 최근에는 에드 로버츠와의 계약 협상을 총괄하기도 했다. 내가 보스턴에 있던 동안 폴이 에드에게 계약서에 서명하도록 설득했지만, 끝내 성사시키지 못했다. 그러한 종류의 대면 협상은 아마도 폴이 우리의 새로운 벤처에서 가장 싫어하는 부분이었을 것이다.

우리가 MITS와 계약을 성사시킨 과정에는 3천2백 킬로미터 거리를 사이에 둔 몇 차례의 장거리 전화 통화와 240달러의 표 값이 들어간 한 차례의 앨버커키행 비행기 여행 정도가 수반되었다. 하지만 다음 고객, 그리고 또 다음 고객을 찾기 위해서는 편지를 쓰고 무역 박람회에 참석하고 회사를 방문하여 우리 자신과 우리 제품을 홍보해야 했다. 결정해야 할 사항이 산적해 있었다. 각 제품에 대해 얼마를 청구하는 게 적절할까? 마케팅은 어떻게 할 것인가?

직원은 어떻게 고용할 것인가? 급여와 세금 관리는 어떻게 할 것인가? 폴에게는 이런 일들이 그저 지루한 잡무에 불과했다. 하지만 모든 것이 우리가 원하는 대로 진행된다면, 이런 일들이 점점 더 많아지고 복잡해질 것이 분명했다.

MITS와 계약을 체결하고 며칠 후, 나는 내 생각을 종이에 타이핑해 폴에게 건넸다.

〈마이크로-소프트가 잘될 수 있는 이유는 훌륭한 소프트웨어를 설계 및 작성할 수 있고, 몬테와 같은 사람들을 데려와 가르치고, 프로젝트를 골라 맡기고, 자원을 제공하면서 관리할 수 있기 때문이라고 생각해. 알다시피 사업과 관련된 금전적, 법적, 관리적 결정은 정말 어려운 일이야. 이들 작업 및 업무에 내가 기여하는 바를 고려하건대, 마이크로-소프트 지분의 50퍼센트 이상을 가질 자격이 있다고 생각해.〉

나는 회사의 소유권을 60 대 40으로 나누어야 한다고 단호히 주장했다. 나는 그것이 공평하다고 생각했다. 이어서 이렇게 마무리했다. 〈나는 우리 사업의 전망을 매우 낙관적으로 보고 있어. 일이 잘 풀린다면, 학교는 1년 휴학하고 일에 전념할 생각이야.〉 폴은 이 지분 분할에 동의했다.

소프트웨어에 대한 아이디어를 성장할 만한 사업으로 전환하기 위한 여정을 시작하면서 나는 DEC의 켄 올슨을 역할 모델로 삼았다. 그는 일을 진행하면서 배워 나갔고, 시간이 지나면서 사업의 대가로 성장했다. 나는 엔지니어인 그가 수학에 강할 것으로 생각했다. 수학은 논리적 사고와 예리한 문제 해결 능력을 요구하기 때문에 그가(그리고 나아가 나도) 필요한 경우 어떤 기술이나 지식이든 습득할 수 있다고 추정했다. 선형 대수학, 위상 수학, 그리고 수학 55의 나머지 과정은 내 한계를 시험했다. 그에 비하면, 급여 관리와 재무, 심지어 채용과 마케팅 등 회사를 운영하는 데 필요한 모든 것은 내가 충분히 다룰 수 있는 범위 안에 있을 것으로 믿었다. 수년 후 그것이 지극히 단순한 관점이었음을 깨닫게 되지만, 어쨌든 당시 나는 열아홉 살이었고, 상황을 그렇게 판단했다.

그 가을, 나의 일상은 주로 며칠씩 코드를 작성하고 더 이상 버틸 수 없을 때만 그 자리에서 잠을 자는, 정신없는 소용돌이의 연속이었다. 나는 단말기 앞에서 토막잠을 자거나 단말기 옆 바닥에 몸을 누이곤 했다. 폴은 MITS에서 일과를 마치면 우리의 공간으로 넘어와 몇 시간 마이크로-소프트 일을 한 다음 집에 가 잠시 눈을 붙이고 새벽 2시에 돌아오는 날이 많았는데, 종종 여전히 단말기 앞에 앉아 있는 나를 발견하곤 했다. 그런 날에는 아침 늦게 MITS 직원들이 출근하기 시작하면 폴과 나는 데니스Denny's로 가서 아침을 먹었고, 그런 후 나는 포털스 114호로 돌아와 하루 종일 잠을 잤다. 그 무렵 우리는 거실에도 전화선을 통해 교육청 컴퓨터에 연결할 수 있는 단말기를 설치했다. 대부분의 날, 릭은 소파에서 몸을 일으켜 그 단말기에 앉아 6800 BASIC 코드를 두들겨 댔다. 바닥에는 그가 지침으로 사용하던, 우리의 8080 BASIC 코드가 담긴 종이들이 흩어져 있곤 했다.

우리는 집에서 요리한 적이 없었다. 크리스가 장난으로 사다 준 족발 절임 한 병을 제외하면 냉장고가 거의 텅 비어 있었다. 우리는 매 끼니를 외식으로 해결했는데, 주로 지역의 작은 레스토랑 체인 중 하나인 퍼스 카페테리아Furr's Cafeteria에 갔다. 나는 거기서 처음으로 닭튀김 스테이크를 먹어 봤는데, 이후로는 그것이 거기 갈 때마다 내가 찾는 단골 메뉴가 되었다. 멕시코 음식도 많이 먹었다. 퀘소 치즈 크림소스 여러 통을 비우며 서로에게 아주 매운 그린 칠리 핫소스를 도전 삼아 먹어 보라고 부추겼던 기억이 난다.

보스턴을 떠나던 봄에 폴은 나에게 거의 수명이 다한 플리머스를 물려주었다. 두 달 후 서부로 날아갈 때 나는 그 차가 결국 폐차장으로 견인될 것을 알면서도 주차된 곳에 그대로 두고 떠났다. 앨버커키에서의 첫 여름, 폴은 매달 MITS에서 받는 봉급의 일부를 모아 첫 번째 새 차인 1975년형 하늘색 몬자Monza를 구입했다. 그는 언젠가 돈을 많이 벌어 롤스로이스를 사고 싶다는 말을 입에 달고 살았지만, 지금은 2도어 쉐보레 해치백으로 만족해야 했다. 그 하늘색 몬자는 교육청에서 출력물을 가져오고 닭튀김 스테이크를 먹으러 가고 서쪽으로 끝없이 펼쳐진 평평한 도로나 동쪽으로 샌디아 산맥의 구불구불한 도로를 달리는 데 사용되는, 우리의 비공식 회사 차였다. 차가 가벼운 데다가 V8 엔진에 후륜 구동이라 조심하지 않으면 쉽게 뒷부분이 좌우로 미끄러졌다. 폴이 차를 구입하고 얼마 지나지 않았을 때, 내가 그 차에 크리스를 태우고 드라이브를 즐기던 중 길 모퉁이에서 너무 빨리 방향을 트는 바람에 차 앞부분을 철조망 울타리에 박고 말았다. 그때가 아마 폴이 울 뻔한 모습을 본 유일한 순간이었을 것이다. 도색 비용을 지불하긴 했지만, 미안한 마음이 가시질 않았다. 폴은 그 차를 정말 아꼈지만, 그때부터 그 차는 〈죽음의 덫〉이라는 별명이 붙었다. 그리고 1년이 채 지나지 않아 내가 그 차를 몰다가 과속으로 단속되었다. 경찰은 내 농담을 못마땅하게 여겼고, 덕분에 하룻밤 유치장 신세를 지게 되었다. 아침에 내 전화를 받은 폴은 내 서랍장 위에 흩어져 있던 잔돈과 달러 지폐를 쓸어 와 보석금을 내고 나를 빼주었다.

어느 금요일, 폴과 나는 MITS 직원들을 따라 센트럴 애비뉴에 있는 다이브 바에 갔다. 뉴멕시코주는 음주 연령이 만 20세라서 나는 들어갈 수 없었지만, 바텐더들은 MITS 동료들이 바 앞의 피크닉 테이블로 맥주를 내오는 것을 눈감아 주었다. 퇴근 후의 이런 해피아워 문화는 나에게 완전히 새로운 경험이었다. 그 이전까지 나는 회사가 모두 효율적으로 운영되며 직원들은 모두 동기를 부여받고 자신의 일을 사랑하며 경영진과 같은 방향을 바라보며 협력한다는 순진한 믿음을 가지고 있었다. 회사가 인간의 모든 약점과 실패를 수반하는 인간 조직이라는 생각은 전혀 하지 못했다. 그 첫 번째 금요일과 이어진 몇 차례의 금요일은 나의 그런 단순한 생각을 바로잡아 주었다. 맥주가 흘러 들어가자 불만들이 쏟아져 나왔다. MITS는 급성장하는 새로운 산업의 중심에 있었지만, 혼란스러운 이니셔티브와 섣부른 전략, 끊임없이 바뀌는 계획, 그리고 궁극적으로 화를 내는 일부 고객들로 인해 난장판이 되기도 했다. 심지어 일부 고위직 직원들조차 사장인 에드 로버츠에게 비난의 화살을 돌렸다. 그들은 그 이유에 대해서도 솔직히 털어놓았다. 모두가 사장이 너무 무서워 문제를 제기하지 못한다는 것이었다.

에드는 키가 크고 몸집이 육중한 거구였고, 무언가 원하는 게 있을 때면 우렁찬 목소리로 사무실 전체를 울리곤 했다. 사람들은 에드의 명령 및 통제형 경영 방식이 과거 미 공군의 무기 연구소에서 레이저를 다루던 시절부터 몸에 밴 것이라고 생각했다. 그는 자신이 말할 때 직원들이 경청하기를 기대했고, 직원들을 위압적으로 대했으며, 직원들이 자신에게 겁을 먹는다는 것도 알고 있었다. 나는 그의 그런 강력한 의지가 그를 연속적인 창업가로, 주변 세상을 자신이 원하는 모양으로 구부릴 수 있는 사람으로 만든 원동력이라고 확신한다. 폴은 에드에게 늘 공손한 태도를 보였고, 에드는 그것을 당연하게 여기는 것 같았다. 나는 그렇지 않았다. 내가 성인이 되기 훨씬 전부터 늘 어른들에게 그랬던 것처럼, 나는 거의 동등한 입장을 취하면서 에드에게 접근했다. 처음에는 에드도 이런 내 태도를 재밌어 하는 것 같았다. 그는 타고난 이야기꾼이었고, 다양한 주제에 일가견이 있었다. 나는 그의 이야기를 들은 후 동의할 수 없는 부분에 대해 반론을 제기하곤 했다. 그는 나의 에너지와 강렬한 열정, 당장 논의하고 해결을 보려는 성격에 흥미로워하는 듯 보였다. 우리는 유익한 대화를 나눴고, 나는 그에게서 많은 것을 배웠다. 하지만 동시에 그는 폴과 나를 자신이 호의를 베풀고 있는 아이들로 보았고, 그래서 그가 내게 붙인 별명이 〈키드the kid〉였다. 그는 30대 중반의 나이에 다섯 명의 자녀를 두고 있었다. 그는 인기 있는 컴퓨터를 탄생시켰으며, 미래가 촉망되는 회사의 사장이었다. 당시 내가 이렇게 생각했던 기억이 난다. 〈에드와 MITS에게 우리는 하찮은 존재로구나.〉 에드가 우리의 계약 체결을 차일피일 미루며 시간을 끌 때 나는 시애틀로 날아가 그가 서명하기를 기다렸다. 그가 보기에 이것은 반항에 해당했다.

일단 계약이 체결되자 나는 무엇에든 기꺼이 임할 준비가 되었다. 폴과 나는 블루 구스 캠핑카에 올라 시연을 다녔고, MITS의 뉴스레터『컴퓨터 노트』에 소프트웨어 관련 기사를 썼으며, 프로그래밍 관련 조언을 제공했고, 매달 최고의 알테어용 소프트웨어를 작성한 사용자에게 상금을 수여하는 콘테스트도 진행했다. 소프트웨어에 대해 거의 알지 못하던 회사에서 폴과 나는 에너지와 아이디어가 넘치는 아웃라이어였다. 밤늦게까지 헨드릭스의 귀청을 찢는 듯한 솔로 연주곡에 맞춰 프로그래밍을 하는 폴과 항상 들떠서 강렬한 열정을 쏟는 나는 확실히 그들과 다른 이질적 존재라는 인상을 심어 줄 수밖에 없었다. 폴은 에드 로버츠가 MITS 직원들에게 고객을 소프트웨어 구역으로 데려가지 말라고 지시했다는 이야기를 즐겨 입에 올렸다. 그는 우리가 면도도, 샤워도 하지 않아서 그런 지시가 떨어진 거라며 웃었다. 한번은 에드가 사무실에 들어왔다가 바닥에서 자고 있던 나에게 걸려 넘어질 뻔하기도 했다.

잠을 자거나 코딩을 하거나 사업 확장의 기회를 찾기 위한 편지를 쓰지 않을 때면, 내 머릿속은 항상 다음 단계에 해당하는 생각으로 채워졌다. 어떤 사람들을 채용하고 어떤 거래를 체결하고 어떤 고객을 확보할 것인가? 일단 이런 생각에 꽂히면, 귀를 기울이는 누구에게든 머릿속에 떠오르는 모든 것을 그냥 다 쏟아 내곤 했다. 폴과 MITS 직원들과 저녁 식사를 하면서 의자에 앉은 채로 몸을 흔드는 가운데 셜리 템플을 홀짝이며 어떻게 모든 개인용 컴퓨터에 우리 소프트웨어를 탑재할 계획인지 또는 왜 모토로라 6800이 모스텍 6502MosTech 6502보다 나은지, 왜 중소기업은 알테어 대신 스피어원Sphere 1을 구매할 것인지 등에 대해 한 시간 동안 떠들어 댈 정도였다. 나는 내가 들은 모든 것, 새로 흡수한 모든 정보를 그렇게 머릿속으로 정리해야 했다. 이야기하고 또 이야기하다 다른 사람들이 다 식사를 끝낸 것을 알게 되곤 했다. 결국 내 음식에 손도 대지 못한 채 식당을 나설 때도 있었다. 〈몇 시간 후에 데니스에 가면 되지, 뭐. 안 가도 그만이고. 하루 정도는 안 먹고 버틸 수 있지 않을까?〉

해피아워 무리들은 회사에 필요하다고 생각되는 변화를 에드에게 촉구하도록 나를 부추겼다. 「빌, 가서 에드에게 우리가 너무 많은 일에 손을 대고 있다고, 중요한 몇 가지에 집중할 필요가 있다고 얘기 좀 해봐. 빌, 가서 에드에게 새로운 알테어에 대한 그의 아이디어를 폐기해야 한다고 말 좀 해봐.」 나를 자극해 무언가를 하게끔 만드는 것이 얼마나 쉬운 일인지를 폴이 처음 파악했던 레이크사이드 컴퓨터실 시절보다 나는 조금 성장한 상태였다. 많이 성장한 것은 아니었다.

9월에 열린 뉴멕시코주 박람회에 MITS가 부스를 차렸다. 23킬로그램짜리 컴퓨터를 놓고 부스에 서서 누군가가 솜사탕을 내려놓고 BASIC 프로그래밍 언어에 대한 첫 강의를 들어 주길 기다리는 것이 좀 우습게 느껴졌다. 하지만 우리는 낙관적인 태도를 견지했다. 몇몇 사람들이 부스에 들렀다. 그런데 시연을 시작하자마자 컴퓨터가 다운되는 일이 벌어지곤 했다.

알테어는 RAM이 고작 256바이트에 불과했다. 이는 마치 음료 캔 크기의 연료 탱크가 달린 자동차를 운전하는 것과 같았다. 이러한 제약으로 인해 고객이 별도로 구입하여 알테어에 장착할 수 있는 메모리 보드 판매에 전념하는 여러 회사들이 생겨났다.

에드 로버츠는 그런 보드 판매업체들을 정말 싫어했다. 그 업체들이 〈기생충〉처럼 자신의 당연한 사업을 갉아먹고 있다고 말하곤 했다. 문제의 일부는 MITS가 알테어 자체로 거의 돈을 벌지 못하고 있다는 데 있었다. 그 때문에 에드는 수익을 올릴 수 있는 주변 기기와 기타 부가 제품을 개발해야 한다는 압박을 받았다. MITS 메모리 보드는 그런 시도의 첫 번째 결과물이었다. 하지만 MITS 보드에는 결함이 많았는데, 부분적으로는 결함 있는 메모리 칩을 구입해 재료로 썼기 때문이었다. 이것이 바로 뉴멕시코주 박람회에서 시연이 실패한 이유이자 갑자기 수많은 알테어 고객이 불만을 제기한 이유였다. 이 보드가 해피아워 무리들 사이에서 주된 화제로 떠올랐다. MITS에서 그것의 판매를 중단해야 한다는 것이 자명했다. 에드에게 말해야 한다고 그들은 말했다.

나는 소프트웨어를 작성해 문제를 진단했다. 카드의 설계와 특정 메모리 칩의 전하가 너무 빨리 누출된다는 사실이 결합되어 결함을 일으킨다는 결론이 나왔다. 나는 그 결과를 에드에게 보여주며 문제를 해결할 때까지 보드 판매를 중단해야 한다고 말했다. 그는 그럴 수 없다고 말했다. 「은행들이 얼마나 우리를 압박하고 있는지 너는 잘 모르잖아!」 그가 소리쳤다. 나는 물러서지 않고 바로 반박했다. 「보드를 팔지 마세요! 우리가 해결할 테니 그때까지만 보드 판매를 중단하라고요!」

하지만 그는 계속 보드를 배송했고, 너무 빨리 부메랑이 되어 돌아오는 바람에 MITS 고객 지원팀이 고객들의 불만과 교체 요청을 감당할 수 없는 지경에 이르렀다. 에드는 『컴퓨터 노트』에 카드의 결함에 대한 사과문을 올렸다. 그는 MITS에서 고객 지원 직원들을 더욱 빨리 교육하려고 노력하고 있다고 했다. 〈조금만 참아주세요. 정말 노력하고 있습니다!!!〉

나는 에드를 다재다능한 기업가라고 생각하게 되었다. 그는 다양한 분야에 호기심이 많고 원대한 아이디어를 추구하기 위해 골치 아픈 세부 문제들은 기꺼이 제쳐 두는 박식가였다. 하지만 기발한 아이디어를 떠올리는 사람이 그것을 사업으로 발전시키기에 가장 적합한 사람은 아닌 경우도 많다.

내가 에드를 알던 동안, 그는 늘 새로운 열정을 찾아내 열정적으로 추구했다. 알테어 판매로 MITS에 현금이 유입되자 그는 1975년 9월 세스나 310을 구입했고, 덕분에 두 달 후 나는 그 쌍발 엔진 비행기의 뒷좌석에 앉게 되었다. 우리는 앨버커키에서 미주리주 캔자스시티로 날아가 컴퓨터용 카세트테이프에 데이터를 저장하는 방식을 표준화하려는 개인용 컴퓨터 관련 회사들의 콘퍼런스에 참석했다.

나름대로 의미 있는 자리였다. 다른 회사들을 만나 마이크로-소프트와 BASIC에 대해 설명하면서 영업 기술을 연습할 수 있었다. 그리고 콘퍼런스의 취지에 맞게 표준도 도출했다. 얼마 후 카세트테이프가 플로피 디스크로 대체되면서 결국 잊히긴 했지만 말이다.

그 콘퍼런스와 관련해 기억에 또렷이 남은 한 가지는 앨버커키로 돌아오던 중에 벌어진 일이다. 우리는 콘퍼런스가 끝난 토요일 오후에 출발했다. 7천 피트 상공에 이르렀을 때 에드가 갑자기 왼쪽 엔진의 오일이 새고 있다고 말했다. 그 엔진을 끄고 오른쪽 엔진으로만 비행해야 한다고 했다. 뒤에 앉아서 보니 비행기가 왼쪽으로 쏠리는 것을 막기 위해 안간힘을 쓰는 에드의 얼굴에서 땀이 쏟아지고 있었다. 그날 나는 〈요잉 yawing〉이라는 단어를 처음 배웠다. 그는 그렇게 비상 착륙을 위해 다시 공항으로 비행기를 몰았다. 나는 겁을 잘 먹지 않는 편이다. 운전할 때도 속도감을 즐긴다. 롤러코스터에 올라 이리저리 흔들리는 것도 너무 좋아한다. 하지만 땀을 흘리며 비행기를 제어하기 위해 애쓰는 에드를 보면서 덜컥

겁이 났다. 이렇게 생각했던 기억이 난다. 〈에드가 뛰어난 조종사인가, 아닌가? 미리 물어봤어야 했는데.〉 우리가 착륙했을 때, 덧붙이자면 무사히 착륙했을 때, 에드의 몸 전체에 안도의 물결이 퍼지는 것을 볼 수 있었다.

우리는 캔자스시티에서 하룻밤을 더 묵었고, 비행기를 점검한 정비사는 아무런 문제도 발견할 수 없다고 에드에게 말했다. 다음 날 아침, 우리는 다시 하늘로 날아올랐고, 비행기는 7천 피트 상공에서 마치 데자뷰라도 일으키는 양 왼쪽 엔진의 오일이 또 소실되기 시작했다. 에드는 하루 만에 두 번째 비상 착륙을 시도해야 했다. 위험을 즐기는 내 취향에도 불구하고 이건 너무 심하다는 생각이 들었다. 나는 에드와 그의 비행기를 외면하고 앨버커키행 상용 비행기에 올랐다.

밤 시간에 종종 아파트에서 나와 커틀랜드 공군 기지 주변의 평탄한 거리를 오래도록 걷곤 했다. 그 시간대의 그 지역은 걸으며 생각하기에 완벽할 정도로 조용했다. 때로는 코딩 문제에 대해, 보통은 마이크로-소프트 관련 계획의 일부에 대해 생각하곤 했다. 1975년 12월, 크리스마스 시즌을 맞아 시애틀로 돌아가기 전, 나는 그곳을 걸으며 마이크로-소프트를 설립한 이후의 8개월을 되돌아보았다. 우리는 많은 진전을 이루었다. 수천 명의 사람들이 우리가 만든 소프트웨어를 사용하고 있다는 사실은 실로 놀라운 일이었다. 그럼에도 우리가 여전히 MITS의 로열티에 의존하는 상태이며, 너무 많은 사람들이 최신 BASIC 버전을 구매하지 않고 오래된 버전의 복제본을 구해서 쓰고 있다는 사실이 걱정스러웠다. 해적판 버전이 만연한 탓에 MITS가 판매하는 알테어 1백 대당 겨우 10대 정도만이 우리의 소프트웨어를 포함하는 수준이었다. 당시 우리의 상황을 보여주는 지표로, 그해 마이크로-소프트는 고작 1만 6005달러 매출에 대해 세금 신고를 했는데, 여기에는 MITS가 우리에게 선불로 지급한 3천 달러도 포함되었다. 향후의 사업과 관련해 많은 인맥을 쌓고 유망한 기회도 창출했지만, 아직 실질적으로 성사된 거래는 없는 상태였다.

한 달 정도 지나면 나는 하버드로 돌아갈 예정이었다. 애초의 계획은 가을 학기만 휴학하고 마이크로-소프트를 자리 잡게 한 후 다음 해 2월 초부터는 대학 생활과 마이크로-소프트 업무를 병행하는 것이었다. 폴은 MITS 정규직 직원으로서의 임무와 마이크로-소프트에서의 역할을 균형 있게 감당하고 있었다. 한편 릭도 마지막 학기를 마치기 위해 대학으로 돌아갈 예정이었다. 그는 우리와 계속 함께 갈 것인지, 혹은 다음에 무엇을 할 것인지에 대해 양가감정을 느끼고 있었다. 결국 회사에 전적으로 집중하는 사람은 아무도 없게 된다는 얘기였다.

그럼에도 당시 나는 우리가 실패할 것이라고 생각하지 않았다. 나는 낙관적이었다. 어쩌면 지나칠 정도로 그랬다. 나는 개인용 컴퓨터 사업의 성장 궤도에 대해 확신하고 있었다. 몇 군데와 거래를 성사시킬 수 있을 것 같았고, 아직 이렇다 할 경쟁 업체가 없다고 생각했다. 실리콘밸리의 PCC에서 타이니 BASICTiny BASIC이라는 무료 버전의 언어를 내놓았지만, 우리 제품에 비하면 많이 부족했다.

그날 그 길을 걸으며 나는 회사를 운영하면서 학교 공부도 할 수 있다는 확신을 굳혔다. 야구 프로그램에 쏟던 그 모든 시간을 이제 마이크로-소프트에 투자하면 된다고 생각했다. 또한 하버드에서 배우고 있는 모든 것이 내가 성장하는 데 기초가 될 것으로 느꼈고, 특히 몇몇 컴퓨터 과학 교수님들과 친분을 쌓기 시작했으므로 그들로부터 더 많은 것을 배우고 마이크로-소프트에 유용한 지식도 얻을 수 있을 것이라고 생각했다. 게다가 나는 대학 생활의 열광적인 학습 속도와 내가 모르는 것을 아는 사람들과 밤늦게까지 대화할 수 있는 분위기가 너무 좋았다. 신입생 시절의 적응 기간은 힘들었지만 2학년이 되자 좋은 리듬을 찾을 수 있었다. 마이크로-소프트의 이야기가 결국 어떻게 전개되었는지 알고 있는 지금, 그 시점에서 그냥 학교를 그만두는 게 옳았음이 명백해 보이긴 한다. 하지만 나는 준비가 되어 있지 않았다. 물론 부모님도 마찬가지였다. 나는 크리스마스를 맞아 집에 갔고, 평소처럼 게이츠 가족의 전통을 그대로 따르며 즐겼다. 어머니가 직접 만든 카드도 받았는데, 거기에는 진부한 운율로 나를 걱정하는 마음이 담겨 있었다. 〈트레이는 가을 내내 올드 앨버커키에서 시간을 보냈네. 자신의 소프트웨어 사업을 하면서. 쫄딱 망하지만 않길 바라네. (수익은 불투명하다네.)〉

휴가를 마치고 앨버커키로 돌아왔을 때 부모님에게서 전화가 왔다. 아버지가 연방 판사직의 가장 유력한 후보로 거론되고 있다는 소식이었다. 우리 지역의 연방 지방 법원 수석 판사가 테니스를 치다가 갑자기 사망했고, 포드 행정부가 그 후임으로 아버지를 1순위로 지목했다는 것이었다. 정말 놀라운 소식이었다. 하지만 아버지는 고민 끝에 고사했다고 털어놓았다. 아버지의 로펌이 힘든 시기를 겪고 있었기에 시기가 부적절하다고 판단한 것이다. 아버지가 지금 떠나면 로펌에 큰 타격이 될 수 있다고 했다.

아버지의 세계에서 판사직은 가장 권위 있는 자리이자 획득할 수 있는 최고의 영예였다. 하지만 아버지는 동료들을 외면할 수 없다고 생각했다. 게다가 판사의 부인이 되는 경우 한창 성공 가도를 달리는 어머니가 활동을 줄여야 할지도 몰랐다.

그 전화가 온 것은 내가 보스턴행 비행기에 오를 날짜가 일주일도 채 남지 않았을 때였다. 나는 BASIC의 디스크 버전에 대한 코드 작성을 마무리하기 위해 포시즌스 모터 인Four Seasons Motor Inn에 체크인했다. 그동안 너무 바빠서 진도를 많이 나가지 못한 탓에 시간이 촉박해졌다. 하루에 16시간씩 일하면서 노란 패드에 코드를 적어 나갔고, 나흘 내내 포장 음식으로 끼니를 때웠다. 코딩 세션 사이사이에 아버지에게 전할 편지를 썼다.

당시 나는 부모님께 편지를 거의 쓰지 않았다. 일요일 밤의 주기적인 전화 통화에서 다루지 못할 내용이 없었으니까. 하지만 이번에는 편지를 쓰는 것이 아버지의 결정에 대한 내 마음을 전할 수 있는 최상의 방법인 것 같았다. 그 통화 이후 나는 아버지의 결심에 대해 많은 생각을 했다. 아버지는 판사직을 자신의 경력에서 가장 고귀한 소명으로 여겼기에 언젠가 그 자리에서 봉직할 수 있는 기회가 오기를 오랫동안 바랐다. 그렇게 판사직에 가까워졌건만, 회사에 대한 충의와 부인에 대한 애정으로 다 잡은 기회를 손에서 놓아 버렸다. 나는 깜짝 놀랐다고 고백했다. 〈오랫동안 기다려 온 기회가 찾아왔음에도 지금 하고 있는 일이 가장 행복하다고 결정하는 것은 정말 대단한 일이에요. 아버지가 판사직을 염두에 두고 계시다는 것을 알았을 때부터 저는 늘 아버지가 훌륭한 판사가 되실 거라고 생각했어요. 지금 아버지가 향유하시는 많은 것들을 포기하셔야 하는 것은 안타까운 일이지만, 양쪽 세계 모두에서 최상의 것을 누릴 수는 없는 법이잖아요.〉 나는 아버지의 결정에 내 교육 문제도 영향을 미쳤을지 모른다는 걱정으로 편지를 마무리했다. 〈제 학업과 관련된 재정적인 부담이 아버지의 결정에 영향을 미친 게 아니었으면 좋겠어요. 제 학비는 제가 직접 감당할 의향도, 능력도 있거든요. 사랑을 담아, 트레이 올림.〉

지금 이 편지를 읽으면 절로 웃음이 난다. 마치 아버지가 아들의 결정에 대해 이해한다는 내용을 전하는 것 같은 어조가 느껴지기 때문이다. 진심을 담아 쓰긴 했지만, 내 편지에서는 풍부한 감정이 묻어나지는 않았다. 사실 우리의 관계가 그런 편이었다. 우리는 서로에게 깊은 감정을 자주 표현하는 사이가 아니었다. 그래서 이런 편지를 쓴다는 것 자체가 내겐 큰일이었다. 나는 이전에 아버지의 진로 선택에 대해 내 의견을 제시한 적이 없었다. 내가 의견을 제시할 만큼 자격이 있다거나 성숙하다고 느끼지 못했기 때문이다. 더욱이 아버지는 항상 평정을 잃지 않고 체계적인 분이라서 누군가의 조언이 필요해 보이지 않았다.

나는 아버지가 행간에 담긴 메시지를 알아차렸을 것으로 믿었다. 그것은 바로, 아버지가 더 중요한 무언가를 위해 명성에 등을 돌렸음을 이해할 만큼 내가 성숙해졌다는 메시지였다. 나는 또한 아버지의 결정에 담긴 뉘앙스를 이해할 만큼 내가 세련된 사고 능력을 갖췄다는 사실도 전하고 싶었다. 그리고 이제 내가 스스로를 돌볼 수 있을 만큼 성장했다는 점도 느끼게 하고 싶었다. 편지의 다른 부분에서 나는 내가 얼마나 열심히 일하고 있는지 이야기했다. 〈고도의 집중력을 요하는 매우 복잡한 디스크 코드 작성에 몰두하고 있고, 이를 완성하기 위해 혼자 고립된 장소에 들어가 작업하고 있어요.〉

며칠 후 아버지의 답장이 날아왔다. 아버지는 먼저, 당신의 결정에 나의 학비가 영향을 미친 부분은 없다고 말했다. 〈판사직에 관한 결정에 관심을 표명하는 네 편지가 정말 인상 깊었다. 네 말마따나 아빠는 지금 하고 있는 일이 매우 안정적이고 만족스러워서 큰 변화를 추구하는 것이 오히려 어리석은 일이 될 것 같았지. 엄마와 아빠는 이 일에 이렇게 신경 써주고 기꺼이 학비도 감당하겠다는 너의 마음에 깊이 감동했다.〉

그리고 이렇게 마무리했다. 〈항상 체계적으로 움직이길 바란

다. 사랑을 담아, 아빠가.〉

보스턴의 커리어 하우스에 돌아온 나는 포커 게임과 응용 수학의 퍼즐로 점철되는 일상을 재개했다. 학교의 리듬에 다시 빠져드는 것은 전혀 어렵지 않았다. 하지만 거의 즉시 나는 마이크로-소프트의 끌어당기는 힘을 느끼지 않을 수 없었다. 큰 고객이 등장했기 때문이다.

NCR은 당시 가장 큰 컴퓨터 제조업체에 속했으며, IBM과 경쟁하던 〈일곱 난쟁이〉 중 하나였다. 대형 메인프레임 컴퓨터 외에도 NCR은 키보드와 9인치 화면, 카세트 레코더가 결합된 7200이라는 제품을 만들었다. 당시 우리가 주로 쓰던 기기(레이크사이드에서 사용했던 것과 앨버커키 교육청 컴퓨터에 연결하기 위해 쓰고 있던 기기)는 〈덤dumb〉 단말기 부류에 해당했는데, 기본적으로 대형 컴퓨터에서 실행되는 프로그램에 액세스하기 위한, 디스플레이나 프린터가 달린 키보드였다. 인텔 8080과 같은 저렴한 프로세서가 도입되면서 NCR과 같은 회사들은 단말기가 수행할 수 있는 작업의 범위를 확장하기 시작했고, 이는 〈스마트smart〉 단말기라는 새로운 부류의 출현을 의미했다.

그해 봄, 우리는 당시로서는 엄청난 금액인 15만 달러에 8080 BASIC을 NCR 7200에 맞춤화하는 계약을 체결했다. MITS가 우리 소프트웨어의 2차 라이선스 독점권을 가지고 있었기 때문에 우리는 그 금액을 균등하게 나눠야 했다.

NCR과의 협상이 개강 시점과 거의 맞물려 이뤄졌기 때문에 NCR 관련 업무를 관리할 사람을 찾아야 했다. 나는 릭에게 편지를 썼다. BASIC을 NCR 단말기에 맞춰 다시 작성하고 추가하는 작업을 진행해야 하는데 한 사람이 두 달 반 정도의 시간을 투자하면 될 것 같다고 말했다. 나는 그 시간을 〈게이츠 개월〉로 측정한 것이라고 덧붙였는데, 이는 한눈팔 일 없는 풀타임 매진을 의미한다는 것을 분명히 하기 위한, 내 방식에 빗댄 표현이었다. 릭은 답장에서 늦봄에 졸업한 후 석사 학위를 밟거나 로스쿨에 진학할 가능성이 높다고 알렸다. 다른 사람을 찾아야 했다.

MITS 컴퓨터는 계속 잘 팔렸지만, BASIC에 대한 대금을 지불하는 고객은 극히 일부에 불과했다. 그해 가을, 에드 로버츠는 MITS 뉴스레터 『컴퓨터 노트』의 칼럼에서 그의 고객들에게 소프트웨어의 비용을 부담해야 한다며 부드럽게 질책했다. 나는 그가 충분히 세게 나가지 않았다고 생각했다. 그해 겨울 어느 날 밤, 나는 기숙사 방에서 내 감정을 한 장의 종이에 타이핑해 해피아워 무리 중 한 명이자 『컴퓨터 노트』의 편집자인 MITS의 데이브 버넬 Dave Bunnell에게 보냈다. 데이브는 내 편지의 사본을 여러 컴퓨터 잡지와 홈브루 컴퓨터 클럽의 뉴스레터에 보낸 뒤, 1976년 2월호 『컴퓨터 노트』에도 게재했다.

애호가들에게 보내는 공개 서한

현재 컴퓨터 애호가 시장에서 가장 중요한 문제는 좋은 소프트웨어 강좌와 책 그리고 소프트웨어 자체가 부족하다는 사실입니다. 훌륭한 소프트웨어와 프로그래밍을 이해하는 소유자가 없다면 취미용 컴퓨터는 쓸모없는 물건이 됩니다. 그런 상황에서 애호가 시장을 위한 양질의 소프트웨어가 만들어질 수 있을까요?

거의 1년 전, 폴 앨런과 저는 애호가 시장이 확장될 것으로 예상하고 몬테 다비도프를 고용해 알테어 BASIC을 개발했습니다. 초기 작업은 두 달밖에 걸리지 않았지만, 이후 우리 셋은 지난 1년의 대부분을 BASIC을 문서화하고 개선하고 기능을 추가하는 데 사용했습니다. 이제 우리는 4K, 8K, 확장형 BASIC, ROM BASIC, DISK BASIC을 보유하게 되었습니다. 우리가 사용한 컴퓨터 시간의 가치는 4만 달러가 넘습니다.

BASIC을 사용하고 있다고 말하는 수백 명의 사람들로부터 받은 피드백은 모두 긍정적이었습니다. 하지만 두 가지 놀라운 사실은 1) 이러한 〈사용자〉의 대부분이 BASIC을 구매한 적이 없다는 점(알테어 소유자의 10퍼센트 미만이 BASIC을 구매했습니다), 2) 애호가들에게 판매된 BASIC의 로열티를 알테어 BASIC에 투입된 시간의 가치로 환산하면 시간당 2달러도 채 되지 않는다는 점입니다.

왜 그럴까요? 대부분의 애호가들이 알고 있다시피, 여러

분 중 많은 사람이 소프트웨어를 훔쳐서 사용하고 있기 때문입니다. 하드웨어는 비용을 지불해야 하지만, 소프트웨어는 공유할 수 있다고 생각하는 겁니다. 소프트웨어를 개발한 사람이 대가를 받는지 여부에 대해서는 아무도 신경 쓰지 않는다는 얘기입니다.

이것이 공정한 일일까요? 소프트웨어를 훔친다고 해서 여러분이 겪은 문제에 대해 MITS에 보복할 수 있는 것도 아닙니다. MITS는 소프트웨어 판매로 돈을 벌지 않습니다. 우리에게 지불하는 로열티와 매뉴얼, 테이프, 간접비 등을 고려하면 거의 수익이 나지 않는 구조입니다. 여러분이 소프트웨어를 훔침으로써 초래하는 일 중 하나는 좋은 소프트웨어가 개발될 가능성을 차단하는 것입니다. 무보수로 전문적인 일에 혼신을 기울일 사람이 어디에 있을까요? 과연 어떤 애호가가 3인년man-year의 작업량을 들여 프로그래밍하고 모든 버그를 찾아내고 제품을 문서화해서 무료로 배포할 수 있을까요? 사실 우리 외에 애호가용 소프트웨어에 많은 돈을 투자한 사람도 없습니다. 우리는 6800 BASIC을 작성했고, 현재 8080 APL과 6800 APL을 작성하고 있습니다. 하지만 이들 소프트웨어를 애호가들에게 제공할 유인은 거의 없습니다. 단도직입적으로 말해서, 여러분이 하고 있는 일은 도둑질입니다.

알테어 BASIC을 재판매하는 사람들은 또 어떤가요? 그들은 애호가용 소프트웨어로 돈을 벌고 있지 않나요? 네, 맞습니다. 하지만 우리에게 신고된 사람들은 결국 손해를 보게 될 겁니다. 바로 그들이 애호가들에게 오명을 씌우는 사람들입니다. 그런 사람들은 어떤 클럽 모임에서든 쫓겨나야 마땅합니다.

지금이라도 소프트웨어 비용을 지불하고 싶거나 제안이나 의견이 있는 분은 편지를 보내 주시면 감사하겠습니다. 주소는 1180 Alvarado SE, #114, Albuquerque, New Mexico, (87108)입니다. 10명의 프로그래머를 고용하여 좋은 소프트웨어로 애호가 시장에 활기를 불어넣을 수 있게 된다면, 그보다 더 기쁜 일은 없을 겁니다.

빌 게이츠

마이크로-소프트 제너럴 파트너

이 편지는 컴퓨터 동호회와 애호가들의 세계에서 큰 반향을 불러일으켰다. 이 편지가 공개되기 전에는 알테어 사용자 중 혹시 마이크로-소프트라는 이름을 알고 있거나 빌 게이츠에 대해 들어 본 사람이 있었다 해도 아마 할 말은 별로 없었을 것이다. 우리는 거의 무명에 가까운 존재였다. 그런 마이크로-소프트가 이제 갑자기 소프트웨어의 미래에 대한 이념적 논쟁의 중심에 서게 되었다. 무료냐, 유료냐? 소수의 독자들은 금전적 유인 없이는 모두가 원하는 소프트웨어를 개발할 사람이 거의 없다는 내 주장에 공감하며 나를 지지했다. 이스턴 워싱턴 주립 대학교 심리학과의 한 컴퓨터 기술자는 내게 편지까지 보냈다. 〈목소리를 내기로 한 당신의 결정에 대해 축하 인사를 전하고 싶습니다. (……) 저는 좋은 소프트웨어와 그 개발 및 디버깅에 무수히 많은 시간을 쏟아부은 모든 프로그래머들에게 진심으로 감사하게 되었습니다. 프로그래머가 없다면, 컴퓨터는 그저 커다란(또는 작은) 실리콘 덩어리나 금속 뭉치에 불과합니다.〉

다른 사람들은 나를 맹비난했다. 한 새로운 컴퓨터 잡지의 편집자는 〈빌 게이츠가 분노에 찬 편지에서 제기한 문제에 대해〉 이렇게 썼다. 〈소프트웨어가 무료이거나 아니면 너무 저렴해서 복제하는 것보다 비용을 지불하는 것이 더 쉬우면《도둑질》은 발생하지 않을 것이다.〉

에드 로버츠는 분노했다. 소프트웨어에 비용을 지불해야 한다는 데는 동의했지만, 내가 그의 고객들을 모욕함으로써 선을 넘었다고 생각했다. 편지가 발표되고 일주일쯤 지나 앨버커키에 돌아왔을 때, 에드가 나에게 소리를 질렀다. 「넌 우리 회사 직원도 아니잖아!」 나는 그를 곤란한 상황에 처하게 한 것이 정말 미안했고, 편지에 좀 더 외교적 수사를 담아 표현하지 않은 것이 후회스러웠다. 나의 장광설이 MITS 편지지에 찍혀서 배포되었기 때문에 에드와 다른 많은 사람들이 보기에 MITS가 자사의 고객을 도둑이라고 부른 셈이 되었다. 에드는 나에게 MITS 직원과 함께 다른 편지를 한 통 더 쓰자고 했다. 그 편지를 통해 사과하자는 것이었다. 그리고 그것이 내가 공개 서한을 쓰는 마지막이 될 것이라고, 그는 말했다.

며칠 후인 1976년 3월 27일, 나는 앨버커키의 한 공항 호텔에서 열린 〈세계 알테어 컨벤션World Altair Convention〉이라는 거창한 이름의 행사 무대에 긴장한 채 올라갔다. MITS의 홍보 작가인 데이브 버넬이 알테어에 대한 입소문을 더욱 확산시키기 위해 기획한 행사였다. 에드 로버츠는 7백 명 이상의 사람들이 참석했다는 사실에 놀라움을 금치 못했다. 공개 서한 덕분에 나는 이미 유명 인사가 되어 있었다. 그렇게 내 첫 공식 연설이 마련되었다. 나는 BASIC의 업데이트와 소프트웨어의 미래라는 주제로 신중하게 연설을 준비했고, 유일한 스포츠 재킷에 가장 좋은 넥타이를 매고 연단에 올라 왜 소프트웨어가 컴퓨터에서 가장 중요한 부분인지에 대한 논거를 펼쳤다. 지금은 당연하게 들리지만, 당시에는 컴퓨터가 어떻게 진화할지 예상하려면 어느 정도 상상력을 동원해야 했다. 가장 기억에 남는 부분은 강연이 끝나자 내 주변에 사람들이 모여들어 질문 공세를 펼친 일이다. 낯선 사람들이 주위에 빙 둘러서서 나를 주시하는 것은 처음 경험하는 일이었다. 나는 몸을 흔들며 이야기하기 시작했고, 머릿속의 메트로놈이 작동하면서 편안하게 소프트웨어의 기술적 세부 사항과 우리가 구축하려는 비즈니스에 대해 설명했다. 사람들이 소프트웨어 비용을 지불하지 않는 것에 대한 나의 더 큰 우려를 피력하는 데 얼마나 많은 시간을 썼는지는 기억나지 않지만, 그에 관한 많은 질문에 답했던 것은 분명하다.

　앨버커키를 떠나기 전에 에드는 내게 후속 편지를 쓰게 했고, 데이브 버넬은 『컴퓨터 노트』 4월호에 이 편지를 싣는 한편 다른 잡지사들에도 배포했다. 그 〈두 번째이자 마지막 서한〉은 에드가 원했던 수준의 사과문이라기보다는 상업용 소프트웨어에 대한 합리적 정당화 논리에 가까웠다. 〈아닙니다, 모든 컴퓨터 애호가가 도둑은 아닙니다.〉 나는 이렇게 쓴 다음에 외교적 수사를 덧붙였다. 〈오히려 대다수는 소프트웨어 개발의 미래에 대한 저의 우려에 공감하는 지적이고 정직한 사람들이라는 것을 알게 되었습니다.〉 동시에 개인용 컴퓨터의 미래는 좋은 소프트웨어가 개발되는 데 달려 있으며, 이는 소프트웨어를 개발하는 사람들에게 돈을 지불해야 한다는 것을 의미한다고 강조했다. 〈컴퓨터가 수년간 매혹적인 교육 도구로 남을지, 아니면 몇 달 동안 흥미로운 수수께끼로 머물다 장롱 속에서 먼지만 쌓이게 될지를 결정하는 것이 바로 소프트웨어입니다.〉

유료 고객을 확보하면 프로그래머를 고용할 수 있을 것이라는 희망이 그해 봄 현실화했다. NCR 계약과 몇 가지 다른 계약으로 월 2만 달러 정도의 수익이 유입되면서 마이크로-소프트는 첫 직원을 고용할 수 있게 되었다. 4월에 나는 나보다 한 살 어린 레이크사이드 동창인 마크 맥도널드Marc McDonald에게 전화를 걸었다. 그는 레이크사이드 시절 좀 더 넓은 범주의 컴퓨터실 그룹 멤버였으며, 당시 워싱턴 대학교 2학년생으로 컴퓨터 과학을 전공하고 있었다. 그는 수업이 별로 만족스럽지 않아서 보건 과학 대학에서 PDP-10으로 프로그래밍 아르바이트를 하며 많은 시간을 보내고 있다고 말했다. 마크는 아마 우리 회사에서 가장 쉽게 고용한 직원이었을 것이다. 내가 시간당 8달러 50센트를 제안하자 그는 흔쾌히 승낙했고, 며칠 만에 앨버커키까지 차를 몰고 와서 포털스 114호의 거실에 둥지를 틀었다. 며칠 후 릭으로부터 편지를 받았는데, 대학원 진학에 대한 마음이 바뀌어 다시 마이크로-소프트에 합류하고 싶다는 내용이었다. 그는 (지분 참여를 포함한) 파트너십을 제안하며 이렇게 적었다. 〈나는 진정으로 마이크로-소프트가 잠재력을 최대한 발휘할 수 있도록 내 노력을 집중하고 싶어. 물론 경제적으로나 다른 면에서 상당한 이익을 얻을 수 있을 것으로 보이기 때문에 오랫동안 기꺼이 함께 일하고 싶은 거지.〉

다음 주말 동안 폴과 릭 그리고 나는 전화로 세부 사항을 조율했다. 나는 학교에 다니고 폴은 MITS에서 최소 6개월 더 근무해야 하는 상황을 고려하여 3자 파트너십을 맺기로 했다. 릭은 다음 주에 앨버커키에 가서 마이크로-소프트의 명함과 편지지, 사서함 등을 준비하고 잠재 고객들에게 소프트웨어와 컨설팅 제공을 제안하는 편지를 보내기로 했다. 우리는 주문이 밀려들 경우를 대비해 자동 응답 서비스까지 갖추기로 했다.

대학에 남아 있는 동안 나는 파트타임으로 일하며 법률 문제 처리와 재무 관리, 그리고 필요한 모든 프로그래밍 작업을 맡기로 했다. 릭은 회사를 관리하며 내가 학교를 다니는 동안 사장직을 수행하기로 했다. 폴은 MITS에서 계속 일하면서 마이크로-소프트의 새로운 기술 기회를 모색하는 한편, MITS와 NCR 그리고 우리가 새로 확보한 또 다른 스마트 단말기 제조업체인 데이터 터미널

코퍼레이션Data Terminal Corporation 등 기존 고객과의 관계를 관리하는 일을 담당하기로 했다.

나는 급히 복사 용지 일곱 장 분량의 사업 계획서를 작성했다. 내가 세운 기본 원칙은 무리하지 않는 운영으로 비용 부담에 시달리는 상황을 피하자는 것이었다. 이는 곧 파트너 각자가 시간당 9달러를 받기로 한다는 의미였다. 〈각 파트너에게 시간당 9달러는 비교적 여유롭게 생활할 수 있는 수준이며, 성공 여부나 개인의 노력, 개인의 운 등에 따라 변경되지 않을 것이다. 이를 변경할 수 있는 유일한 근거는 마이크로-소프트가 이를 감당할 수 없어서 낮춰야 하는 경우뿐이다.〉

나는 우리의 두 가지 주요한 목표를 이렇게 제시했다. (1) 규모와 명성을 키운다. (2) 돈을 번다. 이 문서는 독립적인 회사로 자리 잡기 위해 체계적으로 공동의 노력을 기울인다는, 우리의 다음 단계를 상징했다. 우리 모두 적어도 앞으로 2년 동안은 마이크로-소프트를 최우선 순위로 삼기로 합의했다.

BILL GATES ≫ SOURCE CODE

〈마이크로컴퓨터, 급속한 확산세.〉

    MITS와 계약을 체결하고 약 1년 후인 1976년 여름에 구입한 『비즈니스위크Business Week』에 실린 헤드라인이다. 나는 이 기사가 마음에 들었다. 컴퓨터 업계에서 흔히 볼 수 있는 업계 전문지나 컴퓨터 애호가들의 뉴스레터에 실린 기사가 아니었기 때문이다. 『비즈니스위크』의 독자는 대부분 투자자들과 경영인들로, 아직 컴퓨터를 직접 소유하지는 않았지만 사용이 쉬워지면 컴퓨터를 구매할 의향이 있는 사람들이라는 생각이 들었다.

    나는 파란색 볼펜으로 핵심 문단으로 생각되는 부분에 강조 표시를 했다. 〈이미 가정용 컴퓨터 산업은 메인프레임 컴퓨터 산업의 축소판처럼 보이기 시작했다. 한 기업의 독주 양상만 봐도 그렇다. 가정용 컴퓨터의 IBM은 7년 전 엔지니어 H. 에드워드 로버츠가 뉴멕시코주 앨버커키의 자택 차고에서 설립한 MITS이다.〉 기사는 MITS가 전년도에 8천 대의 알테어 컴퓨터를 판매하여 350만 달러의 매출을 올렸다고 언급했다. 또한 경쟁업체들이 있긴 하지

만 알테어가 초기에 선두를 차지하면서 업계 표준이 되었다고
했다.

이 기사가 나간 후 MITS로 전화가 쇄도했다. 심지어 남아프리
카공화국 같이 먼 곳에서도 연락이 왔다. 그들은 기사에 등장한 그
잘나가는 회사와 관계를 맺고 유통업체가 되거나 컴퓨터 매장을
열거나 기업 고객에게 알테어를 소개하는 컨설턴트가 되고 싶어
했다. MITS의 직원들은 기사에 크게 고무되었고, 이를 계기로 그
들의 기계에 대한 보다 정교한 응용이 이뤄지길 바랐다.

기사를 읽으면서 나는 MITS가 현재의 IBM이라고 해도 그런
상황이 오래가지는 않을 것이라고 생각했다. 한 가지 이유는 IBM
이 개인용 컴퓨터를 만들기로 결정한다면, 그 컴퓨터가 MITS의 제
품을 대체할 가능성이 크다는 데 있었다. 에드 로버츠도 주요 전자
제품 기업들이 경쟁에 뛰어들까 봐 걱정하고 있었다. 에드가 보기
에 가장 무서운 회사는 텍사스 인스트루먼트였다. 1970년대 초
MITS는 엔지니어들과 과학자들에게 판매할 목적으로, 프로그래
밍이 가능한 계산기 키트 시장을 개척했다. 시장이 일정 규모에 이
르자 텍사스 인스트루먼트를 위시하여 몇몇 대기업들이 저가의 조
립형 대체품을 앞다투어 내놓으며 MITS를 고사 직전으로 몰고 갔
다. 에드는 개인용 컴퓨터에서도 그런 일이 반복될까 봐 두려워하
고 있었다.

에드가 MITS의 운영에 갈수록 지쳐 가고 있다는 것을 우리 모
두 분명히 느낄 수 있었다. 알테어를 공개한 지 2년도 채 되지 않아

그의 회사 생활은 고객들의 항의 전화와 알테어 대리점들의 불만 그리고 소수의 직원에서 2백 명 이상으로 불어난 조직의 일상적인 번거로움 등으로 끝없이 골머리를 앓는 나날로 채워졌다. 어느 날은 동료가 시간당 몇 센트를 더 받는다는 이유로 불만을 품은 직원이 그를 붙잡고 장광설을 늘어놓기도 했다. 최소 한 번 이상은 그가 직원을 해고했다가 미안한 마음에 곧 다시 고용한 적도 있었다. 에드는 종종 거칠어 보이는 겉모습과 맞아떨어지지 않는 부드러운 일면을 가지고 있었다.

나는 우리가 여전히 MITS에 과도하게 의존하고 있는 상황이 걱정스러웠다. 알테어용 8080 BASIC 라이선스의 로열티가 아직도 우리의 가장 큰 수익원이었다. 해당 버전 BASIC의 소스 코드 라이선스는 점점 판매가 늘고 있었다. 그 무렵 우리는 GE와 8080 BASIC 소스 코드에 대한 무제한 사용료로 5만 달러를 받는 계약을 체결했다. NCR과의 계약 이후 다수의 스마트 단말기 공급업체들이 우리에게 연락을 해왔다. 나는 그 가운데 한 곳인 롱아일랜드 소재 어플라이드 디지털 데이터 시스템스Applied Digital Data Systems, ADDS를 방문하기로 했다. 뉴욕의 JFK 공항으로 날아가 거기서 렌터카를 빌려 한 시간 거리에 있는 호포그의 ADDS에 갈 요량이었다. 하지만 그 계획은 수포로 돌아갔다. 나이가 너무 어리다는 이유로 렌터카 에이전트가 차를 내어 주지 않았기 때문이다. 결국 ADDS의 직원이 공항까지 나를 데리러 왔다. 당혹스러운 시작이 아닐 수 없었다. 그럼에도 그들은 관심을 보였고, 이후 우리는 장기간 논의를 주고받으며 거래를 성사시켰다.

물론 MITS가 8080 BASIC에 대한 전 세계 독점권을 보유하고 있었기에, 우리가 소스 코드에 대한 고객을 찾을 때마다 계약은 MITS를 거쳐야 했다. 그리고 계약이 체결되면 우리는 MITS와 수익을 나눠야 했다. 그해 여름부터 우리는 서서히 MITS에서 벗어나기 위한 노력을 기울이기 시작했다. 먼저 자체 사무실을 물색하며 새로운 고객을 유치할 수 있는 제품의 개발에 돌입했다.

새로운 고객을 찾는 일은 대부분 제너럴 매니저 역할을 맡은 릭에게 맡겨졌다. 3자 파트너십에 합의하고 몇 달이 지나자 릭의 마음이 바뀌었다. 파트너가 된다는 것은 전적으로 마이크로-소프트에만 집중해야 한다는 의미였는데, 그는 다른 일도 하면서 다양한 삶을 즐기길 원했다. 그는 교회에 다니고 헬스장에서 웨이트 트레이닝을 하고 시간을 내어 로스앤젤레스에 있는 친구들을 방문하곤 했다. 릭은 몇 년 전 폴과 나에게 커밍아웃을 했지만, 자신이 어떤 사람인지 온전히 받아들인 것은 앨버커키에서였다. 그는 새로운 삶을 인정하고 의아해하는 어떤 사람이든 배려하는 차원에서 쉐보레 콜벳을 구입해 〈YES I AM〉이라는 맞춤형 번호판을 달았다. 그는 사교적으로 활기를 찾았고, 첫사랑도 만났다.

릭이 파트너십에서 빠진 후, 폴과 나는 계속해서 마이크로-소프트의 지분을 40 대 60으로 나누기로 합의했다. 공식적으로는 둘 다 〈수석 파트너〉라는 직함을 사용했지만, 대기업의 운영 방식을 패러디해서 우리끼리는 거창한 직함을 붙였다. 나는 〈사장〉, 그는

〈부사장〉이었다. 제너럴 매니저로서 릭은 마케팅을 포함해 MITS
와의 거래에서 수표 입금, 사무실 마련 등 일상적인 업무 대부분을
담당했다. 그는 〈마이크로-소프트 일지〉라는 제목의 노트에 모든
상호 작용을 기록할 정도로 꼼꼼하게 업무에 임했다. 오늘날 이 노
트는 1970년대의 비즈니스가 어떠했는지를 보여 주는 유물인 셈
이다. 소프트웨어 구매에 관심이 있는 고객을 찾기 위해 이 회사 저
회사에 편지를 쓰고 전화를 걸던 그의 모습이 고스란히 담겨 있다.
예를 들면 다음과 같다.

7월 24일 토요일:
2:45 스티브 잡스에게 전화함. 그의 어머니에게 메시지를 전
했음.

7월 27일 화요일:
10:55 스티브 잡스에게 전화함. 통화 중이었음.
11:15 스티브 잡스가 전화함. 매우 무례했음.
11:30 다시 페들에게 전화 시도. 반드시 그와 이야기해야 함.

여기서 페들은 스티브 워즈니악이 애플 I에 사용했던 6502 칩을 만
든 MOS 테크놀로지의 엔지니어 척 페들Chuck Peddle이었다. 몇 년
전, 페들은 다른 엔지니어 몇 명과 함께 모토로라를 떠나 MOS 테
크놀로지에 합류했고, 거기서 6502를 개발했다. 이 칩은 모토로라

6800 마이크로프로세서와 비슷했다. 우리는 모토로라 칩용 BASIC 버전을 작성해 놓은 상태였다. 릭은 6502용 버전을 작성하기 시작했다. 그러므로 고객이 필요했다. 여름과 초가을 내내 릭은 그 회사에 전화 연락을 시도한 내용으로 일지를 채웠다. 〈12:55 페들에게 다시 전화 시도〉, 〈MOS 테크놀로지의 페들에게 전화. 휴가 중〉, 〈페들에게 전화. 통화 중〉. 한편 스티브 잡스는 릭에게 애플에는 파트너인 워즈니악이 설계한 BASIC 버전이 있으며, 만약 또 다른 버전이 필요하다면 그 역시 마이크로-소프트가 아닌 워즈니악이 개발할 것이라고 말했다. 스티브가 이 소식을 어떤 식으로 전했는지 몰라도, 릭은 불쾌감을 느꼈던 것 같다.

우리는 BASIC의 인기에 힘입어 마이크로-소프트를 시작했고, 계속해서 그 언어를 다른 마이크로프로세서에 맞춰 변형해 나갔다. 릭이 6502를 대상으로 진행하던 작업도 같은 맥락이었다. 하지만 사용하기 쉽고 애호가들 사이에서 인기도 높았지만, BASIC은 진지한 컴퓨터 구매자들이 원하는 언어가 아니었다. 과학자와 학자들은 FORTRAN을, 기업에서는 COBOL을 사용했다. 한편, 포컬 FOCAL은 DEC 미니컴퓨터의 많은 사용자들 사이에서 BASIC의 대안으로 인기가 높았다. 사업의 확장을 위해 우리는 이 세 가지 언어의 버전을 모두 개발하는 작업에 착수했다. 또한 폴의 개발 도구를 고객들에게 선전하기 시작했다. 초기부터 폴과 나는 마이크로-소프트를 폭넓은 소프트웨어 제품군을 제공하는 회사로 키우게 되길 꿈꿨다. 소프트웨어 팩토리 개념도 그래서 나온 것이었다.

아직 그 근처에도 이르지 못했지만, 다양한 언어와 개발 도구를 구축하는 것은 그런 미래를 향한 한 걸음이었다.

신제품 개발을 지원하기 위해 우리는 그해 늦여름, 레이크사이드 인맥 밖에서 처음으로 정규직 직원을 채용하기 시작했다. 스탠퍼드에서 전기 공학 석사 학위를 막 취득한 스티브 우드Steve Wood와 그의 아내 말라 우드Marla Wood도 여기에 포함되었다. 그때까지만 해도 우리는 일단의 친구들일 뿐이었고, 내가 친구들의 미래를 걱정할 필요도 없었다. 설령 모든 일이 실패로 돌아가더라도 각자 자신의 길을 찾아 별 문제없이 살아갈 것이라는 확신이 있었다. 하지만 이제 우리는 전혀 모르는 사람들을 고용하면서 그들에게 뉴멕시코로 이주해 18개월밖에 안 된, 미래가 불투명한 회사에 명운을 맡길 것을 요구하고 있었다. 다소 부담스러운 일이 아닐 수 없었다. 초기에 채용된 그들을 보며 마이크로-소프트가 비로소 진짜 회사처럼 느껴지기 시작했다.

그해 여름 나는 시애틀에 돌아와 우리의 미래를 위한 핵심 제품이 될 것으로 생각되는 프로그래밍 언어인 APL(〈A Programming Language〉의 줄임말)의 작성에 매진했다. 1960년대 초에 이 언어의 오리지널 버전을 개발한 IBM은 1970년대에도 계속해서 그것을 옹호하며 다양한 컴퓨터에 탑재해 제공했다. 이 언어는 진지한 프로그래머들에게 높은 평가를 받았으며, 그들 중 다수가 그것의 인기가 계속 높아질 것으로 믿었다. 우리가 APL의 자체 버전을 개발해 낸다면, 그 물결을 타고 애호가 중심의 BASIC 기반을 넘어 기업 시장으로 사업을 확장할 수 있을 것이라고 나는 생각했다.

나는 프로그래머로서도 APL에 매력을 느꼈다. 구문이 매우 간결해 다른 언어로는 여러 줄의 코드가 필요한 작업을 단 몇 개의 명령문으로 실행할 수 있었다. 결국 개인용 컴퓨터용 버전을 작성하는 작업은 엄청나게 복잡한 구조를 작은 패키지에 압축하는 까다로운 퍼즐을 푸는 것과 같았다. 나는 침실에 설치한 휴대용 단말기로 작업하면서 부모님에게 전화 접속 요금을 지불하는 가운데 밤낮으로 노력을 기울였다. 당시 열두 살이던 리비는 하루 종일 컴퓨터 단말기에 붙어 앉은 미친 오빠가 대체 무슨 일을 하고 있는지 궁금해하며 문간에 서 있곤 했다. 쉬는 시간에 나는 리비와 탁구 대결을 벌이곤 했다. (나는 끝내 APL 퍼즐을 풀지는 못했지만, 탁구 실력은 향상되었다.)

그 여름은 내가 부모님 집에서 생활한 마지막 시기가 되었다. 마이크로-소프트 초창기에 가족들이 어떤 역할을 했는지, 지금 생각해 보면 감사한 마음이 더욱 깊어진다. 나는 스스로 독립심이 강하다고 상상했지만, 사실 실질적으로나 정서적으로나 가족에게서 많은 지원을 받았다. 그 시절 나는 주기적으로 후드 운하에 면한 할머니의 집을 찾아 (당시 내게 절실하던) 사색의 시간을 가졌으며, 그해 여름도 예외는 아니었다. 아버지는 늘 기꺼이 나나 마이크로-소프트와 관련된 법적 문제의 해결을 도와주었다. 한편, 스물두 살이 되어 딜로이트에서 성공적으로 경력을 쌓고 있던 크리스티는 마이크로-소프트의 세무 관리도 담당하고 있었다.

부모님은 내가 마침내, 아버지가 뜻하던 체계적인 생활에 접어들고 있는 것으로 여겼을 것이다. 나는 내 사업을 하고 있었고, 한 학기를 휴학하긴 했지만, 가을에 복학해 3학년의 두 번째 학기를 소화할 예정이었다. 부모님은 내 계획에 만족했고, 내가 대학에서 마이크로-소프트와는 확연히 다른 방식으로 지적 성취감을 느낀다는 점을 이해했다. 나는 산업 혁명 시기의 영국사를 다루는 강좌를 수강 신청했고, 응용 수학 전공의 와일드카드를 활용해 대학원 수준의 경제 이론 수업인 ECON 2010에 수강 허락도 받았다. 그 수업에는 수학을 전공하던 학부생이 한 명 더 있었는데, 이름은 스티브 발머Steve Ballmer였다.

그 전해에 커리어 하우스 친구 한 명이 나에게 복도 끝에 거주하는 한 남학생을 만나 보라고 권했다. 「스티브는 정말 너랑 비슷해.」그가 말했다. 그 무렵 나는 나처럼 과도한 에너지를 발산하는 다른 사람들을 즉시 알아볼 수 있었다(부머와 켄트가 대표적인 예였다). 스티브 발머는 내가 아는 그 누구보다도 에너지가 넘쳤다. 대부분의 커리어 하우스 남학생들은 수학이나 과학에 심취한 전형적인 너드들이었고, 사교 활동이라 해봤자 주로 기숙사 지하에서 퐁 게임을 하거나 포커를 치며 자기들끼리만 어울리는 수준이었다. 하지만 스티브는 그런 모델과 거리가 멀었다. 그는 뛰어난 머리에 활달한 신체라는 특이한 조합으로 자연스럽게 사람들과 어울릴 줄 아는 인물이었다. 스티브는 『하버드 크림슨The Harvard Crimson』의 광고를 총괄하고 하버드 문학 잡지의 회장직을 맡고 미식축구팀의 매니저 역할을 수행하는 등 내가 아는 그 누구보다 캠퍼스에서 활발하게 활동했다.

그해 가을 미식축구팀의 경기를 한 번 보러 갔는데, 스티브가 경기장에 배치된 하버드 선수들만큼이나 많은 에너지를 쏟으며 사이드라인에서 뛰는 모습을 볼 수 있었다. 그의 존재의 모든 부분이 팀에 집중되었다. 팀의 매니저 역할을 정말 중요하게 생각한다는 것을 알 수 있었다. 그의 활력에 휩쓸리지 않는 것은 결코 쉬운 일이 아니었다. 스티브는 나의 사교계를 넓혀 주었고, 덕분에 나는 블랙타이 파티와 비밀 악수 등 평소라면 피했을 구시대적인 규칙과 의식을 준수하는 남학생 전용의 폭스 클럽Fox Club에 회원 후보로 추천받았다. 스티브가 회원이었기에 회원 자격 심사에 동의했고, 결국 가입이 승인되었다.

결과적으로 우리는 ECON 2010 강의실에서 많은 시간을 함께 보내지는 못했다. 막바지에 이를 때까지 수업을 종종 빼먹는 내 방식과 스티브의 빡빡한 일정으로 인해 매주 세 시간씩 진행되는 강의에 둘 다 참석하지 못하는 경우가 많았기 때문이다. 우리는 기말고사에 모든 것을 걸기로 합의했다. 늦은 밤 기숙사에서 스티브와 나는 인생의 목표에 대해 오랫동안 이야기를 나누곤 했다. 그런 밤이면 레이크사이드 시절 켄트와 나누던 대화가 떠올랐다. 스티브와 나는 정부에서 일하는 것과 회사에서 일하는 것의 장단점, 그리고 어떤 선택이 사회를 개선하며 세상에 더 큰 영향을 미칠 수 있는지 논의했다. 그는 주로 정부에서 큰 역할을 하는 쪽이 낫다고 주장했다. 당연히 나는 기업계 종사의 이점을 옹호했다. 결국 그것이 내가 주로 염두에 두던 직업이었으니까.

학기가 진행되면서 나는 마이크로소프트와 관련해 극심한 갈등을 느끼기 시작했다. 그때까지만 해도 회사가 멀리서도 얼마든지 관리 가능해 보였고, 특히 릭이 일상 업무를 총괄하고 있었기에 문제가 없어 보였다. 하지만 회사가 성장하면서 사업의 세부 사항들이 갈수록 복잡해졌다. 폴이나 릭에게 연락을 취하면 종종 새로운 문제가 발생했다는 얘기가 나왔고, 그럼에도 그런 것들이 제대로 처리되지 않고 있다는 생각이 들곤 했다. 몇 가지 예를 들어보자. GE와의 거래에 대해 더 많이 알게 될수록 나는 우리가 약속한 작업에 대해 너무 낮은 견적을 제시했다는 확신이 들었다. 릭은 출장비 예산이 크게 초과되는 상태에 이르도록 직원들의 출장비를 제대로 추적하지 않고 있었다. NCR로부터 1만 달러를 받아야 했는데, 폴과 릭 모두 언제 그 돈이 들어오는지 모르고 있었다. 가장 큰 문제 중 하나는 MITS였다. MITS는 추가 메모리가 포함된 알테어와 관련해 우리에게 지급해야 할 로열티를 주지 않고 있었다. 대부분의 수익이 MITS에서 발생하고 있었기에 다른 수입원이 주요한 역할을 할 때까지 마이크로-소프트를 제대로 운영하려면 거기서 꼬박꼬박 돈이 들어와야 했다.

11월 초, 둘에게 나의 불만을 확실하게 드러냈다. 스티브 및 새로운 사교 클럽 친구들과 모처럼 파티를 즐긴 후 기숙사로 돌아와 폴과 릭에게 경고성 편지를 타이핑했다. 〈오늘 밤 이번 학기 들어 처음으로 밖에 나가 술을 마셨어. 그래서 어쩌면 두서없이 말하게 될지도 몰라. 하지만 어쨌든 오늘 편지를 쓰기로 마음먹고 있었으니, 그냥 쓸게.〉

지금 그 편지를 읽어 보니, 회사가 도약하고 있던 당시에도 우리가 여전히 교통량 집계 사업을 진행하며 레이크사이드의 수업 일정 프로그램까지 돕고 있었다는 사실이 새삼 상기된다. 나는 이 두 프로젝트와 관련된 기술적 지시 사항으로 첫 페이지를 채웠다. 하지만 초점은 출장비, 직원 감독, 고객 후속 조치, 계약 협상 등 마이크로-소프트에서 제대로 처리되지 않고 있던 모든 문제에 맞춰져 있었다. 나는 그들이 아직도 회사의 신용 카드를 마련하지 않은 부분을 지적했다. 8백 달러에 달하는 모종의 위약금을 낸 것도 불만 사항이었으며, MITS로부터 여전히 로열티를 받아 내지 못하고 있는 것도 문제였다. 나는 이렇게 썼다. 〈내가 떠난 이후로 현금 흐름에 대한 고려 없이 1만 4천 달러나 쓰면서 메모리 로열티 문제는 해결하지도 않고 있다는 것은, 곧 파산으로 가는 지름길을 걷는 것과 같은 거라고.〉

나는 편지를 이렇게 마무리했다. 〈긴 시간을 투입해 열심히 일하겠다는 얘기는 많이 했지만, 너희가 함께 마이크로-소프트에 대해 논의하거나 혹은 개별적으로 고심하거나, 그러는 일이 적어도 충분한 수준에 가깝게 이뤄지지 않고 있는 게 분명해. 《최선을 다해 임하겠다》는 약속이 지켜지지 않고 있다는 판단이야. 너희의 친

구, 빌.〉

술 마셨다는 경고를 차치하면, 당시 내 어조는 평소와 별로 다를 바 없었다. 우리 셋 중에서 나는 항상 일을 시키는 역할을 맡았고, 우리가 선두 자리를 잃을까 봐 끊임없이 걱정하고 주의 깊게 움직이지 않으면 침몰할지도 모른다고 걱정하는 사람이었다. 유망한 스타트업이던 C-큐브드가 18개월 만에 채권자들이 집기를 가져가는 상황에 처하던 모습을 지켜보지 않았던가. 그리고 지난 1년 동안, 선두를 달리면서도 그것을 유지하기 위한 엄격한 관리의 부족으로 갈수록 문제가 심각해지는 MITS를 목도하지 않았던가. 우리는 법무와 인사, 세무, 계약, 예산, 재무 등 사업의 모든 기능을 배워 가고 있던 신생 회사였다. 우리는 소프트웨어 개발이라는 핵심 업무만 잘 알았다. 다른 모든 것을 충분히 빨리 배우지 못하고 있는 건 아닌지 걱정스러웠다.

몇 주 후 나는 추수 감사절 방학을 틈타 열흘 동안 앨버커키에 머물며 나의 애정 어린 질책을 담은 편지에서 언급한 몇 가지 문제를 해결하기 위해 애썼다. 당시 우리는 진정한 의미의 첫 번째 본사를 마련한 상태였다. 10층짜리 신축 건물인 투 파크 센트럴 타워 Two Park Central Tower의 8층 사무 공간을 임차한 것이다. 주변에서 가장 높은 건물 중 하나였기에 앨버커키 시내의 석양과 멀리 사막의 폭풍우까지 감상할 수 있는 놀라운 전망을 제공했다. 우리의 공간에는 리셉션 구역과 4개의 개별 사무실이 있었고, 확장이 필요할 경우 옆의 공간을 더 임차할 수도 있었다. (그 무렵 우리는 하이픈을 뺀 마이크로소프트Microsoft라는 이름으로 뉴멕시코주에 공식적으로 법인 등록을 했다.)

나의 앨버커키 여행은 폴이 MITS를 그만두고 마이크로소프트에만 전념하기로 결정한 시기와 맞물렸다. 회사에 대한 나의 우려가 그의 결정에 영향을 미쳤는지 여부는 기억나지 않고, 그가 나로 인해 얼마나 부담을 느꼈는지도 모르겠다. 내가 확실히 기억하는 것은 당시 폴이 MITS에 진절머리가 난 상태였다는 사실이다. 에드의 스트레스가 증가하면서 그와 폴 사이의 긴장감도 커졌다. 한번은 아직 완성되지 않은 소프트웨어를 출시하자고 에드가 고집을 부리는 바람에 둘 사이에 말다툼이 벌어졌고, 폴은 그 일이 있고 얼마 지나지 않아 사직서를 제출했다. 그가 MITS를 떠난 이유가 무엇이었든 우리에게는 좋은 소식이었다. 폴은 이제 우리의 신입 직원들에게 FORTRAN과 여타 제품의 기술적 개발을 지도하는 데 더 많은 시간을 할애할 수 있게 되었다.

나는 폴, 릭과 함께 현금 흐름을 검토하면서 더 많은 직원의 고용과 더불어 사무 공간을 확장하는 데 따르는 재정 문제를 해결했다. 8080 BASIC에 대한 문의가 많이 들어오고 있었고, 델타 데이터Delta Data, 렉사Lexar, 인텔, 그리고 내가 방문했던 롱아일랜드의 스마트 단말기 제조업체 ADDS 등의 회사들과 계약 체결 협상도 진행 중이었다. 하지만 에드는 갈수록 계약서에 서명하려 들지 않았다.

골치 아픈 일이었다. 하지만 우리는 다른 제품들에서 새로운 수익을 빠르게 찾고자 했다. 그중 하나가 릭이 개발 중이던 6502 BASIC이었다. 8월 말, 코모도어 인터내셔널Commodore International 이라는 회사가 MOS 테크놀로지를 인수했다고 발표했다. 코모도어는 선도적인 계산기 제조업체였으나 MITS의 경우와 마찬가지로 텍사스 인스트루먼트TI에 의해 짓밟히는 상황에 처했다. 하지만 또 MITS와 마찬가지로 개인용 컴퓨터를 설계하고 제작하는 전문 기술도 보유하고 있었다. 그리고 이제 코모도어는 자사의 컴퓨터를 위한 칩을 갖게 된 것이다.

추수 감사절 직전 어느 오후, 릭은 코모도어의 일부가 된 MOS 테크놀로지의 담당자 척 페들에게 전화를 걸었다. 수개월에 걸친 부재중 전화와 메시지로 이미 모종의 관계가 싹 튼 상태였다. 페들은 코모도어가 우리의 BASIC에 관심이 있고 가격도 마음에 들어한다고 말했다. 정말 반가운 소식이었다. (몇 주 후 폴은 『EE 타임스』에서 기사를 발견했다. 코모도어가 6502를 기반으로 범용 컴퓨터를 구축할 계획이라는 내용이었다. 우리는 가능한 한 빨리 그것을 위한 BASIC을 완성해야 했다.)

릭이 페들과 이야기를 나누고 한 시간쯤 지난 후 TI의 소프트웨어 관리자에게서 전화가 왔다. TI 관리자는 자사에서 자체 칩 중 하나를 기반으로 컴퓨터를 개발 중이라고 릭에게 알렸다. 그는 우리 회사와 BASIC에 대한 문서를 보길 원했다. 그는 우리와 함께 가려면 TI의 경영진을 설득해야 한다고 말했다. TI가 관심을 가졌다는 사실만으로도 비약적인 진전이라 할 수 있었다. IBM이나

DEC를 제외하면, 개인용 컴퓨터 분야에 대한 진출로 이보다 더 큰 기대를 모은 회사가 없었다. TI는 브랜드 네임과 엔지니어링 역량, 마케팅 능력을 갖춘 기업이었다. 또한 에드 로버츠가 오랫동안 두려워하던 회사이기도 했다. TI는 막대한 자금력과 공격적인 가격 책정으로 MITS를 거의 무덤까지 보낸 적이 있었고, 또 다시 쉽게 그렇게 할 수 있었다.

내가 학교로 돌아왔을 때 핀스트라이프 정장을 입은 한 무리의 남자들이 MITS에서 시간을 보내고 있다는 소문이 들려왔다. MITS는 양복쟁이들이 자연스럽게 섞일 수 있는 곳이 아니었다. 그들은 눈에 띄었다. 결국 우리는 그 남자들이 퍼텍Pertec이라는 회사에서 왔다는 사실을 알게 되었다. 퍼텍? 들어본 적이 없는 회사였다. 와이드너 도서관에 가서(그렇다, 당시는 이런 걸 인터넷에서 검색할 수 있는 시절이 아니었다) 관련 기사를 찾아봤다. 퍼텍은 대형 컴퓨터용 디스크 드라이브 및 기타 저장 장치를 제조하는 상장 기업이었다. 캘리포니아에 본사를 둔 이 회사는 직원 수가 1천 명이 넘고 연간 매출이 거의 1억 달러에 달하는 대기업이었다.

12월 초, 퍼텍은 MITS를 6백만 달러에 인수하겠다고 제안했다. 거래가 성사되면 에드 로버츠는 마이크로컴퓨터를 만들려는 자신의 혁신적인 아이디어에 대한 보상을 받게 될 터였다. 그리고 모회사의 자금 지원으로 MITS는 컴퓨터 시장을 빼앗으려는 TI 및 여타의 침입자들을 막을 수 있을지도 몰랐다.

퍼텍이 MITS에 구애를 시작한 직후, 마이크로소프트와 관련된 모든 일이 완전히 중단되었다. 로열티 지급도 중단되었고 라이선스 거래도 중단되었다. 에드는 이미 우리에게, MITS와 경쟁할 것으로 생각되는 어떤 회사에도 BASIC을 판매하지 않겠다고 말한 바 있었다. 1976년 말, 경쟁 업체에 대한 그의 정의는 업계 전체를 포함하는 범위로 확대되었다.

시애틀에서 크리스마스 시즌을 보내는 동안 나는 릭으로부터 한 통의 편지를 받았다. 또 한 번 마음이 바뀐 것이다. 그는 마이크로소프트를 떠나겠다고 했다. 깊은 자기 성찰 끝에 그는 활기찬 사회생활을 할 수 있는 로스앤젤레스에서 살고 싶다는 결론에 도달했다. LA에는 그를 고용하고 싶어 하는 작지만 탄탄한 소프트웨어 회사도 있었다.

버림받은 기분이 들었다. 이후 그와 대화하게 되었을 때 나는 지난봄에 그가 마이크로소프트에 헌신하겠다는 말로 나를 오도했다고 비난했다. 그는 오래 머물겠다고 약속한 적이 없다고 반박했다. 우리는 돈 문제와 우리 앞에 놓인 모든 업무를 두고 옥신각신했다. 그러다 결국 우리는 진정되었다. 나는 그에게 3월까지만 남아서 코모도어용 6502 BASIC 작업을 마무리해 줄 수 있는지 물었다. 나는 그가 3월에 퇴사할 때까지 그가 하는 작업에 대한 보수는 물론이고 새 회사에서 약속한 급여도 지불하겠다고 말했다. 그는 동의했다. 그런 후 그는 시카고에서 열린 가전제품 박람회로 날아갔고, 거기서 우리의 새로운 협력사 코모도어는 모니터와 키보드, 카세트테이프 플레이어(데이터 저장용)가 내장된 올인원 컴퓨터인 코모도어 PET 2001을 선보였다. 틀로 찍어 낸 플라스틱 케이스에 담긴 이 컴퓨터는 이전의 개인용 컴퓨터와는 많이 달라 보였다. 애호가들의 작업대보다는 가정에서 볼 수 있는 물건 같았다. 그것이 바로 요점이었다.

나는 휴가 기간 동안 후드 운하의 할머니 댁을 방문하고 있었는데, 어느 날 밤 긴 산책을 하러 나섰다. 운하의 남쪽을 따라 구불구불 이어진 2차선 106번 국도를 따라 걸으면서 MITS와의 문제점과 다음 해에 마이크로소프트를 어떻게 경영할 것인가라는 더 큰 문제를 곰곰이 생각했던 기억이 생생하다. MITS와 그 인수 후보자인 퍼텍은 우리의 소프트웨어를 판매하려는 노력을 전혀 기울이지 않고 있었고, 점점 더 많은 회사가 우리에게 제안을 해오는 상황에서 거래를 막고 있었다. 마침내 업계가 부상하기 시작한 것으로 느껴졌다. 우리가 뒤처질 수는 없다고 스스로 다짐했다. 그러는 가운데 소프트웨어 회사를 부업으로 삼으며 대학생 생활을 영위하는 삶이 점점 더 힘들어지고 있다는 인식이 일었다.

폴과 나는 선도적인 PC 소프트웨어 제작사를 구축한다는 비전을 완전히 공유했다. 그 목표는 마치 강 건너편에 어렴풋이 보이는 경품과 같았다. 하지만 1976년 말, 나는 가장 먼저 건너편에 도달하겠다는 야망, 즉 강을 건널 수 있는 최상의 다리를 가장 빨리 놓겠다는 야망이 폴보다 내 안에서 더 강렬하게 타오르고 있다는 사실을 깨달았다.

나는 마치 잠수함의 밀폐 해치를 닫는 것처럼 나머지 세상과 단절할 수 있었다. 그동안 나는 마이크로소프트에 대한 책임감에 사로잡혀 해치를 잠그고 살았다. 여자 친구도 없었고, 취미도 없었다. 나의 사교 생활은 폴, 릭, 그리고 함께 일하는 사람들을 중심으로 이루어졌다. 그것이 내가 아는, 앞서 나갈 수 있는 유일한 방법이었다. 그리고 다른 사람들에게도 비슷한 헌신을 기대했다. 우리 앞에는 엄청난 기회가 놓여 있었다. 그 기회를 잡기 위해 일주일에 80시간씩 일하지 못할 이유가 어디에 있는가? 물론 피곤했지만, 굉장히 짜릿하기도 했다.

스스로의 역량에 대한 자신감과 혼자서 문제를 해결하려는 성향에도 불구하고, 나는 폴이 제공할 준비가 되어 있지 않은 종류의 도움을 내가 필요로 한다는 것을 깨달았다. 폴은 가장 중요한 몇 가지 측면에서 좋은 파트너였다. 우리는 회사에 대한 비전을 공유했고, 소프트웨어 인재의 고용이나 기술 관련 문제를 논의할 때 서로 협력이 잘 됐다. 하지만 사업의 기반이 튼실하지 않다면, 그 어떤 것도 중요하지 않았다. 마이크로소프트가 원활히 돌아가도록 유지하는 것은 외로운 일이었다. 하루 24시간 함께 일할 수 있는 비즈니스 파트너, 중요한 결정을 함께 고민하고 의견을 나눌 수 있는 동료, 잠재 고객 목록을 같이 검토하고 어떤 고객과 거래해 결과적으로 어떤 수익을 얻게 될지 논의할 수 있는 누군가가 필요했다. 매주 1백 가지에 달하는 그런 일을 혼자서 감당하는 것은 큰 부담이 아닐 수 없었다. 당시 나는 그런 고생을 인정받아야 된다고, 우리가 구축하고 있는 것에 대해 내가 더 큰 지분을 가져야 마땅하다고 느꼈다.

그날 밤 후드 운하를 따라 걸으면서 나는 만약 학교를 그만두고 마이크로소프트에서 풀타임으로 일하게 된다면, 회사 지분을 더 많이 갖고 싶다고 폴에게 말하기로 결심했다. 기말고사를 앞둔 리딩 기간에 맞춰 1월에 하버드로 돌아온 나는 그 두 가지 결정을 두고 계속 고민했다. 스티브 발머와 나는 ECON 2010 강의를 빼먹기로 한 계획을 충실히 따른 상태였다. 우리는 리딩 기간 동안 수업 자료를 토대로 서로를 가르치며 한 학기 분량의 지식을 머릿속에 밀어 넣기 위해 거의 쉬지 않고 노력했다. 한 페이지 분량의 기말고사를 통과했을 때, 우리는 승리감을 느꼈다.

1월 15일, 하버드 주임 지도 교수에게 보내는 편지에 이렇게 썼다. 〈저는 친구와 함께 마이크로프로세서 소프트웨어와 관련된 컨설팅을 제공하는 마이크로소프트라는 파트너십을 운영하고 있습니다. 최근 우리가 맡은 새로운 책무로 인해 마이크로소프트에서 풀타임으로 전념해야 할 필요가 생겼습니다.〉 나는 가을에 학교로 돌아와 1978년 6월에 졸업할 계획이라고 밝혔다.

부모님은 나에게 계속 학교를 다니라고 말해 봤자 소용이 없다는 것을 알고 있었다. 내가 너무 독립적이었기 때문이다. 하지만 어머니는 가끔 미묘한 방법을 동원해 나를 설득하려 했다. 그해인가 그 전해인가, 어느 시점에 어머니는 내가 시애틀의 저명한 사업가 샘 스트룸Sam Stroum을 만나도록 주선했다. 그는 대규모 전자 제품 대리점을 운영한 후 지역의 주요 자동차 부품 체인을 인수해 확장한 인물이었다. 그는 시애틀 사회의 기둥인 비영리 단체에서도 매우 활발하게 활동했다. 어머니는 유나이티드 웨이에서 일하면서 그를 알게 되었다. 그와 점심을 먹으면서 나는 가능한 모든 마이크로프로세서를 위한 소프트웨어를 만들겠다는 마이크로소프트의 계획과 그 시장이 어떻게 커질 것인지, 그리고 그와 더불어 우리 회사는 어떻게 성장할 것인지에 대해 설명했다. 어머니가 그 점심 식사 자리에서 어떤 결과가 도출되길 바랐는지 몰라도 어머니의 뜻대로 되지는 않았던 것 같다. 샘은 나에게 하버드에서 계속 공부하라는 말 대신 내가 하고 있는 일에 매우 큰 흥미를 표했다. 샘의 열정이 어머니의 걱정을 조금은 덜어 준 것 같았지만, 완전히 해소시킨 것은 아니었다. (샘은 수년 후 그 점심 식사 자리에서 나에게 지분 투자 명목으로 수표를 써주지 않은 것을 후회한다고 농담하곤 했다.)

「마이크로소프트가 잘 안 되면 학교로 돌아갈게요.」 부모님에게 약속했다.

앨버커키에 돌아온 나는 폴에게 지분을 64 대 36으로 나누고 싶다고 말했다. 그는 반발했다. 말다툼이 이어졌지만, 결국 폴이 양보했다. 지금 생각하면 내가 너무 밀어붙인 것 같아 미안한 마음이 들지만, 당시에는 그 분할이 마이크로소프트에 필요한 우리 각자의 헌신을 정확하게 반영한다고 생각했다. 우리는 2월 초에 동업 계약서에 서명함으로써 이를 공식화했다. (3년이 조금 지난 후, 내가 스티브 발머에게 경영 대학원을 그만두고 마이크로소프트에 합류하도록 설득하는 과정에서 회사 지분 분할 문제가 다시 불거졌다. 나는 추가로 획득했던 4퍼센트를 인센티브 명목으로 그의 패키지에 포함시켰다. 1980년에 입사한 그는 내가 필요로 하던 하루 24시간 함께하는 파트너가 되었다.)

회사 소유권을 둘러싼 긴장과 끊임없는 입씨름에도 불구하고 폴과 나는 서로 강한 유대감을 느꼈다. 우리는 이미 놀라운 여정을 함께 밟았고, 이제 아주 특별한 무언가를 만들어 가고 있었다. 게다가 꽤 즐거운 시간을 보내고 있었다.

우리는 우정을 유지할 수 있는 한 가지 방법도 생각해 냈는데, 바로 함께 살지 않는 것이었다. 내가 보스턴에 있던 동안 폴은 포털스 아파트를 떠나 교외의 침실 3개짜리 집을 빌려 릭, 마크 맥도널드와 함께 살았다. 앨버커키로 돌아온 나는 한 아파트를 얻어 크리스 라슨과 함께 들어갔다. 크리스는 여름철마다 앨버커키를 오가며 우리와 함께 일하고 있었다. 이제 레이크사이드 고등학교 졸업반이 된 그는 부모님을 설득해, 내가 TRW 작업을 위해 그랬던 것처럼, 한 학기를 휴학하고 마이크로소프트에서 일하는 것을 허락받았다.

폴과 떨어져 살면서 더 이상 〈죽음의 덫〉 몬자를 이용할 수 없게 되었고, 그래서 1971년형 포르쉐 911을 구입해 내 차를 마련했다. 중고차였지만, 그래도 나에게는 큰 지출이었다. 어쨌든 나는 늘 포르쉐를 갖고 싶어 했고, 그 6기통 엔진의 거친 휘파람 소리를 사랑했다. 하지만 지금도 내가 그 차를 샀다는 사실을 인정하는 것이 조금은 겸연쩍다.

그 포르쉐를 모는 시간은 나름의 탈출구가 되었다. 나는 샌디아 산맥 도로를 제한 속도를 훨씬 초과해 질주하며 회사의 여러 현안을 머릿속으로 정리하곤 했다. 종종 크리스가 그런 드라이브에 동행했다. 전년도에 산속으로 굽이굽이 이어져 시멘트 공장에 다다르는 매끄러운 도로를 발견했다. 포르쉐를 장만한 후 우리는 (우리가 〈시멘트 공장 도로〉라고 이름 붙인) 그 도로에서 정기적으로 고속 주행을 즐기곤 했다. 어느 날 밤늦게 시멘트 공장에 들렀더니 불도저 두 대가 키가 꽂힌 채로 주차되어 있었다. 크리스와 나는 밤 시간에 몇 차례 그 시멘트 공장 도로 꼭대기를 찾아 그 거대한 중장비를 운전하는 방법을 독학했다.

밤에 크리스와 함께 차를 몰고 돌아다니거나 영화를 보거나 폴 및 다른 마이크로소프트 팀원들과 어울리는 것이 앨버커키에서 내가 비업무적으로 즐기던 생활의 전부였다. 팀 내 유일한 부부인 스티브 우드와 말라는 종종 우리를 저녁 식사에 초대해 약간의 가정적 분위기를 더해 주었으며, 때로는 우리와 함께 폴의 집에 가서 그의 프로젝션 TV를 시청하곤 했다. 한때 우리는 앤서니 트롤로프 Anthony Trollope의 소설을 각색한 BBC 드라마 「더 팰리서즈The Pallisers」에 푹 빠져들었다. 우리는 퇴근 후 소파와 카펫 위에 모여 앉아 빅토리아 시대 영국의 공작들과 공작부인들, 삼각관계, 금전 문제 등을 다룬 총 22시간 분량의 드라마에 완전히 몰입하곤 했다.

1977년 봄이 되면서 MITS와 퍼텍이 우리에게 밀린 로열티를 지급하거나 다른 회사에 8080 BASIC의 2차 라이선스를 제공할 의향이 전혀 없다는 것이 점점 분명해졌다. 퍼텍이 보기에 그 소프트웨어는 MITS의 소유였고, 우리는 그저 선도적인 개인용 컴퓨터 제조업체를 인수하려는 그들의 계획에 방해가 되는 귀찮은 존재였다. 퍼텍은 이 거래를 위해 새로 설립한 자회사와 MITS를 합병하는 방식으로 인수를 추진했다. 우리의 BASIC에 대해 MITS가 가지고 있던 권리를 확보하기 위해 그렇게 한 것이라고 우리는 생각했다. 하지만 그럼에도 나는 그들이 해당 계약서를 읽어 보긴 했는지 의문이 들었다. 우리는 소프트웨어의 소유권을 MITS에 양도하지 않았다. 그저 그들에게 라이선스를 제공했을 뿐이었다. 그리고 계약에 따라 MITS는 다른 회사에 그 소프트웨어의 라이선스를 재판매하기 위해 최선을 다해야 할 의무가 있었다.

이 모든 내용은 1975년 봄, 폴과 몬테 그리고 내가 4K BASIC을 작성하여 MITS에 전달한 몇 주 후로 거슬러 올라간다. 이 시기에 에드는 계약 체결을 차일피일 미루었고, 나는 그가 서명할 때까지 시애틀에 틀어박혀 지냈다.

계약 협상 과정에서 에드는 8080 BASIC에 대한 전 세계 독점 라이선스를 10년 동안 MITS에 제공해야 한다고 고집했다. 나는 동의하고 싶지 않았지만, 거래를 성사시키고 싶었다. 그리고 새로운 파트너에게 좋은 인상을 남기고 싶었다.

나는 아버지에게 뉴멕시코에서 변호사를 구하는 것을 도와줄 수 있는지 물어보았다. 아버지는 여기저기 수소문해서 예전에 근무하던 로펌의 한 법정 변호사로부터 그의 조카를 소개받았다. 폴 마인스Paul Mines라는 이름의 그 조카가 앨버커키에서 변호사로 활동하고 있다는 것이었다. 나는 마인스에게 전화를 걸었고, 그가 소속된 로펌인 풀, 티닌 앤드 마틴Poole, Tinnin & Martin의 도움을 받아 계약서를 작성했다. 1975년 당시만 해도 소프트웨어 라이선스 계약은 매우 생소한 개념이었다. 아마 그 로펌에서도 그런 계약은 처음이었을 것이다. 그들은 일을 잘 처리했고, 나는 한 가지 중요한 내용을 계약서에 포함시켰다.

〈최선의 노력best efforts〉이라는 법률 용어를 언제 처음 들었는지 모르겠다. 아마도 저녁 식사 자리에서 아버지의 업무와 관련해 부모님이 나눈 대화에서 들었을 것이다. 계약 당사자인 회사가 〈최선의 노력〉을 기울이는 데 동의하는 것은 계약서에 명시된 모든 사항을 제대로 이행하기 위해 할 수 있는 모든 일을 다 하겠다는 뜻이다. 처음에 어떻게 내 머릿속에 자리 잡았든, MITS와의 계약 협상 과정에서 그 문구가 떠올랐다. 나는 MITS가 우리의 소스 코드를 라이선스하기 위해 〈최선의 노력〉을 다하기로 한다면, 그들이 원하는 독점 라이선스에 동의하겠다고 말했다. MITS의 변호사들은 〈최선의 노력〉에 동의하는 사람은 아무도 없다며 반발했다. 그들은 〈합리적인 노력〉이라면 고려하겠다고 했지만, 나는 동의하지 않았다. 〈최선의 노력〉이어야 했다.

이제, 계약서를 꺼내 그 조항을 읽고 또 읽었다. 제2면, 5항이었다. 〈회사의 노력: 회사[MITS]는 본 프로그램의 라이선스 판매와 홍보 및 상용화를 위해 최선의 노력을 다할 것에 동의한다. 회사가 전술된 바에 따른 최선의 노력을 다하지 않을 경우 라이선스 제공자가 본 계약을 종료할 수 있는 충분한 근거와 사유가 된다.〉

내게는 모든 것이 명확해 보였다.

지난 1년 사이에 나는 MITS의 제너럴 매니저로서 외부 기업에 BASIC을 판매하려 애쓰는 우리의 파트너 역할을 한 에디 커리 Eddie Currie와 친해졌다. 에디와 에드 로버츠는 플로리다의 같은 지역 출신으로, 초등학교 때부터 알고 지낸 사이였다. 하지만 성향은 달라서 에드가 고집스럽게 나오는 경우가 많았다면, 에디는 침착하게 균형 잡힌 태도를 취하며 MITS와 마이크로소프트 사이에서 차분한 중재자 역할을 수행했다. 에디는 두 회사의 성공을 진심으로 돕고자 하는 것 같았다. 우리는 함께 외부 회사들에 8080 BASIC을 홍보했고, 특정 회사와 거래 조건이 합의되면 에디가 에드 로버츠와 협력해 계약을 마무리하곤 했다.

에디 커리는 중재자답게 수차례 나에게 퍼텍 변호사를 만나 의견 차이를 좁힐 수 있는지 논의해 보라고 권유했다. 나는 왠지 주눅이 들어 대신 에드와 직접 모든 문제를 해결할 수 있기를 바랐다. 또한 에디가 에드에게 더 높은 가격을 제시할 다른 인수자가 나타날지 모르니 좀 더 버텨 보자고 설득하고 있다는 것도 알고 있었다. 그런 일이 일어나지 않을 것이 분명해졌고, 나는 퍼텍 사람들과 만나기로 했다. MITS의 한 회의실에 들어섰더니 퍼텍의 변호사 세

명이 기다리고 있었다. 그들은 에디에게 우리가 이야기를 나누는 동안 밖에서 기다려 달라고 했다.

변호사들은 퍼텍이 MITS와 계약을 체결하면 라이선스 계약도 인수하게 되고, 그럼으로써 그 계약이 퍼텍에 〈양도〉될 것이라고 말했다. 그런 일은 발생하지 않을 거라고, 나는 말했다. 폴과 내가 그 계약을 퍼텍에 넘기는 데 동의해야 그것이 가능한데, 우리는 그렇게 할 생각이 없다고 했다. 7면에 이렇게 명시되어 있었다. 〈본 계약은 당사자의 명시적인 서면 동의 없이는 양도될 수 없다.〉 이 문구를 보긴 했는가? 그런 것은 중요하지 않다고, 그들이 응답했다.

점점 좌절감이 커졌다. 「당신들은 완전히 잘못 알고 있어요.」 내가 소리쳤다. 「BASIC 인터프리터는 당신들 것이 아닙니다!」

회의의 나머지 시간은 나와 변호사들 간에 고성이 오가는 말싸움으로 변질되었다. 어느 순간 잠시 멈추었다 다시 논쟁이 폭발하려 할 때 에디가 문을 두드렸다. 내게 전화가 왔다고 했다. 폴이었다. 에디가 밖에서 우리의 고함 소리를 듣고는 폴이 와서 나를 회의에서 끌어내는 편이 낫겠다고 생각해 그에게 전화했다는 것이었다. 폴이 물었다. 내가 당장 달려갈까? 「아니.」 나는 모두가 들을 수 있을 만큼 큰 목소리로 폴에게 말했다. 「이 사람들이 우리를 엿 먹이려 하지만, 내가 잘 대처하고 있는 중이야.」 나는 전화를 끊고 변호사들에게 돌아갔다. 논쟁이 재개되자 퍼텍의 수석 변호사는 내가 계속 우리의 소프트웨어를 고수하면서 그들의 조건에 동의하지 않을 경우 자신이 어떤 조치를 취할 것인지 단호하고 적나라한 표현으로 경고했다. 먼저 〈마이크로소프트의 평판을 무너뜨릴 것〉이라고 했다. 그러면서 나에게 〈개인적으로 사기죄에 대한 책임을 지게 될 것이며, 전 재산이 걸린 소송에 직면하게 될 것〉이라고 통보했다. 나중에 에디는 그 만남을 주선한 것에 대해 미안하다면서 변호사들이 내게 매복 공격을 가한 것 같다고 털어놨다.

그날 밤 나는 아버지에게 전화를 했다. 아버지는 그 변호사들이 마이크로소프트를 대리할 변호사 없이 나만 만났다는 사실에 경악했다. 다음 날 나는 폴 마인스를 찾아갔다. 그는 우리의 계약서를 검토한 후 우리가 옳다는 것을 확인해 주었다. 〈최선의 노력〉 조항은 구속력이 있었다. 그리고 아직 분명히 드러나진 않았지만, MITS는 최선의 노력을 기울이지 않으려 적극적인 노력을 기울이고 있었다. 얼마 후 에드 로버츠는 MITS가 BASIC 소프트웨어의 라이선스 판매를 위한 모든 노력을 중단하기로 결정했다는 내용의 서한을 ADDS에 보냈다. 그는 빌 게이츠가 그러한 논의를 재개하려 시도할 수도 있다고 말했다. 〈우리 모두가 당혹스러운 상황에 처하지 않기 위해 드리는 말씀인데, 게이츠 씨와 그의 파트너들이 개발한 BASIC 소프트웨어 프로그램에 대한 독점적 권리는 MITS에 있으며, MITS 직원이 아닌 다른 누군가가 BASIC 프로그램 또는 그 수정 버전이나 일부에 대한 권리와 관련해 어떠한 약속을 하든 그것은 승인되지 않는다는 점을 알고 계셔야 합니다.〉

교착 상태가 이어지던 4월, 나는 제1회 웨스트코스트 컴퓨터 박람회에 참석하기 위해 샌프란시스코로 날아갔다. 시빅 오디토리움Civic Auditorium에 들어서면서 나는 깜짝 놀라지 않을 수 없었다. 수천 명의 사람들이 프로세서 테크놀로지Processor Technology, IMS 어소시에이츠IMS Associates, PET를 선보이고 있던 코모도어 등 우리와 유사한 회사들의 줄지어 늘어선 부스 사이를 밀치며 돌아다니고 있었다(이틀 동안 모두 합해서 거의 1만 3천 명에 달하는 사람들이 그곳을 찾았다). 모든 회사가 예외 없이 개인용 컴퓨터에 초점을 맞추고 있었다. 그 순간 나는 이 산업이 도약하고 있다는 느낌이 들었다.

첫째 날, 우리 부스 앞에 모인 한 무리의 사람들에게 확장형 BASIC에 대해 설명하던 중 내 눈길 한쪽으로 긴 검은 머리와 짧게 다듬은 수염에 스리피스 정장을 입은 내 또래의 잘생긴 남자가 들어왔다. 그는 몇 부스 떨어진 곳에서 자신만의 무리를 형성하며 사람들을 사로잡고 있었다. 멀리 떨어져 있었는데도 그에게서 어떤 아우라가 느껴졌다. 「저 사람은 누구지?」 혼자 중얼거렸다. 그날 나는 그렇게 스티브 잡스를 처음 만났다.

애플은 다른 많은 회사들보다 규모는 작았지만, 확실히 눈길을 끌었다. 그 당시에도 이미, 애플과 잡스를 향후 수십 년 동안 상징적인 존재로 만들어줄 트레이드마크 같은 디자인 감각이 돋보였다. 박람회에서 애플은 매끈한 베이지색 케이스에 담긴, 개인용 컴퓨터라기보다는 세련된 가전제품처럼 보이는 애플 II를 선보였다. 이 회사는 멋진 플렉시글라스Plexiglas 간판들로 부스를 장식했는데,

특히 마케팅 회사에 의뢰해 만든 한 입 베어 먹은 사과 모양의 우아한 로고가 두드러졌다. 그들은 행사장 입구 근처에 자리를 마련하고 프로젝터를 이용해 애플 II의 컬러 그래픽을 대형 스크린에 투사함으로써 들어서는 누구에게든 그 로고와 간판, 그리고 신형 컴퓨터가 바로 보일 수 있게 했다. 「애플 사람들이 많은 관심을 받고 있군.」폴이 나에게 말했다.

1977년 봄의 첫 만남은 스티브 잡스와 나 사이의 협력과 경쟁으로 점철되는 오랜 관계의 시작을 알린 셈이었다. 하지만 그 컴퓨터 박람회에서 나는 주로 애플 II를 설계하고 제작한 스티브 워즈니악과 이야기를 나눴다. 코모도어의 PET와 마찬가지로 애플 II 역시 MOS 테크놀로지의 6502 칩을 사용했다.

당시 워즈니악은 하드웨어와 소프트웨어를 모두 깊이 이해하던, 업계에서 보기 드문 인재였다. 하지만 그가 작성한 BASIC은 단순한 형태의 언어였기에, 정수만 처리할 수 있고 부동 소수점 연산은 할 수 없다는 근본적인 문제를 안고 있었다. 이는 곧 정교한 소프트웨어 프로그램에 필수적인 소수점이나 과학적 표기법이 없다는 의미였다. 애플은 더 나은 BASIC이 필요했고, 워즈니악은 이를 잘 알고 있었다. 우리는 이미 코모도어용 6502 BASIC을 작성한 바 있었기에 애플용 BASIC의 개발에서도 남들보다 유리한 입장이었다. 박람회에서 나는 워즈니악에게 우리의 작업에 대해 이야기하면서 소프트웨어를 직접 개발하는 것보다 라이선스를 구입하는 것이 더 저렴하고 빠르다는 점을 강조했다. 나는 그들과 계약을 체결할 수 있을 것으로 낙관하며 샌프란시스코를 떠났다.

앨버커키로 돌아온 나는 며칠 후 TI로부터 자사가 설계 중인 개인용 컴퓨터를 위한 BASIC 버전의 개발 업체로 우리를 선택했다는 소식을 들었다. 이 회사는 가계를 관리하고 게임을 하고 학교 리포트를 작성할 수 있는 가정용 컴퓨터를 구상하고 있다고 했다. 나는 그것이 대중 시장으로 진출할 수 있는 컴퓨터가 되기를 바랐다. 수천 명의 고객이 아니라 수만 명의 고객을 확보할 수 있게 되기를 바랐다.

우리는 최소 두 곳의 다른 입찰 업체를 제치고 이 일을 따냈다. 이 계약이 성사되자 자신감이 크게 향상되었다. 나는 TI에 10만 달러의 고정 라이선스 비용을 청구하고 싶었지만, 걱정이 앞섰다. 여섯 자리 숫자에 TI가 주저할까 봐 두려워 결국 9만 달러를 요구했다. 이는 MITS와 나누어야 했던 NCR 계약을 제외하면 여전히 우리가 성사시킨 가장 큰 거래였다. TI가 처음 마이크로소프트를 방문했을 때, 우리의 새로운 사무실 매니저는 모두가 앉을 자리를 마련하기 위해 의자를 추가 구입하러 뛰어나가야 했다.

TI는 자체 프로세서를 사용하고 있었기 때문에 새로운 버전의 BASIC을 처음부터 다시 작성해야 했다. 적어도 두 사람이 몇 달 동안 매달려야 하는 작업이었다. 몬테는 다시 앨버커키에서 여름을 보내기로 했지만, 릭이 떠나기 때문에 또 한 명의 프로그래머를 고용해야 했다. TI와 계약을 체결한 후, 나는 하버드에서 몇 차례 수학 강의를 함께 들었던 밥 그린버그Bob Greenberg에게 전화를 걸었다. 당시 그가 여러 일자리 제안을 저울질하고 있다는 것을 알고 있었기 때문이다. 「내가 적임자네.」 그가 나에게 말했다.

밥 그린버그에게 지급할 현금이 있는지는 또 다른 문제였다. MITS는 소액의 로열티를 지불하긴 했지만, 우리에게 줘야 할 누적 금액이 10만 달러를 넘어섰는데도, 나머지 전체에 대해서 지불을 거부하고 있었다.

폴과 나는 더 이상 참을 수 없었다. 4월 말, 우리는 폴 마인스 변호사와 함께 MITS가 계약을 위반한 사례를 적시하고 계약 이행을 촉구하면서 불이행 시의 조치를 담은 2면짜리 서한을 에드 로버츠에게 보냈다. 여기에는 MITS에서 지급하지 않은 로열티의 내역과 ADDS 및 델타 데이터와 같은 회사에 8080 BASIC 라이선스를 제공하기 위해 최선의 노력을 기울이길 거부한 행태 등이 포함되었다. 우리는 MITS가 10일 이내에 로열티를 지급하는 동시에 소프트웨어 라이선스 제공을 재개하라는 조건을 충족하지 않으면 계약을 해지하겠다고 통보했다.

그들의 대응은 신속했다. 며칠도 지나지 않아 퍼텍과 MITS는 우리가 8080 BASIC 라이선스를 제공하지 못하도록 금지 명령을 법원에 신청했다.

6월, MITS와의 분쟁은 계약서에 명시된 바에 따라 중재로 넘어갔다. 처음에는 우리 변호사에 대해 걱정스러운 마음이 들었다. 폴 마인스는 체계적이지 못한 것처럼 보이거나 사고의 흐름을 놓치는 경향이 있었다. 그런 다소 산만한 태도가 내가 보기에 상대 변호사들의 잘못된 자신감을 부추기는 것 같았다. 그들은 승리가 필연적이라고 확신하는 듯 의기양양해 보였다. 알고 보니, 마인스는 매우 예리하고 철저한 변호사였다. 그는 매일 밤 우리를 사무실로 불러 다음 날을 준비하게 하면서, 계약서의 세부 사항은 물론이고 BASIC에 관심을 표명한 모든 회사와의 모든 상호 작용까지 면밀히 검토했다.

중재인의 심리는 약 열흘 동안 진행되었다. 나는 마이크로소프트를 대표해 모든 증언 자리에 참여했다. 에디 커리도 MITS 측을 대표해 같은 역할을 수행했다. 릭과 폴, 나뿐만 아니라 에드 로버츠와 에디, 그리고 여러 회사의 관계자들도 증인으로 출석했다. 마이크로소프트에 대한 이해관계를 떠나서 나는 그 절차 자체가 매우 흥미로웠다. 켄트의 스타일을 모방해 나는 하루도 빠짐없이 필요한 모든 서류가 담긴 흉물스러운 서류 가방을 들고 회의실에 모습을 드러냈다. 그리고 서류 가방을 뒤적거리며 종이를 바스락바스락 꺼내곤 했는데, 참고 자료를 찾기 위한 것이기도 했지만, 보여 주기 위한 의도도 있었다. 레이크사이드 시절 책을 들고 다니지 않는 것으로 의도했던 것과 정반대가 되는 효과를 노린 것이었다. 〈저 서류들 좀 보세요! 엄청나게 준비했나 봐요!〉

심리가 진행되던 기간에 몇 차례 폴, 에디와 함께 저녁 식사를 하면서 그날 중재인이 누구 편에 더 호의적으로 보였는지 추측하면서 의견을 나누고 관점을 비교하곤 했다. 중재인은 분쟁의 중심에 놓인 기술의 기본 사항을 파악하기 위해 계속 고군분투했다. 우리는 계약에 포함되지 않은 다른 버전과 구별할 수 있도록 8080 BASIC 소스 코드를 〈그랜드 소스〉라고 명명함으로써 그를 도우려 노력했다.

우리는 ADDS의 증인도 불렀다. 그 단말기 제조업체가 BASIC 라이선스를 원했지만 MITS에 의해 막혔다는 사실을 입증하기 위해서였다. ADDS의 증언이 있기 전날 밤, 저녁 식사 자리에서 나는 에디에게 ADDS 제품의 암호명이 〈센추리언Centurion〉이라고 말했다. 에디가 그 정보를 다른 사람과 공유할 것이라고는 전혀 생각하지 않았다. 또한 내가 이름을 잘못 알고 있다는 것도 몰랐다.

그 두 가지 사실이 다음 날 나를 강타했다. 퍼텍 변호사는 ADDS 증인에게 비밀 프로젝트에 대해 따졌다. 「센추리언에 대해 말씀해 보시죠.」그 변호사는 우리의 방어 논리에서 큰 허점을 드러낼 것으로 확신하는 표정이었다.

「무슨 말씀인지…… 전혀 모르겠는데요.」ADDS 직원이 답했다.

「아니, 센추리언에 대해 모르신다는 말이에요?」변호사가 쏘아붙이자 증인이 답했다. 「아, 아는 것 같습니다. 로마 군단이나 군인, 뭐 그런 거 아닙니까.」

정확한 암호명이 무엇이었는지 기억이 나지 않는다. 에디는 내가 의도적으로 그를 오도했다고 생각하는 것 같았다. 내가 차라리 그렇게 약았더라면 좋았을 것 같다. 그때 이후로 나는 더욱 조심하며 사람들을 상대했다.

우리의 핵심 과제는 (1) 많은 회사가 8080 BASIC 라이선스를 원하고 있다는 점, (2) 계약상 라이선스 판매를 촉진하기 위해 최선의 노력을 다해야 할 의무가 있는데도 퍼텍/MITS가 오히려 라이선스 판매를 막고 있다는 점을 중재인에게 납득시키는 것이었다. 다행히도 릭은 지난 1년 동안 이 모든 회사와의 커뮤니케이션 내용을 마이크로소프트 일지에 자세히 기록해 두었다. 그 기록은 전 세계가 우리의 제품을 원한다는 사실을 입증하는 데 도움이 되었다.

심리는 6월 말에 끝났다. 그리고 우리는 기다렸다. 그리고 또 기다렸다.

MITS에게서 받아야 할 돈이 보류된 상황이어서 마이크로소프트는 현금이 필요했다. 그해 여름 부모님과 여러 차례 통화하던 중 피하고 싶었던 주제를 꺼냈다. 회사를 계속 유지하려면 돈을 좀 빌려야 할지도 모른다는 이야기였다. 당시 우리는 폴 마인스에게 약 3만 달러를 빚지고 있었고, 월급을 줘야 할 직원도 있었으며, 현금 흐름은 느려지다가 간헐적인 상황으로 바뀌고 있었다. 폴은 걱정이 많아진 나머지 어느 날 밤 나에게 MITS와 합의하는 방안을 고려해야 한다고 말했다. 폴 마인스와 아버지 모두 우리가 중재에서 이길 가능성이 크다고 확신했기에 나는 폴에게 말했다. 그들을 믿어야 한다고.

심리가 끝난 다음 날, 폴과 나는 마이크로소프트 직원들을 빅 밸리 랜치Big Valley Ranch라는 레스토랑 체인에 데려가 프라임 립과

샐러드 바로 점심을 대접했다. 그 자리에는 다음 날 회사를 영원히 떠나는 릭을 포함해 일곱 명 정도가 함께했다. 사장과 부사장은 걱정이 많은 상황에서 직원들의 사기를 높이고 싶을 때 어떻게 하는가? 직원들에게 점심을 대접하며 고민을 솔직히 털어놓아야 한다. 중재에서 승소할 것이라고 확신하지만 승소를 장담할 수는 없다는 사실을 분명히 전해야 하는 순간이었다.

그날 오후 나는 릭에게 줘야 할 돈 모두를 지불했다. 다음 날인 7월 1일, 그는 캘리포니아의 새 직장과 생활로 향하기 전에 우리를 한 번 더 보러 사무실에 들렀다. 그 시점에도 그는 떠나는 것에 대해 복잡한 감정을 가지고 있었다. 내 감정은 그렇게 복잡하지 않았고, 그저 그가 떠나는 것이 슬펐다. 몇 주 후 내가 그를 위해 쓴 입사 추천서에는 나의 솔직한 마음이 담겼다. 〈릭이 떠나는 것은 마이크로소프트에 엄청난 손실이라고 생각합니다.〉

그 주에 직원들과 가진 점심 식사 자리가 그 다음 일을 촉발했는지는 모르겠지만, 마이크로소프트에 한 차례 운이 따랐다. 우리와 함께 일한 지 한 달도 채 되지 않은 밥 그린버그가 7천 달러를 빌려주겠다고 나선 것이다. 직원들 급여를 처리하기에 충분한 금액이었다. 몇 년 후, 내가 먼저 요청했는지 아니면 밥이 먼저 제안했는지 둘 다 기억하지 못했지만, 대출은 실제로 이루어졌고, 마이크로소프트는 한 달에 80달러의 이자를 지급하기로 했다. (대출 사실을 알게 된 밥의 아버지는 그를 꾸짖었다. 이미 아들이 유명 기업도 아닌 마이크로소프트에 취직했다는 사실에 화가 나 있던 그의 아버지는 이렇게 말했다. 「취직하면 거기서 돈을 받는 거야. 그건 알고 있지, 어?」)

밥의 대출을 받은 다음 날, 나는 더 많은 자금을 마련할 수 있기를 바라며 애플에 편지를 썼다.

친애하는 워즈니악 씨에게

우리의 표준 라이선스 계약서를 동봉합니다. 6502 BASIC의 가격은 이미 말씀드린 것으로 기억합니다.

옵션1:

일시불 정액 $1,000.00 + 소스 사용료 $2,000.00 + (복사본 1부당 $35.00, 최대 $35,000.00)

옵션2:

일시불 정액 $21,000.00: 소스 사용료와 오브젝트 코드의 전체 배포 권한 포함

원하신다면 이 두 가지 옵션을 절충한 옵션을 협상할 수도 있습니다. 귀사의 소프트웨어 전문 지식과 특별한 하드웨어를 고려하건대 소스를 원하실 것으로 사료됩니다…….

……또 다른 데모 버전을 원하시나 궁금한 점이 있으면 주저하지 말고 저에게 연락 주시길 바랍니다. 상호 이익이 되는 라이선스 계약을 체결할 수 있기를 기대합니다.

빌 드림

몇 주 후 애플의 사장인 마이클 스콧Michael Scott에게서 전화가 왔다. 그는 내게 애플에서는 두 번째 옵션을 맘에 들어 한다고 말했다. 2~3일 후 일시불 정액의 절반인 1만 5백 달러가 수표로 도착했다. 나는 그 돈으로 직원 급여를 추가로 처리하고 쌓여 가던 법률 비용 중 일부에 해당하는 1천 달러를 변호사에게 보냈다.

같은 달, 전국적인 전자 제품 체인 라디오섁RadioShack으로 잘 알려진 탠디Tandy에서 TRS-80 가정용 컴퓨터를 발표하며 이 시장에 뛰어들었다. 라디오섁은 놀랍게도 한 달 만에 1만 대의 TRS-80을 판매하며 공전의 히트를 기록했다. 라디오섁 컴퓨터는 알테어나 다른 애호가용 컴퓨터보다 훨씬 더 많은 것을 갖춘 시스템이었다. 최저 599.95달러 가격에 키보드와 모니터, 카세트 레코더가 포함된 기계를 제공했기에, 구매 즉시 사용할 수 있었다. 탠디는 이 컴퓨터에 무료 타이니 BASIC을 기반으로 한 자체 버전의 BASIC을 포함시켰다. 레벨 1 BASIC이라는 이름의 이 버전은 너무 제한적이어서 탠디는 곧 성난 고객들의 불만에 시달려야 했다. 비록 이 기계의 출시와 호흡을 맞추진 못했지만, 나는 탠디를 설득해 우리 소프트웨어를 구매하도록 만들고 싶었다. 그래서 9월 말에 그 회사 본사에서 미팅을 갖기로 했다.

노동절인 9월 첫 주 월요일 직후, 크리스티의 결혼식에 참석하기 위해 시애틀로 날아갔고, 따로 시간을 내어 예정된 탠디 미팅에 대해 아버지와 대화를 나눴다. 탠디의 기술 담당자들이 우리 BASIC의 팬이라는 것은 알고 있었지만, 그룹을 이끄는 경영진에게 그것의 가치를 납득시켜야 했다. 존 로치John Roach를 직접 만난 적은 없었지만, 텍사스 출신으로 무뚝뚝하고 거친 사람이라고 들었다.

나는 탠디가 콘덴서와, 저항기, 토글스위치 등을 톤 단위로 구매하는 회사라는 것을 알고 있었다. 그들은 라디오섁이 매장에서 판매하는 수천 여 제품을 공급하는 아시아 기업들로부터 한 푼이라도 더 깎는 것이 유일한 임무인 전문〈바이어〉들을 고용했다. 탠디의 이런 저비용 문화로 인해 컴퓨터 사업부는 최초의 TRS-80을 15만 달러 미만을 들여 개발해야 했다. 그들은 또한 TRS-80의 디스플레이로 판매하는 RCA TV도 저렴하게 들여놓았다. 그 TV의 외피가 우연히도 회색이었던 까닭에 비용 절감 차원에서 TRS-80 전체를 회색으로 만든 그들이었다.

나는 그들에게 자체적으로 버전을 개발하는 것보다 마이크로소프트의 BASIC을 구매하는 것이 훨씬 저렴하다는 점을 어필할 계획이라고, 아버지에게 말했다. 그래서 우리 제품이 시중의 그 어떤 제품보다도 훨씬 뛰어나다는 점을 강조하는 두 페이지 분량의 프레젠테이션 초안을 작성했다. 아버지는 그냥 솔직한 자세로 로치를 상대하라고 조언했다. 아버지는 그렇게 나에게 자신감을 주었다. 내가 좋은 가격을 제시하고 그것이 왜 좋은 가격인지 설명하면 로치도 아마 귀를 기울일 것이라고 했다. 아버지는 로치가 나의 사고방식을 이해할 수 있도록 마이크로소프트의 비용 구조를 상세히 설명하는 것도 고려해 보라고 했다.

나는 자신 있게 BASIC의 이점을 설명하고 파격적인 가격을 제안할 준비를 갖춘 채 탠디의 포트워스 본사에 들어섰다. TI에는 9만 달러를 청구했지만, 그것은 새로운 칩에 따른 맞춤형 작업이 많이 필요했기 때문이었다. 라디오색의 경우, 5만 달러를 요구하기로 결정했다.

나와 그 회사의 소프트웨어 담당자, 다른 직원 몇 명, 그리고 존 로치까지 모두 테이블 하나를 중심으로 둘러섰다. 나는 신중하게 준비한 영업 프레젠테이션을 읊어 나갔다.

내가 이야기하는 동안 로치는 턱을 내밀고 서 있었다. 내가 하는 말이 효과가 있는지 전혀 눈치 챌 수 없었다. 그가 무슨 말을 했는지는 기억나지 않지만, 그가 저항하고 있다고 느끼지 않을 수 없었다.

말을 하면서 나는 점점 흥분을 억누르기 어려워졌다. 「이건 꼭 하셔야 합니다!」 내가 간청하듯 말했다. 「우리의 BASIC이 없으면 여러분의 컴퓨터는 아무것도 할 수 없다고요!」 이 시점에서 나는 대본에서 한참 벗어나기 시작했다. 「우리 BASIC을 사용하면 완벽해진다고요!」 내가 덧붙였다.

이것은 허풍이 아니었다. 우리가 BASIC에 쏟은 사고의 깊이와 노력은 다른 어떤 제품과도 비교할 수 없는 수준이었다. 나는 우리 작업의 진가를 진정으로 믿었다. 그 순간 나는 손바닥으로 탁자를 짚으며 얼굴이 붉게 달아오른 로치를 향해 몸을 기울였다.

그래서 비용이 얼마나 드느냐고, 그가 나에게 물었다.

「5만 달러입니다.」 내가 말했다. 일시불 정액으로.

로치의 반응은 마이크로소프트 초창기 시절의 가장 잊히지 않는 기억 중 하나로 남았다. 「뭔 개똥같은 소리야!」 그가 으르렁거렸다. 〈와우, 이런 건 대본에 없었는데……〉 하지만 나 역시 이렇게 반응했을지도 모르겠다는 생각이 들었다. 물론 그렇게 거칠게 표현하지는 않았겠지만 말이다. 그 자리에서 나는 존 로치라는 사람을 좋아하게 되었다. 그리고 라디오섁도 마음에 들었다. 그들은 매우 유능한 사업가들이었다. 그날 오후의 그런 반응에도 불구하고, 우리가 〈개똥 로치〉라고 부르게 된 그가 결국 우리가 제시한 가격에 동의한 것도 내가 그들에게 호감을 갖는 데 도움이 되었다.

내가 라디오섁을 방문하던 무렵, MITS 사건의 중재인으로부터 연락이 왔다. 그는 마이크로소프트의 손을 들어 주었다. 그는 우리가 MITS와 맺은 8080 BASIC 독점 라이선스 계약의 종결을 선언하면서 우리가 그 소스 코드의 소유권자임을 명확히 밝혔다.

중재인 판결의 상당 부분이 MITS가 경쟁 업체에 BASIC 라이선스를 제공하는 것을 막으려는 퍼텍의 시도와 그들이 자체 버전의 BASIC을 개발하는 데 우리의 소프트웨어를 사용한 행위에 집중되었다. 중재인은 이를 〈계약의 문구나 합리적인 해석 어느 것에 의해서도 허용되지 않는 기업 해적 행위〉라고 규정했다.

우리는 즉시 소프트웨어를 기다리던 모든 회사에 전화를 걸었다. 몇 주 만에 ADDS와 그들의 〈센추리언〉 프로젝트(이름이 무엇이었든)를 포함해 대여섯 곳의 고객들로부터 돈이 들어왔다. 우리는 소프트웨어 라이선스를 제공하기 위해 최선의 노력을 다했고, MITS가 그림에서 빠진 덕분에 수익을 나눌 필요가 없었다.

10월 말에 나는 폴 마인스에게 미지급 잔금을 보내면서 이렇게 썼다. 〈MITS와의 모험이 마무리된 것 같다고 하는 것이 너무 성급한 말이 아니길 바랍니다. 결과가 좋았을 뿐만 아니라 경험 자체가 흥미진진하고 즐거웠습니다. 이 두 가지 모두가 변호사님 덕분입니다.」 폴 마인스는 이후로도 수년 동안 나와 마이크로소프트의 신뢰할 수 있는 고문으로 남았다.

퍼텍의 MITS 인수 거래는 5월 말에 마무리되었다. 에드는 합병을 통해 몇백만 달러를 손에 쥐는 동시에 퍼텍의 연구소를 운영하며 차세대 기술 히트작을 개발하는 직책을 맡게 되었다. 하지만 에디 커리를 비롯한 MITS 직원들은 애초부터 퍼텍과 MITS가 적합한 조합이 아니라고 말했다. MITS는 산만하고 느슨한 분위기 속에서 나름의 혁신을 이뤄 가는 조직이었다. 반면에 퍼텍은 보수적인 분위기의 조직이었고, 자체의 역량으로 급변하는 개인용 컴퓨터의 세계를 헤쳐 나갈 수 있다고 과신하고 있었다. 퍼텍은 MITS를 매우 빠르게 질식시켰다. 알테어는 꾸준히 시장 점유율을 잃어 갔다. 에드는 노트북 컴퓨터를 개발해 판매하자는 계획을 제안했지만, 퍼텍은 그런 것을 위한 시장이 생길 것 같지 않다는 이유로 이를 거부했다.

플로리다에서 성장하던 시절, 에드는 외과 의사가 되길 꿈꿨다. 그는 코팅된 인체 해부학 학습 카드를 들고 다녔고, 한때는 병원에서 수술실 조무사로 일하기도 했다. 퍼텍에서 짧은 기간 근무한 후 에드는 회사를 그만두고 가족과 함께 조지아주의 작은 마을 코크런으로 이주했다. 그는 거기서 몇 년 동안 농장을 운영하다가 어린 시절의 꿈을 좇아 마흔네 살의 나이에 머서 대학교에서 의학 학위를 받았다. 그리고 남은 생애 동안 에드는 조지아의 시골 주민들을 위한 작은 진료소를 운영했다.

에드와의 관계는 복잡하긴 했지만, 내 초기 경력의 형성에 가장 중요한 영향을 미친 관계 중 하나였다. 마이크로소프트가 중재에서 승소했을 무렵, 나는 MITS에 있는 그의 사무실에 그를 만나러 들른 적이 있었다. 그는 해당 결정에 속이 부글부글 끓는다고, 중재인이 상황을 잘못 이해한 것 같다고 말했다. 「다음번에는 청부 살인 업자를 고용할 거야.」 그는 이렇게 재담을 했다. 의심할 여지 없는 농담이었지만, 그는 웃지 않았다. 서로의 길이 엇갈리면서 점차 서로를 보는 일이 드물어졌다. 2009년, 에드가 폐렴으로 입원했다는 소식을 듣고 나는 그에게 전화를 걸었다. 오랫동안 대화를 나눈 적은 없었지만, 나는 그에게 여전히 약간의 앙금이 남아 있다는 것을 알고 있었다. 통화에서 나는 에드에게 함께 일할 때 내가 그에게서 많은 것을 배웠다는 사실을 알려 주고 싶다고 말했다. 그 옛날에는 결코 입 밖으로 꺼내지 못했을 말이었다. 「그 당시에는 제가 정말 미숙했고, 다소 오만하기까지 했지요. 하지만 그 이후로 많이 변했어요.」 내가 그에게 말했다. 그 말에 분위기가 누그러진 것 같았고, 우리는 좋은 대화를 나눴다. 「우리는 훌륭하고 중요한 일을 많이 해냈지.」그가 말했다. 나도 동의했다. 정말 그랬다.

몇 달 후 에드의 상태가 악화되었고, 나는 그를 만나러 조지아로 날아갔다. 그는 의식이 거의 없었지만, 나는 두어 시간 동안 그와 그의 아들 데이비드와 대화를 나누며 업계 초기의 날들을 회상했다. 그는 얼마 후인 2010년 4월, 68세를 일기로 세상을 떠났다. 에드 로버츠는 상업적으로 성공한 최초의 개인용 컴퓨터를 출시했을 뿐만 아니라 개인용 컴퓨터 산업이 발전할 방식에 대한 청사진도 제시했다. MITS의 뉴스레터는 최초의 PC 전문 잡지였다. 회사는 최초의 PC 무역 박람회를 후원했다. 최초의 컴퓨터 판매점은 알테어 대리점이었고, 그 컴퓨터를 중심으로 형성된 사용자 그룹은 애플을 비롯한 주요 회사들의 설립을 촉진했다. 하지만 대화를 나누던 동안, 데이비드가 아버지는 작은 마을의 의사로서 이룬 성취 역시 기술 혁명을 일으키기 위해 해낸 그 모든 일만큼이나 의미 있는 것으로 여긴다고 말했다.

1977년 말, 코모도어 PET와 애플 II, 라디오색 TRS-80이 학교와 사무실, 가정 등에 보급되기 시작했고, 이후 몇 년도 지나지 않아 컴퓨터를 처음 접하는 수십만 명의 사람들에게 전달되었다. 1세대 애호가용 기기들과 달리, 이 세 컴퓨터는 모두 완전히 조립된 상태로 출시되었기에 납땜인두를 쓸 필요 없이 곧바로 사용할 수 있었다. PET는 데이터와 프로그램을 저장할 수 있는 내장형 카세트 레코더 등 다양한 기능을 갖추고 있었다. 비평가들이 치클릿Chiclet 껌에 비유할 정도로 키보드의 키들이 작아 사용자들의 불만을 사긴 했지만, 그것이 PET의 성공에 걸림돌이 될 수는 없었다. 탠디는 1978년에 TRS-80을 업데이트하고 새로운 기능을 추가한 후 5천 개 라디오섁 매장을 활용하여 다른 회사가 할 수 없는 규모로 고객에게 다가갔다. 애플 II는 영리한 마케팅과 독창적인 디자인, 특히 게임 플레이에 적합한 컬러 그래픽에 힘입어 판매량이 빠르게 증가했다.

훗날 〈1977 트리니티1977 Trinity〉로 알려지는 이 세 가지 컴퓨터는 개인용 컴퓨터 혁명을 주류로 이끌었고, 그 과정에서 다른 컴퓨터들은 무대에서 사라지게 했다. (우리가 그토록 함께 일하고 싶어 했던 두려운 거대 기업 TI는 PC 분야에서 성공하지 못했다.) 이 트리니티 모두에 제조업체의 요구 사항에 맞게 조정한 우리의 BASIC 버전이 설치되었다. 라디오섁의 기기용은 레벨 2 BASIC이었고, 애플 컴퓨터용은 그들의 이름과 우리의 이름이 결합된 애플소프트였으며, 그리고 PET용은 단순히 코모도어 BASIC이었다. 우리는 코모도어용 버전에서는 코드에 작은 〈서프라이즈〉를 추가했는데, PET 사용자가 WAIT 6502,1이라는 명령어를 입력하면 화면 왼쪽 상단에 한 단어가 나타나도록 한 것이었다. 바로 〈MICROSOFT!〉였다.

마이크로소프트가 MITS에 대한 의존에서 벗어나고 폴과 내가 앨버커키에서 프로그래머를 고용하는 데 어려움을 겪던

1978년 봄, 나는 마이크로소프트의 영구적 본거지로 삼기에 적합한 후보 지역들을 메모에 나열해 10명 남짓한 직원들에게 돌렸다. 거기에는 시애틀과 댈러스-포트워스(우리의 대형 고객인 탠디 및 TI와 가까운 지역), 그리고 고객과 인재의 요람이긴 하지만 경쟁사도 많은 실리콘밸리 등이 포함되었다. 폴은 고향에 매력을 느꼈다. 앨버커키의 더위에 지친 그는 시애틀의 호수들과 퓨젯사운드를 갈망했으며, 가족과 더 가까이 있고 싶어 했다. 대부분의 직원들은 어떤 선택지에도 열려 있었다(몇몇은 그냥 앨버커키에 남기를 원했다). 많은 고민 끝에 나는 시애틀이 가장 많은 항목을 충족한다는 결론을 내렸다. 워싱턴 대학교는 프로그래머를 양성하는 훌륭한 기관이었고, 실리콘밸리와 거리가 멀어 비밀 유지가 용이했으며, 같은 이유로 경쟁사에 직원을 빼앗길 위험도 낮았다. 물론 시애틀은 어머니가 선호하는 곳이기도 했다. 우리가 시애틀로 결정하자 어머니는 신이 나서 신문에서 부동산 매물 광고를 오려 보내며 종종 자신의 의견을 덧붙이곤 했다(〈여기는 다리가 가까워 아주 편리할 것 같아. 가능성 높은 후보지라고 생각해〉).

앨버커키에서 보내는 마지막 한 달이던 1978년 12월, 밥 그린버그는 어떤 콘테스트에 참여해 무료 가족사진 촬영권을 상으로 받았다. 그는 〈단결심 Esprit de Corps〉이라는 제목으로, 모든 직원들에게 상하이 레스토랑 뒤편에 있는 사진관으로 모여 달라는 메모를 보냈다. 그가 그 사진관에 데려간 〈가족〉은 우리 회사의 총원 12명 가운데 11명이었다(한 명은 출근하지 않았다). 그날 우리가 세 줄로 앉고 서서 찍은 그 사진은 넓은 옷깃과 덥수룩한 머리, 다섯 명의 풍성한 수염으로 완성된, 1970년대 마이크로소프트의 상징적 사진으로 남게 되었다.

약 한 달 후, 나는 얼마 안 되던 소유 물품 모두를 포르쉐 911에 쑤셔 넣고 폴에게 빌린 「더 워 오브 더 월드The War of the Worlds」 카세트를 테이프 데크에 꽂은 채 네바다를 거쳐 실리콘밸리로 올라갔다. 거기서 몇 건의 미팅을 소화한 후 시애틀로 향했다. 과속 딱지 세 장을 받았던 것이 기억난다. 또 하나 기억에 남은 것은 고향으로 돌아가는 것이 꽤나 이상하게 느껴졌던 일이다. 하버드 대학교로 떠날 때 부모님에게 다시는 시애틀에서 살지 않겠다고 말했었다. 더 큰 세상에서 내 삶을 개척해 나가는 것이 당연하게 여겨졌기 때문이었다. 그때 내 머릿속의 더 큰 세상은 금융과 정치, 명문대, 그리고 (당시에는) 컴퓨터 산업의 중심지였던 동부 연안이었다. 고향으로 돌아가는 것이 일종의 후퇴로 보일 수도 있었다.

하지만 곰곰이 생각해 보고 이것은 다르다는 사실을 깨달았다. 나 홀로 귀향하는 것이 아니라 친구와 함께 창업한 회사, 다양한 직원들, 그리고 성장세에 오른 수익성 있는 사업체와 함께 돌아가는 것이었다. 그 사업체는 이후로 나라는 사람의 필수적 일부가 될 터였다. 내 길은 정해져 있었다. 시속 160킬로미터로 5번 주간 고속도로를 달리면서 상상해 보려 애썼다. 앞으로 이 길이 얼마나 더 멀리 나를 데려갈까?

에필로그

어머니와 할머니는 늘 나와 누나, 여동생이 성장해 각자의 가정을 꾸리게 되면 모두 함께 어울릴 수 있는 공간을 후드 운하 인근에 마련하길 원했다. 할머니는 그 계획이 실현되기 전인 1987년에 세상을 떠났다. 가미의 추모식이 있던 날, 부모님과 리비, 크리스티 그리고 나는 차를 몰고 할머니가 우리를 위해 물색해 놓은 땅을 보러 갔다. 나는 그 부지를 매입했고, 수년에 걸쳐 그곳에 여러 채의 별장을 지었다. 어머니가 〈게이트어웨이Gateaway〉라고 이름 붙인 이 가족 별장 단지는 초기 시절의 마이크로소프트가 부침(대부분은 〈부〉였지만)을 겪을 때 내가 찾는 피난처가 되었다. 나는 후드 운하에서 나만의 시간을 따로 갖는 습관을 들였는데, 이를 〈생각 주간 Think Week〉이라 불렀다. 1년에 한두 번은 직접 운전하거나 수상 비행기 택시를 타고 그곳에 가서 아무런 방해도 받지 않는 가운데 7일 내내 책이나 기사, 논문 등을 탐독하며 내가 배워야 한다고 생각되는 무엇이든 집중적으로 학습했다. 그런 다음 인터넷 보안과 자연어 처리 같은 분야에서 마이크로소프트가 계속 선두를 유지할 수 있는 방안에 대한 장문의 전략 메모를 작성하곤 했다. 할머니와 어머니가 희망하던 그대로 게이트어웨이는 매년 7월 4일과 추수 감사절, 그리고 연중 어느 때건 기회가 생기면 대가족이 모이는 공간으로 자리 잡았다. 또한 가족이 확대되면서 내 아이들과 그들의 사촌들이 치리오의 정신을 이어 가는 장소도 되었다.

2012년 독립 기념일 모임을 앞두고 수상 비행기로 집 근처 리조트에 도착했다. 선착장에 올라서는데 누군가 「트레이!」라고 외치는 소리가 들렸다. 고개를 들어 보니 호리호리한 노인이 눈에 들어왔다. 켄트의 아버지 마빈 에번스 씨라는 것을 단박에 알아보았다. 마지막으로 만난 지 대략 20년이 지난 시점이었다.

마빈은 켄트의 남동생 데이비드와 함께 짧은 항해 여행에 나섰고 하룻밤 묵기 위해 리조트에 정박한 것이라고 설명했다. 우리는 그들의 보트 갑판에 앉아 이야기를 나누었다. 켄트의 어머니는 오랜 투병 끝에 몇 년 전에 돌아가셨다. 이제 80대에 접어든 마빈은 여전히 친근하고 부드러운 남부 억양으로, 자신의 1967년형 닷지 뒷좌석에 켄트와 나를 태우고 시애틀 이곳저곳에 데려다주던 시절로 나를 데려다 놓았다. 그는 최근 몇 년 동안 회고록을 쓰고 있다면서 당연히 켄트와 나, 그리고 레이크사이드 프로그래밍 그룹에 대한 이야기도 포함시켰다고 말했다. 내 기억 속에 영원히 새겨진 에번스 가족의 전화번호를 나열하자 그는 웃음을 터뜨렸다. 나와 켄트가 실로 놀라운 지적 창의력을 공유했다고, 마빈이 말했다. 무엇이라 칭하든 그런 모든 것이 켄트가 세상을 떠나지만 않았다면 계속 이어졌을 거라고, 내가 답했다. 우리가 같은 대학에 다니고 모종의 사업에서 파트너가 되었을 가능성이 크다고 했다. 마빈도 그렇게 생각한다고 말했다.

한 가지는 확실했다. 우리의 미래에 대해 대담할 정도로 낙관적이었던 켄트조차도 우리의 프로그래밍 열정이 이끌어 낸 길을 목격했다면 분명 깜짝 놀랐을 것이다. 1천5백만 달러를 차에 다 실을 수 있을지 궁금해하던 그 아이도 우리가 공부한 모든 것 중에서 레이크사이드의 단말기에서 배우고 C-큐브드에서 연마하고 수업 일정 프로젝트를 통해 실습한 기술이 역사상 가장 성공적인 회사 중 하나를 이끌어 냈다는 사실에 분명 크게 기뻐했을 것이다. 그리고 그러한 기술의 산물인 소프트웨어가 현대 생활의 거의 모든 측면에 접목되었음을 안다면…….

향수에 젖어 들길 즐기는 편은 아니지만, 가끔은 다시 열세 살이 되어 더 많이 배우고 더 잘 이해하면 진정으로 유용하고 새로운 것을 만들 수 있다는, 이 세상에 대한 믿음을 재확인하고 싶을 때가 있다.

성공 스토리는 종종 사람들을 틀에 박힌 캐릭터로 축소시킨다. 소년 천재, 천재적인 엔지니어, 인습 타파적인 디자이너, 역설적인 거물……. 내 경우에는 내 성격과 경력의 형성에 영향을 미친 일련의 독특한 환경(대부분 내가 통제할 수 없었던)이 중요한 역할을 했다는 생각이 든다. 나는 불로 소득 같은 특권을 누렸다고 해도 과언이 아니다. 부유한 미국에서, 그것도 백인 남성에게 유리한 사회에서 백인 남성으로 태어났다는 것은 일종의 출생 복권에 당첨된 것이나 마찬가지였다.

여기에 적절한 타이밍이라는 운도 따랐다. 엔지니어들이 실리콘 조각에 작은 회로를 집적하는 방법을 알아내 반도체 칩을 탄생시켰을 때 나는 에이콘 아카데미에 다니던 반항적인 아이였다. 내가 카피에르 선생님의 도서관에서 책을 정리하던 시절, 또 다른 엔지니어는 앞으로 그러한 회로가 수년에 걸쳐 기하급수적인 속도로 작아질 것이라고 예측했다. 열세 살이 되어 프로그래밍을 시작했을 무렵에는 칩들이 대형 컴퓨터 내부에 데이터를 저장하고 있었는데, 거기에 접속할 수 있는 흔치 않은 기회까지 얻었다. 운전면허를 취득했을 무렵에는 컴퓨터 전체의 주요 기능이 하나의 칩에 담길 수 있게 되었다.

수학에 재능이 있다는 것을 일찍 깨달은 것은 내 이야기의 매우 중요한 전환점이었다. 수학자 조던 엘렌버그Jordan Ellenberg는 탁월한 저서 『틀리지 않는 법How Not to Be Wrong』에서 〈수학을 안다는 것은 세상의 지저분하고 혼란스러운 표면 아래에 숨은 구조를 볼 수 있는 엑스선 안경을 착용하는 것과 같다〉고 말한다. 그러한 엑스선 안경 덕분에 나는 혼돈의 기저에 깔린 질서를 파악할 수 있었고, 올바른 답은 항상 존재하는 법이므로 내가 찾기만 하면 된다는 확신을 강화할 수 있었다. 이러한 통찰이 아이의 두뇌가 보다 전문적이고 효율적인 도구로 변모하던, 인생에서 가장 형성적인 시기에 찾아왔다. 숫자를 잘 다루는 능력은 나에게 자신감을 주었고, 심지어 안정감까지 느끼게 했다.

30대 초반에, 대학생들에게 물리학을 가르치는 리처드 파인먼Richard Feynman의 영상을 보면서 (당시 내게 흔치 않던) 휴가를 보낸 적이 있다. 나는 주제에 대한 그의 절대적인 숙달과 그것을 설명하면서 아이처럼 토해 내는 경탄에 순식간에 매료되었다. 나는 곧 그가 쓴 모든 글을 찾아 읽기 시작했다. 나는 그가 새로운 지식을 발견하고 세상의 신비를 탐구하는 데서 얻는 기쁨, 즉 그가 표현한 〈무언가를 알아내는 즐거움〉을 깨달았다. 〈이것이 바로 황금이다. 이것이 바로 흥분이고, 그 모든 규율적 사고와 노력에 대한 보상이다.〉 그는 『과학이란 무엇인가?The Meaning of It All』에서 이렇게 설명했다.

파인먼은 실로 특별한 경우에 해당했다. 그는 세상에 대한 이해의 폭과 깊이가 독보적인 천재로서 다양한 분야의 퍼즐을 풀어내는 추론 능력을 갖추고 있었다. 그는 어린 시절 내 안에 뿌리내린 감정을 너무도 명확히 설명했다. 당시 나는 세상의 조각들이 어떻게 서로 맞물리는지 시각화하는 데 도움이 되는 정신적 모델을 구축하기 시작했다. 내가 더 많은 지식을 쌓아 가면서 그 모델은 점점 더 정교해졌다. 그것이 바로 내가 소프트웨어에 다다른 경로였다. 레이크사이드에서 코딩의 매력에 빠져든 이후 C-큐브드에서 해킹을 배우고 TRW에서 일하는 등의 과정을 밟는 내내 나는 배우는 모든 것에 대한 강렬한 사랑에 빠져들며 개인용 컴퓨터의 여명기라는 그 시기에 딱 요긴한 전문 지식을 축적했다.

물론 호기심은 진공 상태에서 충족될 수 없다. 그것은 육성과 자원, 지도, 지원을 필요로 한다. 크레시 박사가 나에게 운 좋은 아이라고 했을 때, 그가 주로 나의 부모님을 염두에 두고 그렇게 말한 것이라고, 나는 믿어 의심치 않는다. 그는 빌 게이츠와 메리 게이츠 부부가 복잡한 성격의 아들로 인해 어려움을 겪고 있지만 궁극적으로 아들을 어떻게 지도해야 하는지 직관적으로 이해하는 부모라는 사실을 알았다.

만약 내가 오늘날 어린 시절을 보내고 있다면, 아마 자폐 스펙트럼 진단을 받았을 것이다. 내가 자라던 당시에는 특정인의 뇌가 다른 사람과는 다르게 정보를 처리할 수 있다는 사실이 널리 인식되지 않았다. (〈신경 다양성〉이라는 용어조차 1990년대에 이르러서야 만들어졌다.) 부모님에게는 아들이 왜 특정 프로젝트(〈작은 델라웨어〉)에 집착하고, 사회적 신호를 포착하지 못하며, 때로 타인에게 미치는 영향을 의식하지 못한 채 무례하거나 부적절하게 구는지, 그 이유를 파악할 수 있는 지침서나 교재가 없었다. 크레시 박사가 이런 내용을 인지했거나 언급했는지 여부는 내가 알 길이 없다.

내가 아는 것은 부모님이 나에게 필요한 지원과 압박을 적절히 조화시키며, 정서적으로 성장할 수 있는 여지와 사회적 기술을 개발할 수 있는 기회를 만들어 주었다는 사실이다. 부모님은 내가 내향적으로 치우치지 않도록 야구팀, 컵 스카우트, 다른 치리오 가족들의 저녁 식탁 등 바깥세상에 나가 사람들과 어울리게 만들었다. 그리고 어른들을 지속적으로 접하게 함으로써 어른들의 언어와 생각을 경험하고 학교 밖 세상에 대한 호기심을 키우도록 도왔다. 그와 같은 환경에 노출되었음에도 나의 사회적 측면은, 다른 사람들에게 미칠 수 있는 영향에 대한 나의 인식과 마찬가지로 더디게 발달했다. 하지만 나이가 들고, 경험이 쌓이고, 아이들이 생기면서 그런 부분이 많이 좋아졌다. 그 시기가 더 빨리 찾아왔더라면 얼마나 좋았을까, 하는 생각이 든다. 그렇지만 내가 타고난 뇌만큼은 그 무엇과도 바꾸려 하지 않았을 것이 분명하다.

결혼 전 어머니가 아버지에게 쓴 편지에서 제안한 〈견실한 대외적 입장〉은 흔들림 없이 유지되었지만, 두 분은 서로의 차이점이 나의 형성에 미치는 영향을 차단하려 하지도 않았다. 아버지의 차분한 성품은 내가 끝내 닮을 수 없겠지만, 아버지는 나에게 근본적인 자신감과 역량에 대한 인식을 심어 주었다. 어머니의 영향은 좀 더 복잡했다. 어머니의 기대는 내게 내면화되어 성공하고, 두각을 나타내고, 중요한 일을 이루고 싶다는 더 강한 야망으로 피어났다. 마치 어머니의 기준을 크게 뛰어넘어 그 문제에 대해 더 이상 거론할 필요가 없게끔 만들어야만 할 것 같았다.

하지만 물론, 거론할 거리는 항상 생겼다. 어머니는 내가 어떤 부를 획득하든 (그것을 잠시 관리하는) 청지기에 불과하다는 사실을 정기적으로 상기시켜 주었다. 부를 얻으면 그것을 나눠 줘야 할 책임도 따르는 것이라고, 어머니는 강조하곤 했다. 내가 그 기대에 부응하려고 얼마나 노력하는지 충분히 확인할 만큼 오래 머물지 않고 내 곁을 떠난 어머니가 안타깝고 그립다. 어머니는 유방암을 앓다가 1994년, 64세를 일기로 돌아가셨다. 어머니가 돌아가시고 수년 후 아버지는 우리 재단의 출범을 돕고 오랫동안 공동 이사장으로 봉사하면서 당신의 법조인 경력에 빛을 더했던 따뜻한 마음과 품격을 재단에 심어 주었다.

　나는 인생의 대부분을 앞날에 집중하면서 살았다. 지금도 대부분의 시간을 수년 후에나 이뤄질, 어쩌면 아예 이뤄지지 않을지도 모르는 획기적인 도약을 모색하는 일에 쓰고 있다. 하지만 나이가 들면서 점점 더 과거를 돌아보게 된 것도 사실이다. 기억들을 하나씩 꿰맞춰 나가는 과정은 나 자신을 더 잘 이해하는 데 도움이 된다. 어른이 되어 깨달은 경이로운 한 가지는 세월과 배움을 모두 걷어 내고 보면 나라는 존재의 많은 부분이 이미 처음부터 갖춰져 있었음을 알 수 있다는 사실이다. 여러모로 나는 여전히 할머니 댁의 식탁에 앉아 할머니가 패를 돌리길 기다리던 여덟 살짜리 아이와 같다. 정신을 바짝 차리고 모든 것을 이해하게 되길 열망하는 어린아이가 여전히 내 안에 남아 있다.

감사의 말

여러 권의 책을 썼지만, 회고록을 집필하는 일은 색다른 경험이었다. 내 어린 시절을 뒤돌아보고 기억을 더듬는 과정은 그 자체로 또 하나의 삶을 사는 것 같았다. 놀랍게도 과거를 깊이 파헤칠수록 이를 분석하는 과정과 지적, 정서적으로 이끌려 가는 여정이 더욱 즐거워졌다. 나는 이 여정을 계속 이어갈 작정이며, 마이크로소프트를 운영하던 시절에 초점을 맞춘 두 번째 회고록과 현재의 내 삶과 게이츠 재단의 활동을 조명하는 세 번째 회고록도 쓸 계획이다.

이 책의 탄생에 도움을 준 내 인생의 많은 분들에게 감사의 말씀을 전하고 싶다.

회고록을 집필하면서 롭 거스Rob Guth의 도움을 받은 것은 실로 큰 행운이었다. 그는 내 기억을 끌어내고, 방향을 제시하고, 형태를 만들어 주었다. 또한 그는 10년이 넘는 세월 동안 내 친구들과 가족들을 만나 깊이 있는 조사를 진행하면서 내 기억과 경험의 살아 있는 아카이브가 되었다. 주제를 통찰하고 설득력 있는 서사를 만들어 내도록 돕는 그의 능력 덕분에 이 책은 단순한 일화 모음집을 훨씬 뛰어넘는 작품이 되었다. 그가 없었다면 책을 완성하지 못했을 것이다.

책의 구상 초기부터 탁월한 감각과 현명한 조언으로 이야기의 방향을 잡아 준 코트니 호델Courtney Hodell에게 큰 감사를 드린다. 작가이자 편집자로서의 경험을 바탕으로 내 이야기를 구체화하고 명확하게 하는 데 큰 도움을 준 수전 프링켈Susan Freinkel에게도 감사의 마음을 전한다. 크고 작은 방식의 지원을 통해 책의 탄탄한 토대를 마련해 준 크리스 쿼크Chris Quirk, 데이비드 펄스타인David Pearlstein, 해리 매크래컨Harry McCracken, 루시 우즈Lucy Woods, 파블로 페레스 페르난데스Pablo Perez-Fernandez, 테드 피츠Tedd Pitts, 톰 매덤스Tom Madams, 웨이트 깁스Wayt Gibbs, 유미코 코노Yumiko Kono 등의 연구원과 작가, 전문가에게도 감사드린다.

기꺼이 인터뷰에 응해 내 어린 시절의 이야기와 추억을 공유해 준 여러 친구들에게도 심심한 감사의 말을 전한다.

내 어린 시절과 부모님에 대한 기억을 들려준 루 프리처드Llew Pritchard, 조니 프리처드Jonie Pritchard, 마티 스미스Marty Smith, 짐 어윈Jim Irwin, 제프 레이크스Jeff Raikes, 트리셔 레이크스Tricia Raikes, 톰 피츠패트릭Tom Fitzpatrick, 트렌 그리핀Tren Griffin, 크리스 베일리Chris Bayley, 앤 윈블래드Anne Winblad, 빌 뉴콤Bill Neukom, 그리고 학교 친구 스탠 〈부머〉 영스Stan "Boomer" Youngs, 킵 크레이머Kip Cramer, 칩 홀랜드Chip Holland, 롤리 그로스Lollie Groth, 데이브 헤닝스Dave Hennings도 고맙다.

고등학교 시절의 이야기를 들려준 레이크사이드의 친구인 페이지 너드슨 카울스Page Knudson Cowles, 폴 칼슨Paul Carlson, 톰 로나 Tom Rona, 비키 윅스Vicki Weeks, 그리고 은사님인 브루스 베일리Bruce Bailey와 프레드 라이트Fred Wright에게도 깊은 감사를 드린다. 친구이자 레이크사이드 가족의 일원인 버니 노Bernie Noe는 인생에 대해 늘 현명한 조언을 해주는 것처럼 이 책에 대해서도 큰 도움을 주었다.

특별히, 내 친구이자 훌륭한 인재였던 고(故) 더그 고든Doug Gordon에 대한 기억을 공유해 준 그의 아내 코니 고든Connie Gordon에게 심심한 감사를 전한다. 더그는 항상 나를 지적으로 자극했으며 열린 마음으로 세상과 소통했다. 나는 그의 자세를 영원히 존경할 것이다.

댄 실Dan Sill은 산과 들을 하이킹하던 시절에 대한 추억의 문을 열어 주었고, 마이크 콜리어Mike Collier는 우리의 탐험에 대한 이야기와 사진을 공유해 주었다. 칩 케노Chip Kennaugh와 186단의 다른 친구들에게도 감사를 전한다.

데이비드 에번스David Evans는 자신의 아버지 마빈 에번스 Marvin Evans와 함께 켄트의 짧은 생애가 남긴 아름다움과 고통을 아낌없이 공유해 주었다. 켄트의 마지막 몇 달에 대한 기억과 사진을 제공해 준 놈 피터슨Norm Petersen에게 감사드린다.

하버드 시절 내게 영감을 주고 그 시절의 추억을 공유해 준 대학 친구들 샘 즈네이머Sam Znaimer, 짐 세스나Jim Sethna, 앤디 브레이터먼Andy Braiterman, 피터 갤리슨Peter Galison, 로이드 〈닉〉 트레퍼던 Lloyd "Nick" Trefethen에게 감사드린다. 하버드 교수 해리 루이스Harry Lewis는 1970년대 초 에이킨 연구소와 하버드 생활에 대한 내 기억을 되살려 주기 위해 애쓰셨다. 이 책에는 소개하지 못했지만, 〈팬케이크 문제〉를 처음 알게 된 것도 해리 덕분이다. (참고로, 해리가 보지 않을 때 강의실 시계를 10분 앞당겨 놓은 학생은 내가 아니다.) 하버드 시절 내게 친절을 베푼 에릭 로버츠Eric Roberts와 이 책에 사려 깊게 기여해 준 에드 태프트Ed Taft에게도 감사드린다. 그리고 톰 치텀 3세Tom Cheatham III에게 그의 아버지에 대한 기억을 나눠 준 것에 대해 감사드린다.

또한 초기 마이크로소프트의 팀원들에게도 감사를 전한다. 특히 작은 스타트업에 불과했던 마이크로소프트를 믿어 주고 이렇게 우리의 이야기를 들려줄 수 있도록 도와준 몬테 다비도프Monte Davidoff, 밥 그린버그Bob Greenberg, 크리스 라슨Chris Larson, 마크 맥도널드Marc McDonald, 스티브 우드Steve Wood, 밥 오리어Bob O'Rear에게 감사드린다.

에디 커리Eddie Currie는 MITS 소속으로 마이크로소프트와 함께한 시절의 우여곡절을 인내심을 갖고 검토해 주었고, 에드 로버츠와 나를 실로 오랜만에 다시 연결해 주었다. 데이비드 로버츠 David Roberts는 기꺼이 시간을 내서 그의 아버지를 이 책에서 생생하게 재현하는 데 도움을 주었다.

릭의 삶과 마이크로소프트에 대한 그의 기여를 되새기는 데 큰 도움을 준 트래포데이터의 파트너였던 폴 길버트Paul Gilbert와 마이크 섀퍼Mike Schaefer에게 감사드린다. 밴 챈들러Van Chandler와 랜디 위긴턴Randy Wigginton은 개인용 컴퓨터의 태동기에 대한 기억을 채워 주었다.

내 삶과 관련된 기록물을 접할 수 있었던 것도 큰 도움이 되었다. 게이츠 아카이브Gates Archive의 조 로스Joe Ross, 멕 투오말라Meg Tuomala, 에밀리 존스Emily Jones, 마이크로소프트 아카이브의 패티 티보도Patti Thibodeau, 레이크사이드 아카이브의 레슬리 슐러Leslie Schuler와 레이크사이드 과학부 동료들에게 특히 감사의 말을 전하고 싶다. 그리고 조사와 지침을 제공해 준 스탠퍼드 대학 아카이브의 조시 슈나이더Josh Schneider와 하버드 대학교 및 워싱턴 대학교의 아카이브 담당자들에게도 감사를 표한다.

반세기가 지난 이야기를 해야 하는 상황에서, 재능 있는 작가들이 이미 정리해 놓은 내용을 참고할 수 있다는 것은 큰 행운이다. 초기 PC 산업의 이야기를 정리하고 기억을 되살리는 데 폴 앤드루스Paul Andrews, 폴 프라이버거Paul Freiberger, 월터 아이작슨Walter Isaacson, 스티븐 레비Steven Levy, 스티브 로어Steve Lohr, 스티븐 마네스Stephen Manes, 존 마코프John Markoff, 마이클 스웨인Michael Swaine 등의 저작이 많은 도움이 되었다.

원고의 초기 독자인 폴라 허드Paula Hurd, 마크 세인트 존Marc St. John, 실라 굴라티Sheila Gulati도 고맙다. 소중하고 신뢰할 수 있는 친구들의 세심한 검토를 통해 글쓰기의 중요한 단계에 필수적인 통찰력 있는 피드백을 제공받았다.

책이 나올 수 있도록 도움을 준 게이츠 벤처스Gates Ventures의 많은 분들께 특별히 감사 말씀을 드린다.

래리 코언Larry Cohen은 우리가 함께하는 모든 작업에서 밝은 빛이 되어 주었고, 회고록 집필을 처음 생각했을 때, 현명한 조언을 해주었다.

앨릭스 리드Alex Reid와 그녀의 커뮤니케이션 팀은 이 회고록의 출간을 능숙하게 관리하며 미디어 환경 속에서 이 책이 독자를 만날 수 있도록 도와주었다.

앤디 쿡Andy Cook과 그의 팀은 끊임없이 변화하는 독자 환경에서 이 책을 시장에 내놓을 수 있는 훌륭한 방법을 찾아냈다.

이언 손더스Ian Saunders와 그의 크리에이티브 팀은 이 책에 담긴 단어들에서 영감을 발견하고 마법 같은 능력으로 더 많은 독자에게 다가갈 수 있게 해주었다.

젠 크라이첵Jen Krajicek과 피아 디어킹Pia Dierking은 책 제작 과정의 모든 부분을 정확하고 원활하게 관리했다.

그레그 이스케나지Gregg Eskenazi, 힐러리 바운즈Hillary Bounds, 로라 에이어스Laura Ayers는 책 출간에 끝없이 따르는 계약과 법적 측면을 착오 없이 처리해 주었다.

그 외에도 많은 사람들이 수년에 걸쳐 이 책의 제작과 출판에 중요한 역할을 해주었다. 얼리샤 새먼드Alicia Salmond, 아니타 키세Anita Kissée, 애나 달키스트Anna Dahlquist, 아누 호스만Anu Horsman, 오브리 보그도노비치Aubree Bogdonovich, 브래들리 카스타네다Bradley Castaneda, 브리짓 아놀드Bridgitt Arnold, 케일린 와이엇Cailin Wyatt, 클로이 존슨Chloe Johnson, 다리야 펜턴Darya Fenton, 데이비드 생어David Sanger, 디날리 위라만Dinali Weeraman, 도니아 바라니Donia Barani, 에밀리 워든Emily Warden, 에마 맥휴Emma McHugh, 에마 노섭Emma Northup, 에린 리카드Erin Rickard, 그레이엄 게리티Graham Gerrity, 재클린 스미스Jacqueline Smith, 조애나 풀러Joanna Fuller, 존 머피John Murphy, 존 피넷John Pinette, 조다나 나린Jordana Narin, 조시 대니얼Josh Daniel, 조시 프리드먼Josh Friedman, 케이티 럽Katie Rupp, 케리 맥넬리스Kerry McNellis, 키오타 테리언Khiota Therrien, 킴 맥기Kim McGee, 킴벌리 라마Kimberly Lamar, 크리스티 앤서니Kristi Anthony, 로런 질로티Lauren Jiloty, 마라 매클린Mara MacLean, 마거릿 홀싱어Margaret Holsinger, 머라이어 영Mariah Young, 메건 그룹Meghan Groob, 마이크 이머와Mike Immerwahr, 닐 샤Neil Shah, 세라 포스모Sarah Fosmo, 션 시몬스Sean Simons, 션 윌리엄스Sean Williams, 제바스티안 마예프스키Sebastian Majewski, 스테퍼니 윌리엄스Stephanie Williams, 톰 블랙Tom Black, 밸러리 모로네스Valerie Morones, 휘트니 비티Whitney Beatty 및 잭 핀켈스타인Zach Finkelstein에게 감사드린다.

그리고 게이츠 벤처스의 다른 훌륭한 팀원인 아이쉬와랴 수쿠마Aishwarya Sukumar, 앨릭스 버사Alex Bertha, 앨릭스 그린버그Alex Grinberg, 알렉산드라 크로스비Alexandra Crosby, 에이미 메이베리Amy Mayberry, 안드레아 바르가스 게라Andrea Vargas Guerra, 앤젤리나 메도스 콤Angelina Meadows Comb, 애나 데본샌드Anna Devon-Sand, 앤 리우 Anne Liu, 에이버리 벨Avery Bell, 베키 바틀린Becky Bartlein, 베넷 셰리 Bennett Sherry, 브라이언 샌더스Brian Sanders, 브라이언 와이스Brian Weiss, 브리짓 오코너Bridgette O'Connor, 케이틀린 맥휴Caitlin McHugh, 첼시 카첸버그Chelsea Katzenberg, 체비 라젠비Chevy Lazenby, 크리스토 퍼 휴즈Christopher Hughes, 코트니 보이트Courtney Voigt, 크레이그 밀러 Craig Miller, 데이비드 필립스David Phillips, 딜런 미들랜드Dillon Mydland, 에보니 매키버Ebony McKiver, 에밀리 울웨이Emily Woolway, 에릭 크리스텐슨Erik Christensen, 파하드 이맘Farhad Imam, 글로리아 이킬레지Gloria Ikilezi, 구담 칸드루Goutham Kandru, 그레이엄 비어든 Graham Bearden, 그레그 마르티네스Greg Martinez, 그레첸 버크Gretchen Burk, 해나 프랫Hannah Pratt, 헤더 비올라Heather Viola, 헨리 모이어스 Henry Moyers, 일리아 로페즈Ilia Lopez, 자말 이어우드Jamal Yearwood, 진 솔스텐Jeanne Solsten, 제프 휴스턴Jeff Huston, 젠 키드웰 드레이크Jen Kidwell Drake, 제니 라이먼Jennie Lyman, 조너선 신Jonathan Shin, 조던테 이트 토머스Jordan-Tate Thomas, 케이트 라이즈너Kate Reizner, 켄 칼데 이라Ken Caldeira, 켄드라 파렌바흐Kendra Fahrenbach, 케빈 스몰우드 Kevin Smallwood, 크리스티나 말츠벤더Kristina Malzbender, 카일 네텔블 라트Kyle Nettelbladt, 린다 패터슨Linda Patterson, 린지 후나리Lindsey Funari, 리사 비숍Lisa Bishop, 리사 페론Lisa Perrone, 매니 맥브라이드 Manny McBride, 매트 클레멘트Matt Clement, 매트 툴리Matt Tully, 메러디 스 킴볼Meredith Kimball, 마이클 피터스Michael Peters, 마이크 매과이어

Mike Maguire, 몰리 시놋Molly Sinnott, 묵타 파탁Mukta Phatak, 나오미 주커Naomi Zukor, 니란잔 보스Niranjan Bose, 패트릭 오언스Patrick Owens, 프라트나 데사이Prarthna Desai, 퀸 코넬리우스Quinn Cornelius, 레이첼 필립스Rachel Phillips, 레이 민추Ray Minchew, 로디 기데로Rodi Guidero, 라이언 피츠제럴드Ryan Fitzgerald, 소냐 셰카르Sonya Shekhar, 스티브 스프링마이어Steve Springmeyer, 선라이즈 스완슨 윌리엄스Sunrise Swanson Williams, 시드니 가핑클Sydney Garfinkel, 시드니 양 호프만Sydney Yang Hoffman, 테리사 맷슨Teresa Matson, 토니 홀셔Tony Hoelscher, 토니 파운드Tony Pound, 트리샤 제스터Tricia Jester, 타일러 휴즈Tyler Hughes, 타일러 윌슨Tyler Wilson, 우디타 페르소Udita Persaud, 바르샤 크리시Varsha Krish, 비제이 수레슈쿠마르Vijay Sureshkumar, 야스민 디아라Yasmine Diara, 윌 왕Will Wang, 잭 헤넨펜트Zach Hennenfent에게도 감사의 뜻을 전한다.

이 책은 크노프Knopf의 세계적 수준의 팀이 없었다면 결코 세상의 빛을 보지 못했을 것이다. 이 책의 원고에 세 명의 편집자가 붙었는데, 그중 첫 번째는 전설적인 편집자 밥 고틀립Bob Gottlieb이었다. 밥은 나의 이전 두 책의 편집을 맡았고, 이 책에 대해서도 가장 먼저 응원해 주었다. 안타깝게도 원고가 완성될 무렵에 밥은 세상을 떠났다. 출판계는 큰 인물을 잃었다. 밥이 얼마나 대단한 사람인지 알고 싶다면, 밥의 딸인 리지 고틀립Lizzie Gottlieb이 감독한 영화 「턴 에브리 페이지Turn Every Page」를 추천한다. 밥이 세상을 떠난 후, 나는 운 좋게도 뛰어난 재능을 가진 레이건 아서Reagan Arthur

를 만나게 되었다. 그는 이 책이 초기의 형태를 갖추고 초점을 찾기 시작하도록 도왔다.

이 책은 제니퍼 바스Jennifer Barth의 전문적인 손길로 마무리되었다. 그녀는 기꺼이 프로젝트를 맡아 최고의 책을 탄생시키기 위해 엄청난 시간과 에너지를 쏟아부었다. 그녀의 강력한 방향성과 관대함 그리고 복잡한 편집 과정에서도 전혀 흔들리지 않는 침착성에 깊이 감사드린다.

책의 출간을 지원해 준 KDPG의 모든 분들께도 감사의 말씀을 전한다. 이 책의 가치를 믿어 준, 선견지명이 있는 마야 마브지Maya Mavjee, 그리고 크노프의 변함없이 헌신적인 편집장이자 발행인인 조던 파블린Jordan Pavlin에게 감사드린다. 제작 편집 책임자 엘런 펠드먼Ellen Feldman의 기여는 그야말로 영웅적이었다. 앤 아켄바움Anne Achenbaum, 마이클 콜리카Michael Collica, 메러디스 드로스Meredith Dros, 브라이언 에틀링Brian Etling, 존 갈John Gall, 에린 하트먼Erinn Hartman, 케이트 휴즈Kate Hughes, 우나 인테만Oona Intemann, 로라 키프Laura Keefe, 린다 콘Linda Korn, 세리나 리먼Serena Lehman, 베스 마이스터Beth Meister, 리사 몬테벨로Lisa Montebello, 제시카 퍼셀Jessica Purcell, 살 루지에로Sal Ruggiero, 수전 스미스Suzanne Smith, 엘런 휘터커Ellen Whitaker 등 작업에 참여한 그들의 모든 동료에게도 감사의 인사를 전한다. 또한 크노프 캐나다와 앨런 레인Allen Lane/펭귄 프레스 UKPenguin Press UK 팀의 놀라운 기여에도 감사 인사를 전하고 싶다. 함께 일할 수 있어서 즐거웠다.

내 친구이자 파트너였던 폴 앨런이 없었다면 내 인생은 지금과 많이 달랐을 것이다. 폴은 너무 일찍 세상을 떠났다. 이 책을 쓰면서 우리가 가장 가까웠던, 정말 놀라운 무언가를 만들어 냈던 그 시절을 다시 떠올릴 수 있었다. 특히 힘든 시기에도 통찰력과 지혜, 호기심, 우정을 보여 준 폴에게 심심한 감사를 표한다.

무엇보다도 누나 크리스티와 여동생 리비에게 특별한 감사를 전하고 싶다. 평생 인내심을 갖고 나를 지지해 준 두 누이는 이 책에도 필수적인 기여를 했다. 이 책을 쓰던 초기의 어느 여름날 오후, 우리는 후드 운하에 앉아 어린 시절의 추억과 가족 이야기는 물론이고, 당밀 캔디에서부터 피클볼에 이르기까지 함께 성장하며 겪은 일상의 소소한 순간들을 회상하며 즐거운 시간을 보냈다. 세월이 흐르면서 우리가 더욱 가까워졌다는 것을 깨닫게 해준 행복한 시간이었다. 그들이 내 누이라는 사실이 얼마나 큰 행운인지 모르겠다. 늘 내게 보여 준 사랑과 이해에 한없는 고마움을 표한다.

마지막으로 젠Jenn과 로리Rory, 피비Phoebe에게 고마움을 전하고 싶다. 너희의 아빠가 되어 너희가 성장하는 모습을 지켜본 것은 내 인생에서 가장 큰 기쁨이었다. 이 책을 쓰면서 너희의 조부모님과 증조부모님이 너희가 비범한 사람으로 성장한 것을 얼마나 자랑스러워하실지 종종 떠올리곤 했다.

사진 저작권

21, 53, 77, 105, 171면: 저자의 개인 컬렉션에서
139, 269면: Lakeside School Archives
197면: Bruce R. Burgess
233면: Norman Petersen
297면: Harvard Yearbook Publications
335면: Nick DeWolf의 사진
363면: *Popular Electronics*
385면: David H. Ahl의 사진
429면: Kazuhiko Nishi

화보

아래 사진들을 제외한 나머지 사진은 모두 저자의 개인 컬렉션에서 가져왔다.

1면 (결혼식 사진): Richards Studio Tacoma
2, 3면 (게이츠 가족 사진): © Wallace Ackerman Photography
4, 5면 (상자 옆의 어린 빌 게이츠): Museum of History & Industry, Seattle
6, 7면 (산타와 함께 찍은 사진): Arthur & Associates Holiday Photography
8, 9면 (스카우트 유니폼을 입은 빌 게이츠 및 보이 스카우트 등록 카드를 제외한 모든
    사진): Mike Collier

10, 11면 (프로필 속 젊은 켄트 에번스): Evans Family Archive; (학급 사진, 폴 앨런과 릭 웨일랜드의 학교 초상 사진): Lakeside School Archives; (학교에서 텔레타이프 컴퓨터를 사용하고 있는 소년들 사진 4장): Bruce R. Burgess

12, 13면 (빌 게이츠의 학교 초상 사진 3장): Lakeside School Archives

14, 15면 (빌 게이츠와 폴 앨런): Barry Wong/*The Seattle Times*; (빌 게이츠와 릭 웨일 랜드): Michael Schaefer; (책상 너머의 빌 게이츠): © Stephen Wood; (초기의 마이 크로소프트 본사): Gates Notes, LLC

면지 이미지: 저자 개인 컬렉션

나의 어머니 메리 맥스웰 게이츠(위 왼쪽, 조부모님과 함께 소파에 앉은 소녀)는 온갖 종류의 게임과 스포츠를 즐기고 지역 사회 봉사에 헌신하던 은행가 집안에서 자랐다. 타고난 리더였던 어머니는 어린 시절 가장 큰 세발자전거에 올라 포즈를 취했다(오른쪽 위).

나의 아버지 윌리엄 헨리 게이츠 시니어는 워싱턴주 브레머턴에서 성장했는데, 거기서 나의 할아버지는 가구점을 운영했다. 아버지는 이른 나이에 〈클래러벨Clarabelle〉이라는 모델 A 포드 쿠페를 몰며 독립의 기쁨을 만끽했다. 이후 가족 중 처음으로 대학을 졸업하고 이어서 로스쿨까지 마쳤다.

우리 부모님은 워싱턴 대학교 재학 중에 만나 2년 후인 1951년 5월에 결혼했다. 두 분의 상반된 성격과 배경은 서로를 보완하며 우리 집안의 기반을 형성했다.

나는 누나 크리스티보다 21개월 늦은 1955년 10월 28일에 태어났다. 내 어린 시절 기억 대부분에서 누나는 항상 내 곁에 위치한다.

아기 때 나는 환한 미소와 잘 웃는 성향 덕분에 〈해피 보이〉라는 별명을 얻었다. 부모님은 일찍부터 내 마음의 리듬이 다른 아이들과 다르다는 것을 알았다. 한 예로 크리스티는 시키는 대로 잘 했고, 다른 아이들과 쉽게 어울렸으며, 처음부터 좋은 성적을 받았다. 나는 그런 면이 전혀 없었다. 어머니는 그런 내가 걱정되어 유치원 선생님들에게 어떤 일을 예상해야 하는지 미리 알렸다.

책은 우리 집에서 큰 부분을 차지했다. 초등학교 저학년 때부터 나는 집에서 혼자 많은 책을 읽었다. 새로운 사실을 빠르게 흡수할 수 있다는 느낌이 좋았기 때문이다. 나는 책에 빠져 몇 시간이고 보낼 수 있었는데, 이는 내가 무언가에 흥미를 느끼면 주변의 방해를 완전히 차단할 수 있는 능력이 있음을 보여 준 초기의 신호였다.

여동생 리비는 1964년에 태어났으며, 우리 가족 중 가장 사교적이고 가장 운동 신경이 뛰어난 것으로 드러났다. 나보다 9년 늦게 막내로 태어난 리비는 분주한 남매들과 바쁜 부모님으로 정신없이 돌아가던 집안에서 성장한 것으로 기억하고 있다.

세 살 때, 어머니와 함께 지역 신문에 실렸다. 어머니가 초등학생들에게 박물관 유물을 소개하는 주니어 리그 프로그램을 주관했기 때문이다. 사진에 보이는 유물은 오래된 의료 키트다.

어머니는 가족에 대해 큰 포부를 품었다. 어머니와 아버지 두 분 모두 그 표현이 유행하기 훨씬 이전부터 〈지역 사회 환원〉을 신념으로 삼았다.

WHEN I GROW UP I WANT TO BE —

BOYS

☐ Fireman   ☒ Astronaut
☐ Policeman   ☐ Soldier
☐ Cowboy   ☐ Baseball Player
☒ scientist

GIRLS

☐ Mother   ☐ Airline Hostess
☐ Nurse   ☐ Model
☐ School Teacher   ☐ Secretary
☐

SIGNATURE ____ Bill Gates

1960년대 시대 분위기의 한 축은 우주 개발 경쟁과 과학의 가능성이 지배했다. 5학년 때 〈장래 희망〉을 묻는 항목에서 〈우주 비행사〉를 택한 것은 그런 분위기에 휩쓸린 탓이었다. 하지만 내 꿈의 직업은 〈과학자〉였다. 하루 종일 세상의 신비를 연구하는 것이 완벽한 직업처럼 보였다.

우리가 〈가미〉라는 애칭으로 부르던 외할머니는 어린 시절 내내 항상 곁에 있었다. 외할아버지가 돌아가신 후, 할머니는 사랑과 관심을 우리 세 남매에게 쏟았다. 때로는 가족여행에도 동참해 이렇게 디즈니랜드에 다녀오기도 했다.

1960년대 초, 부모님과 일단의 친구분들은 매년 7월에 후드 운하 인근의 치리오 로지 코티지를 2주 동안 빌리기 시작했다. 아이들에게 그곳은 낙원과 다름없었다. 아버지는 우리가 〈치리오 시장〉이라고 부르던 일종의 놀이 감독이자 아이들의 대장으로 변신했고, 치리오 올림픽의 개회식도 주재했다. 올림픽은 운동 능력보다는 민첩성과 투지를 테스트하는 종목으로 구성되었다. 나는 어떤 종목에서든 저녁에 준비되는 시상대에 오르기 위해 몸을 사리지 않고 덤벼들곤 했다. 민첩성은 부족했지만 투지는 결코 밀리지 않았다.

THIS WAY!
Ridge Rink angel
Christmas tree
4:30~7p.m.
WITH
THE GATES FAMILY
25¢ for roller skates

우리 가족은 어머니가 정한 일과와 전통, 규칙에 따라 생활했다. 아버지의 표현을 빌리자면, 어머니는 〈체계적으로 조직된 가정〉을 운영했다. 크리스마스를 예로 들면, 준비 계획이 이른 가을부터 시작되었다. 어머니는 전년도 크리스마스에 남겨 둔 메모를 검토하며 개선할 부분이 있는지 확인했다. 집에서 직접 만드는 카드에서부터, 우리가 주최하는 연례 스케이트 파티, 크리스마스 아침에 입는 맞춤형 파자마까지, 우리는 모든 것에 최선을 다했다. 우리 남매는 이런 전통에 간혹 짜증이 나기도 했지만, 그중 하나라도 건너뛰면 아마 상실감을 느꼈을 것이다. 크리스마스는 여전히 나와 내 누이들이 가장 추억하고 싶은 무엇 중 하나다.

THIS IS TO CERTIFY THAT

BILL GATES Ⅲ

IS REGISTERED WITH THE
BOY SCOUTS OF AMERICA
TROOP 186

SEATTLE WA

TO THE LAST DAY OF
609   FEB. 1972

THIS CERTIFICATE IS NOT TRANSFERABLE AND IS
VOID AFTER EXPIRATION DATE. IT MUST BE SHOWN
LOCAL DISTRIBUTOR WHEN PURCHASING UNIFORM.

PRESIDENT   CHIEF SCOUT EXECUTIVE
NO. 28-405

나는 여덟 살 때 컵 스카우트에 가입했다. 4년 후 186단으로 옮겨 갈 무렵, 미국에서는 하이킹과
캠핑, 등산이 큰 인기를 끌기 시작했고, 시애틀은 야외 스포츠의 중심지로 주목받기 시작했다.
우리 스카우트단은 산간에서 하이킹 및 캠핑을 하는 것을 주된 존재 이유로 삼았다.

9학년이 끝난 여름, 스카우트의 한 선배 단원이 나를 밴쿠버섬 해안을 따라 이어지는 라이프세이빙 트레일(오늘날에는 웨스트 코스트 트레일이라 한다)을 하이킹하는 여행에 초대했다. 그 일대는 폭풍우와 암초, 까다로운 해류로 유명한 험난한 지역이었다. 수상 비행기로 이동하고 강을 건너고 절벽을 오르는 등 내가 경험했던 어떤 여행보다 도전적이었지만, 동시에 더 큰 보람도 안겨 주었다. 나는 완전히 매료되었다.

켄트 에번스(아래 사진 왼쪽)와 나는 중학교 2년, 고등학교 4년 과정의 사립 학교 레이크사이드에서 8학년(중2) 때 만나 아주 빠르게 단짝 친구가 되었다.

1968년 가을, 레이크사이드에 텔레타이프 기계가 도입되었다. 켄트와 나, 그리고 폴 앨런(위 사진 가운데)과 릭 웨일랜드(위 오른쪽)가 이 기계의 애용자가 되었다. 폴과 릭은 우리보다 두 살 많았지만, 네 명이 모두 첫 프로그램을 작성하는 방법을 알아내려 애쓰던 가운데 빠르게 친구가 되었다. 우리는 스스로를 〈레이크사이드 프로그래밍 그룹〉이라고 칭했다.

학급 사진이 보여 주듯이, 나는 고등학교 시절 내내(그리고 그 이후에도) 실제 나이보다 어려 보였다. 레이크사이드 프로그래밍 그룹과 하이킹, 보이 스카우트 그리고 학교생활 사이를 분주히 오가며 나는 내가 누구인지, 그리고 무엇이 되고 싶은지 파악하려 애썼다.

고등학교 2학년 때 나는 우리 주의 주도인 올림피아에서 하원 의원 보조 견습생으로 일했으며, 이후 고등학교 4학년을 앞둔 여름에 일정 기간 워싱턴 D.C.에서 연방 하원 의원 보조 견습생 생활을 했다. 의회를 드나들며 그 분위기에 휩쓸리지 않는 것은 거의 불가능했다. 이 경험은 정치와 정부에 대한 평생의 관심으로 이어졌다.

나름의 세계관이 형성되던 시절. 지능의 계층 구조가 있다는 생각이 들었다. 수학을 얼마나 잘하느냐에 따라 생물이나 화학, 역사, 심지어 어학에 이르는 다른 과목의 성취 수준이 달라질 수 있다는 인식이었다. 레이크사이드를 졸업한 후, 나는 수학이 내가 가야 할 길이라고 확신했다. 하버드는 그러한 미래를 향한 다음 단계였다.

1975년 4월, 폴과 나는 우리의 회사 이름을 〈마이크로-소프트Micro-Soft〉로 정했다(얼마 후 하이픈은 뺐다). 당시 우리의 유일한 제품은 내가 대학 2학년 때 작성한 8080 BASIC이었다. 레이크사이드 친구였던 릭(아래 왼쪽 사진에서 내 옆에 앉은 인물)이 곧 앨버커키의 우리에게 합류했다. 당시 우리는 낡은 스트립몰 한쪽에 위치한 사무 공간에서 작업했다. 마이크로소프트가 성장하면서 내가 회사에 들이는 시간도 점점 늘어났다. 1977년 겨울, 나는 하버드에 두 번째 휴학계를 제출했고, 결국 영영 학교로 돌아가지 않았다. 우리는 점점 언론의 관심을 끌기 시작했다(오른쪽 면 아래 사진이 첫 번째 TV 인터뷰 장면이다). 하지만 친구 그룹 밖에서 첫 직원을 고용한 후에야 마이크로소프트가 진짜 회사인 것처럼 느껴졌다.

MICRO

January 15,1977

Mr. George Smith
Senior Tutor
Currier House
Harvard College

Dear Mr. Smith,

This letter is to inform you I plan to take the spring semester
of this academic year off. A friend and I have a partnership,
Microsoft, which does consulting relating to microprocessor
software. The new obligations we have just taken on require
that I devote my full time efforts to working at Microsoft.
Since I have taken a semester off prsviously I have a full
year of school to complete and currently I plan to return in
the fall and graduate in June '78. My address and phone number
will be those given for Microsoft on this stationary.

Sincerely yours,

William H. Gates
William H. Gates

SOFT

MICROSOFT/P.O. BOX 754
ALBUQUERQUE, NEW MEXICO 87103
(505) 256-3600

항상 나를 지원하고 조언을 아끼지 않던
아버지는 마이크로소프트가 진지한 사업으로
변모하고 있다는 사실을 일찍이 깨달았다.
반면, 어머니의 이해는 조금 더 서서히
이루어졌다. 어머니는 결국 모든 것이 안정되고
내가 하버드에 돌아가 학위를 취득할 것이라는
믿음을 오랫동안 지녔다.

가미는 내가 하버드와 초기의
마이크로소프트에서 성장통을 겪던 동안에도
꾸준히 나를 안정시켜 주었다.

어머니는 자신이 설정한 매우 높은 기준을 내가 충족하기를 기대했지만, 동시에 나를 지원하고
격려하기 위해 할 수 있는 모든 것을 다했다. 때로는 유나이티드 웨이에서의 활동으로 직접
본보기를 보여 주기도 했다(어머니는 1980년 미국 유나이티드 웨이의 이사로 임명되었다). 부를
얻으면 그것을 나눠 줘야 할 책임도 따르는 것이라고, 어머니는 강조하곤 했다. 내가 그 기대에
부응하려고 얼마나 노력하는지 충분히 확인할 만큼 오래 머물지 않고 내 곁을 떠난 어머니가
안타깝고 그립다.

옮긴이 **안진환** 경제경영 분야에서 활발하게 활동하고 있는 전문 번역가. 1963년 서울에서 태어나 연세대학교를 졸업했다. 옮긴 책으로 『스티브 잡스』, 『일론 머스크』, 『넛지』, 『스틱!』, 『포지셔닝』, 『부자 아빠 가난한 아빠』, 『면도날』, 『세스 고딘의 전략 수업』 등이 있다.

소스 코드: 더 비기닝

발행일 2025년 2월 5일 초판 1쇄

지은이 빌 게이츠
옮긴이 안진환
발행인 홍예빈
발행처 주식회사 열린책들

경기도 파주시 문발로 253 파주출판도시
전화 031-955-4000 팩스 031-955-4004
홈페이지 www.openbooks.co.kr 이메일 humanity@openbooks.co.kr

```
 3615                                     52520   SUBTTL IF ... THEN
 3616   004325' 001000  000315            52540   IF:     CALL    FRM
 3617   004326' 000000  005336'
 3618   004327' 000000  004323'
 3619                                     52560   IFE     LENGTH,<
 3620                                     52580   IFN     STRING,<
 3621                                     52600           LDA     VAL
 3622                                     52620           PUSH    PSW
 3623   004330' 001000  000176            52640           MOV     A,M
 3624                                     52660   IFE     LENGTH,<
 3625                                     52680           CALL    PUS
 3626                                     52700           MVI     D,0
 3627                                     52720
 3628                                     52740
 3629                                     52760
 3630                                     52780   LOOPIF: SUI     GRE
 3631                                     52800           JC      END
 3632                                     52820   NUMREL=LESSTK=GREAT
 3633                                     52840           CPI     NUM
 3634                                     52860           JNC     END
 3635                                     52880           CPI     1
 3636                                     52900           RAL
 3637                                     52920           ORA     D
 3638                                     52940           MOV     D,A
 3639                                     52960           CHRGET
 3640                                     52980           JMP     LOO
 3641                                     53000   ENDREL: MOV     A,D
 3642                                     53020           ORA     A
 3643                                     53040           JZ      SNE
 3644                                     53060           PUSH    PSW
 3645                                     53080           CALL    FRM
 3646                                     53100
 3647                                     53120
 3648   004331' 001000  000376            53140   IFE     LENGTH=2,<C
 3649   004332' 000000  000054
 3650   004333' 001000  000314            53160           CZ      CHR
 3651   004334' 000000  003426'
 3652   004335' 000000  004326'
 3653                                     53180   IFN     LENGTH,<
 3654   004336' 001000  000376            53200           CPI     GOT
 3655   004337' 000000  000210
 3656   004340' 001000  000312            53220           JZ      OKG
 3657   004341' 000000  004346'
 3658   004342' 000000  004334'
 3659   004343' 001000  000317            53240           SYNCHK  THE
 3660   004344' 000000  000245
 3661   004345' 001000  000053            53260           DCX     H
 3662   004346'                           53280   OKGOTO:
 3663                                     53300   IFE     LENGTH,<
 3664                                     53320           POP     PSW
 3665                                     53340           POPR
 3666                                     53360   IFN     STRING,<
 3667                                     53380           XTHL>
```